그리스도교 신앙 원천 **16** Fontes Fidei Christianae

ORIGENES
CONTRA CELSUM

Translated with notes by LEE Jong-Han
Korean translation copyright © 2025 by Benedict Press, Waegwan, Korea.

그리스도교 신앙 원천 16
켈수스 반박(제3-5권)

2025년 10월 30일 초판 1쇄

지은이	오리게네스
역주자	이종한
펴낸이	박현동
펴낸곳	ⓒ 성 베네딕도회 왜관수도원, 분도출판사
찍은곳	분도인쇄소
등록	1962년 5월 7일 라15호
주소	04606 서울 중구 장충단로 188 분도빌딩(분도출판사 편집부)
	39889 경북 칠곡군 왜관읍 관문로 61(분도인쇄소)
전화	02-2266-3605(분도출판사) · 054-970-2400(분도인쇄소)
팩스	02-2271-3605(분도출판사) · 054-971-0179(분도인쇄소)
홈페이지	www.bundobook.co.kr
ISBN	978-89-419-2515-6 04230
ISBN	978-89-419-2450-0 (세트)

• 저작권법에 의해 한국 내에서 보호를 받는 저작물이므로 무단 전재와 무단 복제를 금합니다.
• 이 책은 한국천주교주교회의 한국천주교중앙협의회가 문화체육관광부의 국고지원을 받아 발간한 고대 그리스도교 문헌 총서(그리스도교 신앙 원천·교부들의 가르침)(비매품)를 분도출판사에서 한국천주교중앙협의회의 허락을 받아 독자 보급용으로 제작하였습니다.

이 책의 본문 종이는 FSC® 인증을 받은 친환경 용지를 사용했습니다.

오리게네스

켈수스 반박(제3-5권)

한국교부학연구회
이종한 역주

분도출판사

일러두기

1. 성경 인용은 원칙적으로 『성경』(한국천주교주교회의 2005)을 기준으로 삼았으나, 교부들이 인용한 성경 본문이 『성경』과 차이가 있을 때에는 그리스어나 라틴어 원문을 직역하였다.
2. 성경 본문에 나오는 지명 '유다'는 로마제국의 지방명일 경우 '유대아'로, '유다인'은 '유대인'으로, '유다교'는 '유대교'로 표기했다. 교부 시대의 인명과 지명은 『교부학 인명·지명 용례집』(분도출판사 2008)을 따랐다.
3. 작품명은 『교부 문헌 용례집』(수원가톨릭대학교출판부 2014)을 따랐다.
4. 『교부학 인명·지명 용례집』과 『교부 문헌 용례집』을 수정·보완한 한국교부학연구회 『교부학 사전』(한국성토마스연구소 2021)을 최종 잣대로 삼았다.
5. 본문 번역은 두 독일어 번역본 Bibliothek der Kirchenväter 총서의 52(1926), 53(1927)으로 Paul Koetschau가 번역·주해하여 출간한 *Des Origenes acht Bücher gegen Celsus*와 Fontes Christiani 총서의 한 권으로 Claudia Barthold가 번역하고 Michael Fiedrowicz가 해제와 각주를 붙여 2011년 출간한 *Origenes, Gegen Celsus*을 비교·선택하여 우리말로 옮겼다.
6. 해제는 위의 두 책에 각각 수록되어 있는 Koetschau의 "Einleitung"(VII-XVI)과 Fiedrowicz의 "Einleitung"(9-122쪽), 그리고 Schriften der Kirchenväter 총서의 한 권으로 1986년 출간된 Karl Pichler의 *Origenes, Gegen Kelsos*의 "Erläuterungen zum Autor und Zum Text"(201-217쪽)를 종합하였다.

'그리스도교 신앙 원천'을 내면서

"오래고도 새로운 아름다움!" Pulchritudo antiqua et nova!

　교회의 스승인 교부教父들은 성경과 맞닿은 언어와 문화로 주님의 삶과 가르침을 생생하게 느끼며 살았던 신앙의 오랜 증인들이다. 모진 박해와 세상 거짓에 맞서 기꺼이 자신을 불사르며 복음의 진리와 거룩한 삶의 가치를 지켜 낸 성인들이며, 하느님 백성을 섬기고 돌보는 일을 천직으로 여겼던 목자들이다. 교부 문헌이 탄생한 자리는 책상머리가 아니라, 기쁨과 희망, 슬픔과 고뇌로 뒤벼진 민중의 애달픈 삶의 현장이었다. 그래서 교부들의 많은 가르침은 단순하면서도 감동적이고, 힘이 있으면서도 따뜻하다. 특히 사회 교리나 교회 생활에 관한 탁월한 가르침은 현대 교회에도 끊임없이 새로운 영감을 불어넣어 주는 마르지 않는 샘이다.

"집어서 읽어라!" Tolle lege!

　가장 위대한 교부라고 일컬어지는 아우구스티누스는 바오로 서간을 집어서 읽으면서 진리에 눈을 떴고 마침내 회심했다. 다양한 교부 이름과 책 제목들만 빽빽한 각주로 달려 있는 두터운 신학 논문집보다 짤막한 교부 문헌 한 편이 신학 연구와 영성 생활에 훨씬 더 유익할 수 있다.

신학의 진정성과 보편성은 원전을 집어서 읽는 데서 비롯하기 때문이다.

고맙게도 분도출판사는 1987년부터 대역본 '교부 문헌 총서'를 펴내고 있다. 라틴어·그리스어 본문을 우리말 번역과 나란히 싣고 상세한 해제와 주석을 단 혁신적 출판 기획은 우리나라 서양 고전 번역의 새로운 지평을 열었다. 세계적 권위를 지닌 프랑스의 '수르스 크레티엔느' Sources Chrétiennes, 독일의 '폰테스 크리스티아니' Fontes Christiani, 이탈리아의 '누오바 비블리오테카' Nuova Biblioteca 등에 당장 비길 바는 아니겠으나, 교부학 불모지였던 우리나라의 철학과 신학, 인문학과 영성 분야에서 일구어 낸 성과와 공헌이 적지 않다.

그러나 고전어를 직접 번역하고 해제와 주석을 다는 일은 고달프고 더딘 여정일뿐더러, 한정된 전문가들에게 기댈 수밖에 없다는 것이 한국교부학연구회와 분도출판사의 공통된 고민이다. 기존 '교부 문헌 총서'의 원전 번역을 꾸준히 이어 가면서도 신자들의 삶과 영성에 꼭 필요한 짧고 감동적인 교부 문헌들을 줄기차게 소개하는 일을 병행할 수는 없을까? 우리는 그 대안으로 지난 2018년부터 대중판 교부 문헌 총서인 '그리스도교 신앙 원천'을 출간하기 시작했다. 누구에게나 널리 읽힐 수 있는 '대중판'(Vulgata)이라는 대전제로 비교적 간소하게 펴내다 보니, 분량이 많거나 신학적으로 묵직한 책들은 어쩔 수 없이 뒤로 밀려났다. 작품의 분량이나 특성에 얽매이지 않고 핵심적인 교부 문헌들을 두루 아우른 총서를 거듭 꿈꾸게 되었다. 그리고 판형을 바꾼 '그리스도교 신앙 원천'으로써 우리의 꿈을 현실로 이루고자 한다.

"원천으로 돌아가자!" Ad fontes!

한국교부학연구회가 국가의 지원을 받아 분도출판사에서 펴내는 이 총서는 30년 프로젝트다. 첫 10년 동안은 매년 굵직한 '교부 문헌' 서너 권과 '교부들의 가르침 — 교부문헌 주제별 선집'(총 10권) 한 권씩을 출간할 예정이다. 라틴어나 그리스어 등에서 직접 번역하는 것이 이상적이겠으나, 여러 가지 현실적인 문제를 고려하여 현대어 번역본에도 기대기로 했다. 영어, 프랑스어, 독일어, 이탈리아어, 스페인어 등으로 충실하게 번역된 권위 있는 현대어 교부 문헌들을 골라 아름답고 적확한 우리말로 옮기는 일에는 교부학자들뿐 아니라 빼어난 전문 번역가들도 참여할 것이다. 분도출판사에서는 오랜 세월 정성껏 가꾸어 온 대역판 '교부 문헌 총서'도 나란히 이어 가기로 했다. '그리스도교 신앙 원천'과 함께 갈 수 있어서 기쁘고 다행스럽다. 교회의 발원지와 맞닿아 있는 이 책들은 성경뿐 아니라 '거룩한 전통'(聖傳)을 더 깊이 이해하도록 도와줄 것이다. 교부 문헌은 가톨릭과 정교회와 개신교가 함께 보존하고 가꾸어야 할 그리스도교 공동 유산이기에, 원천으로 돌아가기 위한 이 노력이 영적 일치 운동에 꾸준히 이바지하리라 믿는다.

"교회는 늘 새로워져야 한다!" Ecclesia semper reformanda est!
이제 우리는 30년 여정에 첫발을 내딛는다. 그리고 그 뒤로도 끝없이 이어질 그 길을 지금 이미 바라보고 있다. 끝이 보이지 않아 행복하다. 지난 수십 년 동안 이 땅에 교부들의 씨앗을 묵묵히 뿌려 온 선배들이 그러했듯, 우리도 힘닿는 만큼 교부 문헌을 살뜰히 옮기다 떠나갈 것이다. 밭에 묻혀 있는 보물과도 같은 교부 문헌을 정성스레 캐내어 생명력을 불어넣는 이 가슴 벅찬 일이 꾸준히 이어지기를 바라는 마음 간절하다. '그리스도교 신앙 원천'이 책꽂이에 차곡차곡 꽂혀 갈수록 우리 교회는 더 젊어지고 더 새로워질 것이다. 교부 문헌은 교회 쇄신의 물

'그리스도교 신앙 원천'을 내면서

줄기를 끊임없이 제공하는 그리스도교 신앙의 살아 있는 원천이기 때문이다. 이 책이 한국천주교주교회의를 통해 출간될 수 있도록 한결같이 격려해 주시고 배려해 주신 모든 주교님께 진심으로 감사드린다.

2022년 11월 1일 모든 성인 대축일에
한국교부학연구회 회장 장인산

차례

'그리스도교 신앙 원천'을 내면서___ 5

켈수스 반박(제3-5권)___ 11

   제3권___ 13

   제4권___ 119

   제5권___ 267

주제어 색인___ 361
성경 색인___ 365

켈수스 반박(제3-5권)

제3권

1. 켈수스가 우리를 거슬러 저술한 책에 붙인 『참된 말씀』이라는 거만하게 뽐내는 제목을 겨냥한 내 책의 제1권에서 나는, 신실한 벗 암브로시우스, 그대의 부탁에 따라 힘을 다해 켈수스의 서론과 이어지는 그의 주장의 모든 개별적 논점을 샅샅이 검증하고 반박했으며, 켈수스가 내세운 꼭두각시 유대인이 예수님을 공박한 말로써 끝을 맺었습니다. 그리고 제2권에서는 그 유대인이 그리스도를 통하여 하느님을 믿는 우리를 비난하는 말 속에 담겨 있는 논쟁점들을 힘닿는 데까지 모두 반박했습니다. 이제 나는 켈수스가 우리를 거슬러 제기한 반론들을 되반박하는 이 제3권을 시작하겠습니다.

요컨대 켈수스는 이렇게 말합니다. "참으로 우악스럽게도 그리스도인들과 유대인들이 서로 싸우고 있다." 그러고는 "그리스도에 관한 서로 간의 그런 논쟁은, 속담이 말하는 나귀 그림자를 둘러싼 논쟁[1]과 전혀 다를 게 없다"라고 주장합니다. 그리고 또 말합니다. "유대인들과 그리스도인들의 논쟁은 심각하게 여길 것도 없다. 아무튼 이 두 도당은 신의 영으로 예고되었다는 한 구원자가 인류에게 나타나리라고 믿는

---

[1] 하찮은 일에 관한 어리석은 논쟁을 가리키는 속담. 예를 들어 참조: 플라톤 『파이드로스』 260c; 루키아노스 『분파들』 71.

다. 그런데 예고된 그가 이미 왔는지 아닌지에 관해서는 의견이 전혀 일치하지 않는다."[2] 사실 우리 그리스도인은 예언들이 고지한 분이 바로 예수님으로 나타나셨다고 믿습니다. 그러나 유대인 대다수는 그분께 대한 신앙과는 너무나 거리가 멉니다. 그래서 예수님 당시의 유대인들은 그분의 목숨을 노렸고, 오늘날의 유대인들도 자기네 조상들이 예수님께 저지른 악행에 찬동하며, 또한 그분이 이런저런 마술을 통해 세상 사람들을 미혹하여, 예언자들이 도래를 선포했던, 유대교 전통에서 메시아라고 부르는 분이 당신으로 나타나셨다고 믿게 만들려 했다고 비방하고 있습니다.

2. 켈수스와 우리에 대한 그의 공격을 달가워하는 사람들은 이제 우리에게 한번 말해 보십시오. 유대인의 예언자들이 경건하게 살아가며 "하느님의 몫"(신명 32,9)이라 불리는 사람들의 미래 통치자가 태어나실 장소를 예고한(미카 5,1 참조) 것을, "젊은 여인이 잉태하여 아들을 낳고 그 이름을 임마누엘이라 할 것이다"(이사 7,14)라고 예고한 것을, 그 약속된 분이 많은 표징과 기적을 행하시리라고(참조: 신명 28,46; 이사 8,18), '그분의 말씀 날래게 달려가리라고'(시편 147,15 참조), 그리고 그분 사도들의 소리가 온 땅으로, 그 말은 누리 끝까지 퍼져 나가리라고(시편 19,5 참조), 또한 그분이 유대인들에 의해 단죄되시고 수난하시고(이사 53,5 참조) 부활하시리라고(시편 16,10 참조) 예고한 것을 "나귀 그림자"에 견주는 것이 과연 합당한지 한번 말해 보십시오. 그 예언자들이 이 예고들을 그 신빙성에 대한 확신도 없이 그냥 느닷없이 내뱉었다는 말입니까? 오히려

---

2 참조: 테르툴리아누스 『호교론』 21,15.

그 신빙성을 확신한 예언자들은 이 예언들을 선포하는 데 그칠 것이 아니라, 기록도 해야 마땅하다고 생각했던 것입니다. 오래전부터 자기네 땅을 거주지로 보유해 왔던 유대인들처럼 그렇게나 위대한 민족이 도대체 신빙성 있는 근거도 없이 어떤 예언자들은 참된 예언자로 선언하고, 다른 예언자들은 거짓 예언자로 배척했겠습니까? 이 민족에게, 훗날 예언자로 받아들여진 그 남자들의 말씀을 자신들이 거룩하게 여기던 모세의 책에 덧붙이게 만든 합당한 근거가 없었겠습니까? 유대인들과 그리스도인들을 "우악스럽다"고 비난하는 사람들은, 유대 민족이 미래에 대한 예지豫知 없이도 지금까지 존속할 수 있었으리라고[3] 과연 우리에게 입증할 수 있겠습니까? 한편 유대 민족의 모든 이웃 민족들은 저마다 자기 나라 관습에 따라 섬기던 신들에게서 신탁과 예언을 받을 수 있다고 믿었습니다. 그와는 반대로 유독 유대인들은 이민족들이 섬기던 신들을 경멸하고 그것들을 신이 아니라 다이몬으로 간주하라고 배워 왔거니와 — 과연 유대인 예언자들은 "이민족들의 신들은 모두 헛것이다"(시편 96,5)라고 단언했습니다 — 그런 민족에게 예언자로서 예고하고 또 미래를 알고 싶은 갈망 때문에 이민족들이 섬기던 마귀들에게로 넘어가려고 했던 자들을 제지할 수 있었던 사람이 한 명도 없었다는 것입니까? 오히려 민족 전체가 다른 민족들의 신들을 경멸하라는 가르침을 받은 유대인들이 예언자들 — 이들의 계시는 그 자체로 의미심장했고 또 온갖 장소의 갖가지 신탁을 훨씬 능가했습니다 — 을 풍부히 보유했다는 사실이야말로 필연적이고 마땅하지 않은지를 숙고해 보기 바랍니다.

---

[3] 참조: 『켈수스 반박』 1,36.

3. 덧붙여 말하건대, 온갖 곳에서, 아니 아무튼 많은 곳에서 놀라운 일이 발생했습니다. 켈수스 자신도 뒤에서[4] 아스클레피오스에 관해 언급합니다. "아스클레피오스는 그에게 봉헌된 모든 도시에서, 예를 들어 트리케Trikke, 에피다우로스, 코스, 페르가몬에서 인간들에게 선행을 베풀었고 또 미래를 예언했다." 그런 다음에는 "프로콘네소스의 아리스테아스, 클라조메네의 영웅 그리고 아스티팔라이아의 클레오메데스"에 관해서도 언급합니다. 그렇다면 자신들은 온 우주의 하느님께 봉헌되었다고 주장하는 유대인들에게만은 유독 온 우주의 창조주께 대한 그들의 믿음을 돈독히 하고 또 더 나은 다른 삶에 대한 그들의 희망을 굳건히 하는 데 유용한 표징과 기적들이 존재하지 않았다는 것이 과연 생각할 수 있는 일이겠습니까? 그런 일이 도대체 어떻게 있을 수 있었겠습니까? 만일 그랬다면 유대인들은, 그들 믿음의 가르침에 따르면 그들에게 도움을 베푸시지만 당신 현존의 명백한 증거는 결코 보여 주지 않는 하느님을 즉시 버리고는, 미래를 예고하고 치유를 일으키는 다이몬들을 공경하지 않았겠습니까? 그러나 그런 일이 일어나지 않았다면, 그리고 유대인들이 온갖 곤경을 겪으면서도 자기네 유대교와 율법을 배반하지 않기 위해, 때로는 아시리아인들의, 때로는 페르시아인들의, 또 때로는 안티오코스의 박해를 견뎌 냈다면,[5] 그렇다면 유대 민족

---

4 참조: 『켈수스 반박』 3,22.24.26. 거명되는 도시들에는 아스클레피오스에게 봉헌된 치료 센터들이 있었는데, 고고학적으로도 확인되었다.
5 아시리아 임금 티글랏 필에세르가 기원전 734~732년에 이스라엘을 침공하여 정복한 도시들의 주민들을 포로로 끌고 갔다(2열왕 15,29 참조). 페르시아에 관한 언급은 아마도 이스라엘인들의 유배지였던 바빌론을 기원전 539년 페르시아가 정복한 일을 가리켜 말하는 듯하다. 유대교에 대한 페르시아 임금들의 종교-정책은 매우 관용적이었다. 안티오코스 에피파네스(기원전 175~163년)는 유대 민족의 헬레니즘화를 강제로 관철시켰다.

의 놀라운 이야기들과 예언들을 전혀 믿지 않는 사람들에게도, 그런 일들은 꾸며 낸 것이 아니라는 사실, 또 덕을 위해 온갖 고난을 무릅쓴 예언자들의 깨끗하고 바른 영혼 속에 하느님의 영이 머물렀고 그 영이 그들을 부추겨 부분적으로는 동시대인들을 위해, 또 부분적으로는 후대를 위해, 무엇보다도 "한 구원자가 인류에게 반드시 나타나실 것이다"라고 선포하게 했다는 사실의 신빙성이 입증될 수 있지 않겠습니까?

4. 실상이 이러한데, 유대인들과 그리스도인들이 함께 믿고 있는 예언을 근거로 "예언자들이 선포한 분이 이미 왔는지, 아니면 전혀 나타나지 않았고 아직도 기다려야 하는지" 하는 문제를 두고 토론하고 있는데, 어떻게 "유대인들과 그리스도인들은 나귀 그림자를 둘러싸고 서로 논쟁한다"고 할 수 있습니까? 그리고 설령 켈수스가 주장하는 것처럼 예수님께서 예언자들이 예고한 분이 아니라 가정하더라도, 그런 가정 아래에서조차도 예언의 의미를 둘러싼 "논쟁"은 결코 나귀 그림자를 둘러싼 논쟁이 아닙니다. 왜냐하면 논쟁의 목적은 예고된 분이 예언에 따라 어떤 특성을 지녀야 하는지, 무슨 일을 할 것인지, 또한 언제 이 세상에 나타날지도 명확하게 밝히는 것이기 때문입니다. 우리는 이미 앞에서[6] 많은 예언들 가운데 몇 가지를 인용하고, 예수님이 예고된 메시아라는 사실을 설명했습니다. 그러므로 유대인들도 그리스도인들도 예언자들이 하느님의 영감으로 말을 했다는 사실을 믿는다고 해서 오류에 빠져 있는 것이 아닙니다. 오히려 못내 기다리는 메시아에 관한 예언을 이해하지 못하여, 예언자들의 참된 말씀에 따라 선포된 분이 어

---

6 참조:『켈수스 반박』1,51.53.54.

떤 분이시며 어디에서 태어나실지에 관해 그릇된 생각을 품고 있는 저 사람들이야말로 오류에 빠져 있는 것입니다.

5. 이어서 켈수스는 말합니다. "유대인들은 연원을 따지면 이집트인들이었는데, 이집트인의 국가를 거슬러 반란을 일으키고 이집트에서 예부터 지켜져 오던 종교적 관습을 경멸하며 이집트를 버리고 떠났다."[7] 그러고는 또 주장합니다. "그런데 유대인들은 자기네가 이집트인들에게 자행했던 일과 똑같은 일을 예수를 메시아로 여기는 그의 추종자들에게 당했다. 이 두 경우 모두 국가에 대한 반란[8]이 새로운 세력 출현의 원인이 되었다." 이제 켈수스가 주장한 것을 꼼꼼히 따져 봅시다. 옛날에 이집트인들은 유대아 지방을 휩쓴 기근 때문에 이집트로 내려온 히브리 민족에게 나쁜 짓을 많이 저질렀습니다. 이집트인들은 도움을 찾아온 이방인들을 억압했기 때문에, 하느님 섭리에 의해 온 민족에게 닥치도록 결정된 징벌을 당했습니다. 사실 이집트 민족은 그들에게 도움을 구했을 뿐 아무 해도 끼치지 않은 한 민족 전체를 거슬러 못된 짓을 하기로 작당했습니다. 그리하여 하느님께서 내리신 재앙들이 덮치자, 곧 그들은 어쩔 수 없이 인간으로서의 모든 권리를 무시하고 노예로 취급했던 유대인들이 가고 싶어 하는 곳으로 떠나가도록 해 주었습니다(탈출 12,31-33 참조). 이기적이었던 이집트인들은 자기 민족에 속한 자들

---

7   유대인을 공박하는 한 주제다. 참조: 플라비우스 요세푸스 『유대 전쟁사』 1,75-92; 2,68; 『유대 고대사』 14,118; 스트라본 『지리학』 16,2,34.35.
8   유대인들과 그리스도인들에 대한 이 비난에 관해서는 참조: 『켈수스 반박』 3,8.14; 8,2.49; 당시의 정치 사상에서 στάσις(반란)라는 비난에 관해서는 M. Rizzi, Problematiche politiche nel dibattito tra Celso e Origene: *Discorsi di Verità* (hrsg. von L. Perrone = SEAug 61), Rom 1998, 175-176; 그리스도인들 상호 간의 불일치에 관해서는 『켈수스 반박』 3,10.12; 6,63.

을 자기네보다 더 성실하고 정직한 이방인들보다 무조건 우대했으며, 또한 모세와 히브리인들을 거슬러 온갖 비난을 퍼부었습니다. 그래서 모세가 일으킨 기적들을 전혀 부인할 수 없게 되자, 그 기적들은 하느님 능력에 의해서가 아니라 마술에 의해 일어난 것이라고 강변했습니다.[9] 그러나 모세는 마술사가 아니라, 온 세상의 주님이신 하느님을 섬기는 경건한 남자였습니다. 그는 하느님 영의 깨우침을 받아, 하느님께서 그에게 불어넣어 주신 대로 히브리인들에게 율법을 주었고, 또한 실제로 일어났던 사건들을 고스란히 글로 기록했습니다.

6. 켈수스는 한쪽에서는 이집트인들이 그리고 다른 한쪽에서는 히브리인들이 서로 어긋나게 말하는 내용을 공평하게 검증하는 대신, 자신이 좋아하는 이집트인들을 일방적으로 편들어, 이방인들에게 불의를 자행한 그자들의 말을 진실로 여기는 반면, 부당하게 취급받은 히브리인들에 관해서는 "반란자들로서 이집트를 버리고 떠났다"라고 주장합니다. 그러나 그는 매우 많았던 이집트인 반란자들 무리의 경우와 마찬가지로, 히브리인들의 "기원이 반란"이었다면, 하나의 민족이 되는 것은 불가능했으리라는 사실, 또한 예전에 이집트 말을 사용했던 그들이 반란을 일으키고는 갑자기 자기네 언어를 바꾸어 히브리어를 아주 유창하게 구사하게 되었다는 것도 불가능했으리라는 사실은 통찰하지 못하고 있습니다.[10] 설령 히브리인들이 이집트를 떠날 때 여태 사용하던

---

9 고대에 유대인들은 일반적으로 그리고 모세는 특별히 마술사로 여겨졌다. 참조: L.A. Feldman, Origen's Contra Celsum and Josephus' Contra Apionem. Yhe Issue of Jewish Origins: VigChr 44 (1990), 122;『켈수스 반박』1,26과 각주.
10 여기서 오리게네스는 플라비우스 요세푸스가『유대 전쟁사』1,317에서 이미 부분적으로 개진했던 논증을 이용한다.

언어까지 싫어했다고 가정하더라도, 왜 그들이 차라리 시리아어나 페니키아어를 사용하지 않고, 그것들과 생판 다른 히브리어를 굳이 새로 만들어 사용했단 말입니까? 지금 나의 논증은 단지 "연원을 따지면 이집트인이었던 적지 않은 사람들이 자기네 동족을 거슬러 반란을 일으켜 이집트를 떠났고 팔레스티나로 이주했으며 지금 유대아라고 부르는 지역에 정착했다"라는 켈수스의 주장이 진실이 아님을 분명히 밝히고자 할 따름입니다. 사실 히브리인들은 이집트로 내려가기 전에 이미 자기네 고유한 언어를 가지고 있었으며, 히브리어 문자는 이집트어 문자와 다릅니다. 이 히브리어를 모세도 자기 책 다섯 권을 쓸 때 사용했으며, 이 책들을 유대인들은 거룩한 것으로 존중하고 있습니다.

7. 이 문제를 더 철저히 검증해 보면, "이집트 땅에서 떠나온 사람들"에 관해 다음과 같이 말할 수 있습니다. 온 민족이 모두 함께 이른바 히브리어를 이를테면 하느님의 선물로 받은 것은 하나의 기적이었습니다. 이는 그들의 예언자들 가운데 한 사람이 말한 바와 같습니다. "이집트 땅을 떠나 나아갈 제 … 그들은 전에는 모르던 말씀을 들었네"(시편 81,6). 이로써 모세와 함께 이집트를 떠나온 사람들은 이집트인이 아니었다는 사실이 입증됩니다. 만일 그들이 이집트인이었다면, 그들의 이름도 이집트식이었어야 했을 터이니, 이름이란 으레 그 땅의 언어에서 따오기 때문입니다. 그러나 그들은 히브리식 이름을 지니고 있었으며, 이로써 그들이 이집트인이 아니었음이 분명해집니다. 과연 성경은 히브리식 이름으로 가득하니, 이집트에서 낳은 자식들에게도 히브리식 이름을 붙여 주었습니다. 그러므로 "유대인들은 우리 동족이었는데 모세와 함께 이집트에서 추방되었다"라는 이집트인들의 주장은 명백한

거짓말입니다. 그리고 히브리인들은 모세가 기록한 역사에 따르면 히브리인 선조들의 후예이고 자기네 고유한 언어를 사용했으며, 그 언어에서 이름을 따서 자녀들에게도 붙여 주었다는 것은 명명백백합니다.

8. "히브리인들은 이집트인들의 후예이며 그들의 기원은 반란에 있다"는 주장이 진실이 아닌 것처럼, "마찬가지로 유대인들도 예수 시대에 유대인의 국가를 거슬러 반란을 일으켰고, 예수 추종자들이 되었다"라는 또 다른 주장 역시 거짓입니다. 켈수스와 그의 동지들은 그리스도인들의 "반란" 행위를 전혀 입증할 수 없을 것입니다. 그러나 설령 "반란"이 그리스도인들 결속의 근원이었다 해도, 그리고 그리스도인들이 가족 구성원들은 무력을 통해서라도 지키고 적은 죽이는 것이 허용되어 있는 유대인 출신이긴 해도, 그렇다 하더라도 그리스도인들의 입법자께서는 인간 살해를 결단코 금지하셨으며, 또한 아무리 지독한 악인일지라도 그에 대한 당신 제자들의 폭력적 행태는 결코 옳지 않다고 가르치셨습니다(마태 26,52 참조). 요컨대 그분은 당신이 인간 살해를 어떤 식으로든 허용한다면, 그것은 당신 하느님의 법과 양립할 수 없다고 믿으셨습니다. 다른 한편 그리스도인들은, 만일 그들의 "기원이 반란"이었다면, 그렇게 온화한 예수님의 법을 결코 받아들이지 않았을 것입니다. 과연 그 법은 그들에게 "도살될 양처럼"(시편 44,23; 로마 8,36) 처신하라고 명령하며, 그들에게서 박해자들에게 저항할 자유조차 빼앗습니다. 이렇게 그리스도인들은 적대자들을 거슬러 자신을 지키려 하지 말라는 가르침을 받았기에, 이 온화하고 인도주의적인 법도 충실히 준수했습니다. 그러므로 그리스도인들은, 매우 강력하고 또 전쟁을 수행할 명분과 능력이 있다 하더라도, 스스로 그것을 결코 실행해서는 안 된다

는 명령을 하느님께 받은 셈입니다. 오히려 언제나 하느님께서 친히 그리스도인들을 위해 전쟁을 수행하셨고, 그리스도인들을 거슬러 작당하고 그들을 말살하려는 자들의 계획을 마땅한 순간에 번번이 꺾어 버리셨습니다. 한편 시간이 흐르면서 그 수를 쉽게 헤아릴 수 있는 작은 무리가 그리스도 신앙을 위해 죽임을 당했는데, 이는 신앙인들에게 용기를 북돋아 주는 본보기가 없어지지 않도록 하기 위함이었고, 그 신앙의 증인들의 모습을 보는 이들에게 강건한 신앙과 죽음을 가볍게 여기는 마음을 불러일으키도록 하기 위함이었습니다. 그러나 그리스도인 백성 전체의 절멸은 하느님께서 허용하지 않으셨으니, 그분은 그리스도인 백성이 존속하기를, 그리고 구원을 가져다주는 경건한 이 가르침이 온 세상에 퍼져나가기를 바라셨기 때문입니다.[11] 하느님께서는 심신 약한 영혼들이 죽음의 공포에서 벗어나 다시금 심호흡을 할 수 있도록 보살피셨고, 또한 신앙인들에 대한 온갖 공격을 당신의 순정한 의지로 물리치셨거니와, 그래서 황제들도 총독들도 그리고 민족들도 신앙인들에 대한 격분을 너무 지나치게 쏟아붓지는 못했습니다. 지금까지 말한 내용이 "반란이 예전에는 유대 민족 생성의 계기가 되었고, 나중에는 그리스도교 생성의 계기가 되었다"는 켈수스의 주장에 대한 답변으로 충분할 것입니다.

9. 그러나 켈수스가 계속 새빨간 거짓말을 하니, 그의 말을 글자 그대로 인용하고자 합니다. "만일 모든 인간이 그리스도인이 되고자 한다면, 필경 그리스도인들은 그것을 결코 원하지 않을 것이다." 이런 주장

---

11 참조: 테르툴리아누스 『호교론』 37,13.

이 거짓말이라는 것은, 그리스도인들은 — 이는 그들에게 매우 중요한 일이거니와 — 그들의 가르침을 온 세상에 널리 전하기 위해 열심히 노력하고 있다는(마태 28,19 참조) 사실에 의해 명백히 드러납니다. 과연 적지 않은 그리스도인들이 다른 사람들도 하느님께 대한 신앙으로 이끌기 위해 도시에서 도시로, 또 마을에서 마을로, 아니 집에서 집으로 떠돌아다니는 것을 자신들 평생의 엄중한 소명으로 삼고 있습니다. 그리고 그들이 그렇게 하는 것이 어떤 이득 때문이라고 말할 수도 없을 것입니다. 왜냐하면 그들은 생계에 꼭 필요한 것조차도 전혀 얻을 수 없는 경우가 드물지 않기 때문입니다. 또한 그런 결핍 때문에 어쩔 수 없이 무엇인가를 받고자 할 때에도, 아주 절박하게 필요한 것을 메꾸는 것으로 만족하거니와, 사람들이 그들에게 더 많은 것을 누리도록 허용하고 그들의 필요를 넘어서까지 베풀고자 할 때에도 그러합니다. 그런데 오늘날 그리스도교 신앙으로 옮겨 온 사람들이 매우 많아졌고, 그들 가운데 상당수의 부유하고 지위 높은 남자들과 동정심 많고 고결한 여자들이 그 선교사들을 손님으로 맞아 환대하고 있습니다. 그래서 누군가는 그들 가운데 적지 않은 사람이 헛된 명예에 대한 욕구 때문에 그리스도교의 가르침을 베푼다고 감히 주장할 수도 있을 것입니다. 그런 의심은 특히 그 신앙의 설교자들이 큰 위험에 내맡겨져 있던 초기에는 물론 근거가 없었다고 하겠습니다. 그리고 오늘날 다른 종교를 믿는 사람들이 그리스도교 선교사들을 대하는 자세인 경멸이, 선교사들에게 동료 신앙인들(물론 전부는 결코 아닙니다)이 일반적으로 나타내 보이는 존경보다 더 큽니다. 그러므로 "만일 모든 인간이 그리스도인이 되고자 한다면, 필경 그리스도인들은 그것을 결코 원하지 않을 것이다"라는 주장은 두말할 것 없이 거짓말입니다.

10. 켈수스가 자기주장의 증거로 무엇을 제시하는지 잘 보십시오! 그는 말합니다. "처음에 그들(그리스도인들)은 작은 무리였고 한마음이었다. 그러나 큰 무리로 불어나면서부터 그들 가운데에서 거듭 분열과 파당이 생겨났고, 저마다 자기네 추종 세력을 만들고자 하였는데, 사실 그들이 애초에 추구했던 것이 바로 이것이다." "처음에" 그리스도인들의 수가 "적었다"는 것은 나중의 "큰 무리"와 비교할 때 부인할 수 없는 사실입니다. 하지만 그들의 수가 아주 보잘것없었던 것은 결코 아닙니다. 과연 예수님에 대한 유대인들의 시기심을 불러일으키고 그분을 감시·추적하도록 유대인들을 자극한 것은, "큰 군중"이 광야에까지 그분을 따라갔다는 사실이었습니다. 그들의 수는 여자들과 아이들은 제외하고도, 남자들만 사오천 명이나 되었습니다(참조: 마태 14,21과 병행구절; 마태 15,38과 병행구절; 요한 6,10). 사람의 마음을 사로잡는 예수님 말씀의 힘이 너무나 컸기에,[12] 남자들만 따라간 것이 아니라, 여자들도 여성으로서의 허약함도 잊어버리고, 또 자신들이 스승을 광야에까지 뒤따라간다면 세상 사람들이 자기네를 어찌 판단할까 하는 문제도 신경 쓰지 않고 따라갔던 것입니다. 또한 평소 사람들의 관심을 받지 못하던 아이들까지도, 부모들이 데리고 갔든지 아니면 예수님의 거룩함에 마음이 끌려 그 거룩함을 자신 안에 받아들이고 싶어서였든지 간에, 부모들과 함께 예수님을 따라갔습니다. 아무튼 그리스도인들의 수가 "처음에 적었다"는 것을 인정하더라도, 이것이 어떻게 그리스도인들은 모든 인간이 자기네 가르침의 진실성에 승복하는 것을 "원하지 않으리라"는 주장의 근거가 될 수 있습니까?

---

12 참조: 『켈수스 반박』 1,31과 각주 78.

11. 켈수스는 또한, 초기에는 "그리스도인들이 모두 한마음이었다"고 말합니다. 그런데 그는 신앙인들 사이에는 처음부터 거룩한 책들의 의미에 관한 다양한 견해가 존재했다는 사실에 유의하지 않았습니다. 좀 더 자세히 말하면, 아직 사도들이 설교를 하고, 예수님을 직접 보았던 사람들이 예수님의 가르침을 선포할 당시에, 유대계 그리스도인들 사이에서 사소하지 않은 논쟁이 벌어졌습니다. 이교인에서 그리스도교 신앙으로 넘어온 사람들이 유대교 규정들을 준수해야 할 의무가 있는가, 아니면 이미 자기네 조상들의 이교 관습들을 버리고 예수님을 믿고 있는 그 사람들은 정결한 음식과 부정한 음식에 관한, 절실히 필요하지는 않은 계명들의 무거운 "짐"에서 해방되어야 하는가 하는 문제를 둘러싼 논쟁이었습니다(참조: 사도 10,14; 11,8; 15,1-29). 한편 예수님을 직접 보았던 사람들의 시대에 살았던 바오로 사도의 편지들에서는 적지 않은 신앙인들이 부활을 의심했고, 또 부활이 "이미 일어났는가 아닌가"(참조: 1코린 15,12 이하; 2티모 2,18), 또는 "주님의 날"이 임박했는가 아닌가(참조: 1테살 5,2; 2테살 2,2) 하는 문제로 논쟁을 했다는 사실을 미루어 알 수 있는 대목들이 발견됩니다. 또한 "티모테오, 그대가 맡은 것을 잘 지키십시오. 사이비 지식의 속된 망언과 반론들을 멀리하십시오. 어떤 사람들은 그러한 지식을 받아들여 믿음에서 빗나갔고"(1티모 6,20-21), 그래서 "그들의 믿음이 파선당하였습니다"(1티모 1,19)라는 구절들은, 켈수스의 견해에 따르면 신앙인들의 수가 아직 많아지지 않았던 초기에도 신앙의 가르침들에 관해 몇몇 그릇된 견해가 존재했음을 알게 해 줍니다.

12. 그리스도교 가르침에 대한 고발자로서 켈수스는 이어서 그리스도교 안의 분파 형성 때문에 우리를 비난하며 이렇게 말합니다. "그러나

그리스도인들이 큰 무리로 불어나면서부터 그들 가운데에서 거듭 분열과 파당들이 생겨났고, 저마다 자기네 추종 세력을 만들고자 했다." 그러고는 이렇게 주장합니다. "큰 무리가 된 결과 그들은 거듭하여 서로 갈라졌고 또 그런 다음엔 서로를 비난하고 있다. 그리하여 그들이 아직 실제로 공유하고 있는 것은 단지 하나밖에 없으니, 곧 (그리스도교라는) 단순한 이름뿐이다. 이 이름이 그들이 어쨌든 포기하기를 꺼리는 유일한 것이다. 그러나 그 밖의 다른 문제에서는 분파들 가운데 이쪽은 이런 견해를, 저쪽은 저런 견해를 주장하고 있다." 우리는 이렇게 맞받겠습니다. 인간의 삶에 도움을 주는 중요한 어떤 것이 세상에 출현하는 어디서나, 다양한 분파들이 형성되었습니다.[13] 의술이 인류에게 유익하고 필수적이기 때문에, 그리고 의술로 신체를 치료하는 방법과 관련하여 다양한 검사와 조처가 실행되기 때문에, 두루 알다시피 그리스인들의 이 학술 분야에는 여러 학파가 존재하며,[14] 또한 내가 생각하기로는, 비그리스인들도 의술에 종사하는 한 마찬가지입니다. 더 나아가 철학은 존재하는 것에 관한 진리와 통찰을 약속하고 삶의 규범들을 제시하며 우리 인류에게 도움이 되는 것을 가르치려 노력합니다. 그런데 철학의 탐구 영역은 매우 광범위합니다. 그런 까닭에 철학에서는 특히 많은 분파가 형성되었는데, 그중 어떤 분파들은 꽤 유명해졌고, 어떤 분파들은 별로 알려지지 않았습니다. 그러나 유대교에서는 모세의 책들과 예언서들에 대한 다양한 해석이 분파 형성을 가져왔습니다.

---

13   참조: 『켈수스 반박』 2,27; 5,61. 오리게네스는 이단들을 격렬히 논박하는 평소의 태도와는 달리, 여기서는 분열이 그리스도교의 신뢰성을 의심케 만든다는 이교 측의 반론에 맞서, 이단을 약간의 호의를 지니고 평가한다.

14   참조: 갈레노스 『의학 유파들』 1장.

그런데 켈수스가 생각하는 것처럼 무식하고 생각이 천박한 사람들만이 아니라, 그리스인 학자들 가운데 많은 사람도 그리스도교에서 마땅히 존중해야 할 것들을 인식했기에, 필연적으로 분파들이 생성될 수밖에 없었으니, 이는 결코 분열 성향이나 논쟁 애호 때문이 아니라, 많은 학자들도 그리스도교 진리들을 더 깊이 탐구하려고 애쓰기 때문입니다. 그 결과 모든 사람이 거룩한 것으로 존중하던 성경 문서들이 다양하게 해석되었고, 그리하여 분파들이 생겨났는데, 이 분파들은 그리스도교 가르침의 원천에는 모두 함께 찬탄했지만 여러 이유로 서로 어긋나는 견해를 가지게 된 남자들의 이름을 따서 불리고 있습니다. 그런데 어떤 사람이 다양한 유파가 존재하기 때문에 의술을 전혀 알고 싶어 하지 않거나, 숭고한 목표를 추구하면서도 철학을 미워하여 저버리고는, 철학자들은 서로 견해가 일치하는 경우가 별로 없다는 사실을 내세우며 그 미움을 정당화한다면, 이는 이성적인 태도라고 할 수 없을 것입니다. 마찬가지로 모세와 예언자들의 거룩한 책들을 유대인들 사이에서 형성된 분파들 때문에 비난해서는 안 됩니다.

13. 지금까지의 나의 논증이 이치에 맞는다면, 그리스도교 분파들의 존재도 동일한 논리로 정당화될 수 있지 않겠습니까? 이와 관련하여 내 생각에는 바오로가 참으로 놀랍게도 이렇게 속마음을 털어놓았습니다. "하기야 여러분 가운데에 분파도 있어야 참된 이들이 드러날 것입니다"(1코린 11,19). 의술에서 여러 유파에서 수련하고 사려 깊게 검증한 후 최고 유파를 선택한 사람이야말로 출중하듯이, 그리고 철학에서 참된 진보는 수많은 사조들에 대한 지식과 경험 그리고 탁월한 가르침과의 연계에 바탕을 두고 있듯이, 그리스도교에 대한 참으로 심원한 지

식 역시 유대교와 그리스도교 분파들을 면밀히 통찰한 사람이 지니고 있다고 나는 주장하고 싶습니다. 그리스도교의 가르침을 분파들 때문에 비난하고자 하는 사람은, 소크라테스의 가르침도 비난해야만 할 것이니, 사실 그의 강의로부터 동일하지 않은 견해들을 주장하는 많은 학파가 생겨 나왔기 때문입니다. 또한 사람들은 플라톤의 학설도 아리스토텔레스 때문에 공박할 수 있을 터이니, 그는 그 스승의 가르침을 버리고 떠나 새로운 학설을 세웠던 것입니다. 이에 관해 우리는 이미 앞에서[15] 언급한 바 있습니다. 아무튼 제가 보기에 켈수스는 몇몇 분파에 대해 알고 있는 것 같은데, 그것들은 우리와 예수님의 이름을 공유하고 있는 분파들이 전혀 아닙니다. 아마도 이른바 배사교도拜蛇敎徒들과 카인파,[16] 또는 예수님과 완전히 결별한 어떤 다른 분파에 관한 지식이 그의 귀에 흘러들어 간 것 같습니다. 그러나 이런 사실이 그리스도교 신앙을 거슬러 비난을 제기하는 것을 정당화하지는 결코 못합니다.

14. 켈수스는 계속 말합니다. "사람들이 입증할 수 있는 바와 같이, 그리스도인들이 근거하고 있는 기반이 합당하지 않은 만큼, 그들의 결속은 그만큼 더 놀랍다고 하겠다. 반란과 그것을 통해 얻을 수 있는 이득, 또 외부의 적들에 대한 두려움이 그들의 적당한 기반 역할을 하고 있다. 이것들이 그리스도인들의 신앙을 떠받치고 있는 기둥들이다." 이에 대해 우리는 이렇게 맞받겠습니다. 우리의 "결속"은 그런 기반에 근거하는 것이 아니라 오히려 하느님의 능력에 바탕을 두고 있으니, 이 결

---

15 참조:『켈수스 반박』2,12.
16 배사교도들에 관해서는 참조:『켈수스 반박』6,24.28과 각주 68.69.75. 카인파는 영지주의 분파였는데, 특히 카인을 신적 영지를 맡아 지키는 자로 여겼다.

속은 하느님 덕분입니다. 하느님께서는 당신 예언자들을 통해 인간을 구원할 한 메시아의 오심을 기다리라고 우리에게 가르치셨습니다. 과연 이 기다림이 실제로 반증되지 않는 만큼 — 비록 비신앙인들에게는 반증되는 것처럼 보이지만 —, 그만큼 더 분명히 예언자들의 말이 하느님의 말씀으로 밝혀지고, 예수님이 그분의 육화 이전이나 이후에나 하느님의 아들로 드러나십니다. 나는 이렇게 주장합니다. 예리하게 꿰뚫어보는 영혼의 눈을 지닌 사람은 그 말씀이 육화 이후에도 온전히 거룩하게 나타나신다는 사실, 그 말씀은 참으로 하느님으로부터 우리에게 오셨다는 사실, 그리고 그 말씀은 인간의 지혜로는 그 기원도 성장도 알아낼 수 없었고 오히려 당신 자신을 계시하시는 하느님에 의해 알려졌다는 사실을 거듭 새삼 깨닫게 될 것이니, 바로 그 하느님께서 가지가지 지혜와 능력을 통해 처음에는 유대교를, 그다음에는 그리스도교를 태어나게 하셨습니다. 반증된 것은 오히려 그렇게나 많은 인간을 회심케 하고 또 개과천선시킨 가르침의 "기원이 반란과 그것을 통해 얻을 수 있는 이득"이라는 켈수스의 고약한 추측입니다.

15. "외부의 적들에 대한 두려움"이 우리의 "결속"을 견고히 한 것이 아니라는 것도, 하느님의 뜻에 의해 상당히 오래전부터 두려움의 근원이 사라졌다는 사실이 분명히 밝혀 줍니다. 그렇긴 하지만 신앙인들이 현세 삶을 대하는 두려움 없는 마음이, 그리스도교 가르침을 집요하게 비방하는 자들이 지금의 매우 극렬한 반란들[17]의 원인을 거듭 새삼 신앙인들의 많은 수와 이들이 예전과는 달리 권력자들에게 박해를 받지 않

---

17 이 암시의 역사적 배경에 관해서는 참조:『켈수스 반박』해제 130-135.

는 상황에서 찾기 때문에, 다시 사라져 버릴 수도 있으리라는 예상은 개연성이 있습니다. 그런데 사실 우리는 평화의 시기에 느슨해지거나 평온에 빠져들지 말라고, 그리고 다른 한편으로는 세상이 우리를 배척할 때 나약해지지 말고 오히려 예수 그리스도에게서 드러난 하느님께 대한 사랑(로마 8,39 참조)을 보존하라고 그리스도께 배웠습니다. 그러므로 우리는 우리 신앙의 숭고한 원천을 공공연히 설명하지, 켈수스가 생각하는 것처럼 그 원천을 숨기지 않습니다. 과연 우리는 처음부터 한결같이, 우리에게 오고자 하는 사람들에게 모든 우상 숭배를 경멸하는 마음을 불러일으키려 애써 왔습니다. 이를 위해 우리는 그들의 생각을 고귀한 목표를 향해 이끌어 갑니다. 우리는 그들이 오직 하느님께 바쳐야 마땅한 공경을 더 이상 피조물들에게 바치지 않게 하며(로마 1,25 참조), 그들의 마음을 온 세상의 창조주께로 드높이 끌어올립니다. 그런 다음 우리는 약속된 분이 나타나셨다는 사실을 그분을 예고한 많은 예언과 복음서와 사도들의 언명에 근거하여 명백하고 확실하게 입증해 주며, 이 예언과 언명들은 좀 더 깊이 통찰하고 이해할 수 있는 사람들에 의해 신중히 전승됩니다.

16. 켈수스가 아무런 증거 제시 없이 언급하는, 우리가 "사람들을 끌어들이기 위해" 사용한다는 "온갖 수단"이 어떤 종류의 것인지, 그리고 우리가 "이것저것 짜맞추어 꾸며 내는 끔찍한 광경들"[18]이 어떤 것인지를, 원하는 사람은 설명해 보라고 하십시오. 아마도 켈수스는 우리가 꾸며 냈다는 "끔찍한 광경들"에, 그리스도교 교리에서 말하는, 하느님

---

18 참조: 유스티누스 『둘째 호교론』 9,1.

께서 최후 심판의 심판관으로서 인간들에게 그들이 행한 모든 것에 대한 해명을 요구하시는 광경도 포함시키는 것 같습니다. 이 교리와 관련해서는 성경뿐 아니라 이성에 근거해서도 설득력 있게 논증할 수 있습니다.[19] 아무튼 켈수스는 자기 책 말미에서 — 나는 진실을 사랑하는 마음으로 인용합니다 — 이렇게 말합니다.[20] "장차 불의한 자들은 징벌을 받고 의인들은 보상을 받는다는 교리를 무시하는 것이, 이들에게도 나에게도 또 그 어떤 인간에게도 허용되지 않기를!" 만일 장차 닥칠 징벌에 관한 교리를 제외한다면, 우리가 사람들을 우리에게 끌어들이기 위해 꾸며 냈다는 "끔찍한 광경들"은 무엇일까요? 아무튼 켈수스가 계속하여 그리스도인들은 "예부터 전해 오는 가르침[21]에 대한 오해들을 이것저것 짜맞추어, 이 마술 피리 소리 같은 훈계를 통해, 키벨레 여신의 사제들이 광란 상태로 몰아넣고자 하는 자들을 미리 시끄러운 소리로 귀먹게 하듯이,[22] 미리 사람들을 호리고 정신을 빼놓았다"라고 말하고 있으니, 우리는 그에게 묻겠습니다. 우리가 "오해"했다는 "예부터 전해 오는 가르침"이 무엇입니까? 혹시 저승에는 재판정이 있다고 하는 그리스인들의 가르침인가요, 아니면 이 현세의 삶에 이어진다는 내생을 각별히 예고하는 유대인들의 가르침인가요? 어떤 경우든 켈수스는 분

---

19 이 이중 논증에 관해서는 참조: 오리게네스 『원리론』 서론 10에 주의를 환기시키는 G. Dorival, Filosofia: *Origene. Dizionario. La cultura, il pensiero, le opere* (hrsg. von A. Monaci Castagno), Rom 2000, 173.

20 참조: 『켈수스 반박』 8,49(거기서는 정확하게 인용하지만, 여기서는 의미만 살려 표현하고 있다).

21 "예부터 전해 오는 가르침"(παλαιὸς λόγος)은 여기서 종말론적 표상들과 관련된다. 이 표상들에 관한 언급이 『켈수스 반박』 8,48.49에 나오는데, 이미 플라톤 『서간』 7,335a도 이를 거론한 바 있다.

22 키벨레 여신 숭배 제의에는 무아경에서의 제의적 춤도 포함되어 있는데, 정신의 정화, 카타르시스로 이끌어 간다고 한다.

별 있는 신앙을 지니고자 애쓰는²³ 우리가 모두 진리에 대한 "오해들"에 사로잡혀 있고, 그런 따위의 가르침을 우리 삶의 지침으로 삼고 있다는 것을 입증하지는 못할 것입니다.

17. 켈수스는 이제 우리의 신앙을 이집트인들의 종교 제도 및 관습과 견주고자 합니다. 그는 말합니다. "이집트인들의 종교 제도와 관습에 접근하는 사람들은, 웅장한 신전 구역과 울타리 쳐진 나무가 무성한 뜰, 거대하고 멋진 주랑 현관을, 그리고 장려한 건물들로 빙 둘러싸인 훌륭한 신전을, 또한 장엄하고 비밀스러운 예배 의식들을 보게 된다. 그러나 그런 다음 안으로 들어가 중심부까지 이르러야, 그들이 숭배하는 대상이 고양이, 원숭이, 악어, 염소 또는 개라는 사실을 알게 된다."²⁴ 그런데 거기에 들어서는 사람들에게 그렇게나 멋지게 보이는 이집트인들의 이 종교 제도 및 관습과 우리의 하느님 예배가 무슨 공통점이라도 있다는 것입니까? 도대체 우리 예배의 어떤 것이 장려한 주랑 현관 뒤 깊숙한 중심부에서 공경받고 있는 저 이성 없는 동물들과 견주어질 수 있다는 것입니까? 아니면 예언들과 만유를 주재하시는 하느님 공경 그리고 우상 배척은 켈수스의 눈에도 칭송할 만한 것으로 보이는 반면, 십자가에 처형되신 예수 그리스도는, 그의 견해에 따르면, 이집트에서 공경받는 이성 없는 동물들과 견주어질 수 있다는 것입니까? 켈수스의 말이 이것을 의미한다면 — 사실 그가 말하고자 하는 바는 다름아닌 이것일 것입니다 — 우리는 그에게 이렇게 반박하겠습니다. 우리는 이미

---

23 참조: 오리게네스 『원리론』 4,1,1.
24 이집트의 신들은 동물들 모습이나 동물의 머리를 지닌 인간들 모습으로 표현되었다. 참조: 루키아노스 『초상화』 11; 스트라본 『지리학』 17,1,28; 헤로도토스 『역사』 2,64.

앞에서[25] 예수님으로 말미암아 일어난 일들을 상세히 설명했으니, 바로 그분이 여느 인간처럼 겪으신 것으로 보이는 고난이 실은 온 인류를 치유했고 또 온 세상에 풍성한 은혜를 내려 주었다는 것입니다.

18. 그런데 이집트인들이 이성 없는 동물들 숭배를 훌륭한 일로 언명하고, 그것들은 신의 상징들이라고 주장하며, 또 그들 사이에서 예언자로 통하는 남자들이 평소에 그 동물들 이름을 즐겨 사용하기 때문에, 켈수스는 이렇게 확언합니다. "이집트인들의 종교 예식들은 그것에 관한 가르침을 받은 사람들에게, 자신이 공연히 그런 비의를 전수받은 게 아니라는 느낌을 불러일으킨다." 그런데 우리 성경에서 바오로가 말하는 "은사"를 통해, 예컨대 성령을 통해 주어지는 "지혜의 말씀"과 "지식의 말씀"을 통해, 그리스도교의 가르침을 받고자 하는 사람들에게 계시되는 진리들(1코린 12,8 참조)에 관해서는 켈수스가 한 번도 생각해 보지 않은 것 같습니다. 이 사실은 이미 인용한 말을 통해서만이 아니라, 그가 나중에 그리스도인 공동체를 거슬러 제기하는 고발, 곧 "그리스도인들은 학식 있는 사람들은 모두 자기네 신앙 공동체에서 배제했고, 오직 어리석은 자들과 노예 근성을 지닌 자들만 불러 모았다"라는 고발을 통해서도 명백히 드러납니다. 이에 관해서 우리는 적절한 시점에 관련 대목들[26]을 다룰 때 더 확실히 알게 될 것입니다.

19. 또한 켈수스는 우리에 관해 이렇게 주장합니다. "(그리스도인들

---

25 참조: 『켈수스 반박』 1,54.61; 2,16.23.
26 참조: 『켈수스 반박』 3,44.50.55.74.

은) 이집트인들이 의미심장한 많은 비의를 언명할 수 있는데도 불구하고, 또 그들이 자기네 예배는 대중이 믿는 것처럼 헛된 동물 공경이 아니라 영원한 이데아들 공경을 의미한다고 가르치면, 대놓고 이집트인들을 비웃는다." 그런데 "(그리스도인들은) 바보명청이이니, 왜냐하면 예수에 관한 이야기에서 이집트인들의 염소나 개와 견주어 더 공경할 만한 것을 전혀 제시할 줄 모르기 때문이다."[27] 이에 대해 우리는 이렇게 대꾸하겠습니다. 그러니까, 탁월한 그대여, 이집트인들이 "의미심장한 많은 비의"와 동물 숭배에 관한 "비밀스러운 설명"을 제시할 수 있다고 해서, 그것이 충분한 근거가 있다고 그대의 말로 칭송하고 강조하는 것이오? 그러나 그대는 올바르게 판단하게 처신하는 것이 아니니, 우리가 그리스도교에서 "진보한 사람들"을 위해 로고스(말씀)의 지혜에 따라 예수님에 관한 보고들을 면밀히 논구하고 있는데도, 우리가 말할 수 있는 게 아무것도 없고 오히려 우리의 모든 언명을 가치 없고 헛되다고 비난하기 때문이오. 이 진보한 사람들과 그리스도교에 간직되어 있는 "지혜"를 이해할 수 있는 이들의 능력에 관해 바오로는 이렇게 말하고 있소. "성숙한 이들 가운데에서는 우리도 지혜를 말합니다. 그러나 그 지혜는 이 세상의 것도 아니고 파멸하게 되어 있는 이 세상 우두머리들의 것도 아닙니다. 우리는 하느님의 신비롭고 또 감추어져 있던 지혜를 말합니다. 그것은 세상이 시작되기 전, 하느님께서 우리의 영광을 위하여 미리 정하신 지혜입니다. 이 세상 우두머리들은 아무도 그 지혜를 깨닫지 못하였습니다"(1코린 2,6-8).

---

27 이집트 종교에 대한 오리게네스의 비판에 관해서는 참조: 『켈수스 반박』 1,20; 6,80.

20. 여기서 우리는 켈수스와 유사하게 생각하는 사람들에게 묻고 싶습니다. 바오로가 성숙한 이들 가운데에서는 자신도 지혜를 말하겠다고 약속했을 때, 어떤 차원 높은 지혜에 관한 생각을 가지고 있지 않았겠습니까? 그러나 켈수스가 습관적인 뻔뻔함으로, 바오로는 자기도 지혜롭지 못하면서 그렇게 약속했다고 곧장 반박한다면, 우리도 그에게 이렇게 대꾸하겠습니다. 먼저, 모든 표현의 의미를 그 표현이 담겨 있는 서간들 안에서 탐구하려 애써야 하는 그 남자의 서간들을 우리에게 설명해 보시오. 그리고 그런 방식으로 에페소서와 콜로새서, 테살로니카서와 필리피서와 로마서 등을 읽고, 그런 다음 첫째, 그대가 바오로의 말을 이해했음을 보여 주고, 둘째 그대가 바오로의 말 중에서 이런저런 것은 우직하고 어리석다는 것을 입증할 수 있음을 보여 주시오! 사실 주의 깊게 바오로 서간을 읽는 사람은 위대한 사상을 단순한 말로 표명하는 그 남자의 정신에 틀림없이 경탄하게 되거니와, 그런 경탄을 거부하면서 사도의 언명 의도를 자기가 곡해한 대로 설명하거나, 자기 마음대로 그 의도를 추측하고는 그것을 반박하려 시도하는 사람은 스스로 공공연한 웃음거리가 될 것이오.

21. 나는 복음서에 기록된 모든 요점에 유의하는 일이 꼭 필요하다는 사실에 관해 아직 말하지 않았습니다. 그것들 각각은 모두 "많은 의미"를 담고 있는데, 이것은 대중들에게만이 아니라 적지 않은 학자들에게도 이해하기가 어렵습니다(히브 5,11 참조). 여기에 속하는 것으로는 예컨대 예수님께서 "바깥 사람들"(마르 4,11)에게 말씀하신 비유들에 대한 뜻깊은 설명이 있는데, 예수님은 피상적 들음을 넘어선, 그리고 그분을 "집 안으로"(마태 13,36) 직접 찾아간 이들에게 "따로"(마르 4,34) 설명해 주

셨습니다.[28] 어째서 어떤 이들은 "바깥에" 있는 것으로, 또 어떤 이들은 "집 안에" 있는 것으로 묘사되는지, 그 이유를 알게 되면 많은 사람이 크게 놀랄 것입니다. 예수님의 영광스러운 변모를 볼 수 있었던 사람들도 극도로 놀라지 않았습니까! 예수님이 산 위로 올라가시어 곧 특정한 말씀과 행동을 하시고 거룩하게 모습이 변하시는 것을 보았으며, 또한 다시 평지로 내려오셔서는, 제자들처럼 그분과 함께 산 위로 올라가지 못했던 병자들을 치유하시는 것을 보았으니 말입니다(마태 17,1-9.14-18 병행 참조).[29] 그런데 지금은 복음서의 참으로 숭고하고 거룩한 대목들이나 바오로에게 깃들어 있던 "그리스도의 마음"(1코린 2,16), 곧 하느님 로고스와 지혜의 마음을 설명하기에 적절한 시점이 아닙니다. 그러나 아무튼 지금까지 말한 것으로도 하느님 교회의 고유하고 신비스러운 보배들을 이집트인들의 고양이 · 원숭이 · 악어 · 염소 · 개와 동렬에 놓고자 하는, 철학자에게는 어울리지 않는 켈수스의 야유를 물리치는 데는 충분할 것입니다.

22. 어릿광대 켈수스는 우리에게 온갖 야유와 조롱을 빼놓지 않고 쏟아붓고자 하는데, 우리를 공박하는 그의 책에서, 그리스인들의 믿음에 따르면 인간이었다가 신이 된 "제우스의 아들들,[30] 헤라클레스, 아스클레피오스와 디오니소스"[31]에 관해 이렇게 주장합니다. "그리스도인들

---

28 참조: 『켈수스 반박』 3,46; 오리게네스 『헤라클리데스와의 논쟁』 15; 『마태오 복음 주해』 10,1.
29 참조: 『켈수스 반박』 2,64-66; Bertrand, Mystique de Jésus 82-85.
30 카스토르와 폴리데우케스다.
31 이 이름들은 특정한 인간들은 그들의 공적 덕분에 신이 되었다는 고대 표상의 사례로 매우 자주 거명된다. 『켈수스 반박』 3,22-43에서 언급되는 영웅들과 "신적 남자들"에 관해서는 참조: Fédou, Christianisme 55-72.

은 그들을 신으로 여길 마음이 없을 것이니, 왜냐하면 그들은, 비록 인간들의 행복을 위해 가치 있는 일을 많이 했지만, 예전에 인간이었기 때문이다.³² 그런데 그리스도인들은 예수에 관해서는, 그가 죽은 후 자기 패거리의 동료들에게 목격되었다고 말한다."³³ 게다가 켈수스는 "예수는, 더 정확히 말하면, 환영으로서 목격되었다"라고 주장했다고 우리를 비난합니다. 이에 대해 반박하겠습니다. 여기서 켈수스의 교활함이 드러납니다. 사실 그는 한편으로는 앞에서 거명한 이들을 신으로 공경해선 안 된다는 것을 명백히 언명하기를 피합니다. 왜냐하면 자신의 진짜 생각을 솔직히 털어놓으면, 자기 책 독자들이 자신을 무신론자로 여길까 두려워하기 때문입니다. 다른 한편으로 그는 자신이 그들을 신으로 여긴다는 인상도 주지 않으려 합니다. 둘 중 어느 경우든 우리가 그에게 답변을 해야 할 의무는 없다고 하겠습니다.

요컨대 우리는 그들을 신으로 여기지 않는 사람들에게 이렇게 말하고자 합니다. 당신들은 어떻게 생각합니까? 앞에서 거명된 그들이 더 이상 존재하지 않고 또 그들의 영혼도 소멸된다고 생각합니까? 사실 적지 않은 이가 영혼은 인간이 죽으면 즉시 소멸된다고 추측합니다.³⁴

32　이교인 사상가 에우헤메로스(기원전 280년경)에게서 유래한다는 이 논증에 대한 그리스도교 측의 비판과 이용에 관해서는 참조: M. Fiedrowicz, *Apologie im frühen Christentum. Die Kontroverse um den christlichen Wahrheitsanspruch in den ersten Jahrhunderten*, Paderborn 3.Aufl. 2006, 235.236.

33　참조:『켈수스 반박』2,70. 그리스도교 호교가들이 그리스 신들을 거슬러 에우헤메로스의 논증을 이용하여, 나중에 신이 된 이 인간들을 웃음거리로 만들려고 한 반면, 켈수스는 그리스도라는 인물을 거슬러 이 논증을 이용하여, 그리스도인들의 비일관성을 비난한다. 물론 켈수스는 그리스도교 신앙에 따르면 그리스도는 하느님이 된 인간이 아니라, 인간이 되신 하느님이라는 사실을 알지 못했다.

34　에피쿠로스학파의 견해다.

아니면 영혼의 존속과 불사를 믿는 사람들의 확신처럼, 영혼이 과연 계속 존재하고 사멸하지 않는다고 생각합니까?[35] 이 경우, 그들은 신이 아니라면 혹시 일종의 반신半神입니까? 또는 반신도 아니라면 그냥 영혼입니까?[36] 만일 당신들이 그들은 더 이상 존재하지 않는다고 생각한다면, 우리는 영혼의 불사에 관한 우리의 주요 가르침을 입증해야 할 것입니다. 그러나 당신들이 그들은 아직 존재한다고 믿는다면, 이번에도 우리는 영혼의 불사를 입증해야 하는데, 이 주제에 관한 그리스인들의 훌륭한 언명들을 도구로 삼아, 또 하느님 가르침의 내용에 따라 그렇게 해야 할 것입니다. 이제 우리는 신들의 무리에 속하게 된 그들이 현세 삶을 떠난 후 어떤 더 좋은 영역과 상황에 존재한다는 것은 불가능하다는 것을 알려 주겠습니다. 사실 우리가 쉽게 접할 수 있는 그들에 관한 이야기들은 "헤라클레스"의 갖가지 방종과 옴팔레의 궁전에서 헤라클레스의 여장 노예살이에 관해, 그리고 제우스에게 천둥신의 화살을 맞은 "아스클레피오스"에 관해 보고하고 있습니다.[37] 또한 "제우스의 아들들"에 관해서는 그들이 여러 번 죽는다고 말하고 있습니다. 다음 대목을 읽어 봅시다.

"이제 하루 그들은 살고, 다음 날 다시 죽네,
바뀌고 바뀌네; 그래도 어쨌든 신들 같은 영예 누리네."[38]

---

35 스토아학파와 플라톤학파의 견해다.
36 참조: 『켈수스 반박』 3,80.
37 참조: 아폴로도로스 『도서관』 2,6,3; 헤라클레스에 관해서는 3,10,4. 헤라클레스는 델피 신탁의 명령에 따라 일 년 동안 리디아의 여왕 옴팔레의 노예 노릇을 해야 했는데, 여왕은 그에게 여자 옷을 입고 실을 잣게 했다. 아스클레피오스는 죽은 사람들을 소생시켰기 때문에, 제우스가 벼락으로 그를 쳐 죽였다.

실상이 이런즉, 그들 가운데 누군가 합당하게 신이나 반신으로 여겨지는 것이 어찌 가능하겠습니까?

23. 이와는 달리 우리는 우리 예수님에 관한 보고들을 예언서에 근거하여 진실로 입증할 수 있으며 또한 그분 삶의 이야기를 저들의 이야기와 비교하면서, 그분의 처신은 흠잡을 것이 없었음을 명시할 수 있습니다. 과연 예수님을 거슬러 "거짓 증언"을 찾았던 적대자들은, 그분의 부당한 행위를 고발하기 위한 거짓 증언의 그럴 듯한 근거를 하나도 발견하지 못했습니다(마태 26,59-60 참조). 그리고 예수님의 죽음도 사람들이 줄기차게 따라다녔기에 초래된 것으로서, 아스클레피오스에게 명중한 천둥신의 화살 따위와는 공통점이 전혀 없습니다. 아무튼 여자 옷으로 모습을 감추고 미친 듯 날뛰던 "디오니소스"가 신으로 공경받을 만한 어떤 영예로운 것을 지니고 있었던가요? 그러나 그런 일을 옹호하는 사람들이 우의적 해석에서 피난처를 찾는다면,[39] 우리는 한편으로는 그 우의적 해석이 진실한 어떤 것을 내포하고 있는지 검증해야만 하겠고, 다른 한편으로는 거인족에게 잡아 찢기고 또 천상의 자기 자리에서 내쳐진 그들이 아직도 실제로 존재하며 숭배와 공경을 받을 만한지 검증해야겠습니다. 아무튼 우리 예수님이, 켈수스의 표현을 인용하자면, "자기 패거리의 동료들에게 목격되었다"는 것은 실제 사실이지만, "그는 환영으로 목격되었다"라는 켈수스의 주장은 비방입니다. 모쪼록

---

38 오리게네스는 여기서 Nekyia, 곧 저승 입구에서 오디세우스가 외우는, 망자 혼백을 불러내는 주문의 한 구절을 인용하고 있다. 그 입구에서 오리게네스가 언급하는 제우스의 쌍둥이 아들들인 카스토르와 폴리데우케스를 비롯한 많은 신인神人(영웅)의 혼백이 오디세우스에게 나타났다. 참조: 호메로스 『오디세이아』 11,303.304.

39 참조: 『켈수스 반박』 4,48; 6,42.

사람들은 저 신인과 영웅들에 관한 이야기를 예수님에 관한 보고와 나란히 놓고 면밀히 검증해야 합니다. 그런데 켈수스는 저 이야기들은 진실로 여기고, 예수님에 관한 보고는, 직접 본 목격 증인들이 기록한 것인데도, 날조로 간주하려는 것 같습니다. 그 남자들은 자기가 목격한 일이 진실이라는 증거를 행동을 통해 보여 주었으니, 예수님의 가르침을 위해 온갖 고난을 기꺼이 감수하면서 자신의 지조를 실증했던 것입니다. 자신의 모든 행위에서 이성을 따르고자 하는 사람이라면 누가 저 신화들은 군말 없이 받아들이고, 오히려 예수님 이야기는 전혀 검증해 보지도 않고 믿을 수 없는 것으로 배척하겠습니까?

24. 다시금 켈수스는 이렇게 말합니다. "아주 많은 수의 그리스인들과 비그리스인들이, 그들 자신의 확언에 따르면, 아스클레피오스를 자주 보았는데, 그것도 그저 그의 환영을 본 게 아니라 바로 아스클레피오스 자신이 질병을 치유하고 선행을 베풀고 또 미래를 예언하는 것을 목격했다."[40] 그러면서 켈수스는 우리에게 그 확언을 믿으라고 요구하고, 우리가 그렇게 하고자 한다면 예수님 믿는 사람들을 비난하지 않겠다고 합니다. 그러나 성경에 근거하여 확신의 진위 여부를 통찰할 수 있는 우리가, 예수님의 기적을 목격했고 또 자기네 확신의 진실성을 뚜렷이 입증한 그분 제자들의 깨끗하고 바른 마음을 아는 자들로서, 그들의 보고에 찬동한다면, 켈수스는 우리를 "우직한 자들"이라고 부를 것입니다. 하지만 어쨌든 그는 자신이 말하듯 "말로 다할 수 없이 많은 그리스인들과 비그리스인들이 아스클레피오스를 믿는다"는 것을 입증하지는

---

40 참조: 『켈수스 반박』 3,3; 7,35. 고대의 수많은 봉헌 현판懸板은 이 신의 치유 기적을 증언하고 있으며, 그리스도는 흔히 아스클레피오스와 견주어졌다.

못합니다. 아무튼 켈수스가 "많은 사람"에 그렇게 중요한 의미를 부여한다면, 우리는 예수님을 믿는 "말로 다할 수 없이 엄청나게 많은 그리스인들과 비그리스인들"을 분명히 제시할 수 있습니다. 그리고 그들이 이 신앙을 통해 특별한 기적의 능력을 받았다는 표지로서, 적지 않은 사람이 치유가 필요한 이들 옆에서 단지 전능하신 하느님을 부르고 예수님 이름을 발설하고 복음서 한 대목을 읽는 것만으로도 병자들을 치유한다는 사실을 제시하겠습니다.[41] 우리도 그런 행위를 통해 많은 사람이 격심한 발작, 정신 착란, 광란을 비롯한 수많은 질병에서 해방되는 것을 직접 보았거니와, 이런 치유는 인간도 다이몬도 성공할 수 없었던 것입니다.

25. 그런데 아스클레피오스라는 이름으로 불리는 치유의 다이몬이 신체의 질병들을 치유할 수 있는 능력을 가지고 있다는 것을 인정한다 하더라도, 나는 아무튼 그런 치유나 "아폴론의 신탁"에 경탄하는 사람들에게 이렇게 말하고 싶습니다. 이 질병 치유 능력은 그 자체로는 선한 것도 아니고 악한 것도 아니며, 올바른 사람들에게만이 아니라 나쁜 사람들에게도 주어지는 일종의 능력이며 "미래에 대한 예지" 역시 마찬가지입니다. 사실 미래를 미리 아는 사람은 그로써 무슨 올바름을 드러내는 것이 전혀 아닙니다.[42] 아무튼 "병자들을 치유하거나 미래를 미리 아는 이들"에게 경탄하는 사람들은, 그들에게 인간적 결함 따위가 전혀 없고 오히려 모든 점에서 올바르며 또한 신으로 간주되어도 무방하

---

41 참조: 『켈수스 반박』 1,6.
42 참조: 『켈수스 반박』 4,96; 7,5.

다는 것을, 우리에게 입증해 보라고 하십시오. 그러나 그 사람들은 그들에게서 어떤 고결함이나 덕성을 입증하지는 못할 것입니다. 그리고 다른 한편으로는 그렇게 치유된 사람들에 관한 보고도 있는데, 그들 가운데에는 인간으로서의 의무를 망각하고 멋대로 살아왔기에 분별 있는 의사라면 치료를 주저했을, 살 자격이 없는 자들도 많았습니다.

마찬가지로 사람들은 아폴론의 신탁들에서 종종 어처구니없는 일을 요구했다는 사실을 발견할 수 있을 것입니다. 여기서는 두 가지 사례만 제시하겠습니다.[43] 아폴론은, 내가 착각하는 게 아니라면, 신들에게 바치는 것과 똑같은 공경을 권투 선수인 클레오메데스[44]에게 바치라고 사람들에게 명령하는 신탁을 내렸습니다. 아폴론이 클레오메데스의 싸움 솜씨에서 무슨 놀라운 것을 보았는지 나는 모릅니다. 아폴론은 그러나 피타고라스도 소크라테스도 그 권투 선수가 받아 마땅한 공경과 동일한 공경을 받을 만하지 못하다고 여겼습니다. 또한 아폴론은 아르킬로코스가 고약하고 비윤리적인 주제들에서 시 쓰는 재주를 발휘했고 또 자신의 부도덕하고 잡스러운 성품을 생활에서 공공연히 보여 주었는데도, 그를 "뮤즈들의 종"이라 칭하고는, 아르킬로코스가 여신들로 여겨지던 뮤즈들의 봉사자인 한, 경건한 남자라고 선언했습니다.[45] 그런데 절제나 덕이라곤 없는 그런 인간을 과연 백성 중 한 사람이라도

43　카이사리아의 에우세비우스 『복음의 준비』 5,33.34에 따르면 이 두 사례는 견유학파 사람인 가다라의 오이노마오스(기원후 2세기 초)의 글에서도 발견된다.

44　참조: 『켈수스 반박』 3,33.

45　아르킬로코스는 기원전 7세기 이오니아 출신의 서정 시인인데, 작품에서 미움과 조롱 같은 인간적 감정과 반응들을 노골적으로 다루었고 상스러운 말을 사용하는 데 전혀 거리낌이 없었다. 참조: 디온 크리소스토무스 『연설』 33,12; 갈레노스 『기술 학습에 대한 권고』 22.23; 플루타르코스 『도덕론』 560E.

경건하다고 말할지, 또 올바른 사람이라면 아르킬로코스의 역겨운 시구들을 가득 채우고 있는 일들을 말하고 싶어 할지 나는 모르겠습니다. 그러나 "아스클레피오스의 의술"과 "아폴론의 예언술" 자체에서 신적인 것이 전혀 인지되지 않는다면, 사람들이 이 둘을 진짜배기 신으로 공경하는 게 합당하다고 할 수 있겠습니까? 참으로 기이한 사례를 하나 더 들자면, 인간적 육신성이라곤 전혀 갖추고 있지 않은 저 예언하는 정신, 곧 아폴론은 피티아 해협에서 건너편에 앉아 있던 피티아라 불리던 예언녀의 음부陰部를 통해 그녀의 몸속으로 아래로부터 파고들어 갔는데,[46] 그런 아폴론을 신으로 공경하는 게 옳다고 할 수 있겠습니까? 이와는 달리 예수님과 그분 능력에 관한 우리의 가르침에는 그런 기괴한 일이 없습니다. 과연 동정녀에게서 태어나신 그분의 몸은 여느 인간의 몸과 동일한 요소들을 지니고 있었고 또 그래서 여느 인간과 마찬가지로 상처를 입을 수 있었으며 또한 죽음을 면치 못했습니다.

26. 우리는 이제 켈수스가 이어서 신화적 이야기로부터 제시하는 기적들을 주의 깊게 살펴보고자 합니다. 이 기적들은 그 자체로는 믿을 수 없는 것으로 여겨지는데도, 그는 실제라고 여기고 있습니다. 켈수스는 프로콘네소스 출신의 아리스테아스[47] 이야기로 시작하면서, 그에 관해

---

[46] 요한 크리소스토무스 『코린토 1서 강해』 29,1을 제외하면, 이 견해는 델피 문헌에서 확인되지 않는다. A. Méhat, Divination païenne et prophétie chrétienne. La Pythie, Origène et Saint Jean Chrysostome: *Origeniana Quarta* (hrsg. von L. Lies = IThS 19), Innsbruck 1987, 439에 따르면 이 견해는 전통적인 예언술을 공박했던 견유학파 사람 가다라의 오이노마오스(기원후 2세기)에게서 유래한다. 스트라본 『지리학』 9,3,5에 따르면, 피티아 무녀가 앉아 있던 신탁 좌석은 갈라진 땅 위에 놓여 있었다. 참조: 『켈수스 반박』 7,3.

[47] 기원전 6세기의 서사 시인. 아폴론 추종자였으며 기적을 일으키는 자로 여겨졌다.

다음과 같이 말합니다. "그 밖에 프로콘네소스 출신의 아리스테아스는 마치 신처럼 인간들 눈에서 사라졌고 또다시 분명히 나타났으며, 나중에는 여러 시간대에 여러 장소에 체류했고 놀라운 일들을 예고했는데, 아폴론이 메타폰티움 사람들에게 아리스테아스를 신처럼 공경하라고 지시했는데도, 아무도 그를 신으로 여기지 않는다." 켈수스는 이 이야기를 핀다로스와 헤로도토스에게서 가져온 것으로 보입니다.[48] 아무튼 여기서는 헤로도토스의 역사책 넷째 권의 보고를 인용하는 것으로 충분하겠습니다. "그런데 이것을 말한 아리스테아스가 어디 출신인지는 내가 보고한 바 있다. 이제 나는 프로콘네소스와 키지코스에서 그에 관해 들은 이야기를 알려 주고자 한다. 그들은 이렇게 이야기한다. 아리스테아스는 어떤 시민에게도 뒤지지 않는 매우 고귀한 가문 출신인데, 프로콘네소스에서 무두질 작업장에 들어갔다가 거기서 죽었다. 그러자 무두장이는 자기 작업장을 닫아걸고 달려가 죽은 이의 친족에게 알렸다. 아리스테아스가 죽었다는 소식이 이미 온 도시에 퍼졌을 때, 뜻밖에 아르타케시에서 온 한 키지코스 주민이 나타나, 그 소식을 부인하며 자신이 키지코스로 가던 길에 아리스테아스를 만나 대화를 나누었다고 주장했다. 그 사람이 그렇게 정반대로 말하고 있는 동안, 죽은 이의 친족은 그를 매장하기 위해 아주 서둘러 무두질 작업장으로 달려갔다. 그러나 문을 열고 보니, 아리스테아스는, 죽었든 살았든, 보이지 않았다. 그런데 나중에, 그러니까 칠 년 뒤 아리스테아스는 프로콘네소스에 나타나 시가들을 지었는데, 지금 그리스인들이 '아리마스페아 노래'[49]라고 부른다. 이 작품을 완성하고 나서 아리스테아스는 두 번째로

---

48 참조: 핀다로스 『단편』 271; 헤로도토스 『역사』 4,14.15.

사라졌다. 이 도시들에서는 이런 이야기를 하고 있다. 그러나 아래 이 야기는, 내가 계산해 낸 바로는, 아리스테아스가 두 번째로 사라진 지 240년 후, 이탈리아의 메타폰티움 사람들에게 일어난 일에 관한 것이 다. 메타폰티움 사람들은 주장하기를, 아리스테아스 자신이 그들 지역 에 나타나 아폴론 제단을 세우고는 그 옆에 프로콘네소스의 아리스테 아스라는 이름을 붙인 입상을 세우라고 지시했다고 한다. 왜냐하면, 그 가 말하기를, 그들은 예전에 아폴론이 그 지역으로 찾아왔던 유일한 이 탈리아 주민들이고, 또 자신은 아폴론을 수행하기 때문이라는 것이었 다. 그런데 자기가 예전에 그 신을 수행했을 때에는, 자신이 까마귀였 다고 한다. 아리스테아스는 그렇게 말하고 나서 다시금 사라졌다. 그러 나 메타폰티움 사람들은 델피로 사람을 보내어 아폴론 신에게, 그 인간 의 환영이 나타난 것이 무엇을 의미하는가 물었다고 한다. 그러자 그 신전 무녀인 피티아는 그 환영의 지시를 따르라고 촉구하고, 그들이 순 종하면 행복을 가져다줄 것이라고 했다. 그래서 그들은 그 지시를 믿고 받아들여 실행에 옮겼다. 그래서 지금 실제로 아리스테아스라는 이름 이 붙은 입상이 아폴론의 초상 바로 옆에 서 있고, 주위를 빙 둘러 월계 수들이 심겨 있다. 그런데 이 초상은 시장에 세워져 있다. 지금까지 아 리스테아스에 관해 꽤 많이 이야기했다."

27. 우리는 아리스테아스 이야기에 대해 다음과 같이 말해야 하겠습니 다. 만일 켈수스가 그 이야기를, 진실로 여기는 자신의 입장을 표명하

---

49 아리스테아스가 스키타이인들과 이세도네스인 지역을 여행한 보고서 격이다. 아리스테아 스는 이세도네스인에게서 그들의 외눈박이 이웃인 아리마스포스 종족에 관한 이야기를 들었다. 참조: 헤로도토스 『역사』 4,13-15.

지 않고, 단순히 이야기로 전달했다면, 우리는 그의 말에 달리 응수할 것입니다. 그러나 그가 "아리스테아스는 마치 신처럼 사라졌고, 그 후에 다시 분명히 나타났으며, 또 여러 장소에 체류하면서 놀라운 일들을 예고했다"라고 주장하기 때문에, 그리고 더 나아가 "아리스테아스를 신처럼 공경하라고 메타폰티움 사람들에게 지시한 아폴론의 신탁"도 마치 그가 그 신탁에 전적으로 동의하는 투로 인용하기 때문에, 우리는 그에게 이렇게 묻겠습니다. 그대는 예수님 제자들이 스승님께서 일으키신 것으로 기록한 기적들은 순전한 "날조"로 간주하면서, 그리고 그것을 믿는 이들은 비난하면서, 아리스테아스의 이야기는 허풍도 날조도 아니라고 생각하는 것은 도대체 어찌된 일이오? 그대는 예수님의 기적을 믿는 이들은 "분별없다"고 비난하면서, 그대 자신은 그런 굉장한 일들을, 실제로 발생했음을 입증해 주는 어떤 증거나 근거는 전혀 제시하지도 않으면서, 공공연히 믿고 있지 않소? 혹시 그대는 헤로도토스와 핀다로스는 진실된 보고자로 여기고, 예수님 가르침을 위해 기꺼이 죽고자 했고 또 자신들이 확신하던 일을 기록하여 후세에 남긴 사람들은, 그대의 견해에 따르면, "날조와 신화와 헛소리"를 위해 엄청난 투쟁을 한 것이며 그 때문에 곤경과 박해 속에 살고 포악한 죽음을 당해야 했다고 여기는 것이오? 그렇다면 그대는 심판관으로서 아리스테아스에 관한 기록과 예수님에 관한 보고를 공정하게 비교해 보고, 도덕의 개선과 전능하신 하느님께 대한 신심의 심화를 통해 성취된 결실과 유익을 통찰해 보시오. 그런 비교와 통찰은 예수님에 관해 보고된 일들은 하느님에 의해 일으켜졌다는 신앙 고백에 이르지 않을 수 없을 터이거니와, 이와는 달리 프로콘네소스의 아리스테아스에 관한 이야기에서는 신적인 것을 전혀 찾아볼 수 없소!

28. 섭리가 어떤 의도가 있어서, 아리스테아스를 통해 기적을 일으켰다는 것이오? 그리고 그대는 그 섭리가 그렇게 요란하고 경탄할 만한 일들을 보여 줌으로써 인류에게 어떤 유익을 베풀고자 했다고 생각하는 것이오? 그대는 이 물음에 대답할 수 없을 것이오. 그와는 달리 우리는 예수님의 기적을 선포할 때, 기적이 일어나게 된 — 모쪼록 명심해야 하는 — 이유를 언명하니, 바로 하느님께서 인간 구원을 위한 가르침의 정당성을 기적을 통해 확증해 주고자 하셨다는 것이오. 이 가르침은 예수님께서 선포하셨고, 사도들은 이를테면 이 가르침 위에 창건된 그리스도교라는 건물의 튼튼한 기초를 이루고 있소. 그리고 이어지는 시대에도 많은 질병 치유를 비롯한 놀라운 현상들이 예수님 이름으로 이루어지는 가운데, 이 가르침이 더욱더 퍼져 나가고 있소.

그런데 메타폰티움 사람들에게 아리스테아스를 신처럼 공경하라고 지시한 이 아폴론은 도대체 출신이 어디요? 또 무슨 의도로 그런 지시를 한 것이오? 그리고 메타폰티움 사람들이 아폴론의 지시에 따라, 얼마 전까지만 해도 한 인간이었던 아리스테아스를 신처럼 공경하고 이제부터는 아예 신으로 여겨서 얻게 되는 유익함은 무엇이오? 우리가 보기에, 아폴론은 사람들이 "포도주를 따라 바치고 번제를 올리는" 하나의 다이몬이오.[50] 그러나 그대에게는 아폴론이 아리스테아스를 위해 내린 지시가 의미심장하게 여겨지는 것 같소. 반면 전능하신 하느님과 그분의 거룩한 천사들이 예언자들의 입을 통해 예수님 탄생 후가 아니라 그분의 인간 되심 전에 이미 선포한 내용은, 그대로 하여금 하느님 영으로 충만한 예언자들을, 또 그들의 예언이 겨냥하는 분을 찬탄하도

---

[50] 참조: 호메로스 『일리아스』 4,49; 9,500; 24,70. 이교의 표상과 오리게네스(『켈수스 반박』 7, 6.35; 8,60)에 따르면, 다이몬들은 피와 희생제물의 기름 태우는 연기를 먹고 산다.

록 만들지는 못하는 것 같소. 그분의 탄생은 아주 오래전에 상세히 예고되었고, 그래서 온 유대 민족이 약속된 분의 오심을 애타게 기다렸는데, 예수님께서 오신 뒤에는 서로 논쟁 속에 빠져들어 갔소. 아주 많은 사람이 예수님을 예언자들이 예고한 메시아로 인정하고 그분을 믿었소. 그러나 다른 사람들은 믿지 않았고, 오히려 예수님의 가르침 때문에 폭력적 반란 따위는 아주 가벼운 것조차 전혀 일으킬 생각을 하지 않는 그분 제자들의 온유함을 경멸했으며, 또한 예수님에게 감히 그런 악행을 저질렀소. 이 모든 일을 그분 제자들은 진실에 대한 사랑과 통찰력을 지니고 기록했으니, 그분의 놀라운 역사에서, 대중은 그리스도교 가르침에 수치가 될지도 모른다고 우려하는 일들도 감추거나 빼 버리지 않았소.

과연 예수님 자신과 그분 제자들은 신앙인들이 그분 가르침을 받아들이면서 — 마치 그분이 인간 본성을 공유하고 계시지 않은 듯이, 또 인간 안에서 "영을 거슬러 욕망하는 육"(갈라 5,17 참조)을 취하시지 않은 듯이 — 그분의 신성과 기적만 믿는 것은 원하지 않으셨습니다. 오히려 그들은 인간 본성과 인간의 곤궁 속으로 낮춰 내려와 인간의 영혼과 몸을 받은 능력이, 예수님 안에 있던 신성과 마찬가지로, 신앙인들의 구원에 기여한 것을 보았습니다. 그들은 예수님 안에서 신적 본성과 인간 본성의 결합이 시작되었음을 깨달았습니다. 인간 본성은 신적 본성과의 긴밀한 결합을 통해 그 자체도 신적으로 되거니와, 이는 예수님에게서만이 아니라 모든 인간에게서도 그렇습니다. 이들은 또한 신앙과 함께, 예수님께서 가르쳐 주신 새로운 삶을 시작하는데, 이 삶은 예수님 계명대로 살아가는 모든 이를 하느님과의 친교와 일치를 향해 들어 올립니다.

29. 켈수스의 "아폴론"은 "메타폰티움 사람들이 아리스테아스를 신처럼 공경"하기를 바랍니다. 그러나 메타폰티움 사람들은 아리스테아스가 한낱 인간이며 그것도 전혀 행실 바르지 못한 인간이라는 공공연한 사실을, 그를 신으로 이르며 그에게는 신적 공경이 마땅하다고 언명한 아폴론의 신탁보다 더 중요하게 여겼기 때문에, 아폴론의 지시에 따르지 않았고 그래서 "아무도 아리스테아스를 신으로 여기지 않"습니다. 그러나 예수님에 관해 우리는 이렇게 말할 수 있습니다. 예수님을 하느님 아들로, 아니 인간의 영혼과 몸을 갖추고 이 세상에 오신 하느님으로 받아들이는 것이 인류에게 유익하기 때문에, 그리고 이 사실이 육신을 사랑하는 다이몬들과 그것들을 신으로 간주하는 자들의 욕망에는 유리하지 않은 것으로 여겨졌기 때문에, 다이몬들의 본성에 관한 가르침을 받지 못한 이들이 신으로 여기는 이 세상 다이몬들과 그것들을 공경하는 자들은 예수님 가르침이 널리 전파되는 것을 방해하려고 했습니다. 왜냐하면 그들은 자신들이 열망하고 즐기던 포도주 헌상과 번제가 예수님 가르침의 전파 때문에 폐기되는 것을 보았기 때문입니다. 그러나 예수님을 파견하신 하느님께서는 다이몬들의 온갖 음모와 추적을 수포로 돌아가게 하셨고, 이 세상 어디서나 인간들의 회심과 개과천선을 위해 예수님의 복음이 성공을 거두게 도우셨으며, 미신적이고 무절제하고 불의한 인간들의 공동체와 맞서 활동하는 공동체[51]가 곳곳에 생겨나게 하셨습니다. 사실 어디서나 도시 공동체에서 살아가는 시민 대중은 그런 부류의 인간들로 구성되어 있습니다. 그러나 그리스도께서 스승이요 교육자이신 하느님의 공동체는, 이웃으로서 함께 살

---

51 ἐκκλησία라는 용어는 한편으로는 그리스도교 교회 공동체를, 다른 한편으로는 정치적 공동체를 지칭할 수 있었다.

아가는 주민 공동체들과 비교할 때, "이 세상에서 별처럼 빛납니다"(필리 2,15). 과연 교회 공동체의 좀 모자란 구성원들도, 훌륭한 구성원들에 비해서는 여러 면에서 부족하지만, 주민 공동체를 이루고 있는 사람들보다는 훨씬 낫다는 사실을 누가 부인할 수 있겠습니까?

30. 한 예로 아테네의 하느님 공동체를 주의 깊게 살펴보십시오! 그 공동체는 평화와 질서를 사랑하니, 만유를 주재하시는 하느님의 마음에 들고자 하기 때문입니다. 이와는 달리 아테네의 시민 공동체는 선동적이고 소요가 잦으며, 그곳의 하느님 공동체에 결코 견줄 수 없습니다. 사람들은 코린토나 알렉산드리아의 하느님 공동체와 그곳의 주민 공동체에 관해서도 똑같은 말을 할 수 있을 것입니다. 그리고 이런 말을 듣는 어떤 판단력 있는 사람이 진실을 사랑하는 마음으로 실상을 검증해 본다면, 그는 주민 공동체들과 이웃으로 함께 살아가는 하느님 공동체를 모든 도시에 세우겠다는 결심을 하고 또 그 결심을 실행에 옮길 수 있었던 사람들에게 경탄하게 될 것입니다. 그리고 그대가 하느님 공동체의 위원회와 모든 도시의 위원회를 비교해 본다면, 그대는 교회 공동체 위원회의 상당수 위원은, 만일 우주에 하느님의 도성이 있다면, 거기서도 충분히 지도할 자격이 있다는 사실을 알게 될 것입니다. 이와는 달리 세속의 정치적 위원회의 위원들은, 곳곳에서 드러나듯이, 그들을 일반 시민들보다 우월하다고 여기게 해 주는 높은 직책에 합당한 품격과 처신을 전혀 보여 주지 못하고 있습니다. 마찬가지로 우리는 모든 도시의 교회 공동체의 수장首長과 정치적 수장도 비교해 보아야 하거니와, 그러면 다음 사실을 깨닫게 될 것입니다. 하느님 공동체의 위원회 구성원들과 수장들 가운데에서 도덕적으로 확고한 구성원들에 비해

좀 불성실하고 무능한 사람들조차, 아무튼 전반적으로는 덕으로의 여정에서 진보하고 있거니와, 이런 진보는 시민 공동체의 위원회 구성원들과 수장들의 품격과 처신을 훨씬 능가합니다.

31. 실상이 이렇다면, 그렇게나 위대한 일들을 이루실 수 있었던 예수님에게는 특별한 신성이 내재해 있었다고 여기는 것이 합당한 일 아니겠습니까? 그러나 "프로콘네소스의 아리스테아스"에게는, 비록 아폴론이 그가 "신처럼 공경"받기를 바랐지만, 그런 신성이 내재하지 않았고, 켈수스가 열거하는 다른 자들의 경우도 마찬가지였습니다. 아무튼 켈수스는 말합니다. "엄청난 능력을 지녔기에, 한 대의 화살을 타고 공중을 가로질러 저 멀리로 옮겨 갔던 히페르보레이오스 종족 출신의 아바리스[52]를 아무도 신으로 여기지 않는다." 아바리스에게 한 대의 화살을 타고 저 멀리로 옮겨 갈 수 있도록 호의를 베푼 그 신은 무슨 의도로 그에게 그런 선물을 주었을까요? 그리고 그 일로부터 인류가 얻는 유익함은 무엇입니까? 또 아바리스 자신이 화살을 타고 멀리 옮겨 간다고 무슨 이로운 점이 있습니까? 아무튼 사람들은 그 일이 결코 허구가 아니라, 어떤 다이몬이 모종의 작용을 하여 일어났다고 그냥 인정하는 것 같습니다. 그러나 성경이 나의 예수님에 관해 "그분께서는 … 영광 속으로 올라가셨다"(1티모 3,16)라고 말하는데, 여기서 나는 하느님의 계획을 깨닫습니다. 이 일이 일어나게 하신 하느님께서 이 일을 본 사람

---

52   스키타이 전승에 나오는 기적가. 핀다로스 『단편』 270에 따르면 기원전 6세기, 다른 저자들에 따르면 그 전의 인물로 추정된다; 헤로도토스 『역사』 4,36에 따르면 히페르보레이오스 종족이 산다는 상상 속의 북국北國 출신이다; 한 오래된 전승에 따르면, 아바리스는 그곳으로부터 아폴론의 화살 하나를 타고 그리스 땅으로 옮겨 왔다. 그는 치유와 예언 그리고 오랜 기간 무아경에 드는 것으로 유명했다.

들에게 그들 스승님의 진실성을 확증해 주신 것이니, 이는 그들이 인간의 가르침을 위해서가 아니라 하느님의 가르침을 위해 싸우고, 만유를 주재하시는 하느님께 전력으로 헌신하며, 그분 마음에 드는 모든 일을 이행하여, 하느님의 심판 때에 자신들이 현세 삶에서 행한 선이나 악에 대한 응보를 받도록 하시기 위함입니다.

32. 이어서 켈수스는 또한 "클라조메네의 영웅"[53]에 관해 말하고는, 다음 이야기를 덧붙입니다. "사람들은 그의 영혼은 자주 몸을 떠나 몸 없이 이리저리 돌아다닌다고 이야기하지 않는가? 그러나 그이도 사람들은 신으로 여기지 않는다." 이에 대해 우리는 이렇게 대답하겠습니다. 어쩌면 몇몇 악한 다이몬들이 사람들을 부추겨 그런 이야기를 기록하게끔 했을 터이니(그런데 사실 나는 그것들이 그렇게 부추겼으리라는 것을 믿지 않습니다), 그 까닭은 예수님에 관한 예언과 그분 자신의 언명이 그런 이야기와 마찬가지로 날조로서 비난받게 하려는 것이거나, 아니면 예수님에 관한 이야기가 다른 이야기들보다 더 경탄스러운 내용을 담고 있지 않은 셈이 되게 하려는 것이었습니다. 그런데 나의 예수님은 당신 영혼은 인간적 필연성에 따라 몸에서 분리되는 게 아니라, 이와 관련하여 몸에게도 부여되어 있는 놀라운 권한에 따라 분리되는 것이라고 말씀하셨습니다. "아무도 나에게서 내 영혼(= 목숨)을 빼앗지 못한다. 내가 스스로 그것을 내놓는 것이다. 나는 영혼을 내놓을 권한도 있고 그것을 다시 얻을 권한도 있다. 이것이 내가 내 아버지에게

---

53 클라조메네 출신의 헤르모티무스. 그의 영혼은 잠잘 동안 육신에서 풀려나고 또 미래를 예견하는 능력을 지니고 있었다. 참조: 플루타르코스 『도덕론』 592 C-D; 테르툴리아누스 『영혼론』 44,1.

서 받은 명령이다"(요한 10,18). 예수님은 영혼을 내놓을 권한을 가지셨기에, 그분이 "아버지, 어찌하여 저를 버리셨나이까?"(마태 27,46)라고 말씀하셨을 때, 그 영혼을 내놓으셨으며, 또한 "다시 큰 소리로 외치시고 나서 영을 건네주셨습니다"(마태 27,50). 이렇게 예수님은 십자가형 당한 사람들을 책임지고 있으면서 그들이 형벌을 너무 오래 견디지 않아도 되게끔 그들 다리를 부러뜨리곤 했던(요한 19,31-34 참조) 형리들을 앞지르셨습니다. 그러나 예수님은 제자들에게 나타나셨을 때, 당신 영혼을 다시 받으셨습니다. 한편 그분은 제자들 보는 앞에서 미리, 당신을 믿지 않던 유대인들에게 "이 성전을 허물어라. 그러면 내가 사흘 안에 다시 세우겠다"(요한 2,19)라고 말씀하셨는데, "그분께서 성전이라고 하신 것은 당신 몸을 두고 하신 말씀이었습니다"(요한 2,21). 예언자들도 이 일을 여러 곳에서 미리 선포했습니다. "제 육마저 편안히 쉬리이다. 당신께서는 제 영혼을 저승에 버려두지 않으시고 당신께 충실한 이는 구렁을 아니 보게 하십니다"(시편 16,9-10).

33. 그러나 켈수스는 "아스티팔라이아의 클레오메데스"[54]에 관한 이야기도 인용하면서, 자신이 그리스인들의 이야기를 많이 읽었음을 드러냅니다. 그는 클레오메데스에 관해 "그는 한 궤 속으로 들어가 그 안에 숨었는데, 사람들에게 발견되지 않았고, 몇 사람이 그를 붙잡으려고 그 궤를 부숴 열었을 때, 어떤 신성한 섭리에 의해 거기서 달아났다"고 이

---

54 파우사니아스 『그리스 이야기』 6,9,6-7에 따르면, 클레오메데스는 기원전 486년 개최된 올림픽 제전의 권투 시합에서 상대방을 죽였기에 승리자 화관 박탈을 선고받고 고향으로 돌아갔다. 그곳에서 그는 한 학교 건물의 지붕을 무너뜨렸는데, 학생들 살해죄로 고발되자 아테네 여신 신전의 궤 안에 숨었다. 그곳에서 그를 찾아내지 못한 심부름꾼들에게 신탁이 내리기를, 클레오메데스는 불사의 신인神人이 되었다고 했다.

야기합니다. 이 이야기가 허구가 아니라 하더라도(비록 허구로 보이긴 하지만), 예수님에 관한 보고들과 견줄 수는 없습니다. 왜냐하면 그 남자들에게서는 그들이 지니고 있다고 간주된 신성의 징후가 삶에서 전혀 발견되지 않기 때문입니다. 이와는 달리 예수님의 신성은 그분 덕분에 치유와 구원을 얻은 공동체에 의해, 예수님에 관해 선포하는 예언에 의해, 그분 이름으로 이루어지는 치유에 의해, 그분에게서 비롯되어 지혜와 결합된 깨달음에 의해, 단순한 신앙으로부터 도약하여 성경의 의미를 탐구하려 노력하는 사람들에게서 발견되는 통찰의 영에 의해 입증되고 있습니다.[55] 이는 "성경을 연구하라"(요한 5,39)고 말씀하신 예수님의 지시에, 그리고 "여러분은 누구에게나 어떻게 대답해야 할지 알아야 합니다"(콜로 4,6)라고 가르친 바오로의 의도에, 또한 "여러분이 지닌 희망에 관하여 누가 물어도 대답할 수 있도록 언제나 준비해 두십시오"(1베드 3,15)라고 말한 다른 사도의 의도에도 상응하는 일입니다. 아무튼 켈수스가 자신이 인용한 이야기는 허구가 아님을 인정해 주기를 바란다면, 그는 그 초인적 권세가 도대체 무슨 의도로 "어떤 신성한 섭리에 의해 궤에서 달아남"이 일어나게 했는지 말해야 할 것입니다. 만일 그가 클레오메데스에게 베풀어진 은혜가 의미심장하고 또 신의 의도에 합당한 것임을 입증한다면, 우리는 그에게 무슨 대답을 해야 할지 판단할 것입니다. 그러나 켈수스가 이 문제에 관해 — 사실 어떤 논거를 찾아낼 수 없다는 것은 분명하거니와 — 무엇인가 설득력 있는 언명을 하지 못한다면, 우리는 이 이야기를 인정하지 않는 사람들의 견해에 찬동하여 이것을 허위라 선언하거나, 어떤 다이몬이 요란하게 호객 행

---

[55] M. Borett, Origenes, Contra Celsum 5 208-245는 여기에 호교론적 논증의 네 가지 중심축, 곧 교회 공동체, 예언, 기적, 성경 해설이 총괄 요약되어 있다고 본다.

위를 하는 마술사들처럼 눈속임을 통해 그 아스티팔라이아 출신 남자를 둘러싼 사건을 꾸몄다고 주장할 것입니다. 하지만 켈수스는 그 남자가 "어떤 신성한 섭리에 의해 궤에서 달아났다"고 신탁이 선언했다고 생각하고 있습니다.

34. 내 생각에, 켈수스는 단지 이런 사례들만 알고 있었습니다. 그러나 그는 비슷한 사례들은 의도적으로 생략한다는 인상을 주기 위해, "우리는 이런 부류의 사람들을 더 많이 거명할 수 있을 것이다"라고 말합니다. 그러나 이런 부류의 사람들이 더 많이 존재했다고 일단 인정하더라도, 그들은 인류에게 이로움을 전혀 베풀지 못했거니와, 그들에게서 우리가 상세히 이야기한 예수님의 활동 및 기적과 견줄 만한 것을 발견할 수 있습니까?

그러나 이어서 켈수스는 "그리스도인들은 체포되어 죽임을 당한 자를 신으로 숭배"하는데, 이는 "자몰크시스를 숭배하는 게타인들, 몹수스를 숭배하는 킬리키아인들, 암필로코스를 숭배하는 아카르나니아인들, 암피아라오스를 숭배하는 테베인들, 트로포니오스를 숭배하는 레바디아인들과 유사하게 행동하는" 것이라고 주장합니다.[56] 이와 관련해서도 우리는 그가 아무 근거 없이 우리를 방금 언급한 사람들과 마찬가지로 취급했다는 사실을 입증하겠습니다. 이들은 앞에서 거명한 인물들에게 신전과 신상을 세워서 바쳤지만 우리는 그런 것들을 통한 공

---

56 참조: 『켈수스 반박』 7,35; 자몰크시스에 관해서는 『켈수스 반박』 2,55와 각주 76. 여기서 거명된 인물들은 인간으로 살았는데, 검증을 받았고 불가사의한 방식으로 땅속으로 사라졌으며, 거기서 불사하게 되어 존속했고 동굴의 신들로서 숭배받았으며 또 사람들이 신탁을 간청하는 대상들이 되었다.

경을 우리 하느님에게서 멀리 떼어 놓으니, 그것들은 다이몬들에게나 어울리기 때문입니다. 이 다이몬들은 (어째서 그런지 나는 모릅니다만) 각기 한 특정 장소에 머무르는데, 자기가 전에 이미 점유했었던 곳이거나 아니면 이런저런 밀교 제의나 마술 때문에 마음이 끌려 아예 붙박게 된 곳이라고 하겠습니다. 그러나 우리는 예수님께 대한 찬탄으로 충만하였습니다. 왜냐하면 그분은 우리 정신을 감각적으로 인지할 수 있는 모든 것 — 그 자체로 덧없을 뿐 아니라, 언젠가는 실제로 사라질 것입니다 — 으로부터 돌아서게 하셨고, 또 올바른 삶과 기도를 통해 만유를 주재하시는 하느님을 공경하도록 들어 올리셨기 때문입니다. 이 기도를 우리는 예수님을 통해 하느님께 바치거니와, 그분은 창조되지 않은 존재의 본성과 모든 피조물의 본성 한가운데 계시며, 우리에게 아버지로부터 은총의 선물을 가져다주시고 우리의 기도를 만유를 주재하시는 하느님께 대사제의 방식으로 전달해 드립니다.

35. 나는 왜 켈수스가 그런 일들을 이야기하는지 정말 모르겠습니다. 그러나 나는 그와 함께 아래의 문제들에 관해, 그에게 어울리는 방식으로 질문할 의향이 있습니다. 아무튼 그에게 묻고 싶습니다. 그대가 앞에서 열거한 그 인물들은 아무것도 아니며, 그래서 레바디아의 트로포니오스, 테베 신전의 암피아라오스, 아카르나니아인들의 암필로코스, 킬리키아인들의 몹수스는 놀라운 능력이 전혀 없지 않소? 아니면 그런 장소에는 하나의 다이몬이나 신인 또는 신이 존재하며, 인간의 능력을 벗어나는 이런저런 일들을 행하오? 만일 켈수스가 그런 장소에는 다이몬이든 영웅이든 신적 존재는 아무것도 없다고 주장한다면, 그는 이제 자신의 신념을 자백해야 하니, 에피쿠로스학파 사람으로서 일반적

인 그리스인들의 견해를 공유하고 있지 않다고, 또 다이몬들의 존재도 인정하지 않고 그리스인들처럼 신들을 숭배하지도 않는다고 솔직하게 털어놓아야 합니다. 그리하여 켈수스가 앞에서 마치 그 진정성을 인정하는 듯이 언급한 사례들과 거명한 인물들은, 그가 그냥 별 뜻 없이 제시했다는 사실이 분명히 밝혀져야 합니다. 그러나 켈수스가 자신이 거명한 인물들이 다이몬이나 신인 또는 신이라고 주장한다면, 그는 예수님 역시 그런 존재이셨다는 사실(이 사실을 그는 부인하고 있습니다)을 자기가 한 말을 통해 입증하는 셈이 된다는 것을 유의해야 합니다. 과연 예수님은 그런 존재이셨기에, 당신이 하느님께로부터 인류에게 오셨다는 사실을 적지 않은 인간들에게 납득시키실 수 있었습니다. 그러나 켈수스가 이 사실을 일단 인정하면, 그는 예수님께서 자신이 그분과 동렬에 놓은 인물들보다 우월하셨다는 사실을 자인하지 않을 수 없다는 것을 알게 될 것입니다. 사실 그들 중 누구도 사람들이 자기 외의 다른 존재에게 공경을 바치는 것을 금지하지 않았습니다. 그러나 예수님은 다른 모든 존재보다 강력하다는 자의식으로 충만하셨기에, 그들에 대한 존중을 금지하셨습니다. 과연 그들은 이 땅의 이런저런 장소를 거처로 점유하고 있던 악한 다이몬들이었으니, 순결하고 거룩한 영역에는 이를 수 없기 때문입니다. 그곳에는 이 세상의 온갖 조야하고 독하고 삿된 요소들은 그 어떤 것도 도달하지 못합니다.

36. 이어서 켈수스는 "하드리아누스 황제의 총아"— 나는 안티누스라는 젊은 남자에 관해 말하고 있습니다 — 와 이집트 안티누폴리스시의 주민들이 그 총아에게 바치는 "공경"에 관해 말하면서, "그 공경은 그리스도인들이 예수에게 바치는 공경에 전혀 뒤지지 않는다"라고 주장

합니다.⁵⁷ 우리는 이 주장 역시 그의 적대감의 표출이라는 것을 입증하고자 합니다. 도대체 여자들의 애욕 앞에서 남자다운 씩씩함을 한 번도 온전히 보존하지 못했던 그 하드리아누스의 호색적인 삶에, 우리 예수님의 숭고한 삶과 무슨 공통점이 있다는 것입니까? 예수님을 수없이 비난하고 그분에 관한 무수한 거짓말을 퍼뜨렸던 자들조차도 그분을 거슬러 방탕이나 탈선의 증거는 단 하나도, 낌새라도 제시할 수 없었습니다. 그러나 사람들이 안티누스 이야기를 진실을 사랑하는 공정한 마음으로 검증해 본다면, 필경 이집트인들의 마술과 밀교 의례가 안티누스가 죽은 후에도 이런저런 기적을 안티누폴리스에서 일으켰다는 환각을 사람들에게 불러일으켰다는 사실을 알아차리게 될 것입니다. 그와 유사한 일을 다른 신전들에서도 이집트인들과 그 방면의 전문가들이 실행했다는 보고가 있습니다. 그들은 다이몬들을 특정 장소에 거처하게 하는데, 이 다이몬들은 예언이나 치유를 할 수 있지만, 또 흔히는 부정한 음식 섭취나 시신 접촉 때문에 죄를 범한 것으로 간주되는 사람들에게는 고통을 주기도 하며, 이를 통해 무지한 대중을 두려움에 빠뜨립니다. 이집트 안티누폴리스에서 신으로 간주되는 그 인간 역시 이런 부류입니다. 이른바 그의 기적들이라는 것은 속임수로 먹고사는 특정 인간들이 거짓으로 꾸며 낸 것입니다. 대중 가운데 어떤 이들은 그곳에 터 잡고 사는 다이몬들에게 미혹됩니다. 또 어떤 이들은 겁먹은 양심이 어쩔 줄을 몰라서, 안티누스 신이 판결하는 벌을 보속해야겠다고 생각

---

57 안티누스는 기원후 130년 나일강에서 익사했다. 하드리아누스 황제는 그를 기리기 위해 안티누폴리스시를 에웠으며 그곳을 비롯 여러 장소에서 안티누스가 공식적으로 신으로 선언되었고, 제례 장소가 세워졌다. 안티누스를 그리스도에게 견주는 것은 그리스도교 측의 안티누스 논박에 대한 이교 측의 반응이었다.

합니다. 그들이 거행하는 비밀스러운 의례와 이른바 신탁도 이런 부류입니다. 예수님과 관련된 일은 이따위 것과 전혀 다릅니다. 그리스도교에는 "이런저런 임금이나 제후의 명령이나 지시를 고분고분 따라, 그를 일종의 신으로 들어 높이기로 결의하는 마술사들의 회합" 같은 것은 없습니다. 오히려 우주의 창조주께서 친히 당신 말씀에 내재하는 놀라운 설득력으로, 예수님은 합당하게 살아가고자 하는 인간들만이 아니라 다이몬들과 그 밖의 볼 수 없는 권세들에게도 공경받아 마땅하다고 선언하셨습니다. 오늘에 이르기까지, 그 존재들이 자기네 이름보다 더 강력한 예수님 이름을 두려워하는 것을, 또 자기네를 정당하게 다스리시기에 외경심을 품고 그분을 존중하는 것을 사람들은 보고 있습니다. 요컨대 이렇게 하느님께서 예수님의 정당성을 확증해 주지 않으셨다면, 다이몬들은 사람들이 단순히 그분의 이름을 부르는 행위 때문에, 자기들에게 사로잡혀 있던 이들에게서 물러나지는 않을 것입니다.

37. 그런데 안티누스를 공경하라는 지시를 받은 이집트인들은 사람들이 아폴론이나 제우스를 안티누스와 견주는 것을 저지하지 않을 것이니, 그들은 안티누스를 그 신들에 포함시킴으로써 그를 공경하기 때문입니다. 이와 관련하여 켈수스는 분명히 거짓말을 하고 있으니, "사람들이 아폴론이나 제우스를 그와 견준다면, 그들은 그것을 용인하지 않을 것이다"라고 말하고 있기 때문입니다. 아무튼 그리스도인들은 "영원한 생명이란 홀로 참하느님이신 아버지를 알고 아버지께서 보내신 예수 그리스도를 아는 것"(요한 17,3)이라고 배웠습니다. 그리스도인들은 또한 "이민족들의 신들은 모두 탐욕적인 다이몬들"(시편 96,5)이라는 사실도 깨달았거니와, 이 다이몬들은 희생 제사 때 피와 제물 주변을

떠돌면서, 만유를 주재하시는 하느님께 안식처를 찾지 않는 자들을 미혹합니다.[58] 그 밖에 그리스도인들은 하느님의 거룩한 천사들은 이 세상의 모든 다이몬과는 다른 본성과 지향을 지녔다는 것,[59] 그리고 다이몬들은 그런 일을 사려 깊고 면밀하게 탐구한 아주 소수의 사람에게만 인식된다는 것도 알고 있습니다. 그런 까닭에 그리스도인들은 사람들이 예수님을 아폴론이나 제우스에, 또는 굳기름을 태우는 연기와 피와 제물로 공경받는 신들 가운데 하나에 견주고자 하는 짓은 용납하지 않을 것입니다. 그리스도인들 가운데 적지 않은 이들은 무지하고 우직하여 자기 신앙을 해명하지는 못하지만, 그래도 자신이 전해 받은 것을 분별 있게 지켜 오고 있습니다. 반면 다른 이들은 확신에서 비롯하는 신앙 행위를, 그리스인들이라면 밀교적이고 비밀스럽다고 표현할, 심원하고 의미심장한 근거들을 내세워 해명합니다. 이 근거들에는 하느님에 관한 상세한 가르침, 그리고 하느님에 의해 그분의 외아드님이신 말씀(요한 1,14.18 참조)을 통해 신성에 참여하는, 또 그래서 그에 상응하는 이름으로 공경받는 존재들에 관한 가르침도 포함됩니다. 그러나 거룩한 천사들과 진리의 적대자들에 관한 가르침 역시 매우 상세한데, 이 적대자들은 오류에 빠져 있으며 그래서 신이나 하느님의 천사 또는 선한 다이몬이나 반신半神으로 행세하는데, 선한 인간 영혼이 이것들로 변형된다고 합니다.[60] 그런 깨친 그리스도인들은 다음 사실도 입증

---

58 오리게네스의 다이몬-론에 관해서는 참조: 특히 『켈수스 반박』 5,5; 7,69; 8,31.57; 또한 H. Crouzel, Celse et Origène à propos des 'démons': *Frontières terrestres, frontières célestes dans l'Antiquité* (hrsh. von A. Rousselle), Perpignan 1995, 331-355.; Fédou, Christianisme 272-274.

59 참조: 『켈수스 반박』 5,5.

60 스토아철학의 견해에 따르면, 반신들은 육체에서 분리된 공덕 많은 영혼들이다. 참조: 디오게네스 라에르티오스 『유명한 철학자들의 생애와 사상』 7,151.

하게 될 것입니다. 많은 철학자가 근거 없는 주장에 미혹되었거나 다른 사람이 제시하거나 찾아낸 이런저런 근거에 경솔하게 찬동하고는, 자신은 진리를 보유하고 있다고 생각하듯이, 마찬가지로 몸 없는 영혼들인 천사와 다이몬들 가운데에서도 근거 없는 논증에 부추겨져 신으로 행세하는 경우가 적지 않습니다. 이런 문제에 관한 교설들은 인간이 온전히 통찰·규명하기가 매우 어렵기 때문에, 예수 그리스도 외에는 그 누구도 마치 하느님인 듯 의탁하지 않는 것이 안전하고 확실한 길이라고 하겠습니다. 오로지 예수님만이 모든 것에 대한 판관으로서 이런 심오한 비밀들을 통찰하시고 또 그것을 소수의 사람에게 전해 주십니다.

38. 안티누스나 그런 부류의 어떤 다른 존재에 대한 신앙은, 이집트에서든 그리스에서든, 불행한 상황에서 비롯한 불행한 신앙입니다. 이와는 달리 예수님께 대한 신앙은, 다행스러운 상황에서 비롯한 것이든 아니면 철저한 검증의 결과이든, 복된 신앙이거니와, 대중에게는 다행스러운 상황에서 비롯한 것으로 보이고, 아주 소수의 사람에게는 철저한 검증의 결과입니다. 비록 내가, 민간 구전에서 이르듯이, 특정한 신앙은 다행스러운 상황에서 비롯한다고 말하지만, 나는 이 신앙의 근원 역시 하느님에게서 찾으니, 하느님께서는 인간으로 태어난 누구에게나 배정되어 있는 운명의 근원을 아시기 때문입니다. 필경 그리스인들도 이렇게 말할 것입니다. 매우 지혜롭다고 여겨지는 사람들 대다수도 훌륭한 스승을 모시고 착실한 사람들을 만나고 또 좋은 환경에서 교육을 받게 된 원인은 행운이었다고 말입니다(물론 반대 의견을 가진 사람들도 있을 것입니다). 그런데 많은 사람은 훌륭한 것들을 조금이라도 생각해 볼 여유가 없는 환경에서 자랍니다. 오히려 그들은 아주 어려서부

터 줄곧 사랑해 주는 이들 가운데에서 무절제한 사람이나 폭군처럼 살거나, 영혼의 고양高揚을 방해하는 곤궁과 비참 속에 삽니다. 이런 운명의 원인들은 필경 전적으로 섭리의 안배에 있다고 하려니와, 인간은 매우 애쓰지 않으면 이것을 통찰하지 못합니다.[61] 내가 이런 말을 한 것은, "사람들을 편견에 사로잡히게 만든 그런 신앙은 매우 큰 힘을 지니고 있다"라는 켈수스의 주장을 반박하기 위해 덧붙일 필요가 있다고 생각했기 때문입니다. 요컨대 우리는 다양한 교육 유형으로 말미암아, 인간들에게 다양한 신앙 유형이 존재한다고 말해야 합니다. 인간들은 신앙 안에서, 크든 적든 행복하거나 불행합니다. 그런 까닭에 나는 다음과 같은 견해에 이를 수밖에 없었습니다. 인간들이 행복이나 불행이라고 지칭하는 것이, 재능이 많은 인물들의 경우에도 남에게 분별 있다는 인상을 주는 데, 또한 그들이 대체로 분별 있게 특정한 가르침들을 판정하는 데 꽤 큰 몫을 하는 것으로 여겨집니다. 아무튼 이제 이 문제에 관해서는 충분히 말을 했다고 하겠습니다.

39. "당신들의 영혼을 편견에 사로잡히게 만든 신앙이 예수에 대한 그런 찬동을 불러일으킨다"라는 켈수스의 주장을 주의 깊게 살펴보아야 합니다. 신앙이 우리에게서 그런 찬동을 불러일으킨다는 것은 진실입니다. 그러나 이 신앙은 우리가 만유를 주재하시는 하느님께 우리를 믿고 맡기고, 우리를 그런 신앙으로 이끌어 주신 분께 공공연히 감사를 표명하며 또한 하느님의 도우심 없이는 그분이 그런 위대한 일을 감행하고 성취하지 못하셨으리라 고백할 때, 필경 그 자체로 칭송받아 마땅

---

61 참조: 오리게네스 『원리론』 2,9,3.5.

한 것으로 실증됩니다. 그러나 우리는 복음서 저자들의 올바른 마음도 믿으며, 이 마음을 그들의 책에서 분명히 드러나는 성실함과 신중함에 근거해 밝힙니다. 그들에겐 거짓, 기만, 허구, 겉꾸밈 따위가 없습니다. 우리는 확신하고 있습니다. 그리스인들 사이에서 대단한 설득력과 재치를 뽐내는 교활한 소피스트 철학이 가르치는 것이나 법정에서 난무하는 수사학을 배우지 못한 그 영혼들은 그런 거짓이나 기만을 꾸며 낼 능력이 없었습니다. 사실 그렇게 적당히 꾸며서는 신앙으로, 또 신앙에 맞갖은 삶으로 이끌 수 없는 것이지요. 나는 또한 이런 점 때문에 예수님께서 그런 남자들을 당신 가르침의 전달자로 쓰고자 하셨다고, 또 그로써 사람들이 말재간에 의해 꾀였다는[62] 혐의의 여지를 없애고자 하셨다고 믿습니다. 한편 통찰력 있는 사람들은 복음서 저자들의 매우 단순 소박했던 올바른 마음은 ― 이렇게 말해도 될 것입니다 ― 하느님의 능력을 부여받았음을 분명히 인식할 수 있거니와, 이 능력은 온갖 풍부한 어휘, 정교한 문장 구성, 그리스식에 따라 선명히 분류되고 결말짓는 사유 과정이 해낼 수 있는 것보다 훨씬 많은 것을 해냅니다.

40. 우리 신앙의 가르침들이 "보편적 관념들"[63]과 근본적으로 일치하여, 강설講說 내용을 분별 있게 경청하는 사람들을 윤리적으로 변화시키는지 아닌지를 주의 깊게 살펴보십시오. 사실 그릇된 확신도, 온갖 가르침으로 떠받쳐져, 대중에게 신들의 조상彫像과 금 · 은 · 상아 · 돌로 만든 작품들도 공경해야 마땅하다는 견해를 심어 줄 수 있었습니다.

---

62 참조: 『켈수스 반박』 1,62.
63 참조: 『켈수스 반박』 1,4와 각주 8.

그러나 "보편적 관념"은 하느님을 덧없는 질료로 간주하거나 하느님을 사람 손으로 만든 생명 없는 사물들 — 마치 이것들이 "그분 모습에 따라"(창세 1,27 참조), 또는 그분의 상징으로 생겨난 듯이 — 을 통해 공경하는 것을 결단코 금지합니다.[64] 그런 까닭에 우리는 곧장 그런 조상들에 관해 "그것들은 신이 아니다"(사도 19,26 참조)라고 말하며, 그런 인간 창작품들은 창조주와 견줄 수 없다고 단언합니다. 그런 다음 우주를 창조하시고 존속시키시며 다스리시는 전능하신 하느님에 관해 몇 가지 언명을 더합니다(사도 17,24-29 참조). 그리고 경청하는 이의 이성적 영혼이 하느님과 자신의 유사성을 깨닫게 되면, 그 영혼은 즉시 자기가 그때까지 신들로 여겨왔던 것들을 내던져 버리고 창조주께 대한 자신의 타고난 사랑을 회복 갱신하며, 또 이 사랑으로 말미암아 예수님도 아주 기꺼이 받아들입니다. 예수님은 처음으로 이런 진리들을 당신이 세우신 제자들을 통해 모든 민족에게 전하게 하셨으니, 그분이 하느님의 능력과 권한을 부여하여 파견하신 그 제자들이 하느님과 그분의 나라에 관한 가르침을 선포하고 있습니다.

41. 그런데 켈수스는, 이게 몇 번째인지도 모르겠습니다만, 우리를 비난하여 "그리스도인들은 예수가 죽음을 면치 못하는 몸에서 유래했는데도, 그를 신으로 여기며 그렇게 하는 것이 경건한 행동이라고 생각한다"라고 말합니다. 이에 대해 응수를 하는 것은 쓸데없으니, 이미[65] 상세한 답변을 했기 때문입니다. 아무튼 우리를 비난하는 사람들은 다음

---

64   참조: 『켈수스 반박』 6,14; 7,44.63-64;. 켈수스의 자기 변론에 관해서는 『켈수스 반박』 7,62; 우상 숭배에 대한 그리스도교 측의 비판에 관해서는 Fiedrowicz, Apologie 236-238.
65   참조: 『켈수스 반박』 1,69.

사실을 알아야 합니다. 우리는 확신으로 충만하여, 예수님에 관해 다음과 같이 믿습니다. 그분은 처음부터 하느님이요 하느님의 아들이시며, 로고스(말씀) 자체요 지혜 자체요 진리 자체이십니다.[66] 그분의 "죽음을 면치 못하는 몸"과 그분에게 내재하는 인간 영혼은 단지 그분과의 유대를 통해서가 아니라, 그분과의 합일과 혼융을 통해서 지고성至高性을 획득했으며, 그분 신성에의 참여를 통해 "하느님"으로 변화되었다고 우리는 말합니다.[67] 그런데 우리가 이 점을 몸과 관련해서도 말하는 것을 수긍하지 못하는 사람은, 질료에 관한 그리스인들의 가르침에 친숙해져야 할 것입니다. 그 가르침에 따르면 질료는 그 자체로는 속성이 없지만, 창조주께서 그것에 갖추어 주고자 하시는 속성들을 옷처럼 입습니다. 또한 질료는 거듭하여 예전 속성들을 벗어 버리고 더 나은 다른 속성들을 받습니다.[68] 이런 견해가 납득할 만하면, 하느님의 섭리와 뜻에 의해 예수님 몸의 "죽음을 면치 못하는" 속성이 정기精氣(에테르)적이고 신적인 속성으로 변화되었다는 것이 기이하다고 하겠습니까?

42. 켈수스는 노련하게 논쟁할 줄 아는 사람들과는 달리, "예수의 인간 육을 금, 은, 돌"에 견주면서[69] "이 육은 그것들보다 더 덧없다"라고 주

---

66   αὐτολόγος, αὐτοσοφία, αὐτοαλήθεια라는 강렬한 표현의 합성어들은 플라톤 『대 히피아스』 286d에서 이데아들을 묘사하는 다음과 같은 유사한 표현들을 떠올리게 한다. αὐτὸ τὸ καλόν; 『크라틸로스』 439b-440c; 『파이돈』 65d. 또한 참조: 『켈수스 반박』 5,39; 6,47; 오리게네스 『예레미야서 강해』 8,2; 『요한 복음 강해』 6,38.

67   참조: 『켈수스 반박』 2,9; 5,39; 6,47; 7,17; 오리게네스 『원리론』 1,3,6; 2,6,3.

68   참조: 『켈수스 반박』 4,57; 5,18.23;5,77; 오리게네스 『원리론』 2,1,4; 『기도론』 27,8; 『요한 복음 주해』 13,127; 플라톤 『티마이오스』 51a; 디오게네스 라에르티오스 『유명한 철학자들의 생애와 사상』 7,134.

69   참조: 『켈수스 반박』 1,5; 7,62.

장합니다. 그런데 엄밀히 말하면, 덧없지 않은 어떤 것은 덧없지 않은 다른 것보다 더 덧없지 않지 않으며, 또한 덧없는 어떤 것은 덧없는 다른 것보다 더 덧없지 않습니다.[70] 그러나 예수님의 육이 "더 덧없다"고 일단 가정하더라도, 우리는 그에게 이렇게 반박하겠습니다. 모든 속성들의 바탕인 질료가 자신의 속성들을 바꾸는 것이 가능하다면, 예수님의 육 역시 속성들을 바꾸고 그 육이 본디 그랬어야 했던 성질로 변화되어, 정기 안에 머무르거나 또는 그보다 더 높은, 켈수스가 "혐오스럽다"라고 지칭한 육적 허약함의 속성들을 더 이상 지니지 않는 영역 안에 머무르는 것이 어째서 불가능해야 한다는 것입니까? 요컨대 이 문제에서도 켈수스는 철학자처럼 처신하지 못합니다. 엄밀한 의미에서, 혐오스러운 것은 죄악의 결과입니다. 그러나 육신의 본성은 혐오스러운 것이 아닙니다. 과연 육신의 본성 그 자체는 혐오스러운 것의 원천이요 뿌리인 죄악과 결부되어 있지 않습니다.[71]

켈수스는 우리가 어찌 응수할 것인지를 알아챈 듯하며, 그래서 예수님 몸의 변화에 관해 계속 말합니다. "아무튼 예수는 일단 이 육을 벗었고, 그런 다음 그 결과로 신이 되었다는 것인가? 그렇다면 그 전의 아스클레피오스, 디오니소스, 헤라클레스는 왜 그렇지 않다는 것인가?"[72] 우리도 묻겠습니다. 도대체 아스클레피오스, 디오니소스, 헤라클레스

---

70 스토아철학의 원칙들에 근거한, 등급상 차별에 대한 유사한 반대에 관해서는 참조:『켈수스 반박』2,7과 5,28.

71 참조:『켈수스 반박』4,66.

72 참조:『켈수스 반박』3,22. 신과 인간 사이의 반신半神적 존재인 신인神人들은 비록 죽음을 면치 못했지만, 죽은 뒤 자신들의 공적 덕분에 신격화될 수 있었다. 헤라클레스는 열두 가지 업적에, 아스클레피오스는 치유 활동에 근거해 그런 영예를 누렸다. 통상 신으로 여겨지는 디오니소스는 여기서는 신인들 가운데 하나로 헤아려진다.

가 어떤 위대한 일을 예수님처럼 성취했다는 것이오? 신이 되기에 합당할 만큼, 그들이 말과 삶을 통해 도덕적으로 향상 발전시킨 인간들을 제시할 수 있소? 우리는 그들에 관한 많은 이야기를 읽고, 그들에게 무절제, 불의, 몰지각, 나약함 등이 없었는지 살펴보고자 하오. 그런 것이 그들에게서 전혀 발견되지 않는다면, 그들을 예수님과 동렬에 놓는 그대의 판단은 정당하다고 할 수 있을 것이오. 그러나 사람들이 그들과 관련하여 이야기하는 몇 안 되는 칭송할 만한 행위를 제외하면, 그들이 올바른 이성을 거슬러 자행한 무수한 일들이 똑똑히 기록되어 있거늘, 그래도 그대는 그들이 예수님 "이전에" 죽음을 면치 못하는 육신을 벗어 버린 후 "신들이 되었다"라고 제정신으로 주장할 수 있겠소?

43. 이어서 켈수스는 우리에 관해 이렇게 말합니다. "그리스도인들은 제우스의 무덤을 크레타에서 볼 수 있기 때문에, 제우스 숭배자들을 비웃는다.[73] 그리고 그 사실은 유념하지 않은 채, 또 크레타 사람들이 어째서 어떻게 그런 일을 하는지 알지도 못하면서, 그들 자신도 무덤에서 나온 한 남자를 공경한다." 여기서 켈수스가 그런 일의 상징적 의미들(사람들이 말하듯, 이것들에 근거해서 제우스에 관한 신화가 꾸며졌습니다)을 은근히 암시하면서 크레타인, 제우스 그리고 그의 무덤을 옹호하는 것을 주의 깊게 살펴보십시오. 그러나 그는 우리가 우리 예수님이 무덤에 묻히셨다는 사실은 고백하지만, 또한 크레타 사람들이 제

---

73 제우스의 무덤은 에우헤메로스(기원전 280년경) 이래 이교와 그리스도교 저자들에 의해, 신들은 그저 신격화된 인간들일 따름이라는 사실의 증거로 내세워졌다. 참조: 키케로 『신들의 본성』 3,53; 티오키아의 테오필루스 『아우톨리쿠스에게』 1,10,4; 알렉산드리아의 클레멘스 『권고』 37,4; 테르툴리아누스 『호교론』 25,7.

우스에 관해 말하는 것과는 전혀 달리, 그분이 무덤에서 부활하셨다고 주장하기 때문에 비난합니다. 아무튼 켈수스가 우리는 크레타 사람들이 어째서 어떻게 그런 일을 하는지 모른다고 말하면서 크레타에 있는 제우스의 무덤 이야기를 옹호하는 듯이 보이기 때문에, 우리는 다음과 같이 대꾸하고자 합니다. 무수한 시를 읽었고 그리스 역사 거의 전부를 철저히 조사 연구한 키레네 출신 칼리마코스[74]조차도 제우스와 그의 무덤에 관한 이야기에 대한 상징적 해석은 전혀 알지 못합니다. 그래서 그는 자신의 제우스 송가에서도 크레타 사람들을 이렇게 비난합니다.

"크레타인들은 노상 거짓말쟁이; 과연, 오 지배자여, 그대 위한 무덤도 크레타인들이 세웠네; 그러나 그대는 죽지 않았으니, 실로 영원히 살아 있네."[75] 이렇게 칼리마코스는 "그러나 그대는 죽지 않았으니, 실로 영원히 살아 있네"라는 말로써, 크레타에 있는 제우스 무덤의 진정성을 부인하고 있습니다. 그러나 다른 한편으로 그는 제우스에게서 죽음의 시작이 나타났다고 말합니다. 죽음의 시작은 이 세상에 태어남입니다.[76] 그 시인은 다음과 같이 말합니다.

"파르하시아평야에서 레아가 남편에게 그대를 낳아 주었네."[77]

그는 제우스가 크레타에서 태어났다는 것을 부인했는데, 사람들이

---

[74] 여기서 오리게네스는 알렉산드리아 도서관에서 고대 문헌 전체를 마음대로 읽고 인용할 수 있었던 시詩 박사(poeta doctus) 칼리마코스의 비범한 다독 박식을 시사한다. 고대 문헌에 대한 이런 포괄적 지식의 한 결정結晶이 칼리마코스가 자기 작품 『아이티아』에서 공들여 마물러 낸 무수한 원인론적 설화들이다.

[75] 여기서 오리게네스는 칼리마코스의 유명한 제우스 송가를 인용한다. 참조: 칼리마코스 『제우스 송가』 8.9.

[76] 고대에 널리 퍼져 있던 생각이다. 예를 들어 참조: 알렉산드리아의 필론 『십계명』 58.

[77] 칼리마코스 『제우스 송가』 10.

그곳에서 제우스의 무덤을 볼 수 있기 때문입니다. 그렇다면 그는 아르카디아에서의 제우스의 출생에는 그의 죽음도 필연적 결과로서 따르게 되었다는 사실을 통찰했어야만 했습니다. 이와 관련하여 칼리마코스는 다음과 같이 말합니다.

"제우스여, 어떤 사람들은 그대가 이다 산악 지대에서 태어났다고 말하네; 제우스여, 다른 사람들은 그대가 아르카디아 땅에서 태어났다고 말하네; 아버지여, 과연 누가 거짓말을 했나요? 크레타 사람들은 언제나 거짓말쟁이 …."[78]

우리가 이 주제를 논구하지 않을 수 없는 것은, 켈수스가 예수님에 관해 무분별하게 말하기 때문입니다. 그는 예수님이 돌아가시고 무덤에 묻히셨다는 성경의 보고는 인정하지만, 다른 한편으로 예수님이 죽은 이들 가운데에서 부활하셨다는 것은, 수많은 예언자가 예고했고 또 그분의 죽음 이후 발현에 관한 증거가 많이 있는데도 날조로 여깁니다.

44. 이어서 켈수스는 예수님의 가르침과 완전히 어긋나는, 소수의 자칭 그리스도인들 ─ 그의 말에 따르면 "분별 있는 이들"이 아니라 전혀 무식한 자들 ─ 의 언설을 인용합니다. 그는 말합니다. "그들은 다음과 같은 원칙을 정했다. '교육받은 자, 지혜로운 자, 분별 있는 자는 접근하지 말지어다!'[79] 왜냐하면 그들이 보기에, 그런 속성들은 일종의 악이기

---

[78] 칼리마코스 『제우스 송가』 6-8.
[79] C.-B. Amphoux, Μηδείς προσίτω πεπαιδευμένος, un écho de la devise de l'Académie de Platon chez Celse?: REG 105 (1992) 247-252에 따르면, 이 말은 아테네 아카데미 입구에 붙어 있던, 플라톤 전통에 소급되는 표어 "기하학 모르는 자는 들어오지 마시오"(ἀγεωμέτρητος μηδεὶς εἰσίτω)를 비꼬는 식으로 흉내 낸 것이다. 플라톤학파의 표어는 교육의 필수성을 강조하는 반면, 그리스도인들에게 소급된다는 이 원칙은 부족한 교육이 입회의 전제 조건임을 강조한다.

때문이다. 그러나 무식한 자, 분별없는 자, 교육받지 못한 자, 어리석은 자라면 편안히 들어올 수 있다. 요컨대 그들은 그런 자들을 자기네 신에게 합당한 인간으로 선언함으로써, 자신들은 오로지 어리석은 자, 미개한 자, 우둔한 자들, 그리고 노예, 여자, 아이 들만 설득하려 하고 또 설득할 수 있다는 사실을 알게 해 준다."[80] 이에 대해 대꾸하겠습니다. 예수님은 다음 말씀으로 자제를 가르치셨습니다. "음욕을 품고 여자를 바라보는 자는 누구나 이미 마음으로 그 여자와 간음한 것이다"(마태 5, 28). 그런데 누군가 매우 많은 그리스도인 가운데 무절제하게 살아가는 소수의 자칭 그리스도인들을 본다면, 그는 그자들의 삶은 예수님의 가르침과 어긋난다고 비난해도 마땅하고 정당합니다. 그러나 그가 그 자들에게 해당되는 비난을 복음에 대해 한다면, 그는 그야말로 분별없이 처신하는 것입니다. 마찬가지로 어떤 사람이 그리스도인들의 가르침은 이런저런 가르침처럼 사람들을 지혜로 초대한다는 사실을 알게 된다면, 그는 자신의 무식을 변호하려는 자들을 질책해야 할 것입니다. 그러나 켈수스가 표현하는 것처럼 말하지는 않을 것입니다. 사실 적지 않은 단순하고 교육받지 못한 사람들도 그렇게 뻔뻔스럽게 말하지는 않습니다.

---

[80] 참조: 『켈수스 반박』 3,55.75. 켈수스의 책 『참된 말씀』을 관통하고 있는 그리스도인들의 사회적 비천함에 대한 비난은 전통적 철학 학파들에서 압도적이던 상류 계층의 견유학과 철학자들에 대한 공박에서 처음 시작되었다. 이 비난은 교육과는 거리가 먼 계층이 큰 특징이었던 그리스도교 공동체도 맞춤하게 여겨졌다. 이런 비난은, 바로 그리스도인들이 독자적인 지적 엘리트를 양성하고 또 그리스도교 가르침을 철학으로 서술하기 시작하던 시기에 표명되었다는 점에서, 정신적 독립을 위해 애쓰던 그리스도인들에 대한 이교 측의 경쟁 심리적 대응으로 이해되어야 한다.

45. 그러나 로고스(말씀)께서 우리가 지혜로워지기를 바라신다는 사실은, 우리도 사용하는 유대인들의 오래된 문헌을 통해, 또 예수님 이후에 집필되고 교회 공동체들 안에서 거룩한 것으로 여겨지는 문헌을 통해서도 밝혀집니다. 예를 들어 시편 제50편에는 다윗이 기도 중에 하느님께 한 말이 쓰여 있습니다. "당신께서는 남모르게 지혜를 제게 가르치십니다"(시편 51,8). 또한 시편을 읽는 사람은 그 책이 수많은 지혜로운 가르침으로 가득 차 있다는 사실을 알 수 있습니다. 솔로몬 역시 하느님께 지혜를 간청하여 받았습니다(2역대 1,10-12 참조). 우리는 그의 지혜의 자취를 그의 글에서 살펴볼 수 있는데, 거기에는 몇 마디 말 안에 위대하고 심오한 사상이 담겨 있습니다. 그 글에서 우리는 지혜에 대한 많은 찬사와 지혜를 애써 습득해야 할 필요성에 관한 훈계를 발견할 수 있습니다. 솔로몬은 그렇게 지혜로웠기에, 스바의 여왕이 "야훼의 이름 덕분에 유명해진 솔로몬의 명성을 듣고, 까다로운 문제로 그를 시험해 보려고"(1열왕 10,1) 찾아왔습니다. 여왕은 마음속에 품고 있던 것을 모두 물어보았고, 솔로몬은 여왕의 물음에 죄다 대답했습니다. 솔로몬이 몰라서 답변하지 못한 것은 하나도 없었습니다. 스바 여왕은 솔로몬의 모든 지혜를 인정했습니다. 또한 솔로몬이 소유하고 있던 귀중한 것들을 모두 보고 나서는 넋을 잃었습니다. 그러고는 솔로몬에게 이렇게 말했습니다. "내가 임금님의 업적과 지혜에 관하여 내 나라에서 들은 소문은 과연 사실이군요. 내가 여기 오기 전까지는 그 소문을 믿지 않았는데, 이제 직접 보니, 내가 들은 이야기는 사실의 절반도 안 되는 것이었습니다. 임금님의 지혜와 영화는 내가 소문으로 듣던 것보다 훨씬 더 뛰어납니다"(1열왕 10,6-7). 이 임금에 관해 성경에는 또 이렇게 쓰여 있습니다. "하느님께서 솔로몬에게 지혜와 매우 뛰어난 분별력과 넓은

마음을 바닷가의 모래처럼 주시니, 솔로몬의 지혜는 동방 모든 이의 지혜와 이집트의 모든 지혜보다 뛰어났다. 그는 어느 누구보다 지혜로웠다. 제라 사람 에탄이나 마홀의 아들들 헤만과 칼콜과 다르다보다 더 지혜로웠으므로, 주변 모든 민족들 가운데에 이름을 떨쳤다. 그는 잠언을 삼천 개나 지었고, 그의 노래는 천다섯 편이나 되었다. 솔로몬은 레바논에 있는 향백나무부터 담벼락에서 자라는 우슬초에 이르기까지 초목들에 관하여 이야기할 수 있었으며, 짐승과 새와 기어다니는 것과 물고기에 관하여도 이야기할 수 있었다. 그리하여 모든 민족들에게서 사람들이 솔로몬의 지혜를 들으러 왔다. 그 가운데에는 세상 모든 임금이 그의 지혜에 관하여 소문을 듣고 보낸 이들도 있었다"(1열왕 5,9-14).

로고스께서는 신앙인들 가운데 "지혜로운 이들"이 존재하기를 매우 바라시기에, 청중의 이해력을 훈련시키기 위해 이런 진리는 수수께끼로, 저런 진리는 이른바 모호한 말로, 어떤 진리는 비유로, 또 어떤 진리는 과제 제출식으로 선포하셨습니다(참조: 잠언 1,6; 시편 78,2).[81] 예언자들 중 한 사람인 호세아는 자기 예언서 마지막 구절에서 이렇게 말합니다. "지혜로운 사람은 이를 깨닫고, 분별 있는 사람은 이를 알아라"(호세 14,10). 바빌론에서 포로 신세였던 다니엘과 그의 동료들은 바빌론 궁정의 현자들이 갈고닦던 학문들에서 크게 진보했고, 그래서 그들 모두보다 "열 배나" 뛰어나다는 사실이 밝혀졌습니다(다니 1,20 참조). 에제키엘서에서도 자신이 지혜롭다고 자부하던 티로 임금에게 주님의 말씀이 내립니다. "과연 너는 다니엘보다 더 지혜로워, 어떤 비밀도 너에게는 심오하지 않다"(에제 28,3).

---

81 참조: 『켈수스 반박』 7,10; 오리게네스의 전체 작품과 관련된 이 문학 유형들에 관해서는 H. Crouzel, Origène et la *connaissance mystique* (ML.T 56), Paris 1961, 251-253.

46. 이제 우리가 예수님 이후 쓰인 책들도 손에 들고 있다면, 다음 사실을 발견할 수 있을 것입니다. 신앙인들의 큰 무리는 예수님의 비유들을 "바깥"에 서 있는 사람들처럼 들었으니(마르 4,11 참조), 그들은 말씀의 속뜻을 이해하기에는 합당하지 않았기 때문입니다. 그러나 제자들은 비유 설명을 따로 들을 수 있었습니다.[82] 과연 예수님께서는 "당신의 제자들에게는 따로 모든 것을 풀이해 주셨"(마르 4,34)으니, 당신의 지혜를 갈망하는 제자들을 군중보다 선호하셨기 때문입니다. 그분은 당신을 믿는 이들에게 "현인들과 율법 학자들"을 보내시겠다고 약속하시며, 이렇게 말씀하십니다. "이제 내가 예언자들과 현인들과 율법 학자들을 너희에게 보낸다. 그러면 사람들은 그들을 더러는 죽이거나 십자가에 못 박을 것이다"(마태 23,34). 바오로도 하느님께서 선사하시는 "은사들"을 열거하면서 "지혜의 말씀"을 첫자리에 놓으며, 둘째로는 지혜의 말씀보다 아래의 "지식의 말씀"을, 셋째로 더욱 아래의 "믿음"을 꼽습니다. 바오로는 말씀을 기적보다 더 높이 평가하기 때문에, 기적과 치유 은사들을 말씀의 은사보다 낮은 자리에 놓습니다(1코린 12,8-10 참조). 한편 모세의 폭넓은 지식은 사도행전에서 스테파노가 증언하는데, 대중은 접할 수 없는 옛 문헌에 기대고 있음이 확실합니다. 스테파노는 이렇게 말합니다. "모세는 이집트인들의 모든 지혜를 배워 말과 행동에 힘이 있었습니다"(사도 7,22). 그런 까닭에 모세는 다른 한편으로 기적과 관련해서 의혹을 받았으니, 기적을 그가 말하듯 하느님의 능력으로 일으킨 것이 아니라, 그가 두루 섭렵했던 이집트인들의 학문과 비결을 활용하여 일으킨 게 아닐까라는 의혹이었습니다. 이집트 임금은 모세에

---

82   참조:『켈수스 반박』3,21.

게 그런 의혹을 품고 있었기 때문에, 이집트의 마술사, 현인, 주술사들을 불러 모았습니다. 하지만 그들의 지식은 이집트인들의 모든 지혜보다 월등했던 모세의 지혜에 비하면 아무것도 아니었음이 드러났습니다(탈출 7-11장 참조).

47. 그런데 그리스의 지혜에 큰 자부심을 지니고 있던 그리스인들을 상대로 쓴 코린토 1서에서 바오로가 한 말(1코린 1,18-31 참조)이, 적지 않은 사람들로 하여금 우리 신앙은 지혜로운 이를 거부한다는 그릇된 견해를 가지게 만들었다는 것은, 그랬을 법한 일이었다고 하겠습니다. 그러나 그렇게 생각하는 사람은, 올바로 이해해야 합니다. 바오로는 천박하게 생각하는 인간들을 질책하기 위해, 영적인 것·보이지 않는 것·영원한 것에 대해 지혜롭지 못하고 오히려 그저 감각적으로 인지할 수 있는 것에만 몰두하고 오로지 그것만 중요하게 여기는 그들을 "이 세상의 지혜로운 자들"(1코린 1,20 참조)이라고 선언합니다. 사실 서로 다른 많은 학설이 존재합니다. 어떤 학설은 질료와 물체에 관해 긍정적으로 언명하며, 모든 것의 바탕에 있는 실재는 물체이며 그 너머에는, "불가시적"이라고 부르든 "비물체적"이라고 부르든, 아무것도 없다고 단언합니다. 이런 견해를 바오로는 "세상의 지혜"(1코린 1,20)라고 지칭하거니와, 이것은 "이 시대의 지혜"(1코린 2,6 참조)와 마찬가지로 스러지며 어리석음으로 밝혀집니다. 다른 학설은 사람의 영혼을 지상적인 것으로부터 하느님 곁의 지복과 그분 나라로 이끌어 가며, 감각적으로 인지할 수 있고 볼 수 있는 것은 모두 덧없는 것으로 경멸하라고, "보이지 않는 것"을 추구하고 "사람이 보지 못하는 것"을 바라보라고 가르칩니다(2코린 4,18 참조). 이것을 바오로는 "하느님의 지혜"(1코린 1,21; 2,7)라고 표현

합니다. 진리를 사랑하는 바오로는 몇몇 그리스 현인들에 관해, 그들이 진리에 맞갖게 언명한 점은 있지만, "하느님을 알면서도 그분을 하느님으로 찬양하거나 그분께 감사를 드리지는 않았다"라고 말합니다(로마 1,21 참조). 이렇게 바오로는 그리스 현인들이 하느님을 인식했다고 증언하고 있습니다. 그러나 그 현인들이 하느님의 도우심 없이 그 인식에 도달한 것은 아니라고도 말합니다. 왜냐하면 "하느님께서 그것을 그들에게 명백히 드러내 주셨"(로마 1,19)기 때문입니다. 나는 여기서 바오로가 가시적인 것으로부터 영적인 것에로 도약한 사람들을 암시하고 있다고 생각합니다. 그는 이렇게 말합니다. "이 세상이 창조된 때부터, 하느님의 보이지 않는 본성[83] 곧 그분의 영원한 힘과 신성을 조물을 통하여 알아보고 깨달을 수 있게 되었습니다. 따라서 그들은 변명할 수가 없습니다. 하느님을 알면서도 그분을 하느님으로 찬양하거나 그분께 감사드리기는커녕, 오히려 생각이 허망하게 되고 우둔한 마음이 어두워졌기 때문입니다"(로마 1,20-21).

48. 한편 바오로 사도는 다른 구절에서 이렇게 쓰고 있습니다. "형제 여러분, 여러분이 부르심을 받았을 때를 생각해 보십시오. 속된 기준으로 보아 지혜로운 이가 많지 않았고 유력한 이도 많지 않았으며 가문이 좋은 사람도 많지 않았습니다. 그런데 하느님께서는 지혜로운 자들을 부끄럽게 하시려고 이 세상의 어리석은 것을 선택하셨습니다. 그리고 하느님께서는 강한 것을 부끄럽게 하시려고 이 세상의 약한 것을 선택하셨습니다. 하느님께서는 있는 것을 무력하게 만드시려고, 이 세상

---

[83]   참조: 『켈수스 반박』 6,59; 7,7.46.

의 비천한 것과 천대받는 것, 곧 없는 것을 선택하셨습니다. 그리하여 어떠한 인간도 하느님 앞에서 자랑하지 못하게 하셨습니다"(1코린 1,26-29). 아마도 이 말씀 때문에, 적지 않은 사람이 "교육받은 자, 지혜로운 자, 분별 있는 자들"은 우리 신앙에 동조하지 않을 것이라는 그릇된 견해를 가지게 된 것 같습니다. 그런 견해에 대해 이렇게 반박하겠습니다. 바오로는 속된 기준으로 보아 지혜로운 이가 "전혀 없었다"라고 말하지 않고, "많지 않았다"라고 말하고 있습니다. 그리고 바오로는 이른바 감독이 지니고 있어야 할 특성들을 열거하면서, 감독은 가르치는 사람이기도 해야 한다고 언명합니다. 또한 감독은 반대자들을 질책할 수도 있어야 하며, 쓸데없는 말을 하며 남을 속이는 자들을 자신의 지혜를 통해 입 다물게 만들어야 한다고 말합니다(티토 1,9-11 참조). 그리고 바오로는 두 번 혼인한 사람이 아니라 한 번만 혼인한 사람을, 책망받을 만한 사람이 아니라 나무랄 데 없는 사람을, 술꾼이 아니라 정신 말짱한 사람을, 분별없는 사람이 아니라 사려 깊은 사람을, 사소한 일에도 적합하지 않은 사람이 아니라 두루 합당한 사람을 감독 직무에 마땅한 인물로 여기며, 또한 감독으로 선출된 이가 가르치는 능력이 있고(1티모 3,2-3 참조) 또 반대자들을 꾸짖을 수 있는 사람이기를 바랍니다(티토 1,9 참조). 실상이 이러한데, 켈수스가 어떻게 우리가 "교육받은 자, 지혜로운 자, 분별 있는 자는 접근하지 말지어다!"라고 말한다고 제정신으로 비난할 수 있습니까? 오히려 정반대입니다. "교육받은 이, 지혜로운 이, 분별 있는 이들"은 원한다면 누구나 우리에게 오십시오. 그러나 배우지 못하고 분별없고 무식하고 어리석은 이들도 그들과 마찬가지로 우리에게 와야 합니다. 과연 로고스께서는 그런 사람들도 우리에게 오면, 모두 치유하여 "하느님께 합당하게" 만들어 주시리라 약속하십니다.

49. 하느님 말씀을 가르치는 사람들이 "오로지 어리석은 자, 미개한 자, 우둔한 자들, 그리고 노예, 여자, 아이 들만 설득하려 한다"는 켈수스의 주장 역시 거짓말입니다. 사실 로고스께서는 이 사람들도 부르시어, 향상·진보시키고자 하십니다. 그러나 로고스께서는 이 사람들과는 전혀 다른 이들도 부르십니다. 과연 그리스도께서는 지적인 사람이든 우직한 사람이든 "모든 사람의 구원자"이시고 "특히 믿는 이들의 구원자"이시며(1티모 4,10 참조), 아버지 하느님 앞에서 우리를 변호해 주시는 분이시고, 또 "우리 죄만이 아니라 온 세상의 죄를 위한 속죄 제물"이십니다(1요한 2,1-2 참조). 그러므로 우리가 이어서 켈수스의 다음과 같은 반론에 맞서 우리를 옹호하려는 것은 쓸데없는 일입니다. "교육받은 것, 최고의 가르침을 얻고자 애쓰는 것, 분별 있게 되고 또 그렇게 보이는 것이 도대체 뭐가 나쁘다는 말인가? 이런 것들이 신 인식에 방해가 된다는 것인가? 이런 것들은 오히려 사람들이 좀 더 용이하게 진리에 이를 수 있도록 도와주는 수단이 아닌가?" 사실 교육받은 것은 물론 나쁜 일이 결코 아닙니다. 교육은 덕에 이르는 길이기 때문입니다. 하지만 그리스 현인들조차도 그릇된 가르침을 주장하는 자들을 교육받은 이로 헤아려야 한다고 말하지는 않을 것입니다. 다른 한편 최고의 가르침을 얻으려 애쓰는 것이 좋은 일이라는 것을 누가 인정하지 않으려 하겠습니까? 하지만 사람들을 덕으로 이끄는 참된 가르침이 아니라면, 어떻게 "최고"의 가르침이라 하겠습니까? "분별 있게 되는 것" 역시 좋은 일이지만, 켈수스가 말하듯 "분별 있게 보이는 것"은 그렇지 않습니다. 교육받고 최고의 가르침을 얻고자 애쓰고 분별 있는 것은 어떠한 경우에도 하느님 인식에 방해가 되지 않고 오히려 이점이 됩니다. 이런 사실을 주장하는 것은 켈수스보다 오히려 우리에게 걸맞으니, 무엇보다도

켈수스는 에피쿠로스학파 사람으로 드러나기 때문입니다.

50. 켈수스의 이어지는 비난도 살펴봅시다. "우리는 이런 광경도 보게 된다. 그자들은 시장 바닥에 아주 볼꼴 사나운 물건들을 진열해 놓고는 사라고 떼를 쓰며, 분별 있는 남자들 모임에는 결코 얼씬거리지 않으니, 그들 사이에서 자기네 번지르르한 견해를 제시해 볼 엄두도 내지 못한다. 그러나 젊은이들·노예 떼거리·어리석은 인간들 무리를 보면, 잽싸게 달려가선 깊은 인상을 주려고 애쓴다." 여기서 켈수스가 어떤 식으로 우리를 비방하고 있는지 주의 깊게 살펴보십시오. 그는 우리를 시장에서 아주 볼꼴 사나운 물건들을 진열해 놓고는 사라고 졸라 대는 자들에 견주고 있습니다. 도대체 우리가 어떤 볼꼴 사나운 물건들을 진열해 놓고 있다는 것입니까? 우리가 한편으로는 민중에게 성경을 읽어 주고 또 설명해 줌으로써 그들을 온 우주의 하느님께 대한 공경으로, 또 하느님 공경과 긴밀히 연결되어 있는 덕행의 훈련으로 이끌고, 다른 한편으로는 그들로 하여금 거룩한 것에 대한 경멸과 모든 반反이성적 충동을 끊어 버리도록 하는 것이, 시장통 호객꾼의 행동과 비슷하다는 것입니까? 철학자들조차도 덕행 훈련을 촉구하는 자기네 강연에 많은 청중을 모으기를 바랄 것입니다. 그런 바람은 특히 야외에서 우연히 지나가는 사람들을 상대로 강의했던 적지 않은 견유학파 철학자들이 지니고 있었습니다. 하지만 그 철학자들이 배운 사람으로 통하는 이들을 자기 주위에 모은 게 아니라, 길모퉁이에서 청중을 불러 모았다고 해서, 그들이 시장 바닥에 볼꼴 사나운 물건들을 진열해 놓고 사라고 떼를 쓰는 저들과 닮았다고 누가 주장하겠습니까? 아마 켈수스도, 그와 생각이 같은 사람들 가운데 그 누구도, 자기네 가르침을 평범한 민

중에게도 전해 주는 일을 인간 사랑의 한 책무라고 여기는 이들을 비난하지는 않을 것입니다.

51. 아무튼 그렇게 처신하는 철학자들이 비난받지 않아야 한다면, 이제 그리스도인들이 그들보다 더 열정적이고 더 성공적으로 대중에게 윤리적 온전함을 촉구하고 있지 않은가 하는 문제를 살펴봅시다. 사실 공공장소에서 강연을 하는 철학자들은 청중을 골라 받지 않으며, 오히려 원하는 사람들은 계속 남아서 귀 기울입니다. 그러나 그리스도인들은, 할 수 있는 한, 먼저 자기네 말을 경청하고자 하는 사람들의 영혼을 세심히 살펴보고 인간적으로 친밀하게 권면합니다. 경청자들이 공동체 입회 전에, 윤리적으로 올바르게 살겠다는 굳은 결심을 전하면, 그리스도인들은 이들을 입회시킵니다. 이들은 따로 초심자 반을 이루어 입문 과정을 배우는데, 아직 정화의 표지(곧 세례)[84]는 받지 않은 상태입니다. 그런 다음 오로지 그리스도교 신앙의 규정들에 따라 살겠다는 결심을 뚜렷이 실증한 사람들로 두 번째 반이 이루어집니다. 이 두 번째 반의 몇몇 사람에게, 그리스도인 공동체에 입회하고자 하는 이들의 삶과 처신을 점검하는 임무가 맡겨집니다. 이 사람들은 한편으로는 수치스러운 짓들[85]을 저지르는 자들이 자기네 모임에 가입하는 것을 거부하고, 다른 한편으로는 그런 짓을 하지 않는 이들은 진심으로 맞아들여

---

[84] J.C.P. Waldram, Funktion und Verwendung der Glaubensregel in der Taufvorbereitung nach Origenes: StPatr 18/3 (1989) 466-467에 따르면, 여기서 말하는 것은 공식적인 의례다. 이 의례는 첫 번째 준비 단계에서 윤리적 가르침을 받은 세례 지원자들에게, 매일 전례에서 말씀 봉독과 해설을 통해 이루어진, 하느님 말씀에 의한 정화를 확증해 주었다.

[85] 여기서 말하는 것은 그때까지는 감추어져 있다가 늦게서야 밝혀진 죄들인 것 같다. 이 거부 권한을 근거로 아마도 장로(사제)들이 마지막 준비 단계를 관장했을 것이다.

나날이 향상시킵니다.[86] 이 사람들이 이렇게 하는 것은 죄인들, 특히 무절제한 자들에 대한 일종의 견책적 행위입니다. 이 사람들은 그들을 자기네 공동체에서 멀리 떼어 놓습니다. 실상이 이런데도, 켈수스는 이 공동체를 "시장 바닥에 아주 볼꼴 사나운 물건들을 진열해 놓고 있는" 자들에 견줍니다! 칭송할 만한 피타고라스학파 사람들은 자기네 철학을 버리고 떠나간 사람들을 위한 묘비를 세웠으니, 그들을 죽은 자들로 여겼기 때문입니다.[87] 그러나 그리스도인들은 방탕이나 이런저런 죄에 빠져 있는 사람들을 죽은 자들로 여겨 애도하니, 이들은 타락했고 하느님을 저버렸기 때문입니다.

그러나 이들이 명백한 회심을 입증하면, 그리스도인들은 이들을 나중에 다시 한번, 물론 이들이 처음 받아들여질 때보다 더 오랜 기간의 준비 후에, 마치 죽음에서 부활한 사람들처럼 받아들일 것입니다. 그러나 이들은 일단 그리스도교로 돌아선 뒤 다시 떨어져 나갔기 때문에, 다시 받아들여진 후에도 하느님 교회에서 어떤 직책이나 주도적 지위를 맡지는 못합니다.[88]

52. 지금까지 꽤 상술했으니, 이제 그리스도인들은 "시장 바닥에 아주 볼꼴 사나운 물건들을 진열해 놓고는 사라고 떼를 쓰는 사람들"과 같다는 켈수스의 비난이 새빨간 거짓말로 드러나지 않았는지, 또 서로 비

---

86 세례 준비 교리 교육의 동기와 단계들에 관해서는 참조: 『켈수스 반박』 3,59.60.
87 참조: 『켈수스 반박』 2,12.
88 참조: 키프리아누스 『편지』 67,6. 데키우스 황제 치세의 그리스도인 박해(250~251년) ― 이 과정에서 오리게네스도 심한 고문을 당했고, 그 결과로 사망했다 ― 는 배교를 강요했고, 그래서 아주 많은 배교자가 생겨났다. 이 "떨어져 나갔던 이들"(lapsi), 곧 배교자들을 다시 받아들이는 문제는 박해가 끝난 후 교회를 골치 아픈 사목적 난관에 맞닥뜨리게 했다.

교할 수 없는 것들을 비교한 것이 아니었는지 주의 깊게 살펴보십시오. 이어서 켈수스는 우리를 빗대어서 "그자들은 분별 있는 남자들 모임에는 결코 얼씬거리지 않으니, 그들 사이에서 자기네 그럴듯한 견해를 제시해 볼 엄두도 내지 못한다. 그러나 젊은이들·노예 떼거리·어리석은 자들 무리를 보면, 잽싸게 달려가선 깊은 인상을 주려고 애쓴다"라고 주장했습니다. 여기서 켈수스가 하는 짓은 오로지 우리를 비방하자는 것이니, 이는 그저 상대방을 헐뜯으려는 생각밖에 없는 여자들이 길모퉁이에서 서로 그러고 있는 짓과 마찬가지입니다. 사실 우리는 우리 "모임"이 "분별 있는 사람들"로 구성되도록 하기 위해 힘을 다합니다. 그리고 공동체에서 말을 함에 있어서, 가장 훌륭하고 숭고한 진리들의 설파는 이지적인 경청자들이 앞에 있을 때에만 "감행"합니다. 단순한 사람들이 모여 있는 경우에는 심오한 진리들에 대해서는 침묵하니, 그들은 아직 상징적으로 "젖"으로 표현되는 가르침이 필요한 사람들이기 때문입니다.

53. 사실 우리의 바오로 사도는 품행이 아직 정화되지 않았던 그리스인이라고 일컫는 코린토 신자들에게 보낸 편지에서 이렇게 말합니다. "나는 여러분에게 젖만 먹였을 뿐 단단한 음식은 먹이지 않았습니다. 여러분이 그것을 받아들일 수 없었기 때문입니다. 사실은 지금도 받아들이지 못합니다. 여러분은 아직도 육적인 사람입니다. 여러분 가운데에서 시기와 싸움이 일고 있는데, 여러분을 육적인 사람이 아니라고, 인간의 방식대로 살아가는 사람이 아니라고 할 수 있습니까?"(1코린 3,2-3). 바오로야말로 특정한 진리들은 성숙한 영혼들의 음식이라는 것을, 반면에 초심자들에게 전해지는 진리들은 어린이들이 먹는 젖에 견줄

수 있다는 것을 잘 알고 있었습니다. 그래서 이렇게 말합니다. "여러분은 단단한 음식이 아니라 젖이 필요한 사람이 되었습니다. 젖을 먹고 사는 사람은 모두 아기이므로, 옳고 그름을 가리는 일에 서툽니다. 단단한 음식은 성숙한 사람들을 위한 것입니다. 그들은 경험으로, 좋고 나쁜 것을 분별하는 훈련된 지각을 가지고 있습니다"(히브 5,12-14). 그런즉 이 말씀의 진실성을 믿는 사람이라면, 그리스도교 신앙의 훌륭한 진리들이 "분별 있는 남자들의 모임"에서는 전혀 선포되지 않는다는 것, 그러나 그리스도인들이 "젊은이, 노예, 어리석은 자들의 무리"에게는 "깊은 인상을 주기 위해" 거룩하고 칭송할 만한 가르침들을 설파한다는 것을 인정할 수 있겠습니까? 아무튼 우리 성경 전체의 정신을 탐구하는 사람은, 켈수스가 야비한 천민처럼 미움에 가득 차서 그리스도인 백성을 거슬러 그런 거짓말을 함부로 내뱉는다는 사실을 분명히 알 것입니다.

54. 우리는 모든 인간에게 하느님의 말씀을 가르치고자 한다는 사실을, 그래서 켈수스에게는 꺼림칙하겠지만, "젊은이들"에게도 그들에게 마땅한 자극을 주고, "노예들"에게도 어떻게 신앙을 통해 자유로운 자의식을 심고 좀 더 고결한 상태로 고양될 수 있는지를 가르쳐 준다는 사실을 고백합니다. 그리스도교를 선포하는 사람들은, 자신이 "그리스인들에게도, 비그리스인들에게도, 지혜로운 이들에게도. 어리석은 이들에게도 다 빚을 지고 있다"(로마 1,14)고 분명히 밝힙니다.[89] 요컨대 그들은 "어리석은 이들"의 영혼도 보살펴서, 이들이 가능한 한 무지를 벗

---

89 참조: 『켈수스 반박』 7,60.61.

어나 깨달음을 추구하도록 해야 하는 자신의 소임을 부인하지 않습니다. 그들은 솔로몬의 말을 경청하고 있습니다. "어리석은 이들아, 영리함을 터득하여라. 우둔한 이들아, 마음을 깨쳐라"(잠언 8,5). "지각없는 이에게 지혜가 말한다. '어리석은 이는 누구나 이리로 들어와라! 너희는 와서 내 빵을 먹고 내가 섞은 술을 마셔라. 어리석음을 버리고 살아라. 예지의 길을 걸어라'"(잠언 9,4-6). 나는 이 문제에서 켈수스의 말을 겨냥하여 이렇게 물을 수도 있을 것입니다. 철학자들이라면 "젊은이들"에게 자기 강의를 들으라고 권유하지 않겠습니까? 방탕하게 살아가는 젊은 사람들에게 개과천선하라고 훈계하지 않겠습니까? 그리고 "노예들"이 철학에 열중하기를 바라지 않겠습니까? 혹시 우리 쪽의 철학자들이 "노예들"에게 덕행 실천을 권유했기 때문에, 비난받아 마땅하다는 것입니까? 피타고라스가 자몰크시스[90]에게, 제논이 페르사이오스[91]에게 그렇게 권유했고, 최근에도 에픽테토스[92]에게 철학 연구를 권유한 이들이 있었습니다. 아니면 당신네 그리스인들에게는 젊은이들과

---

90 자몰크시스는 피타고라스의 노예였는데, 그에 의해 해방되었다고 한다. 자몰크시스는 대단한 부를 쌓은 후, 고향 트라키아로 돌아왔는데, 거기서 종교적 협잡꾼으로 처신했다. 헤로도토스는 자몰크시스가 피타고라스의 동시대인이었다는 것을 의심한다. 참조: 헤로도토스 『역사』 4,95.96.

91 제논의 제자였던 키티온 출신 페르사이오스는 몇몇 출전에 따르면 제논의 친구였고, 다른 출전들에 따르면 제논의 노예였다. 참조: 디오게네스 라에르티오스 『유명한 철학자들의 생애와 사상』 7,36.

92 에픽테토스(기원후 50~125년경)는 로마에서 노예였다가 해방된 에파프로디토스의 노예였는데, 에파프로디토스가 허락하여 스토아철학자 무소니우스 루푸스의 강의를 들었다. 참조: 에픽테토스 『강연』 1,7,32; 1,9,29. 해방된 후 에픽테토스는 철학을 가르쳤고 기원후 89년의 대대적인 철학자 추방 이후, 자신의 명망 있는 학파와 함께 니코폴리스로 이주했다. 에픽테토스는 저작을 남기지 않았으나, 그의 강의와 교훈적 담화가 제자 플라비우스 아리아누스에 의해 출간되었고, 이른바 『편람』은 그의 학설들을 간추려 담고 있다.

노예들과 어리석은 이들에게 철학 연구를 권유하는 것이 허용되는 반면, 우리가 똑같은 일을 하면, 우리 신앙의 가르침이라는 약으로 모든 이성적 존재를 치유하고 또 그들을 만유의 창조주이신 하느님과 결합시키고자 하는데도 불구하고, 우리의 그 인간 사랑은 인정하지 않는다는 것입니까? 아무튼 이로써 켈수스의 반론들, 아니 더 정확히 말하면 비방들은 충분히 반박되었다고 하겠습니다.

55. 켈수스는 우리를 거슬러 비방하는 일에 즐거움을 느끼기 때문에, 앞선 비방에 또 하나의 비방을 추가합니다. 우리는 이 비방을 인용한 후, 켈수스가 이로써 그리스도인의 명예보다는 오히려 그 자신의 명예를 더 손상시키는 게 아닌지 살펴보고자 합니다. "우리는 또한 보고 있다. 개인들의 집에서 양털 짜는 자, 구두장이, 무두장이 그리고 아주 무식하고 저속한 자들은 그들의 품위 있고 사려 깊은 고용주 면전에서는 감히 입을 열지 못한다. 그러나 그자들은 아이들과 몇몇 분별없는 여자들과만 있는 것을 알게 되자마자, 아주 어이없는 말을 한다. 예를 들어 사람은 자기 아버지나 선생을 존경할 의무는 없으며, 오히려 자신들에게 순종해야 한다고 말한다. 그들은 얼빠진 자들이요 천치 바보들이니, 허황된 편견에 사로잡혀 있기에, 참으로 선한 생각은 하지도 못하고 또 실현하지도 못한다고, 오로지 그들이 아는 것이라곤, 사람이 어찌 살아야 하는가 뿐이라고 말한다. 그러나 아이들이 자기들 말을 따르면, 아이들 자신이 행복해지고 집안도 행복하게 될 것이라고 한다. 그러다가 그자들이 그렇게 말하는 동안, 박학한 선생이나 사려 깊은 사람이나 아이들 아버지가 다가오는 것을 보면, 그자들 가운데 좀 조심스러운 자들은 재빨리 뿔뿔이 흩어지지만 뻔뻔스러운 자들은 아이들에게 순종

하지 말라고 부추긴다. 이를테면 그들은 아이들에게 이렇게 암시하는 셈이다. 자신들은 아이들 부모나 선생들 있는 데서는 좋은 것을 설명할 수도 없고 설명하려고 하지도 않는다. 자기네는 아이들을 처벌할 수도 있을 터인 완전히 타락하고 극도로 지조 없는 그 사람들의 어리석음과 조야함과는 전혀 관계하고 싶지 않기 때문이라는 것이다. 그러나 아이들이 무언가 좋은 것을 배우고 싶다면, 자기네 아버지와 선생들을 떠나, 여자들과 놀이 동무들과 함께 뒷방으로 또는 구두장이나 무두장이 작업장으로 와서, 거기서 완전한 지혜를 얻어야 한다는 것이다. 아무튼 이런 말로 그자들은 "젊은이들"을 꼬드길 줄 안다."

56. 이 말에서도 사람들은 켈수스가 우리 복음의 선생들을 어떻게 조롱하는지 알아챌 수 있을 것입니다. 아무튼 우리의 선생들은 어떻게든 사람들의 영혼을 만유의 창조주께 향하게 하려 애쓰고 있으며, 또한 사람은 감각적·시간적·가시적인 것은 모두 하찮게 여기고 하느님과의 친교에, 영적·정신적·불가시적인 것에 대한 통찰에, 그리고 하느님과 하느님 친구들과의 복된 삶에 이르기 위해 모든 일을 다 해야 함을 설명하려 애쓰고 있습니다. 그런데도 켈수스는 이들을 "양털 짜는 자, 구두장이, 무두장이" 그리고 "아주 저속한 자들"과 한통속으로 취급하고 있습니다. 켈수스의 견해에 따르면, 우리 복음의 선생들은 참으로 미숙한 "아이들과 여자들"을, 그들의 "아버지와 선생들"을 버리고 떠나 자기네와 한패가 되게 함으로써, 나쁜 길로 미혹합니다. 그런데 우리가 아이들과 여자들을 애써 빼앗아 오려 시도한다는 그 사려 깊은 아버지들과 숭고한 진리를 갖춘 선생들이 도대체 누구입니까? 켈수스는 그들을 분명히 짚어 말해야 하고, 또 우리 선생들과 한패가 되었다는 아이

들과 여자들이 예전에 들었던 가르침 가운데 어떤 것이 우리 가르침보다 더 나은지를 비교하면서 제시해야 합니다. 또한 우리가 그 아이들과 여자들 마음에 새겨져 있던 훌륭하고 칭송할 만한 가르침을 어떻게 뽑아내고 대신 나쁜 견해를 심어 주었는지도 설명해야 할 것입니다! 그러나 켈수스는 이 따위 비난의 근거를 언제까지라도 우리에게 제시하지 못할 것입니다. 우리는 오히려 정반대로 여자들이 부정과 간음을 멀리하도록, 또 연극·춤·미신에 대한 온갖 병적인 열광에서 돌아서도록 애쓰고 있습니다.[93] 그리고 바야흐로 기운이 넘쳐 감각적 욕망이 끓어오르는 젊은이들을 자제로 이끕니다. 방탕이 그 자체로 얼마나 추악한 것인지를 생생히 설명해 줄 뿐 아니라, 그런 방탕 때문에 저열한 인간의 영혼이 어떤 상태가 되는지, 또 그 결과 어떤 벌을 각오해야 하는지, 그리고 영혼을 어떻게 견책해야 하는지도 상세히 설명해 줍니다.

57. 그런데 켈수스가 편드는 "선생들"은 도대체 누구입니까? 그의 주장에 따르면, 그들이 훌륭한 것을 가르치는데도, 우리가 그들을 "얼빠진 자들이요 천치 바보"라 한다고 합니다. 혹시 켈수스는 여자들에게 미신과 상스러운 연극 구경을 권하는 자들을 여자들의 유능하고 현명한 "선생들"로 여기는 것인지요? 또 그의 눈에는 젊은이들에게, 우리가 그들에게서 매우 자주 발견하는 저 온갖 무례한 장난을 부추기는 자들이 분별 있는 남자들입니까? 아무튼 우리는 철학 교육을 받은 사람들도 우리의 하느님 공경으로 돌아서게 하고 또 그 일의 숭고함과 바르고 깨끗함을 확신시키기 위해, 우리의 모든 힘을 쏟아붓습니다. 그런데

---

93 참조: 디오게네스 라에르티오스 『유명한 철학자들의 생애와 사상』 7,89; 『켈수스 반박』 3,69.

켈수스는 우리가 이런 일을 한다는 사실을 부인하면서, 우리가 오로지 "어리석은 인간들"만 상대한다고 주장합니다. 이에 대해 반박하겠습니다. 우리가 이미 철학 연구에 몰두하고 철학에 매료되었던 사람들을 철학과 멀어지게 만든다고 그대가 비난한다면, 그대의 말이 진실은 아니지만 수긍은 할 만하다고 하겠소. 그런데 그대는 이제 우리가 우리 쪽으로 넘어오는 사람들로 하여금 그들의 훌륭한 "선생들"을 등지게 한다고 주장하고 있소. 그렇다면 철학 선생들이나 유익한 지식의 전달을 위해 노력하는 사람들 외에, 참으로 훌륭한 다른 스승들을 우리에게 제시해 보시오. 그러나 켈수스는 하나도 제시하지 못할 것입니다. 아무튼 우리는 하느님 말씀에 따라 살고 일거수일투족을 그분과 관련짓고, 하느님께서 자기를 보고 계시다는 확신 속에서 모든 일을 하는 사람들에게 아주 공공연하고 솔직하게 "지극히 복된" 미래를 선포합니다. 그런데 이것이 과연 "양털 짜는 자와 구두장이와 무두장이와 아주 무식하고 저속한 자들"의 가르침입니까? 이를 입증하는 것은 켈수스에게 불가능할 것입니다.

58. 그런데 켈수스의 주장에 따르면, 개인집에서 일하는 양털 짜는 자와 구두장이와 무두장이와 무식하고 저속한 자들과 흡사한 그리스도인들은, 아이들의 아버지와 선생 면전에서는 아이들에게 좋은 것을 설명하지도 못하고 또 하려고 하지도 않는다고 합니다. 이에 대해 반박하겠습니다. 나의 친우여, 그대는 어떤 "아버지"와 어떤 "선생"을 가리켜 말하는 것이오? 그대가 덕을 사랑하고 악습을 혐오하며 자기 향상을 위해 애쓰는 사람을 염두에 두고 있는 것이라면, 우리는 그런 판관判官 면전에서는 아주 마음 편히 아이들에게 우리 가르침을 전달해 줄 것이

며, 그이도 그 가르침을 분명히 인정하리라는 것을 확언하겠소! 그러나 덕과 명예와 관련하여 평판이 나쁜 아버지 면전에서, 그리고 가르치는 내용이 건전한 이성과 상충되는 선생 면전에서 우리가 침묵한다면, 그대가 우리를 비난할 수 없을 터이니, 비난의 근거가 전혀 없을 것이기 때문이오. 사실 그대 자신도 젊은이들과 아들들에게 철학 강의를 하려 할 때, 고약한 심보로 철학을 비생산적이고 쓸모없는 일로 간주하는 그들 아버지가 그 자리에 있다면, 그 젊은이들에게 철학의 심오한 내용을 전해 주지 않을 것이오. 오히려 그대는 철학에 마음이 끌린 아들들을 고약한 아버지에게서 떼어 놓기를 원하고, 또 철학 강의가 그 젊은이들 마음속 깊이 받아들여질 시기와 기회를 못내 기다릴 것이오. 선생들에 관해서도 우리는 같은 말을 할 수 있소. 사실 우리는 젊은이들을, 그들에게 저속한 희극과 파렴치한 풍자시 그리고 가르치는 자를 향상시키지도 못하고 배우는 자에게도 도움이 되지 않는 것들을 굳이 알려 주는 선생들, 시를 철학적으로 해석하고 또 모든 시에 젊은이들에게 유익한 내용을 덧붙여 설명하지 못하는 선생들과 떼어 놓고자 하는데, 이 일을 우리는 부끄러워하지 않고 오히려 거리낌 없이 인정하오. 그런즉 그대는 수업 중에 자기 학생들에게 철학에 대한 준비와 훈련을 시키는 선생들을 나에게 제시해 보시오. 그러면 나는 젊은이들을 그 선생들에게서 떼어 놓지 않고, 오히려 그들이 일반적인 학문들과 철학 공부에서 그런 준비를 하게 한 다음, 그들을 대중에게는 감추어져 있는 그리스도인들의 고원하고 심오한 가르침에로 고양시키려 애쓸 것이오. 과연 그리스도인들은 실로 위대하고 중요한 것들에 관해 말하며, 또한 이것들이 하느님의 예언자들과 예수님의 사도들에 의해 이미 참된 지혜로서 설파되었다는 사실을 입증·명시하고 있소.

59. 그런데 켈수스는 자신이 우리를 너무 노골적으로 비방했음을 스스로 느끼는 것 같습니다. 그래서 이를테면 변명하듯이 이렇게 계속 말합니다. "내가 너무 노골적으로 비난한 게 아니라 진실을 말하지 않을 수 없었을 뿐이라는 것을, 사람들은 다음 사실로부터도 미루어 알 수 있을 것이다. 이런저런 밀교 예식 참여를 권유하는 사람들(사제들)은 이렇게 공개적으로 외친다. '깨끗한 손과 분별 있는 견해를 가지고 있는 사람은 (들어오시오!)' 다른 사람들은 이렇게 말한다. '모든 악행으로부터 깨끗한 사람, 영혼이 악을 모르는 사람, 선하고 올바르게 살아온 사람은 (가까이 오시오!)'.[94] 이렇게 공개적으로 외치는 사람들은 죄로부터의 정화를 약속한다. 그런데 그리스도인들은 도대체 어떤 사람들을 불러 모으는지 들어 보자. 그들은 이렇게 말한다. '죄인인 사람, 사려 분별 없는 사람,[95] 미숙한 사람, 간단히 말해서 불행한 사람들에게 하느님 나라가 받아들여질 것이다.' 당신들이 말하는 '죄인'은 요컨대 불의한 자, 도둑, 강도, 음모자, 성전 약탈자, 도굴꾼을 의미하는 게 아닌가? 사실 강도 우두머리가 그 밖에 어떤 다른 사람들을 불러 모았겠는가?" 이에 대해 반박하겠습니다. 영혼이 병든 사람들을 치유로 부르는 것과, 영혼이 건강한 사람들을 거룩한 것에 대한 인식과 통찰로 부르는 것은 같은 일이 아닙니다. 우리는 이 차이를 잘 알고 있기에, 처음에는 사람들에게 치유를 권유합니다. "죄인들"에게는 죄를 끔찍하게 여겨 떠나도록 해 주는 선생들의 말을 경청하라고 훈계하고, "어리석은 사람들"에게는 자신을 분별 있게 만들어 줄 수 있는 이들의 말에 귀를 기울이라

---

94 밀교에서 입회 전제 조건으로 윤리적 정결에 대한 요구는 뒤늦게야 제시되었다. 원래는 제의적 정결이면 충분했다.

95 고대의 주지주의적 윤리에서 죄와 그릇된 행태는 통찰력 결핍의 결과였다.

고 촉구하며, "미숙한 사람들"에게는 영적으로 어른이 되라고 독려합니다. 요컨대 이 "불행한 사람들"에게 행복을, 또는 좀 더 정확한 표현을 사용하자면, 지복至福을 얻어 간직하라고 권유합니다. 그러나 이렇게 훈계를 받은 사람들 가운데 진보한 이들이 신앙을 통한 정화와 힘을 다해 개과천선한 삶과 품행을 뚜렷이 보여 주면, 우리는 곧바로 그들을 우리의 "신비들"로 초대합니다. 왜냐하면 "성숙한 이들 가운데에서는 우리도 지혜를 말하기" 때문입니다(1코린 2,6 참조).

60. 우리는 "지혜는 간악한 영혼 안으로 들지 않고, 죄에 얽매인 육신 안에 머무르지 않는다"(지혜 1,4)고 가르치기 때문에, 이렇게 말합니다. "손이 깨끗한" 사람, 그래서 하느님께 거룩한 손을 들어 올리는(1티모 2,8 참조) 사람, 그리고 숭고하고 천상적인 것에 전념하기에 "저의 기도 당신 면전의 분향으로 여기시고, 저의 손 들어 올리니 저녁 제물로 여겨 주소서"(시편 141,2)라고 말할 수 있는 사람은, 우리에게 오십시오! 그리고 "주님의 가르침을 밤낮으로 되새기기"(시편 1,2) 때문에, 그리고 "경험으로 좋고 나쁜 것을 분별하는 훈련된 지각을 가지고 있기"(히브 5,14) 때문에, 사려 깊게 말하는 사람은 주저 없이 "단단한" 영적 "음식"을 드십시오! 이 음식은 경건함과 온갖 덕행 실천을 위해 애써 노력하는 이들에게 적합합니다(히브 5,12.14 참조). 그리고 하느님 은총은 불사의 생명의 가르침을 선포하신 분(곧 예수 그리스도)을 한결같이 사랑하는 모든 사람과 함께하시기에(에페 6,24 참조), 우리는 이렇게 말합니다. 온갖 악행만이 아니라 하찮게 간주되는 죄들로부터도 깨끗한 사람은, 확신을 지니고, 예수님께서 가르치신 하느님 공경의 신비들을 전수받으십시오! 그 신비들은, 마땅한 이유가 있거니와, 오직 거룩하고 정결한 이들에게만 전

해집니다. 켈수스가 말하는 사제는 이렇게 말합니다. "영혼이 악을 전혀 모르는 사람은, 이리 오시오!" 그러나 우리 가운데에서 예수님 지시에 따라 하느님을 위해 서품식을 집전하는 사제는 이미 그 영혼이 정화된 사람들에게 이렇게 말할 것입니다. 그 영혼이 오래전부터, 특히 로고스(말씀)에 의해 치유된 이래, 죄악을 전혀 모르는 사람은 또한 예수님께서 당신의 참제자들에게"만" 특별히 가르쳐 주신(마르 4,34 참조) 것도 깨달아 아십시오! 요컨대 켈수스는 그리스의 비의秘義 전수 사제들을 예수님 가르침의 선포자들과 맞세우지만, 죄인들을 치유로 부르는 것과 이미 죄로부터 온전히 깨끗해진 그리스도인들을 신앙의 더 심오한 신비 속으로 인도하는 것은 다른 일이라는 것을 알아차리지 못하고 있습니다.[96]

61. 요컨대 우리는 "불의한 자, 도둑, 강도, 음모자, 신전 약탈자, 도굴꾼"을, 또는 켈수스가 사람들을 겁먹게 하기 위해 열거할 수도 있을 그 밖의 이런저런 자들을, "하느님께서 세상이 시작되기 전에 당신의 의로운 이들의 영광을 위해 미리 정하신 신비롭고 또 감추어져 있던 지혜"(1코린 2,7)에 참여하라고 부르는 것이 아니라, 치유로 부르는 것입니다. 과연 우리의 거룩한 종교는 한편으로는 "병든 이들"에게 치유를 선사하는 수단을 가지고 있으니,[97] 이와 관련하여 구원자께서는 "튼튼한 이들에게는 의사가 필요하지 않으나, 병든 이들에게는 필요하다"(마태 9,12)라고 말씀하셨습니다. 그리고 다른 한편으로 우리 종교는 영혼과

---

96 켈수스와 오리게네스가 이교와 그리스도교의 비밀 예식을 어떻게 달리 이해했는지에 관해서는 참조: Fédou, Christianisme 348-358.
97 참조: 『켈수스 반박』 2,64.

몸이 깨끗한 사람들에게 "신비의 계시"를 선사하는 수단도 가지고 있으니, 이 신비는 "오랜 세월 감추어져 있었으나 이제는 예언자들의 글을 통해"(로마 16,25-26 참조), 그리고 "우리 구원자 그리스도 예수님의 나타나심을 통해"(2티모 1,10 참조) 환히 밝혀져 있으며, 모든 성숙한 이들에게 알려지고 또 그들의 오성을 비추어 실재에 대한 확실한 통찰을 얻게 해 줍니다. 그런데 켈수스는 우리에 대한 비난을 고약하게 마무리하기 위해, 앞에서 보았듯이 파렴치한 자들을 줄줄이 열거한 후, 한마디 덧붙입니다. "사실 강도 우두머리가 그 밖에 어떤 다른 자들을 불러 모았겠는가?" 이에 대해 반박하겠습니다. 강도 우두머리가 그런 자들을 불러 모으는 것은, 그들의 악행을 사람들 살해와 약탈에 이용하기 위해서입니다. 그러나 그리스도인도 강도가 불러 모으는 자들과 동일한 사람들을 부르지만, 전혀 다른 의도로 그렇게 하니, 요컨대 그들의 "상처"를 복음이라는 붕대로 "싸매 주고" 또 죄 때문에 불붙은 그들 영혼의 고열高熱을, 의술에서 생명력 촉진을 위해 "기름과 포도주"와 습포濕布 등 여러 방법을 사용하듯, 신앙이 제공하는 치료제를 통해 가라앉힙니다(루카 10,34 참조).

62. 우리는 그릇된 삶을 살아가는 사람들에게 말과 글을 통해 회심을 촉구하고 정신의 변화와 영혼의 향상을 훈계하고 있는데, 켈수스는 이 일을 곡해하여 "그리스도인들은 신이 (오로지) 죄인들을 위해서만 파견되었다고 가르친다"고 비방합니다. 이는 인간들을 사랑하는 어떤 임금이 사람들이 병들어 누워 있는 도시에 자기 의사를 파견했다고 말하는 이들을 비난하는 것이나 마찬가지입니다. 과연 "하느님"이신 로고스께서는 의사로서 죄인들을 위해 파견되셨고, 또한 이미 깨끗해져서

더는 죄를 짓지 않는 이들을 위해서는 하느님 신비를 가르치는 스승으로서 파견되셨습니다. 그러나 켈수스는 이것을 식별하지 못하니, 이 요점에 좀 더 깊이 파고들어 가려고 하지 않기 때문입니다. 그래서 계속 말합니다. "어째서 그는 죄 없는 사람들을 위해 파견되지 않았는가? 죄를 짓지 않은 것이 도대체 무슨 나쁜 일이라도 된다는 것인가?" 이렇게 대답하겠습니다. 켈수스가 "죄 없는 사람들"을 이제 더는 죄를 짓지 않는 사람들로 이해한다면, 우리 구원자 예수님께서는 확실히 그 사람들을 위해서도 파견되셨으나, 의사로서 파견되신 것은 아닙니다. 그러나 켈수스가 "죄 없는 사람들"을 한 번도 죄를 짓지 않은 사람들로 이해한다면 — 사실 그의 표현은 명확한 규정을 하지 않았습니다 — 우리는 이렇게 말하겠습니다. 그런 의미로 죄 없는 사람이란 존재할 수 없습니다.[98] 그러나 우리가 그렇게 말할 때, 예수님에게서 영적으로 파악되는 인간,[99] "죄를 저지르지 않으신"(1베드 2,22 참조) 분은 예외입니다. 아무튼 켈수스는 악의적으로, 우리가 이렇게 주장한다고 말합니다. "자신이 나쁘다는 것을 알기에 자기를 낮추는 불의한 자를 신은 받아 주실 것이다. 그러나 애당초 자신의 덕행을 믿고 신을 올려다보는 의로운 자는 신이 받아 주시지 않을 것이다." 우리는 인간이 애당초 자기 덕행을 믿고 하느님을 올려다보는 것을 있을 수 없는 일이라고 단언합니다. 왜냐하면 인간 안에는 필연적으로 무엇보다도 죄악이 군림하기 때문이니, 이는 바오로도 말하는 바입니다. "계명이 들어오자 죄는 살아나고 나는 죽었습니다. 그래서 생명으로 이끌어야 하는 계명이 나에게는 죽음

---

98 참조: 오리게네스 『마태오 복음 주해』 13,23.
99 이 표현에 관해서는 참조: 『켈수스 반박』 2,25.

으로 이끄는 것으로 드러났습니다"(로마 7,9-10). 그 밖에 우리는 불의한 이들은 하느님께 받아들여지기 위해, 자신이 나쁘다는 것을 알고 자기를 비하하는 것으로 충분하다고 가르치지도 않습니다. 오히려 우리는 이렇게 말합니다. 그가 자신의 예전 죄 때문에 자기를 단죄하고, 또 그 죄를 의식하면서 "자기를 낮추며" 처신하고 미래를 위해 품행 바르게 살아간다면, 하느님께서 그를 받아 주실 것입니다.

63. 켈수스는 "누구든지 자신을 높이는 이는 낮아지고, 자신을 낮추는 이는 높아질 것이다"(루카 14,11; 18,14)라는 말씀의 의미를 이해하지 못합니다. 도덕적으로 훌륭한 인간은 "겸손하고 단정하게" 처신한다는 플라톤의 가르침[100]도 받아 보지 못한 것 같습니다. 또한 "하느님의 강한 손 아래에서 자신을 낮추십시오. 때가 되면 그분께서 여러분을 높이실 것입니다"(1베드 5,6)라는 말씀을 우리가 어떻게 이해하고 있는지도 알지 못합니다! 그런 까닭에 그는 이렇게 말합니다. "자신의 재판관 직무를 훌륭히 수행하는 남자들은 자기 범행을 한탄하는 피고인이 '동정심을 유발하는 말'[101]을 하는 것을 용납지 않으니, 판결을 동정심이 아니라 진실에 따라 내리기 위함이다. 그런데 그 신은 자기 판결을 진실에 따라서가 아니라 아첨에 따라 내린다는 것인가?" 그런데 도대체 어떤 "아첨"과 "동정심을 유발하는 말"이 성경에서 발견된다는 것입니까? 죄인이 기도 중에 하느님께 "제 잘못을 당신께 자백하며 제 허물을 감추지 않고 말씀드렸습니다. '주님께 저의 죄를 고백합니다'"(시편 32,5)

---

100   참조: 플라톤 『법률』 716a.
101   플라톤 『파이드로스』 267c.

같은 구절이 그런 것이라는 말입니까? 아무튼 죄인이 자기를 낮추고 하느님께 기도하는 중에 하는 그런 고백이 그를 회심으로 이끌어 가지 않는다는 것을 켈수스가 입증할 수 있겠습니까? 우리를 비난하려는 격정적 충동에 사로잡혀, 그는 자기모순에 빠져 있습니다. 사실 켈수스는 한편으로는 "애당초 자기 덕행을 믿고 신을 올려다보는" "죄 없는" 인간을 알고 있다고 주장하는 것 같습니다. 그런데 다른 한편으로는 "사람이 무엇이기에 결백할 수 있으며, 여인에게서 난 자가 어찌 의롭다 하리오?"(욥 15,14; 25,4)라는 우리의 말도 인정하는 듯합니다. 요컨대 켈수스는 우리의 말에 동의를 표명하는 것이니, "인간이라는 종이 본성적으로 죄에 기울어져 있다는 것은 필경 진실이다"라고 말하기 때문입니다. 하지만 그러고 나서 켈수스는 마치 구원자의 부르심이 모든 인간에게 해당되는 것이 아니라는 듯이 계속 말합니다. "그런데 참으로 모든 사람이 죄인이라면, 그는 아예 모든 사람을 불렀어야만 했다." 그런데 우리는 이미 앞에서[102] "고생하며 무거운 짐을 진 너희는 모두 나에게 오너라. 내가 너희에게 안식을 주겠다"(마태 11,28)라는 예수님 말씀을 앞에서 성의를 다해 설명했습니다. 요컨대 자신의 죄-본성 때문에 무거운 짐을 지고 고생하는 "모든" 인간이 하느님의 로고스(말씀) 안의 안식으로 부르심을 받은 것입니다. 과연 하느님께서는 "당신 말씀을 보내시어 그들을 낫게 하시고 구렁에서 구해 내셨습니다"(시편 107,20).

64. 그런데 이어서 켈수스가 "죄인들에 대한 이 우대는 도대체 무엇이란 말인가?"라고 묻기 때문에, 그리고 비슷한 물음들을 덧붙이기 때문

---

[102] 참조: 『켈수스 반박』 2,73.

에, 우선 죄인이 죄인 아닌 사람보다 "이로운 점"을 가지고 있는 것은 전혀 아니라고 그에게 대답하겠습니다. 그러나 자신의 죄를 의식하고 있는, 그래서 자기 죄과를 참회하며 겸손하게 처신하는 죄인은, 세인들이 덜 죄스럽다고 간주하는, 그러나 자신은 자기를 전혀 죄인으로 여기지 않고 오히려 자신이 지니고 있다고 생각하는 이런저런 장점 때문에 뽐내고 교만한 사람보다 "우대"받는 경우가 종종 있습니다. 이 사실은 세리와 바리사이의 비유가 사려 깊게 복음서를 읽고자 하는 사람에게 분명히 가르쳐 줍니다. 세리는 이렇게 말합니다. "오, 하느님! 이 죄인을 불쌍히 여겨 주십시오"(루카 18,13). 그런데 역겨운 자아도취적 신앙에 사로잡혀 자신을 뽐내는 바리사이는 이렇게 말합니다. "오, 하느님! 제가 다른 사람들, 강도짓을 하는 자나 불의를 저지르는 자나 간음을 하는 자와 같지 않고, 저 세리와도 같지 않으니, 하느님께 감사드립니다"(루카 18,11). 과연 예수님은 이 두 사람에 관한 이야기 끝에 한 말씀 덧붙이십니다. "내가 너희에게 말한다. 그 바리사이가 아니라 이 세리가 의롭게 되어 집으로 돌아갔다. 누구든지 자신을 높이는 이는 낮아지고 자신을 낮추는 이는 높아질 것이다"(루카 18,14). 그러므로 우리가 사람은 누구나 하느님의 숭고함 앞에서 자신의 인간적 비천함을 깊이 의식해야 한다고 가르치고, 또 오직 하느님만이 우리에게 부족한 것을 채워 주실 수 있기에, 우리 본성에 결여되어 있는 것을 끊임없이 그분께 간청하여 얻어야 한다고 가르친다고 해서 "하느님을 모독"하는 것도, "거짓을 선포"하는 것도 아닙니다.

65. 그러나 켈수스는 "그리스도인들은 죄인들에게 그런 훈계와 격려를 하여 그들을 전향시키고자 했다. 참으로 착실하고 올바른 인간은 단 한

명도 그 마음을 사로잡을 수 없었기 때문이다. 그렇게 그리스도인들은 아주 야비하고 혐오스러운 자들에게 문을 활짝 열어 주었다"라고 믿고 있습니다. 그러나 사람들이 우리 신앙인 대중을 선입견 없이 살펴보고자 한다면, 우리는 전향 전에도 아주 타락한 삶을 살지는 않았던 사람들의 수가 아주 파렴치한 죄로부터 전향한 사람들의 수보다 더 많다는 것을 입증할 수 있습니다. 사실 좀 더 선한 양심을 지니고 있고 또 선한 이에게 하느님이 주시려고 마련해 놓으신 보상에 관한 선포가 진실임을 믿고 바라는 사람들이, 정말로 파렴치한 삶을 살아온 사람들보다 훨씬 기꺼이, 우리 가르침에 찬동하는 것은 당연한 일입니다. 파렴치한 자들은 이를테면 양심이 병들었기에, 만유를 주재하시는 심판관에 의해 자기 죄과의 크기에 상응하는 징벌이 장차 자신에게 내려질 것이며, 또 그 지극히 높으신 심판관께서 그렇게 판결하실 충분한 이유가 있다는 것을 기꺼이 인정하려 하지 않습니다. 그런데 아주 부도덕한 사람들도 가끔은 징벌 정의에 관한 가르침을 인정합니다. 왜냐하면 참회를 통해 용서를 받을 수 있으리라 희망하기 때문입니다. 그러나 만일 그들이 주저하며 세례를 받았다면, 죄에 대한 습벽 때문에 개과천선에 방해를 받으며, 이를테면 악습 속에 아예 가라앉아 버릴 수도 있거니와,[103] 무진 애를 써야 거기서 벗어나 단정하고 분별 있는 삶을 새로 시작할 수 있습니다. 이 사실을 켈수스도 어찌어찌 해서 통찰한 듯하며, 그래서 이렇게 언명합니다. "참으로, 본성상 죄에 기울어 있고 또 죄짓는 게 습관이 되어 버린 자들은 그 누구에 의해서도, 징벌은 말할 것도 없고 용서에 의해서도, 절대 변화되지 않는다는 것은 필경 모두가 분명히 알고

---

103 참조: 『켈수스 반박』 1,52.

있는 사실이다. 과연 본성을 근본적으로 변화시킨다는 것은 세상에서 가장 어려운 일이다. 그러나 죄 없는 이들은 더 나은 삶에 참여한다."

66. 여기에서도 켈수스는 오류에 깊이 빠져 있는 것으로 보이니, 본성상 죄에 기울어져 있고 또 죄짓는 게 습관이 된 사람들은 완전히 변화할 가능성이 없다고, 징벌에 의해서도 결코 고쳐질 수 없다고 주장하기 때문입니다. 사실 우리 인간들은 죄다 본성상 죄에 기울어 있으며, 어떤 이들은 단지 죄에 기울어 있는 정도가 아니라 죄짓는 게 아예 습관이 되어 버렸다는 것은 분명합니다. 하지만 모든 인간이 절대 변화될 수 없는 것은 아닙니다. 과연 모든 철학 학파들만이 아니라 성경도, 참으로 엄청나게 바뀌어서 최상의 변화의 본보기로 여겨지는 인물들에 관해 보고하고 있습니다. 어떤 사람들은 그런 인물들로서, 영웅들 중에선 헤라클레스와 오디세우스 그리고 후대인들 중에선 소크라테스, 그리고 최근까지 살았던 남자들 중에선 무소니우스[104]를 꼽습니다. 그러므로 본성상 죄에 기울어져 있고 또 죄짓는 게 습관이 된 자들은 그 누구에 의해서도, 징벌에 의해서도 결코 심경의 완전한 변화와 개과천선으로 돌아설 수 없다는 켈수스의 주장은 진실이 아니라고 판단하는 것은 우리만이 아닙니다. 오히려 모든 참된 철학자들 역시 우리와 마찬가지로 판단하고 있으니, 그들은 죄인이 덕행으로 돌아설 수 있는 가능성을 부인하지 않습니다. 켈수스가 자신의 본래 의도를 명확히 표현하지 않았다 하더라도, 아무튼 우리는 선입견 없이 그의 말을 듣고 그 부조리함을 밝혀야겠습니다. 요컨대 켈수스는 "본성상 죄에 기울어 있고

---

104 스토아학파 철학자 무소니우스 루푸스(기원후 30~100년경)는 철학적 삶의 상징적 인물로 여겨졌다.

또 죄짓는 게 습관이 되어 버린 자들은 그 누구에 의해서도, 징벌에 의해서도 절대 변화되지 않는다"라고 말했는데, 그의 말마디에서 분명히 드러나는 견해를 우리는 이미, 우리가 할 수 있는 한, 그릇된 것으로 입증했다고 하겠습니다.

67. 아마도 켈수스는 본래 다음과 같이 표현하고자 했던 것 같습니다. "오직 극히 타락한 인간들만이 저지르는 죄들에 본성상 기울어져 있고, 또 그런 죄짓는 게 습관이 되어 버린 자들은 그 누구에 의해서도, 징벌에 의해서도 완전히 변화되지 않는다." 그러나 이 말 역시 적지 않은 철학자들의 삶의 역사에 의해 진실이 아님이 입증됩니다. 예를 들어 어찌어찌 해서 한 주인에게 복종하게 되었고, 그 주인의 명령에 따라 고약한 집에 갇혀 아무에게나 멋대로 (성적) 학대를 당해야 했던 자는 극히 타락한 인간들의 하나로 헤아려지지 않겠습니까? 파이돈에 관해 그런 일이 보고되어 있습니다.[105] 그리고 피리 연주하는 한 여자, 또 함께 흥청대던 술친구들과 함께 칭송할 만한 크세노크라테스의 학교로 쳐들어가서는, 자기 친구들조차 경탄한 그 스승을 모욕한 남자를 누가 모든 인간 가운데 가장 타락한 자라 이르지 않겠습니까?[106] 하지만 이성

---

105 참조: 『켈수스 반박』 1,64; 디오게네스 라에르티오스 『유명한 철학자들의 생애와 사상』 1,105.

106 이 말이 가리키는 사람은, 자기 친구들과 함께 술 취한 채 크세노크라테스의 학교로 쳐들어갔던 폴레몬이다. 그러나 크세노크라테스는 흔들리지 않고 절제에 관한 강의를 계속했으며, 결국 그에 의해 폴레몬의 마음이 철학에 사로잡히게 되었다(참조: 디오게네스 라에르티오스 『유명한 철학자들의 생애와 사상』 4,16). 본문의 묘사는 짐작건대 플라톤의 『향연』의 알키비아데스의 등장 장면의 영향을 받은 것 같다. 알키비아데스는 피리 부는 한 여자의 부축을 받으며 회합 장소에 뛰어 들어와 소크라테스를 모욕했으니, 그가 자신을 연인으로 삼아 주기를 거부했기 때문이다(참조: 플라톤 『향연』 212c4-222b7).

은 이 두 사람에게서도 철저한 변화를 불러일으킬 수 있었으니, 이들은 철학에서 엄청난 진보를 이루었습니다. 그래서 한 사람은 (영혼) 불사에 관한 소크라테스의 가르침을 설명하고 또 감옥 안에서 소크라테스 내면의 의연함 — 그는 독배毒杯 따위는 신경 쓰지 않고 아무런 두려움 없이 아주 평온한 마음으로 매우 의미심장하고 심오한 문제들, 어떠한 곤경에도 교란되지 않는 매우 잘 훈련된 학자들일지라도 무진 애를 써야만 뒤좇아 갈 수 있는 문제들을 두루 상론했습니다 — 에 관한 보고서를 쓰기에 합당하다고 플라톤에게 인정받았습니다. 또한 폴레몬은 무절제했던 생활을 버리고 매우 고결하게 살았으며, 모두가 도덕적 진지함을 칭송하던 크세노크라테스의 교사직을 이어받았습니다.[107] 그러므로 켈수스가 "본성상 죄에 기울어 있고 또 죄짓는 게 습관이 되어 버린 자들은 그 누구에 의해서도, 징벌에 의해서도, 완전히 변화되지 않는다"라고 주장하는 것은 진실을 말하는 게 아닙니다.

68. 아무튼 훌륭히 구상되고 멋지게 체계 잡히고 면밀히 마물러진 철학 강의가 앞에서 거명한, 고약한 삶을 살아왔던 사람들과 그 밖의 다른 사람들에게 의미심장한 영향을 끼쳤다는 사실은 크게 놀라워할 일이 전혀 아닙니다.[108] 그런데 다른 한편 켈수스가 "우직하다"고 지칭한 (우리 그리스도교의) "가르침들"[109]이, 마치 무슨 주문呪文인 듯이 (신비

---

107 참조:『켈수스 반박』1,64와 각주 118; 루키아노스『이중 고소장』16-17.
108 참조: 고르기아스『평화론』B 11,8-9. 연설가요 수사학 선생이며 저명한 소피스트 대표자였던 고르기아스(기원전 5/4세기)는 말과 연설이 청자에게 끼치는 심리요법적 영향을 연구한 최초의 인물들 가운데 한 사람이다. 그의 이름을 따서 "고르기아스적 어법"이라는 말이 생겨났을 정도로 그 자신이 탁월한 능변가로 통했으며, 또한 한 수사학 교과서 저자로 확인되었다. 플라톤은 그를 같은 이름의 대화에서 매우 비판적으로 평가했다.

스러운) 힘으로 충만하다는 사실을 고려해 보면, 그리고 그 말씀이 수많은 사람을 돌연 무절제로부터 더없이 깨끗하고 바름으로, 불의로부터 의로움으로, 그리고 나약함이나 비겁함으로부터 대단한 의연함으로 이끌어 간다는 사실, 그리하여 그 사람들은 이제 자신 안에 생생히 살아 있게 된 경건함에 힘입어 죽음조차도 하찮게 여긴다는 사실을 숙고해 보면, 당연히 말씀 자체 안에 내재하는 힘에 경탄하게 되지 않겠습니까? 과연 이 가르침을 처음 선포하고 또 하느님 공동체들을 세우려 애쓴 사람들의 "말씀"과 "선포"는 어떤 "설득력"과 결부되어 있었습니다. 이것은 물론 플라톤이나 어떤 다른 철학자의 지혜로운 말에서 발견되는 설득력이 아니었으니, 그들은 어디까지나 인간이었고 인간 본성 외에 다른 것은 전혀 지니고 있지 않았습니다. 그러나 하느님에 의해 예수님의 사도들에게 주어진 "증거"가 설득력이 있는 것은, "성령의 힘"(1코린 2,4) 덕분입니다.[110] 그런 까닭에 그들의 말씀은 날래게 달려가며(시편 147,15 참조), 하느님 말씀은 "본성상 죄에 기울어 있고 또 죄짓는 게 습관이 되어 버린" 사람들 가운데 많은 이를 변화시켰습니다. 그 누구도, 징벌에 의해서도 변화시킬 수 없었던 사람들을 "말씀"께서 당신 뜻에 따라 꼴 짓고 틀 지으시며 다시 창조하셨습니다.

69. 켈수스가 "본성을 근본적으로 변화시키는 것은 세상에서 가장 어려운 일이다"라고 덧붙인 것은, 그의 전체 관점에 상응합니다. 그러나 우리는 이성을 부여받은 모든 영혼은 "본성상으로" 동일하다는 것을

---

109 참조: 『켈수스 반박』 1,64 등.
110 참조: 『켈수스 반박』 1,2.

알고 있으며, 또한 그들 가운데 누구도 만유의 창조주에 의해 창조될 때에는 악하지 않았다는 것, 그러나 많은 인간이 교육과 교제와 그릇된 세계관과 환경의 영향[111] 때문에 심하게 타락한다는 것, 그래서 적지 않은 사람에게서는 죄가 이를테면 제2의 본성이 된다고 주장하는 바입니다. 그러므로 우리는 사람이 만유를 주재하시는 하느님을 신뢰하며 그분께 자신을 맡기고 또 그분 마음에 들기 위해 모든 일을 해야 한다는 것만 고백하면, 본성이 되어 버린 이 타락을 뽑아 버리는 것은 하느님 로고스(말씀)에게 불가능하지 않을 뿐더러 특별히 어려운 일도 결코 아니라고 믿습니다. 그런 사람에게는 이 시인의 말이 해당하지 않습니다.

"저열한 자와 고결한 이가 똑같은 영예 누리네;

빈둥거리던 자와 많은 일 이룬 이 똑같이 죽어 가네."[112]

그러나 이 "변화"가 적지 않은 사람에게는 "매우 어려운 일"이라면, 그 원인은 그들 의지의 결단의 정도에서 찾아야 합니다. 좀 더 자세히 말하면, 만유를 주재하시는 하느님께서 인간 누구에게나 그가 살면서 행한 모든 일에 대한 공정한 심판관이 되시리라는 사실을 단호히 받아들이기를 꺼리는 태도에서 찾아야 합니다. 하지만 매우 어려운 일들, 더 세게 표현해서, 거의 불가능하게 여겨지는 일들에서도 선한 의지의 결단은 거듭되는 훈련과 결합되어 많은 것을 이룰 수 있습니다. 극장 한가운데 높은 곳을 가로질러 팽팽히 펼쳐져 있는 한 가닥 밧줄 위를, 그것도 크고 무거운 짐을 지고서 걸어가고자 하는 사람은, 훈련과 세심한 주의를 통해 그 일을 해낼 수 있습니다.[113] 그런데 고결하게 살고자

---

111 참조: 『켈수스 반박』 3,56.
112 호메로스 『일리아스』 9,319.320.

결단했다 하더라도, 예전에 아주 형편없이 살았기에, 결단한 대로 살 수 없다는 것입니까? 그런 주장을 하는 사람은 창조된 존재보다는 오히려 이성적 존재를 생명으로 부르신 창조주의 본성을 모욕하는 것이 아닌지 유의해야 합니다. 그런 사람은 인간의 본성을 매우 어렵되 전혀 무익한 일에는 유능하지만, 자신의 지복을 얻는 데는 무능한 것으로 묘사합니다. 아무튼 지금까지 한 말로도 "과연 본성을 근본적으로 변화시키는 것은 세상에서 가장 어려운 일이다"라는 켈수스의 주장에 대한 반박으로 충분하다고 하겠습니다.

이어서 켈수스는 "그러나 죄 없는 이들은 더 나은 삶에 참여한다"라고 말하는데, 누가 "죄 없는 이"인지, 애당초 죄가 없는 사람인지, 아니면 마음과 삶의 변화의 결과로 그렇게 된 사람인지 명확히 밝히지는 않습니다. 애당초 죄 없는 사람이란 존재할 수 없습니다. 회심 이후, 구원의 가르침을 받아들인 이후 죄 없이 된 사람들은 드물게 존재합니다. 하지만 그들도 신앙을 받아들이는 순간에는 죄 없는 인간이 아닙니다. 과연 신앙 없이는, 그것도 온전한 신앙 없이는, 어떠한 인간도 "죄 없이" 될 수 없습니다.

70. 이어서 켈수스는 우리가 "하느님께서는 모든 것을 할 수 있을 것이다"라고 한다고 우리를 비난합니다. 그런데 그는 이 말이 무슨 의미인지, "모든 것"이 무엇을 가리키는지 그리고 "할 수 있다"를 어찌 이해하는지를 알지 못합니다. 이에 관해 내가 지금 여기서 언급할 필요는 없겠습니다. 왜냐하면 켈수스는, 일견 근거 있는 이런저런 반론을 제기

---

113 스토아학파 철학자들이 자주 들던 예였다. 참조: 아리아노스 『에픽테토스의 담론』 3,12,1-2; 세네카 『분노』 2,12,5.6.

할 수도 있었을 텐데도, 이 명제 자체를 논박하지는 않았기 때문입니다. 그 반론들을 좀 더 숙고하지 않아서였든, 숙고하기는 했지만 그 반론들이 되반박되리라 예상해서였든, 아무튼 우리의 이 주장을 공박하지는 않았습니다. 물론 우리의 가르침에 따르면 하느님께서는 모든 것을 하실 수 있거니와, 이 "하실 수 있음"이 그분의 신성, 선, 지혜와 모순되지 않는 한 그렇습니다. 그러나 켈수스는 하느님께서 모든 것을 하실 수 있다라는 말이 무슨 의미인지 이해하지 못하며, 그래서 이렇게 말합니다. "신은 부당한 일은 아무것도 하고자 하지 않을 것이다." 사실 이 말로써 켈수스는 하느님께서 부당한 일도 하실 능력은 가지고 계시나 그렇게 하실 뜻은 가지고 계시지 않다는 것을 인정하는 것입니다. 반면 우리의 가르침에서는 이렇게 말합니다. 본성상 달콤하며 또 자신의 이 본연적 속성으로 말미암아 다른 존재들을 달콤하게 만들어 주게 되어 있는 존재는, 자기 본성을 거슬러 다른 존재들을 쓰디쓰게 만드는 것이 불가능하듯이,[114] 또한 본성상 빛을 비추는 존재는 아무것도 어둡게 만들 수 없듯이, 마찬가지로 하느님께서는 부당한 일은 하실 수 없습니다. 과연 부당한 일을 할 수 있는 능력은, 그분의 신성과 또 그것에 상응하는 전능과 모순됩니다.[115] 어떤 존재가 자신의 자연적 성향에 따라 부당한 어떤 일을 행할 수 있다면, 부당한 일 수행의 전적인 불가능성이 그 존재의 본성에 내재되어 있지 않기 때문입니다.

71. 이어서 켈수스는 분별 있는 그리스도인들은 결코 인정하지 않는,

---

114 덕과 관련하여 원인과 결과의 동질성에 관해서는 참조: 디오게네스 라에르티오스 『유명한 철학자들의 생애와 사상』 7,103; 플라톤 『국가』 353d-e.
115 참조: 『켈수스 반박』 5,14.23.

얼마간의 분별없는 그리스도인들의 생각을 옳다고 여겨 이렇게 말합니다. "요컨대 그 신은 동정심에 사로잡히는 사람들과 유사하게, 비탄하는 사람들에 대한 동정심에 사로잡힌다. 그리고 나쁜 자들을 편드는 반면, 선한 이들은 물리치니, 그들은 그런 행동을 하지 않기 때문이다.[116] 그런데 이것이 부당함의 극치다." 우리 신앙에 따르면, 하느님은 나쁜 사람이 아직 덕으로 돌아서지 않았으면 그를 편들지 않으시며, 또한 이미 선해진 사람은 아무도 물리치지 않으십니다. 그리고 비탄하는 사람을 비탄 때문에 편드시거나 ─ 통상적 표현을 사용하자면 ─ "불쌍히 여기시지" 않으며, 오히려 자신의 죄과 때문에 자기를 혹독하게 단죄하는 죄인들을 편드시고 불쌍히 여기시거니와, 이들은 그런 자기 단죄를 통해 탄식하고 또 예전 행실과 관련해 이를테면 자신을 "잃어버린 자"로서 애도하며 또한 주목할 만한 회심과 변화를 실제로 보여 줍니다. 하느님은 이런 사람들을, 예전에 아주 나쁜 삶을 살았더라도, 참회와 개과천선 때문에 받아 주십니다. 과연 이제 이들 영혼 속에 자리 잡고는 예전에 그 영혼을 지배하던 죄를 몰아내는 덕은, 이들의 예전 삶이 잊히게 합니다. 비록 덕이 아니라 다만 개과천선으로의 한 단초라 하더라도, 영혼 속에 힘차게 싹튼다면, 죄의 범람을 끊어 버리고 사라지게 하여 더 이상 영혼 속에 존재하지 않게 하는 데 충분합니다.

72. 이어서 켈수스는 마치 자신이 우리 교사들 가운데 하나인 양, 대충 다음과 같은 말을 합니다. "사실 지혜로운 이들은 우리 가르침을 거부하는데, 사실 그들의 지혜는 그 가르침을 미혹하고 또 방해한다." 반박

---

116 참조: 『켈수스 반박』 3,63.

하겠습니다. 지혜가 하느님과 인간의 일들 및 그것들의 근원들에 대한 앎[117]이라면, 또는 하느님 말씀이 정의하듯이 "하느님 권능의 숨결이고 전능하신 분의 영광의 순전한 발산이며, 하느님 활동의 티없는 거울이고 하느님 선하심의 모상"(지혜 7,25-26)이라면, 참으로 지혜로운 사람은 그리스도교를 정확히 알고 있는 그리스도인의 설교를 거부하지 않을 것입니다. 또한 그는 지혜에 의해 미혹되거나 방해받지도 않을 것입니다. 미혹하는 것은 참된 지혜가 아니라 무지이기 때문입니다. 그리고 이 세상에서 유일하게 확실한 것은 지혜에서 비롯하는 앎, 진리입니다.[118] 그러나 그대가 지혜라는 개념을 거슬러, 지혜로운 사람을 온갖 독단적 견해를 이런저런 궤변으로 옹호하는 자로 이해한다면, 우리는 그런 지혜로운 사람은 사실상 하느님 말씀을 거부하고 또 자신의 궤변과 죄에 의해 미혹되고 또 방해받는다고 언명하겠소. 우리의 가르침에 따르면 "지혜는 악에 대한 지식이 아니"(집회 19,22)니, 악에 대한 지식은 그릇된 주장을 내세우고 제 죄에 속아 넘어가는 사람들이 지니고 있으며, 그런 까닭에 나는 그런 사람들에게는 오히려 지혜로 둔갑한 무지가 존재한다고 주장하고 싶소.

73. 이어서 켈수스는 다시금 그리스도교의 선포자를 모욕하면서 "그는 터무니없는 것들을 설교한다"고 주장하는데, 그 "터무니없는 것들"이 무엇인지 명시하지도 또 그런 것으로 입증하지도 못합니다. 그는 모욕

---

117 지혜에 대한 스토아철학의 일반적 정의定義다. 참조: 아에티우스 『철학자들의 견해』 1 서론 2; 섹스투스 엠피리쿠스 『수학자』 9,13; 오리게네스 『마태오 복음 주해』 17,2; 『예레미야서 강해』 8,2; 알렉산드리아의 클레멘스 『교육자』 2,25,3; 『양탄자』 1,30,1; 4,163,4.
118 참조: 플라톤 『국가』 508e; 『켈수스 반박』 6,9.

과 근거 없는 주장을 계속합니다. "분별 있는 인간은 그 누구도 이 가르침에 설득당하지 않으니, 왜냐하면 그는 오히려 이 가르침의 추종자 무리에게 따돌림당하기 때문이다." 켈수스는 여기서 마치, 분별 있는 인간은 그 누구도, 예를 들어 솔론이나 루쿠르고스 또는 잘레우코스나 어떤 다른 입법자의 법률에 순종하지 않으니, 왜냐하면 그 법률에 순종하는 무식한 사람들의 수가 아주 많기 때문이다라고 주장하는 사람처럼 처신하고 있습니다. 켈수스의 주장은 그가 "분별 있는 인간"을 덕행을 통해 그렇게 된 사람으로 이해할 때 특히 부조리함이 드러납니다. 요컨대 저 입법자들이 자기네 백성에게서 이룩한 일, 곧 규율과 법률을 통해 백성을 이끄는 일이 그들에게 유익하다고 여겼듯이, 마찬가지로 예수님을 통해 온 세상 모든 인간에게 법을 주시는 하느님께서는 분별 없는 인간들도 최대한 선으로 이끄십니다. 우리가 이미 앞에서[119] 말했듯이, 모세 안에서 작용하셨던 하느님께서도 이를 알고 계셨고 그래서 이렇게 말씀하셨습니다. "그들은 신도 아닌 것들로 나를 질투하게 하고 헛것들로 나를 분노하게 하였다. 나 또한 내 백성이 아닌 자들로 그들을 질투하게 하고 어리석은 민족으로 그들을 분노하게 하리라"(신명 32,21). 바오로 역시 이를 알고 있었고, 그래서 이렇게 말했습니다. "하느님께서는 지혜로운 자들을 부끄럽게 하시려고 이 세상의 어리석은 것을 선택하셨습니다"(1코린 1,27). 여기서 바오로는 "지혜로운 자들"이라는 말로, 통상적 어법에 따라, 학문에서는 외견상 대단한 진보를 이루었으나 하느님에게서 떠나 무도한 다신교로 떨어져 나간 모든 이를 가리키고 있습니다. "그들은 지혜롭다고 자처하였지만 바보가 되었습

---

[119] 참조: 『켈수스 반박』 2,78.

니다. 그리고 불멸하시는 하느님의 영광을 썩어 없어질 인간과 날짐승과 네발짐승과 길짐승 같은 형상으로 바꾸어 버렸습니다"(로마 1,22-23).

74. 켈수스는 또한 그리스도교의 교사들은 "어리석은 사람들을 찾아다닌다"고 비난합니다. 그에게 묻고 싶습니다. 그대 눈에는 도대체 누가 "어리석은 사람들"이오? 사실 엄밀히 말하면, 배우지 못한 사람은 누구나 어리석소.[120] 요컨대 그대가 의미하는 "어리석은 사람들"이 배우지 못한 사람들이라면, 나는 그대에게 그러면 그대는 철학을 연구할 사람을 얻기 위해 어떤 인간들에게 향할 것인지 묻겠소. 배우지 못한 사람들? 아니면 훌륭하게 배운 사람들? 후자는 가당치 않을 터이니, 그들은 이미 철학의 신봉자들이기 때문이오. 그렇다면 배우지 못한 사람들, 즉 어리석은 사람들에게 향할 수밖에 없을 것이오. 그리고 그대는 이런 부류의 많은 사람을 철학자로 만들려고 노력하고 있소. 요컨대 그대 역시 어리석은 사람들을 찾아 얻으려 애쓰고 있는 것이오. 그러나 내가 이런 의미의 "어리석은 사람들"에게 향하는 것은, 고통받는 사람들을 찾아가서 그들에게 맞는 치료약을 제공하여 그들의 건강을 회복시켜 주는 어진 의사처럼 행동하는 것이오. 그러나 그대가 "어리석은 사람들"로 이해력이 굼뜨고 미약한 이들을 의미한다면, 나는 그대에게 이렇게 반박하겠소. 나는 내가 할 수 있는 한, 이 사람들도 향상시키려 애쓰고 있소. 물론 그리스도인 공동체가 순전히 이런 사람들로 이루어지기를 바라는 것은 아니오. 나는 기꺼이 좀 더 총명하고 기민한 사람들에게 향하니, 이들은 율법과 예언서와 복음서의 비밀의 심오한 의미와 모호한

---

[120] 참조: 크리시포스 『단편』 3657-3670.

표현들을 이해할 수 있기 때문이오. 물론 그대는 이 책들을 그 내용이 무의미하다고 생각하여 업신여기고 있소. 그런데 그대가 그렇게 하는 것은, 이 책들의 의미를 탐구하지 않았고 또 단 한 번도 그 저자들의 사상을 깊이 파고들어 보려고 하지 않았기 때문이오.

75. 이어서 켈수스는 또 이렇게 말합니다. "그리스도교 교사들은 병자에게 치유를 약속하지만, 병자가 버젓한 의사들에게 찾아가는 것을, 자기 무지가 그 의사들에 의해 폭로될 터이기에, 제지하는 자와 흡사하다." 대꾸하겠습니다. 우리가 우직한 사람들이 찾아가는 것을 제지한다는 그 "의사들"은 도대체 누구를 말하는 것이오? 그대는 아무튼 우리가 철학자들에게는 그리스도교 입교를 촉구한다고 생각하지는 않을 터이고, 그래서 우리가 복음을 받아들이게 하려고 애쓰는 사람들이 찾아가는 것을 제지하는 이들을 그 "의사들"이라고 생각할 수 있을 것이오.[121] 그러나 켈수스는 그 의사들을 구체적으로 거명할 수 없기 때문에 대답을 하지 못하거나, 아니면 그는 그 우직한 사람들을 증인으로 내세울 수밖에 없을 것입니다. 그런데 그 사람들 역시 맹종하며 다신교 언설들을 울려 퍼지게 하며, 또 스스로 한마디 보태기도 합니다. 아무튼 켈수스는 "사람들이 버젓한 의사들을 찾아가는 것을 제지하는 자"라는 말을 별 뜻 없이 자기 말 속에 담았다는 사실이 확인된다고 하겠습니다.

    그런데 우리가 에피쿠로스 철학에, 그리고 에피쿠로스 이후 이른바 에피쿠로스적 "의사들"로 간주되는 사람들에게 미혹된 이들을 그들에게서 "멀리 떼어 놓는" 것은 매우 합당한 행동입니다. 이들을 켈수스의

---

121 이 비유는 전통적이다. 스토바이오스 『발췌집』 2,40에 따르면, 라리사의 필론이 이 비유의 토대에 관한 논문을 한 편 썼다.

그 의사들이 이들에게 감염시킨 심각한 질병으로부터 치유하는 것이기 때문입니다. 이 질병의 근본 원인은 섭리의 부인 그리고 쾌락을 최고선으로 가르치는 데 있습니다.[122] 우리가 우리 신앙으로 전향시키고자 하는 사람들이 이런저런 다른 철학자들 — 예를 들어 우리 인간에 대한 섭리의 작용과 신과 인간의 관계를 부정하는 아리스토텔레스학파(소요학파) 철학자들[123] — 에게서 의료적 도움을 찾는 것을 "제지"한다고 가정합시다. 그렇더라도 이것은 우리가 우리에게 동조하려는 사람들을 만유를 주재하시는 하느님께 온전히 헌신하게 함으로써, 그들을 경건하게 만들고 또 치유하는 일이요, 우리의 말을 경청하는 이들을 이른바 철학적 학설들이 이들에게 입힌 심각한 상처에서 낫게 하는 일이 아니겠습니까? 그리고 우리가, 소멸에 종속된 신이 있다 치고 신의 존재를 변화 · 변전 · 변동에 예속된 일종의 물체로 특징지으며 또한 만물은 유일한 예외인 신은 제외하고 언젠가 소멸한다고 주장하는 스토아학파 "의사들"에게 사람들이 찾아가는 것을 "제지"한다고 가정합시다.[124] 그렇더라도 이것은 우리가 우리에게 찬동하는 사람들을 그런 해로운 견해에서 벗어나게 하여 인간은 온 우주의 창조주께 몸 바치고 그리스도교의 창시자를 공경해야 한다는 경건한 가르침으로 이끌려는 것이 아니겠습니까? 그분은 지극한 인간 사랑으로 인간들의 회심을 불러일으키셨고, 영혼 구원을 위한 당신 가르침이 온 인류에게 뿌리내리

122　에피쿠로스학파에 대한 비판에 관해서는 참조: H. Crouzel, Origène et la philosophie (Théol [P] 52), Paris 1962, 27-31.
123　아리스토텔레스학파에 대한 비판에 관해서는 참조: Crouzel, Origène et la philosophie 31-35.
124　참조:『켈수스 반박』1,21; 4,14; 스토아학파에 대한 비판에 관해서는 Crouzel, Origène et la philosophie 35-45.

도록 안배하셨습니다. 한편 적지 않은 사람들이 이성적 본성을 때로는 전혀 비이성적인 본성으로, 때로는 심지어 아무 지각 없는 본성으로 떨어뜨리는, 그 "의사들"의 허황된 윤회설[125]도 참고 들어야 했습니다. 이제 우리는 그런 사람들에게도 치유를 제공하니, 어찌 우리가 그리스도교 가르침으로 전향한 사람들의 영혼을 향상시키는 것이 아닙니까? 사실 우리는 우둔함이나 어리석음이 악인들이 받을 벌로 정해져 있다고 가르치지 않습니다. 오히려 하느님께서는 악인들에게 고통과 괴로움을 벌로 내리시며, 이것은 그들의 회심을 불러일으키는 일종의 치료약이라고 가르칩니다. 분별 있는 그리스도인들을 이렇게 생각하여, 아버지가 미숙한 자식 받아들이듯, 영적으로 허약한 이들을 받아들입니다.

그러므로 우리는 미숙한 이들과 우직한 이들을 은신처로 삼고서 그들에게 "의사들을 멀리하시오!"라고 말하지 않습니다. 그리고 "그대들은 누구도 학문에 의지하지 않도록 조심하시오!"라고 말하지도 않습니다. 또한 "학문이란 꽤 해로운 것이다"라고 주장하지도 않습니다. 그리고 우리는 "앎이란 인간들을 속여 그들 영혼의 건강을 앗아 간다"라고 단언할 만큼 얼빠지지도 않았습니다. 또한 "어떤 사람은 일찍이 지혜 때문에 파멸했다"라고 주장하지도 않습니다. 그리고 우리는 가르칠 때, "그대들은 나에게 의지하시오"라고 말하지 않고, 온 우주의 하느님께, 그리고 그분을 어떻게 알아 모셔야 하는지를 가르쳐 주신 예수님께 의지하라고 말합니다. 우리들 가운데에는, 켈수스가 우리 교사들 가운데 한 사람이 했다고 하는 "오직 나에게서만 그대들은 구원을 발견하게 될 것이오"라는 말을 제자들에게 할 만큼 오만한 자가 아무도 없습

---

125 참조: 『켈수스 반박』 1,20.

니다. 그러므로 켈수스가 우리를 거슬러 얼마나 많은 거짓말을 하는지 주의 깊게 살펴보십시오. 아무튼 우리는 결코 "그 의사들은 자기가 치유를 약속하는 이들을 파멸시킨다"라고 말하지도 않습니다.

76. 켈수스는 우리를 거슬러 두 번째로 예를 들며 이렇게 주장합니다. "그리스도교의 교사는 주정뱅이들에게 와서는, 정신 말짱한 사람들이 취했다고 비난하는 주정뱅이 같이 행동한다." 자, 그러면 켈수스는 성경, 예를 들면 바오로 서간에 근거하여, 그 예수님의 사도가 습관적으로 취했다는 것, 그리고 그의 말은 정신 말짱한 사람의 말이 아니라는 것을 입증하거나, 요한의 글에 근거하여, 그의 사상은 절제하며 살고 또 죄에 취한 상태에서 벗어난 남자를 드러내 보여 주지 않는다는 것을 입증해야 할 것입니다! 요컨대 그리스도교 신앙의 사려 깊은 선생들은 그 누구도 음주에 빠져 있지 않는데도, 켈수스는 우리를 비방하기 위해, 철학자에게는 전혀 어울리지 않는 방식으로 그렇게 주장하고 있습니다. 또한 켈수스는 우리 그리스도교 가르침의 선포자들이 "비난"한다는 "정신 말짱한 사람들"이 누구인지 우리에게 구체적으로 밝혀야 할 것입니다. 우리 견해에 따르면, 영혼 없는 상像에게 신에게 하듯 말을 하는 자들은 모두 "취했습니다". 내가 그 자들이 취했다고 말하는 것은 무슨 의미이겠습니까? 더 정확히 말하면, 신전으로 달려가 조상彫像이나 짐승을 신으로 숭배하는 것이야말로 미친 짓입니다. 그리고 장인들이, 또 때로는 아주 비루한 자들이 만들어 낸 물건들이 신들에 대한 공경에 도움이 된다고 생각하는 사람들도 덜 미치지 않았습니다.[126]

---

126 참조: 『켈수스 반박』 1,5.

77. 이어서 켈수스는 "그리스도교의 교사"를 "눈병 난 자"에, 그리고 그 교사의 "제자들"도 "눈병 난 자들"에 빗대면서 이렇게 말합니다. "이 교사는 눈병에 시달리는 제자들 앞에서 또렷하게 보는 사람들을 눈멀었다고 비난한다." 그런데 우리의 견해에 따르면 보지 못하는 그리스인들은 눈 상태가 어떻습니까? 아무튼 자신의 눈을 천체의 위대함과 창조계의 숭고한 아름다움으로부터 이 모든 것의 창조주께로 들어 올리지 않는, 그래서 사람은 오로지 그분만을 공경·찬탄·숭배해야 한다는 것을 깨닫지 못하는 이들, 그리고 인간 손으로 만든 어떠한 물건도 신들에 대한 공경에 사용되어서는 안 된다는 ― 그것들 홀로 경배되든, 창조주 하느님과 함께 경배되든 간에 ― 것을 깨닫지 못하는 이들이야말로 "눈병이 난 자들"이 아니겠습니까? 사실 결코 견주어질 수 없는 존재를, 창조된 모든 자연을 월등히 능가하는 무한한 존재와 견주고자 하는 것은, 정신이 눈 먼 자들만 할 수 있는 짓입니다. 요컨대 우리는 또렷이 보는 사람들을 눈병이 났다거나 눈이 멀었다고 말하지 않으며, 오히려 하느님께 대한 무지로 말미암아 신전과 우상과 이른바 달마다 열리는 축제로 몰려가는 자들이야말로, 특히 그들이 그 무지를 방탕한 생활과 연계시키고 또 바른 행실과 존귀함을 전혀 추구하지 않고 온갖 수치스러운 짓을 저지를 때, 정신적으로 눈멀었다고 주장합니다.

78. 켈수스는 우리를 거슬러 그렇게나 많은 비난을 한 후, 다른 일도 더 비난할 수 있지만, 일단 덮어놓겠다고 선언합니다. 그의 말은 이렇습니다. "내가 이런 유의 비난을 하는 것은, 하나하나 모두 열거하지 않기 위해서다. 아무튼 나는 그리스도인들이 위협의 말을 내뱉으며, 헛된 희망으로 저열한 인간들을 미혹·설득하고, 훌륭한 인간들은 경멸할(왜

냐하면 이들이 자기네 그리스도인들을 멀리하게 되면, 그것이 자기들에게 더 나을 터이기 때문이다) 때, 신을 모독하는 악행을 저지르는 것이라고 주장하는 바이다." 이에 대해 우리는 그리스도교의 전파라는 명백한 결과에 근거해서, 다음과 같이 반박할 수 있겠습니다. 그리스도교 가르침에 "미혹"되었다는 사람들은 결코 "저열한 인간들"이라고 할 수 없으며, 오히려 우직하고 배우지 못한 사람들, 곧 일반 대중이라고 이를 수 있는 사람들이라고 하겠습니다. 과연 이들은 예고된 징벌에 대한 두려움으로 말미암아, 징벌받아 마땅한 일을 그만두고 그리스도교를 온 마음으로 받아들이기로 결단합니다. 신앙은 이들에게 엄청난 힘을 발휘하니, 이들은 성경이 "영원하다"고 표현하는 징벌(마태 25,46 참조)에 대한 두려움으로, 이들을 거슬러 사람들이 궁리해 낸 온갖 고문 또 극심한 고통과 결부된 죽음도 하찮게 여깁니다. 분별 있는 인간이라면 그 누구도, 이런 일을 저열한 마음의 표출이라고 단언하지는 못할 것입니다. 도대체 어떻게 저열한 마음이 절제와 바른 품행과 너그러움과 공감하는 사랑을 실천할 수 있겠습니까? 마찬가지로 아직 자신을 위해 마땅히 선택해야 할 것을 깨닫지 못하는, 또 모든 약속을 능가하는 최고선을 선택하지 못하는 대중에게, 성경이 유익한 것으로서 권유하는 하느님께 대한 경외 없이는 그런 실천을 하지 못합니다. 요컨대 이 하느님께 대한 경외는 그 본성상, "저열한" 삶을 선택했던 인간 마음에는 도무지 떠오를 수가 없습니다.

79. 여기서 사람들은 신앙인 대중에게는 저열함보다 미신이 더 만연하다고 짐작하여, 우리 가르침은 인간들을 미신적으로 만든다고 비난할 수도 있을 것입니다. 이에 대해 답변하겠습니다. 한 입법자[127]가, 시민

들에게 최고의 법을 주었는가라는 물음을 받고는, 전적으로 최고의 법은 아니고, 그들이 가질 수 있는 최고의 법을 주었다고 대답했습니다. 그리스도교 창시자께서도 같은 식으로 말씀하실 수 있을 것입니다. 나는 반항적인 자들의 개과천선을 위해 꼭 필요한 고통과 징벌로써, 허구적이 아니라 실제적인 고통과 징벌로써 죄인들을 위협함으로써(물론 이들이 징벌하시는 분의 의도와 고통의 효과를 온전히 깨닫지는 못할 것이다), 대중이 자신의 도덕적 향상을 위해 받을 수 있는 최고의 법과 최고의 가르침을 주었다라고. 사실 이런 사정에 관해서는 인간들의 유익을 위해 때로는 솔직하게, 때로는 완곡하게 언명하는 것이 통상적입니다. 아무튼 그리스도교 선포자들은 "저열한 인간들"을 결코 "미혹"하지 않으며, 또 하느님 뜻을 거슬러 "위협의 말을 내뱉"지도 않습니다. 과연 우리는 하느님에 관해 참된 것만 가르치는데, 이것은 대중에게도 분명한 것으로 여겨지지만, 그리스도교 가르침을 학문적으로 통찰하려 애쓰는 소수의 사람들에게처럼 분명하고 확실하지는 않습니다.

80. 그러나 켈수스가 또 그리스도인들은 "헛된 희망에 미혹되었다"라고 말하기 때문에, 우리는 지극히 복된 삶과 하느님과의 친교(1요한 1,3 참조)에 관한 가르침을 공박하는 그에게 이렇게 대답하겠습니다. 나의 친우여, 그렇다면 영혼에 관한 피타고라스와 플라톤의 학설의 추종자들 역시 헛된 희망에 미혹된 것이오. 그 학설에 따르면 죽은 이의 영혼은 본성상 하늘의 궁륭으로 높이 올라가 "하늘 위 장소"[128]에서 죽은 이

---

127 참조: 솔론을 가리킨다. 플루타르코스 『솔론의 생애』 15,2.
128 ὑπερουράνιος τόπος(하늘 위 장소)라는 표현은 플라톤 『파이드로스』 247c에서 유래한다. 이와 관련된 표상에 관해서는 참조: 『파이드로스』 247a-c; 250b-c; 『켈수스 반박』 6,19.59; 7,44.

들이 기뻐할 일들을 볼 수 있는 능력을 지니고 있소. 사랑하는 켈수스여, 그대의 견해에 따르면, 사후 영혼의 존속을 믿는,[129] 그래서 자신이 언젠가 반신半神적 존재가 되고 또 신들의 처소에 받아들여질 수 있기에 합당한 삶을 영위하는 사람들 역시 "헛된 희망에 미혹된" 것이오. 또한 켈수스의 주장에 따르면, "밖에서" 오는 영, 불사하며 홀로 존속하는 영을 인정하는[130] 이들 역시 필경 헛된 희망에 미혹된 사람들이라 하겠습니다. 그러므로 이제 켈수스는 자기가 어떤 학파에 속하는지를 더 이상 숨기지 말고 오히려 자신이 에피쿠로스학파임을 솔직히 시인하고서, 그리스인들과 비그리스인들이 사후 영혼의 불사나 존속 또는 영의 불멸을 옹호하는 근거들(결코 경시해선 안 됩니다)을 공박해야 할 것입니다! 그는 이 학설들이 그 추종자들을 헛된 희망으로 기만한다는 것, 그와는 반대로 자기네 철학의 학설은 헛된 희망에 물들지 않았고 오히려 근거 튼실한 희망으로 인도한다는 것, 또는 ─ 이렇게 말하는 게 그의 관점에 더 부합하려니와 ─ 아예 아무런 희망도 불러일으키지 않는다는(왜냐하면 죽은 후에는 즉시 영혼이 완전히 폐기될 터이기 때문에) 것을 논증해야 할 것입니다. 아무튼 켈수스와 에피쿠로스학파 사람들은 그들의 최고 목표인 쾌락(그들의 견해에 따르면 참된 선, 곧 육신의 안정된 상태입니다)과 관련되는 희망, 에피쿠로스[131]가 매우 중시했던 희망이 "헛되다"는 것을 부인하고자 하는 것이 틀림없다고 하겠습니다.

---

129   참조: 『켈수스 반박』 3,37.
130   참조: 아리스토텔레스 『동물 발생론』 2,3,736b.
131   참조: 에피쿠로스 『단편』 68; 디오게네스 라에르티오스 『유명한 철학자들의 생애와 사상』 10,131-2.

81. 내가 켈수스에게 맞서 사후 영혼의 불사나 존속을 주장하는 철학자들의 증언들을 내세우는 것이 그리스도교의 가르침과 상충된다고 생각하지 않기 바랍니다. 사실 우리는 이 철학자들과 이런저런 견해들을 공유하고 있거니와, 미래의 지극히 복된 삶은 어떠한 피조물도 하느님처럼 섬기지 않고 오로지 예수님이 가르쳐 주신 하느님 공경과 온 우주의 창조주께 대한 경건함을 순수하고 온통으로 받아들인 사람들에게만 주어지리라는 것을 좀 더 적절한 기회에 명확히 밝힐 수 있을 것입니다. 아무튼 우리가 사람들을 미혹하여 경멸하게 한다는 "훌륭한 것"이 도대체 어떤 종류의 것인지, 관심이 있는 사람은 한 번 밝혀 보십시오. 그리고 그는 그 훌륭한 것을, 우리 견해에 따르면 하느님과 함께 계시는 그리스도 안에, 곧 말씀과 지혜와 모든 덕 안에 존재하는 지극히 복된 목표와 비교해 보아야 할 것입니다. 이 지극히 복된 목표는 흠없고 순결하게 살아온, 그리고 온 우주의 하느님께 대한 나뉘지 않은 온전한 사랑을 실증해 온 사람들에게 예정된 것으로서, 하느님 은총으로 그들에게서 실현될 것입니다. 또 그는 이 목표를 몇몇 철학 학파가 그리스인들과 비그리스인들에게 약속하는 목표나 비의秘義와도 비교해 보아야 할 것입니다. 또한 그런 다음 그는 이 목표가 우리의 목표보다 더 훌륭하고 참되고 합리적이며, 우리의 목표는 하느님의 선에도, 선한 삶을 살아온 사람들의 공덕에도 부합하지 않는다는 것을 밝히고, 또 우리의 이 말은 예언자들의 바르고 깨끗한 영혼에 충만했던 하느님의 영에서 비롯하지 않았다는 것도 밝혀야 할 것입니다. 또 한편 원하는 사람은, 순전히 인간에게서 비롯했다는 것을 누구나 인정하는 가르침들이, 하느님에게서 비롯했음이 밝혀졌고 또 하느님 영의 감도感導로 선포된 우리 가르침보다 "더 훌륭하다"는 것을 입증해 보십시오. 덧붙

여, "멀리하는 게 이롭다"고 우리가 가르친다는 "더 훌륭한" 견해들이라는 것이 도대체 무엇입니까? 여기서 우리는 너무 많은 말을 하고 싶지는 않거니와, 아무튼 사람은 자신을 만유를 주재하시는 하느님께 온전히 바치고 또한 우리를 모든 피조물로부터 자유롭게 만들어 주고, 힘차게 살아 계시는 로고스 — 동시에 하느님의 생동하는 지혜이자 아들이십니다 — 를 통해 하느님께로 이끌어 주는 가르침에 전념해야 한다는 것은, 스스로 분명하다고 하겠습니다.

아무튼 켈수스 책에 대한 우리 반박의 이 제3권도 이미 분량이 꽤 많아졌습니다. 그래서 우리의 논증을 여기서 마무리하고, 제4권에서 켈수스의 이어지는 공격에 맞서 우리의 변론을 계속하기로 하겠습니다.

제4권

1. 존경하는 암브로시우스여, 우리는 앞선 세 권에서 켈수스 책에 대한 우리의 생각을 명확히 밝혔는데, 이제 이 제4권에서도 그리스도를 통해 하느님께 기도드리면서, 그의 계속되는 공격에 응수하고자 합니다. 모쪼록 우리에게 예레미야서에 기록되어 있는 말씀이 불어넣어지기를 바라거니와, 거기서 주님께서 그 예언자에게 이렇게 말씀하셨습니다. "이제 내가 너의 입에 내 말을 담아 준다. 보라, 내가 오늘 모든 민족들과 왕국들을 너에게 맡기니, 뽑고 허물고 없애고 부수며 세우고 심으려는 것이다"(예레 1,9-10). 과연 우리 역시 지금 이 말씀이 필요하니, 켈수스의 책이나 그와 비슷한 생각에 의해 손상을 입은 모든 영혼으로부터 진리를 대적하는 것들을 "뽑아 버리기" 위해서입니다. 우리는 또한 온갖 망상의 건물을, 특히 켈수스가 "자, 성읍을 세우고 꼭대기가 하늘까지 닿는 탑을 세워 이름을 날리자"(창세 11,4)라고 말하면서 건축 공사를 벌였던 저 사람들과 유사하게 자기 책에 세워 놓은 망상의 건물을 "허물어 버릴" 만큼 강력한 사상도 필요합니다. 그러나 우리는 또한 지혜도 필요하니, "하느님을 아는 지식을 가로막고 일어서는 모든 오만"(2코린 10,5)을, 특히 켈수스가 우리를 공격하면서 나타내는 주제넘은 오만을 "부숴 버리기" 위해서입니다. 다만 우리는 앞에서 말한 것들을 "뽑

고 허물어 버리는" 것으로 그쳐서는 안 되며, 오히려 그렇게 뽑아 버린 자리에 "하느님의 밭"(1코린 3,9)에 합당한 것을 새로 "심어야" 하고, 또 허물어 버린 건물이 있던 자리에 하느님을 위한 건물과 그분 영광을 위한 성전을 세워야 합니다. 그리고 주님께서 예레미야가 우리에게 알려 주는 것들을 베풀어 주셨으니, 우리 또한 우리에게 말씀을 불어넣어 주십사 주님께 간청해야 하거니와, 그 말씀으로 우리는 그리스도의 건물들을 세우고 또 "영적인 율법"(로마 7,14 참조)과 그것과 부합하는 예언의 말씀을 사람들 마음속에 "심어 줄" 수 있습니다.

켈수스의 계속 이어지는 공격을 물리쳐야 하는 우리의 주요 과제는 이제 그리스도에 관한 예언들의 진실성을 뚜렷이 밝히는 일입니다. 그런데 켈수스는 이를테면 양쪽을 상대로 싸우고 있으니, 한쪽은 메시아가 이미 왔음을 부인하고 앞으로 오리라 희망하는 유대인들이고, 다른 한쪽은 예수님이 예언자들이 예고한 메시아시라고 주장하는 그리스도인들입니다. 켈수스는 말합니다.

2. "적지 않은 그리스도인뿐 아니라 유대인도 말하는 것, 곧 어떤 신이나 신의 아들이 현세 일들의 심판자로서 이 세상에 이미 내려왔거나 또는 내려오리라는 것이야말로 실로 파렴치한 생각이니, 길게 논박할 필요도 전혀 없다." 여기서 켈수스의 언명은 정확하다고 여겨지니, 유대인 — 어떤 유대인이 아니라 모든 유대인 — 은 누군가 이 세상에 내려오리라 믿고 있지만, 적지 않은 그리스도인들은 그 누군가가 이미 내려왔다고 주장한다고 언명하고 있기 때문입니다. 요컨대 켈수스는 메시아가 이미 왔음을 유대교 문헌에 근거하여 입증하는 사람들을 암시하고 있으며, 또 몇몇 분파는 그리스도 예수님을 예언자들이 예고한 메시

아로 인정하지 않는다는[1] 사실도 알고 있는 듯 보입니다. 우리는 이미 앞에서[2] 메시아에 관한 예언들을 최대한 상세히 다루었기에, 반복을 피하기 위해, 이 문제에 관해 언명했던 내용 전체를 새삼 재론하지는 않겠습니다. 아무튼 켈수스가 미래에 이루어질 또는 이미 이루어진 그리스도(메시아)의 도래에 대한 믿음을 단지 외견상일지라도 일관성 있게 논박하고자 한다면, 그는 그리스도인들과 유대인들이 그 가르침에 관해 함께 토론할 때 전거로 삼는 예언들 자체를 제시해야 할 것입니다. 그렇게 해야 최소한 켈수스가 — 그의 생각이거니와 — 신빙성 있는 논증을 통해 사람들을 납득시켜, 예언자들의 예고에 대한 찬동을, 또 그 예고에 근거한 예수님이 그리스도라는 믿음을 포기하게 만들 수 있다는 인상을 불러일으킬 수 있을 터이기 때문입니다. 그런데 켈수스는, 예언자들이 수많은 대목에서 그리스도에 관해 말했는데도, 그들의 언명을 단 하나도 제시하지 않습니다. 그 까닭이 무엇인지 — 예언자들의 말을 논박할 수 없기 때문인지, 아니면 예언자들이 메시아에 관해 선포한 내용을 아예 모르기 때문인지 — 나는 모르겠습니다. 아마도 켈수스는 그 예언들을, 그의 주장에 따르면 그저 외견상으로만 신빙성을 지니고 있다는 것을 굳이 입증하지 않고도, 부인할 수 있다고 믿는 것 같습니다. 또한 켈수스는 우리가 앞에서[3] 언명했듯이, 유대인들은 메시아가 "하느님으로서 또는 하느님의 아들로서 이 세상에 내려오실" 것이라는 말은 결코 하지 않는다는 사실도 물론 모르고 있습니다.

---

1 참조: 『켈수스 반박』 1,49. 그리스도는 유대교의 메시아가 아니었다고 본 마르키온파에 대한 암시다. 참조: 테르툴리아누스 『마르키온 반박』 4,6,3.

2 참조: 『켈수스 반박』 1,49-57; 2,28-30.

3 참조: 『켈수스 반박』 1,49.

3. 켈수스는 그리스도인들은 그리스도께서 이미 내려오셨다고 주장하지만 유대인들은 장차 심판관으로 내려오실 것이라고 주장한다고 말하면서, 이런 주장을 "파렴치하고 길게 논박할 필요조차 없는" 것으로 무조건 비난할 수 있다고 생각합니다. 그러고는 계속 말합니다. "신의 그런 내려옴이 도대체 무슨 의미가 있다는 것인가?"[4] 켈수스는 우리 가르침에 따르면 그 "내려오심의 의미"는 첫째로 복음서에서 "이스라엘 집안의 길 잃은 양들"(마태 10,6; 15,24)이라고 불리는 사람들을 돌아오게 하는 데 있고, 둘째로는 그러나 이스라엘의 불순종 때문에 이른바 "하느님 나라"를 그들에게서 빼앗아 "다른 일꾼들"에게, 곧 예전의 유대인들이 아니라 그리스도인들에게 주시어, 그들이 "제때에" 하느님 나라의 "소출" — 다름 아닌 그리스도인들의 모든 선한 행위입니다 — 을 하느님께 바치게 하는(마태 21,41.43 참조) 데 있다는 것을 모르고 있습니다.

우리는 "신의 그런 내려옴이 도대체 무슨 의미가 있다는 것인가?"라는 켈수스의 물음에, 많은 말을 할 수 있었지만, 아주 간략히 답변했습니다. 그러자 켈수스 스스로 자기 물음에 대답을 하는데, 유대인도 우리도 하지 않을 대답입니다. 그는 말합니다. "혹시 인간의 상태를 알기 위해서인가?" 그런데 우리 가운데 아무도 그리스도께서 인간의 상태를 알기 위해 이 세상에 오셨다고 말하지 않습니다. 그렇다면 켈수스는 어떤 사람들이 그런 주장을 한 것처럼 꾸미는 셈인데, 그래 놓고는 스스로 반론을 제기합니다. "그러면 그 신은 모든 것을 알지 못한다는 것인가?" 그러고는 우리가 "그분은 모든 것을 알고 계시다"라고 대답한 듯

---

4 육화를 통한 하느님의 역사적 개입에 대한 그리스도교 신앙을 거슬러, 켈수스는 그 개입의 의도와 시기와 방식을 따져 물으면서, 스토아학파와 플라톤학파의 세계 생성론을 반대하는 에피쿠로스학파의 논증을 제시한다.

이, 의아하게 여기며 새로이 묻습니다. "그 신은 모든 것을 알고 있으면서도, (인간의 상태를) 향상시키지는 않으니, 신의 능력으로 향상시킬 수가 없다는 것인가?" 이 모든 쓸데없는 말은 참 우악스럽습니다. 사실 하느님께서는 그리스도교의 선포를 기꺼이 경청하는 사람들을 언제나 당신의 로고스(말씀)를 통해 "향상"시키시니, 이 로고스는 "대대로 거룩한 영혼들 안으로 들어가, 그들을 하느님의 벗과 예언자로 만듭니다"(지혜 7,27). 그리고 그리스도께서 오시어 인간들을 그리스도교 가르침을 통해 향상시키셨는데, 거부하고 반대하는 사람들이 아니라, 하느님 마음에 드는 선한 삶을 살고자 결심한 사람들을 향상시키셨습니다.

그러나 켈수스가 "그 신이 이 목적을 위해 몸을 갖춘 누군가를 파견하지 않고는, 신의 능력으로 향상시킬 수 없다는 것인가?"라고 의심하며 물을 때, 그가 어떤 방식의 "향상"이 성취되기를 바라는 것인지 나는 모르겠습니다. 혹시 켈수스는 인간의 향상이, 하느님께서 그들을 새로운 생각들로 충만케 하시며 그들에게서 악을 단번에 완전히 없애고 그 대신 덕을 심어 주시는 식으로 이루어지는 것을 바라는 것일까요? 그런 방식이 사물들의 본성에 합당한지 또는 가능한지는 다른 사람들이 연구할 수도 있겠습니다. 우리는 그 가능성을 일단 인정하고자 합니다. 그런데 그렇다면 우리의 자유의지는 어디에 남아 있으며, 진리에 대한 찬동이 어찌 칭송할 만하고 거짓에 대한 거부가 어찌 존중할 만하겠습니까? 아무튼 그런 방식이 가능하고 또 합당하다는 것을 일단 인정하고자 한다면, 그렇다면 켈수스처럼, 신이 자신의 신적 능력으로 인간들을 향상이 필요하지 않게끔 원래부터 선하고 완전하게 창조하여, 죄가 애당초 존재하지 않게 할 수는 없었는가라는 물음을 당연히 제기할 수 있지 않겠습니까? 이런 물음에 단순하고 어리석은 사람은 미혹될 수도 있지만, 사물들의 본질을 통찰하는 사람은 그렇지 않습니다. 아무튼 덕에서 자유의지의 활동을 폐기하면, 덕의 본질도 폐기하는 것입니다.[5] 이 문제에 관한 상론은 그러나 온전한 논문 하나가 필요할 것입니다. 이에 관해서는 그리스인들도 섭리에 관한 연구에서 많은 것을 말했습니다. 그러나 그들은 켈수스처럼 "그 신은 모든 것을 알고 있으면서도, (인간들의 상태를) 향상시키지는 않으니, 신의 능력으로 향상시킬 수가 없다는 것인가?"라고 언명하는 것은 삼갔다고 하겠습니다. 우리 역시 이 문제에 관해 우리 책 많은 대목[6]에서 최대한 성실히 상술했으며, 성경도 이해력 있는 사람들에게 충분한 설명을 해 주고 있습니다.

4. 켈수스가 우리와 유대인들에게 던지는 물음과 동일한 물음을, 우리도 그에게 던질 수 있습니다. 나의 친우여, 만유를 주재하시는 하느님께서 인간들의 상태를 알고 계시겠소, 아니면 모르시겠소? 그대가 책에서 말했듯,[7] 그대가 하느님과 섭리가 존재한다는 것을 인정한다면, 그분은 알고 계심이 틀림없소. 그러나 그분이 알고 계신다면, 왜 향상시키시지는 않는 것이겠소? 혹시 그분이 알고 계심에도 향상시키시지 않는 이유를 밝히는 것은 우리의 과제라는 것일까요? 그러나 그대의 책에서 자신이 에피쿠로스학파 사람이라는 것을 솔직히 털어놓지 않

---

5 T. Kobusch, Die Philosophische Bedeutung des Kirchenvaters Origenes: ThQ 165(1985) 97: "오리게네스는 처음으로 그리스의 본질(존재) 철학의 보편성 주장을 논박했고, 본질에 합당한 것에 맞서 의지에 합당한 것을, 자연에 맞서 자유를, 확정적인 것에 맞서 은총적인 것을 강조했다."

6 참조: 『켈수스 반박』 1,57; 2,35.78; 3,28; 의지의 자유에 대한 오리게네스의 상술 관해서는 『원리론』 3,1.

7 참조: 『켈수스 반박』 1,57; 4,99; 7,68.

고 오히려 섭리를 아는 척하는 그대는, 인간들의 모든 상태를 알고 계시는 하느님께서 어째서 그 상태를 향상시키시지는 않는지, 또 신적 능력으로 모든 인간을 죄에서 해방하시지 않는지 그 이유를 우리와 같은 방식으로 밝힐 필요가 없다고 하겠소? 아무튼 우리는 하느님께서는 끊임없이 사람들을 파견하시어, 상태를 향상시키도록 하신다고 단호하게 주장하오. 과연 (그들을 통해) 하느님께서 선사하신, 덕행을 촉구하는 가르침은 인류의 보배요. 그런데 이 일에서 하느님을 돕는 사람들 사이에는 큰 차이가 있으니, 모세와 예언자들이 그랬듯이 전적으로 그리고 깨끗하고 바르게 진리를 선포하고 영혼들의 온전한 향상을 위해 애쓰는 사람들은 아주 소수에 불과하오. 그러나 이 모든 일과 비교할 때, 예수님께서 불러일으키신 향상은 참으로 엄청난 것이오. 과연 그분은 이 세상 한 귀퉁이[8]의 주민들만이 아니라 — 이는 그분에게 매우 중요한 일이었거니와 — 모든 장소의 모든 인간에게 구원을 가져다주고자 하셨소. 참으로 예수님은 "모든 사람의 구원자"(1티모 4,10)로서 이 세상에 오셨소.

5. 이어서 잘난 켈수스는 — 그가 어디서 주워들었는지 나는 모릅니다만 — 우리가 "하느님 친히 인간들에게 내려오셨다"라고 말한다고 하면서, 이 말을 공박합니다. 그는 이 말로부터 "신이 자신의 본래 자리를 떠나 버렸다"라는 결론을 이끌어 낼 수 있다고 믿습니다.[9] 요컨대 그는

---

8   참조: 『켈수스 반박』 4,23.36; 6,78의 켈수스의 비판.
9   켈수스는 스토아학파의 세계관에 의지하고 있다. 그것에 따르면 우주는 하늘과 땅의, 신들과 인간들의 통일체이며 신들의 힘조차도 언제까지나 우주적 법칙성에 매여 있다. 참조: SVF 2,528-529.638. 그러므로 이 세상으로 신의 하강은 우주 전체를 지배하고 있는 법칙들을 교란하는 일이다.

하느님의 권능을 알지 못합니다. "온 세상에 충만한 주님의 영은 만물을 총괄하는 존재로서 사람이 하는 말을 다 안다"(지혜 1,7)는 사실을 그는 모릅니다. 또한 "내가 하늘과 땅을 가득 채우고 있지 않느냐? 주님의 말씀이다"(예레 23,24)라는 말씀도 이해하지 못합니다. 바오로가 아테네 설교에서 가르쳤듯이, 우리 모두가 "그분 안에서 살고 움직이며 존재한다"(사도 17,28)는 사실을 켈수스는 알아차리지 못하고 있습니다. 요컨대 온 우주의 하느님께서 당신의 권능을 통해 예수님과 함께 이 인간들의 삶 속으로 낮춰 내려오시더라도, "한처음에 하느님과 함께 계셨고 하느님 자신이신 말씀"(요한 1,1-2 참조)께서 우리에게 오시더라도, 그로써 그분은 한 장소를 비우시고 전에는 그분이 존재하시지 않았던 다른 장소를 채우시는 식으로, 당신의 "본래 자리"를 잃거나 "떠나 버리는" 것이 아닙니다. 하느님의 권능과 신성은 당신이 원하시고 또 합당하다고 여기시는 사람들에게 머무르십니다. 그렇게 하시면서 하느님께서 당신의 자리를 옮기시는 것도 아니고, 당신의 장소를 비우고 다른 장소를 채우시는 것도 아닙니다. 아무튼 우리가 하느님께서 당신의 자리를 떠나시고 어떤 다른 장소를 채우신다고 말하더라도, 이는 어떤 실제 장소를 의미하는 게 아니라,[10] 다음과 같은 사실을 의미합니다. 하느님께서는 죄에 깊이 빠진 악한 인간의 영혼을 떠나시며, 반면 이미 덕스럽게 살고 있거나 그렇게 살고자 하거나 그 일에서 진보하는 사람의 영혼을 당신 영으로 (가득) 채워 주십니다. 그러므로 인간들에게 그리스도의 내려오심과 하느님의 돌아서심에는, 켈수스가 잘못 생각하듯이, 당신의 숭고한 권좌를 떠나서 이 세상의 상태를 변화시키는 일

---

10 참조: 『켈수스 반박』 4,12; 5,12; 유스티누스 『유대인 트리폰과의 대화』 127,2; 알렉산드리아의 클레멘스 『양탄자』 7,5,5.

이 필요하지 않습니다. 켈수스는 이렇게 말합니다. "요컨대 당신이 이 세상에서 단 하나의 사물이라도, 그것이 아무리 하찮은 것이라 하더라도, 변경시키고자 한다면, 당신에게 온 세상은 뒤집어지고 무너질 것이다."[11] 그러나 인간들에게 하느님 권능의 현존과 로고스(말씀)의 오심으로 말미암은 이런저런 "변화"에 관해 말해야 한다면, 우리는 하느님의 로고스께서 자기 영혼 속에 들어오시도록 허용한 사람 누구에게서나, 나쁜 것이 바른 것으로, 무절제가 절제로, 미신이 경건함으로 변화된다고 주저 없이 말할 것입니다.

6. 우리가 켈수스의 실로 터무니없는 비난들을 반박하기를 당신이 바란다면, 우선 그가 말하는 것을 들어 보십시오. "그러나 필경 그 신은 사람들에게 널리 알려지지 않았고 그래서 자신이 별로 존중받지 못한다고 생각했으며 또 그래서 널리 알려지기를 바랐고, 또한 마치 얼마 전에 벼락부자가 된 인간들이 자기 재산을 자랑하곤 하는 것처럼, 믿는 자들과 믿지 않는 자들을 시험해 보고자 했다. 요컨대 그리스도인들은 자기네 신이 아주 엄청난 세속적 공명심을 가지고 있다고 생각한다!" 우리는 이렇게 설명합니다. 나쁜 인간들이 알지 못하는 하느님은 필경 알려지기를 바라지 않으시니, 당신이 별로 존중받지 못한다고 생각하시기 때문이 아니라, 당신에 대한 인식이 인식하는 인간을 불행에서 해방하기 때문입니다. 그리고 하느님께서 당신의 비밀스럽고 거룩한 권능으로 친히 소수의 사람들에게 낮춰 내려오시거나 당신의 메시아를 파견하시는 것은, 믿는 이들과 믿지 않는 자들을 시험하시기 위해

---
11 자연법칙을 따르는 진행 과정의 아주 작은 변경도 전체 우주를 혼란 속으로 몰아넣는다는 논증 역시 스토아철학 사상에서 유래한다.

서가 아니라, 당신의 신성을 받아들일 수 있는 믿는 이들을 모든 불행에서 해방하시고, 믿지 않는 자들에게서는 (당신에 관한) 가르침을 듣지도 받지도 못했기 때문에 믿지 않았다는 온갖 핑곗거리를 빼앗으시기 위해서입니다. 그런데도 우리 가르침으로부터, 하느님은 자기 재산을 자랑하곤 하는 얼마 전에 벼락부자가 된 인간들과 비슷하다는 결론을 이끌어 내는 것이 도대체 어떤 근거로 정당화되겠습니까? 하느님께서는 우리가 당신의 엄청난 위대함을 인지하고 유념케 하시려는 의도로 우리 앞에서 자랑하지 않으시며, 오히려 당신에 대한 인식으로 말미암아 우리 영혼 속에 생겨난 더없는 기쁨이 우리 안에 깊이 뿌리 내리게 하시고, 또 그래서 그리스도를 통해 그리고 영원히 우리와 함께 계시는 당신 말씀을 통해 당신과의 그윽한 결합을 받아들이게 하십니다. 요컨대 그리스도교 가르침은 하느님이 세속적 공명심을 지니고 계시다고는 결코 말하지 않습니다.

7. 우리의 상론에 대해 그렇게 어처구니없고 무의미한 잔말을 늘어놓은 후, 켈수스는 이렇게 덧붙입니다. "알려지는 것이 어차피 그 신에게 필요하기 때문에, 그 자신을 위해서는 아니라고 하겠고 오히려 우리의 구원을 위해, 신은 우리에게 자신에 관한 지식을 부여하고자 하니, 그로써 그 지식을 받아들여 간직하는 이들은 덕스럽게 되고 또 구원을 얻게 하고, 반대로 그 지식을 물리치고 또 그로써 자신들의 악함을 분명히 드러내는 자들은 벌을 받게 하기 위해서다." 이렇게 말한 다음, 켈수스는 의심하며 따져 묻습니다. "그렇다면 이렇게나 오랜 시간이 지나고 이제서야, 그 신에게 인간들의 삶을 바로잡아야겠다는 생각이 갑자기 떠올랐다는 것인가? 전에는 그런 것에 전혀 신경 쓰지 않았는가?"

이에 대해 반박하겠습니다. 하느님께서 인간들의 삶을 바로잡으시겠다는 뜻을 지니시지 않은 때는 결코 없었습니다. 오히려 끊임없이 이성적 존재인 인간들에게 덕행 훈련의 기회를 선사하셨고, 그들의 "향상"을 배려하셨습니다.[12] 과연 "하느님의 지혜는 대대로 거룩한 영혼들 안으로 들어가, 그들을 하느님의 벗과 예언자로 만듭니다"(지혜 7,27).[13] 성경은 우리에게 모든 시대의 경건한 인간들에 관해 알려 주거니와, 그들은 하느님의 영을 받아들일 수 있었고, 또 온 힘을 다해 동료 인간들의 회심에 애썼습니다.

8. 그런데 매우 끈기 있고 한결같은 삶의 태도 덕분에, 동시대에 또는 전·후 시대에 살았던 다른 예언자들보다 신성을 받아들이는 데 훨씬 뛰어났던 예언자들이 특정 시대에 등장한 사실을 이상하게 여겨서는 안 됩니다. 또한 그이 전에도 후에도 버금가는 존재는 전혀 없는, 실로 남다른 한 존재가 특정 시기에 인류 가운데 살았다는 사실도 의아하게 여겨서는 안 됩니다. 이에 관한 가르침은 보통 인간의 이해력으로는 전혀 파악할 수 없는 심오한 비밀을 담고 있습니다. 이것을 알아듣게 설명하고 또 메시아의 옴에 관한 켈수스의 언명 ─ "그렇다면 이렇게나 오랜 시간이 지나고 이제서야, 그 신에게 인류를 바로잡아야겠다는 생각이 갑자기 떠올랐다는 것인가? 전에는 그런 것에 전혀 신경 쓰지 않았는가?" ─ 을 반박하기 위해, 우리는 "몫들"에 관한 가르침을 파악하고, 왜 "지극히 높으신 분께서 민족들에게 상속 재산을 나누어 주실 때,

---

12 이 문제에 대한 유사한 견해에 관해서는 참조: 유스티누스 『첫째 호교론』 46,1-4.
13 『켈수스 반박』 4,3에서는 지혜가 로고스와 동일시되었던 반면, 여기서는 하느님 자신과 동등시된다.

아담의 후손들을 갈라놓으실 때, 민족들의 경계를 하느님 천사들의 수에 따라 정하셨으나,[14] 주님의 몫은 당신 백성 야곱, 당신의 소유는 이스라엘"(신명 32,8-9)이 된 그 이유를 밝혀야 할 것입니다. 또한 우리는 어째서 각각의 민족이 한 특정 지역이 그의 몫으로 주어진 각각의 통치자의 신민으로 태어나 사는지, 어째서 야곱과 이스라엘이 주님의 몫이요 소유가 되었는지, 어째서 예전에는 주님의 몫과 소유가 야곱과 이스라엘이었는데, 훗날의 사람들에 관해서는 아버지께서 구원자에게 "나에게 청하여라. 내가 민족들을 너의 재산으로, 땅끝까지 너의 소유로 주리라"(시편 2,8)라고 말씀하시는지, 그 이유를 밝혀야 할 것입니다. 사실 인간들의 영혼을 구원하는 다중적 경륜에는 특정한 맥락·원인·과정들이 존재하거니와, 이는 말로 표현할 수 없고 설명할 수도 없습니다.

9. 켈수스는 반박하겠지만, 이스라엘 민족의 "향상"을 위해 진력했던 많은 예언자에 따르면, 온 세상을 멸망으로부터 일으켜 세우시려고 그리스도께서 오셨습니다. 그런데 그분은 예전의 교정·향상 조처에서 흔히 그랬던 것처럼 인간에게 채찍과 사슬과 고문 도구 따위를 사용하실 필요가 없었습니다. 왜냐하면 "씨 뿌리는 사람이 씨를 뿌리러 나갔"을 때처럼(마태 13,3 참조), 말씀을 곳곳에 뿌리는 가르침으로 충분했기 때문입니다. 그러나 이 세상은 시작이 있기 때문에 필연적으로 그 존속 기간을 끝맺어야 할 때가 언젠가 오면,[15] 이 세상은 끝나고 그 후엔 모든 인간에게 공정한 심판이 내려지게 됩니다. 그래서 학문적 교육을 받

---

14 참조: 『켈수스 반박』 5,25-30.
15 이 철학적 원리에 관해서는 참조: 필론 『세상의 영원성』 27.

은 그리스도인들의 소임은 다양한 논거 — 더러는 이교 문헌에서 가져온 것이고, 더러는 학문적 연구의 결실입니다 — 를 통해 그리스도교 가르침의 진실성을 확증하는 것이라고 하겠습니다. 반면 하느님 지혜에 관한 정밀한 상론을 따라갈 수 없는 단순한 그리스도인들은 온전히 신뢰하며 하느님과 인류의 구원자께 자신을 맡기고, 이런저런 사람의 저런 이런 말이 아니라 "그분 자신이 이것을 말씀하셨다"[16]라는 확언에 만족해야 할 것입니다.

10. 그의 습관이기는 합니다만 아무튼, 근거 제시도 논증도 없이 켈수스는 우리가 하느님에 관해 전혀 외경심과 두려움 없이 함부로 말한다고 비난합니다. "사실 그들이 아무런 외경심과 두려움 없이 신에 관해 함부로 말한다는 것은 아주 분명하다." 그리고 우리가 그렇게 말하는 것은 "무지한 사람들을 깜짝 놀라게 하기 위해서"라고 생각합니다. 또한 우리가 "그러나 죄인들에게 필연적인 징벌에 관해서는 진실을 말하지 않는다"고 믿고 있습니다. 그래서 켈수스는 우리를 "바쿠스 밀교 예식에서 환영들과 다이몬들을 보여 주는"[17] 사람들에 비유합니다. 그런데 바쿠스 밀교 예식에 관한 어떤 신빙성 있는 교설이 있는지 없는지는 그리스인이 설명해야 할 터이고, 켈수스와 그의 동지들은 그 설명을 경청해도 좋겠습니다. 아무튼 우리는 다만 우리 가르침을 옹호해야 하니, 이렇게 말하겠습니다. 우리의 소임은 때로는 징벌 — 우리의 확신에 따

---

16 참조: 『켈수스 반박』 1,7 주 17. 오리게네스는 피타고라스 제자들의 권위 맹종을 뚜렷이 드러내 주는 이 정식적 표현을 그리스도의 신심 깊은 추종자들에게 적용시켜 사용하는데, 이 표현이 비로소 마땅한 자리를 찾았다고 하겠다.

17 참조: 『켈수스 반박』 3,16; 8,48. 이 시연試演, 특히 가면 쓰고 나타나기는 입회 준비자들에게 우선 공포를 불러일으키고자 했다.

르면 온 세상에 필연적으로 닥칠 터인데, 징벌을 당할 사람들에게 유익함이 없지 않을 것입니다 — 의 위협을 통해, 때로는 덕스럽게 살아왔고 또 하느님을 임금으로 모시기에 합당한 이들을 위한 하느님 나라에서의 지극히 복된 삶의 약속을 통해 인류를 "향상"시키는 것입니다.

11. 이어서 켈수스는 "대홍수와 세계의 대화재"에 관한 우리 가르침[18]은 놀랍거나 새로운 내용을 담고 있지 않다는 것을 알려 주고자 합니다. 그는 우리가 "그리스인들이나 이민족들에게서 발견되는 그 일들에 관한 이야기들을 오해"했고, 그 일들과 관련하여 오로지 우리의 성경만 믿는다고 생각하고 있습니다. 켈수스는 말합니다. "천체들이 주기적으로 오랜 기간 운행하다가 회귀回歸·연접連接하게 되면 세계 대화재와 대홍수가 발생하며,[19] 데우칼리온 시대의 마지막 세계 대홍수 이후 이 순환은 만물의 교체에 따른 세계 대화재를 요구한다는 교설이 그들(곧 그리스도인들)에게도 이르렀는데, 그들은 이것을 어설프게 잘못 알아들었다. 그래서 이런 오해로 말미암아, 신이 마치 사람들을 괴롭히는 자처럼 불을 가지고 이 세상에 내려올 것이라고 말한다."[20] 이에 대해 답변하겠습니다. 많은 책을 읽었고 많은 역사를 안다고 자부하는 켈수스가 모세의 연대를 정확히 알지 못한다는 사실이 놀랍습니다.[21] 그

---

18 참조:『켈수스 반박』1,19; 4,21.41.79.

19 플라톤『티마이오스』22d에 따르면 천체들의 운행 결과, 오랜 시간 간격을 두고 주기적으로 엄청난 화재가 세상에 발생한다. 또한 신들은 반복되는 대홍수를 통해 세상을 정화한다. 하지만 이 두 재앙에서 모든 인간이 멸절되지는 않는다.

20 켈수스의 악화惡化론에 따르면, 그리스도인들은 전세계적 재앙들이 자연법칙을 따르는 내재적 사건이라는 사실을 알지 못하고, 하느님이 세상일에 직접 개입하는 것으로 주장했다. 참조: Andresen, Logos 161-162.

리스 역사가들은 모세를 포로네오스의 아들 이나코스[22]의 동시대인으로 여기고 있으며, 모세의 오랜 연대는 이집트와 페니키아 역사가들도 인정하고 있습니다. 관심 있는 사람은 유대 민족의 연대에 관한 플라비우스 요세푸스의 책 두 권[23]을 읽어 보면, 대홍수와 세계 대화재가 오랜 시간 간격을 두고 주기적으로 발생한다고 생각했던 저 저자들보다 모세가 훨씬 연대가 오래되었다는 사실을 알게 될 것입니다. 그런데도 바로 이런 일들을 유대인들과 그리스도인들은 "어설프게 잘못 알아들었고", 또 세계 화재에 관한 가르침을 오해했기 때문에, "신이 마치 사람들을 괴롭히는 자처럼 불을 가지고 이 세상에 내려올 것이다"라고 말한다고 켈수스는 강변하고 있습니다.

12. 그런데 그런 "주기들"과 그렇게 주기적으로 반복되는 대홍수와 세계 화재가 있는지 없는지, 그리고 이것을 성경도 많은 대목에서, 특히 솔로몬이 "있던 것은 다시 있을 것이고, 이루어진 것은 다시 이루어질 것이다"(코헬 1,9)라고 말하는 대목 등에서 가르치는지에 관해 상론하기에는 지금은 적절한 시점이 아닙니다. 다만 우리는 아득한 옛날에 살았던 모세와 몇몇 예언자가 (미래의) 세계 화재에 관한 자신들의 언명을

---

21 좀 더 상세한 내용에 관해서는 참조: 『켈수스 반박』 4,21.
22 이나코스는 그리스 신들의 둘째 세대인 거인족 오케아노스와 테티스의 아들이고, 아르고스의 가장 나이 많은 임금이었다. 그는 포로네오스의 아들이 아니라 아버지다. 모세의 연대를 이 시대로 추정한 것이, 아피온이 유대 민족의 이집트 탈출 연대를 로마의 전설적인 창건 시점인 일곱 번째 올림피아데(기원전 754/753년)로 추정한 것보다 더 확실히 유대 민족의 오랜 역사를 보증해 주었다. 참조: Feldman, Origen and Josephus 110-112. 또한 타티아누스 『그리스인에 대한 연설』 38; 위-유스티누스 『그리스인들을 위한 권고』 9,2; 알렉산드리아의 클레멘스 『양탄자』 1,101,5.
23 참조: 플라비우스 요세푸스 『유대 전쟁사』 1,69-72; 『켈수스 반박』 1,16.

아무에게서도 차용하지 않았다는 사실만 지적하는 것으로 만족하겠습니다. 연대들의 앞뒤에 유의한다면, 오히려 다른 이들이 그런 일에 관한 모세 등의 언명을 오해했고 정확히 번역하지도 못했으며, 그래서 동일한 현상들(이 현상들은 본질적·우연적 속성들이 완전히 동일하다고 합니다)이 주기적으로 반복된다고 꾸며 냈다고 하겠습니다.[24] 우리는 세계 대홍수나 대화재가 시간상의 순환이나 천체들의 운행 주기에 따라 발생한다고 생각하지 않습니다. 오히려 우리는 그런 사건들의 원인을 죄에서 찾거니와, 엄청나게 번져 나간 죄는 대홍수나 대화재라는 정화 수단에 의해 제거됩니다. 그런데 하느님 친히 "내가 하늘과 땅을 가득 채우고 있지 않느냐? 주님의 말씀이다"(예레 23,24)라고 당신 자신에 관해 말씀하시는데도, 예언자들이 하느님의 낮춰 내려오심에 관해 말하는 것을, 우리는 상징적으로 이해합니다. 더 정확히 말하면 하느님께서는 인간들, 특히 죄인들에게 중요한 것을 보살피실 때, 당신 자신의 위대함과 지고함으로부터 아래로 낮춰 내려오십니다. 흔히 일상 어법에서, 선생이 아이들 눈높이에 맞춰, 그리고 현인이나 학문에서 이미 진보한 사람이 철학 공부를 이제 막 시작한 젊은이들 눈높이에 맞춰 자신을 낮춘다고 말할 때, 그들이 실제로 몸을 낮추는 게 아니듯이, 성경의 이런저런 대목에서 "주님께서 내려오신다"(참조: 창세 11,5.7; 탈출 3,8; 19,20 등)라고 말하는 것도 일상 어법에서처럼 이해해야 합니다. 또한 "하느님께서 올라가신다"(참조: 창세 17,22; 시편 47,6 등)라는 표현도 마찬가지로 이해해야 합니다.

---

24 참조: SVF 2,1052. 주기들과 동일한 것의 주기적 반복(palingenesia)에 관한 설은 이미 최초의 이오니아학파의 자연철학자들(아낙시만드로스 등)이 대략적으로 언급했고, 헤라클레이토스와 엠페도클레스가 강력히 주장했으며, 특히 제논과 크리시포스가 발전시켰다. 이와 관련된 계속된 논쟁에 관해서는 참조: 『켈수스 반박』 4,67.68; 5,20.

13. 켈수스가 그러나 우리가 "신이 마치 사람들을 괴롭히는 자처럼 불을 가지고 내려올 것이다"라고 가르친다면서 조롱하고, 또 그로써 우리로 하여금 이와 관련된 더 심원한 문제들을 다루지 않을 수 없게 만들기 때문에, 지금이 적절한 시점은 아니지만, 독자들에게 우리가 켈수스의 조롱을 반박할 수 있음을 보여 주는 데 충분한 몇 가지 간략한 언급을 하고 다음 문제로 넘어가고자 합니다. 성경은 우리 하느님이 "태워 버리는 불"(신명 4,24; 9,3; 히브 12,29)이시라고, "불길이 강물처럼 그분 앞에서 터져 나왔다"(다니 7,10)고, 하느님은 당신 백성을 정화하시기 위해 "제련사의 불 같고 염색공의 잿물 같으리라"(말라 3,2)고 말합니다. 그런데 하느님이 "태워 버리는 불"로 불리신다면, 그분에 의해 태워 버려져야 하는 것이 과연 무엇인지 우리는 묻습니다. 그리고 하느님께서 마치 불처럼 태워 버리시는 것은, 상징적으로 "나무나 풀이나 짚"(1코린 3,12)으로 표현되는, 죄와 죄에서 비롯하는 행태들이라고 대답합니다. 요컨대 성경은 나쁜 인간에 관해, 그는 이미 놓인 영적인 "기초 위에 나무나 풀이나 짚으로 집을 짓는다"고 말하고 있는 것입니다(1코린 3,11-12 참조). 그런데 필자가 이 구절을 우리와 달리 이해했다는 것이 입증된다면, 요컨대 그 나쁜 인간이 문자적 의미로 "나무나 풀이나 짚으로" 집을 짓는다는 것이 입증된다면, 우리는 불 역시 감각적으로 인지할 수 있는 질료로 표상해야만 할 것입니다. 그러나 그와는 달리 나쁜 인간의 소행이 우의적으로 "나무나 풀이나 짚"으로 표현된 것이라면, 여기서 언급된 그런 나무 따위를 태워 버리는 "불"의 속성은 무엇일까 하는 물음이 어찌 우리에게 즉시 떠오르지 않겠습니까? 과연 바오로 사도는 이렇게 말합니다. "저마다 한 일이 어떤 것인지 그 불이 가려낼 것입니다. 어떤 이가 그 기초 위에 지은 건물이 그대로 남으면 그는 삯을 받게 되고, 어

떤 이가 그 기초 위에 지은 건물이 타 버리면 그는 손해를 입게 됩니다"
(1코린 3,13-15). 여기서 "불타 버린 건물"이 죄에서 비롯하는 모든 소행 이외에 다른 것을 의미할 수 있겠습니까? 요컨대 우리 하느님은 우리가 지금까지 말한 의미에서의 "태워 버리는 불"이십니다. 그래서 그분은 "제련사의 불"처럼 인간의 이성적 본성을 죄라는 납 찌꺼기로부터, 인간 영혼의 금이나 은 같은 본성을 그것을 변질시키는 온갖 더러운 성분으로부터 정화하십니다. 우리 영혼에 두루 섞여 있는 죄악을 제거하는, "하느님 앞에서 강물처럼 뿜어 나오는 불길"(다니 7,10)도 같은 의미로 언급되고 있습니다. 지금까지 한 말로 "이런 오해로 말미암아, 그들은 신이 마치 사람들을 괴롭히는 자처럼 불을 가지고 이 세상에 내려올 것이라고 말한다"는 켈수스의 주장을 반박하는 데 충분할 것입니다.

14. 이제 켈수스가 이어서 허풍 떨며 말하는 것을 살펴봅시다. "우리는 더 많은 논거를 제시하며 상론을 재개하고자 한다. 그러나 나는 새로운 것은 전혀 말하지 않고, 아주 오래전부터 타당한 것으로 인정받아 온 것을 말한다. 신은 선하고 아름답고 행복하며, 지극히 아름다운 최상의 상태에 존재한다.[25] 그런데 신이 인간들에게로 내려온다면 변화를 겪어야만 하는데, 그것도 선에서 악으로, 아름다움에서 추함으로, 행복에서 불행으로, 최상의 상태에서 최악의 상태로의 변화를 겪어야 한다. 도대체 누가 이런 변화를 선택하고 싶어 하겠는가? 그리고 오직 죽음을 면치 못하는 존재만이 본성상 변화와 변형에 예속되어 있으며, 불사의 존재는 본성상 언제나 동일하다. 요컨대 신은 그런 따위의 변화는

---

25 신의 이 속성들에 관해서는 참조: 플라톤『파이드로스』246d-e;『법률』380d-382e; 아풀레이우스『플라톤의 학설』1,190.

겪을 수가 없다."[26] 나는 이 문제와 관련하여 꼭 알아야 하는 내용은, 성경이 하느님께서 인간 영역으로 내려오심에 관해 언명하는 것을 어찌 이해해야 하는가를 설명할 때 이미 말했다고 생각합니다. 그런 내려오심을 위해 하느님은 어떠한 변화도 겪으실 필요가 없습니다. 켈수스식으로 말해서, 선에서 악으로, 아름다움에서 추함으로, 행복에서 불행으로, 최상의 상태에서 최악의 상태로의 변화를 겪으셔야 할 까닭이 전혀 없습니다. 왜냐하면 하느님은 당신 본질 안에 언제까지나 변하지 않고 머물러 계시며, 다만 당신의 섭리와 구원 의지를 통해 인간들의 상황과 차원으로 내려오시기 때문입니다. 우리는 하느님의 이 불변성이 성경에도 언명되어 있는 것을 발견합니다. 성경은 이렇게 말합니다. "당신은 언제나 같으신 분"(시편 102,28). "나 주님은 변하지 않는다"(말라 3,6). 그러나 에피쿠로스의 신들은 사정이 다릅니다. 그 신들은 원자原子들로 이루어져 있으며, 그 조성 정도에 따라 해체에 종속되어 있습니다. 그래서 자신에게 해로운 원자들은 떨쳐 내려고 온 힘을 다해 애씁니다. 그러나 스토아학파의 신 역시 일종의 물체이기 때문에, 주재하는 원리로서는 온전한 실체를 보유하고, 세계 화재 등이 발생하여 우주가 새로이 조직되면, 그 실체의 한 부분이 됩니다.[27] 요컨대 이 철학자들은 절대적으로 불멸하고 순전하며 조성되지 않았고 나뉠 수 없는 하느님 존

---

26 이 논증의 바탕에 깔려 있는 것은 플라톤적 이원론이다. 참조: 플라톤 『국가』 381b-c; 『파이돈』 78c; 한편 완전한 평안 안에서의 신의 지복은 에피쿠로스학파 성립의 한 토대였다. 키케로 『신들의 본성』 1,51.

27 참조: SVF 2,1052. 스토아학파의 가르침에 따르면 세계는 불의 성질을 지닌, 신적이라고 이해되는 원실체 — 여기에서 네 가지 기본 원소(특히 원초적인 불)가 생성된다 — 로부터 점차적으로 생성 발전하며, 엄청난 세계년年이 경과한 후 다시 원래 상태로 복귀한다. 이 과정은 일종의 신의 자기 변형이다.

재를 명확히 통찰하지 못했습니다.

15. 그런데 인간들에게 낮춰 내려오신 저 존재는 "하느님의 모습을 지니셨지만" 인간들을 사랑하시어, 그들의 이해력으로 파악할 수 있게끔 "오히려 당신 자신을 비우셨습니다"(필리 2,6-7). 그러나 그분은 "선에서 악으로의" 변화를 겪지 않으셨으니, 과연 "그분은 죄를 저지르지 않았으며"(1베드 2,22), "아름다움에서 추함으로의" 변화도 겪지 않으셨으니, 과연 "그분은 죄를 모르셨으며"(2코린 5,21), 또한 "행복하셨다가 불행하게" 되신 것도 아닙니다. 오히려 그분은 "당신 자신을 낮추셨지만"(필리 2,8), 우리 인류의 유익을 위해 그렇게 당신을 낮추실 때에도, 당신의 지복을 전혀 잃지 않으셨습니다.[28] 또한 그분은 "최상의 상태에서 최악의 상태로의" 변화도 전혀 겪지 않으셨으니, 그렇지 않다면 그분의 자비와 인간 사랑이 "최악의 상태"를 의미한다는 것입니까? 여기서 다음과 같이 말하는 것도 적절할 듯합니다. 환자를 치유하기 위해 "처참한 모습을 보고 역겨운 것을 만져야 하는 의사"[29]도 선에서 악으로, 또는 아름다움에서 추함으로, 또는 행복에서 불행으로 옮겨 간 것이 아닙니다. 물론 처참한 모습을 보고 역겨운 것을 만져야 하는 의사는 같은 병에 걸릴 수도 있는 위험을 결코 피할 수 없습니다. 그러나 우리 영혼의 상처를 당신 안에 사시는 하느님의 로고스(말씀)로 치유하시는 분은 어떠한 죄에도 물들지 않으셨습니다. 그러나 "하느님이신 로고스"(요한 1,1 참조)께서 죽음을 면치 못하는 몸과 불사하는 인간 영혼을 취하셨기에, 켈

---

28 참조: 오리게네스『원리론』서론 4.
29 히포크라테스『공기』1. 흔히 인용되는 문구였다. 참조: 오리게네스『예레미야서 강해』14,1; 플루타르코스『도덕론』291C.

수스는 그분이 변화했고 다른 모습이 되었다고 여기겠지만, 그는 로고스께서는 본성상 언제까지나 로고스로 머물러 계시며, 그런 까닭에 몸과 영혼에 닥치는 고통에 의해 손상되지 않으신다는 것을 알아야 합니다. 그러나 로고스께서는 때로는 당신 신성의 빛과 광채[30]를 직관하지 못하는 사람들에게 "낮춰 내려오시니" 이를테면 "육이 되시며"(요한 1,14 참조), 또 그렇게 구체적으로 사람들이 말을 걸 수 있게 하십니다. 그리하여 그분을 그런 구체적인 모습으로 받아들인 사람들은 점차 로고스를 통해 고양되어, 내가 이렇게 말해도 되려니와, 그분의 가장 본원적인 "모습"을 직관할 수 있게 됩니다.

16. 요컨대 로고스의 다양한 "모습들"이 존재하니,[31] 그 모습들 안에서 로고스께서는 당신에 대한 인식으로 인도되는 모든 사람에게, 초심자나 인식에서 다소간 진보한 이나 온전한 인식에 접근한 이나 이미 온전한 인식 안에서 살고 있는 이의 상태에 맞추어, 각기 다르게 나타나십니다. 그런 까닭에 우리의 "하느님"께서는 ─ 물론 켈수스와 그의 동지들이 추측하는 방식과는 전혀 다르거니와 ─ "높은 산"에 올라가셨을 때, "모습이 변화"하셨으니(참조: 마태 17,1-2; 마르 9,2-3), 산 위로 그분을 따라가지 못하고 아래에 머물러 있었던 이들이 그분을 보았을 때와는 전혀 다른, 훨씬 영광스러운 모습을 보여 주셨습니다. 사실 산 아래 있던 이들의 눈은 로고스의 이 영광스럽고 거룩한 변용의 광채를 볼 수 있기에는 너무 약했습니다. 그들은 아주 애를 써야만 로고스의 이런 모습을

---

30 참조: 플라톤 『국가』 518a; 『켈수스 반박』 6,17.
31 참조: 『켈수스 반박』 2,64; 6,68.77.

받아들일 수 있으며, 그래서 그분의 영광을 볼 수 없었던 사람들은 그분에 관해 다음과 같이 말할 수 있을 뿐이었습니다. "그에게는 우리가 우러러볼 만한 풍채도 위엄도 없었으며 우리가 바랄 만한 모습도 없었다. 그는 사람들에게 멸시받고 배척당했다"(이사 53,2-3). 아무튼 지금까지 말한 것으로, 복음서가 이야기하는 예수님의 변화나 변용 그리고 그분에게 있어서 필사적인 것과 불사적인 것을 이해하지 못한 켈수스의 그릇된 생각에 대한 반박을 웬만큼 했다고 하겠습니다.

17. 그런데 복음서의 이 보고들은, 특히 올바로 이해할 때, 예를 들면 거인족에게 속아 제우스의 권좌에서 땅으로 내쳐졌고 거기서 그들에 의해 여러 토막으로 찢겼는데 다시 짜맞추어져서 되살아나 하늘로 돌아갔다는 디오니소스[32] 이야기보다 훨씬 숭고하게 여겨지지 않습니까? 혹시 그런 일들을 영혼에 관한 가르침과 연관 짓고 상징적으로 해석하는 것이 그리스인들에게는 허용되어 있지만, 우리에게는 순수한 영혼들 안에 사시는 거룩한 영에게서 비롯하는 성경 곳곳에 부합·상응하는 적절한 설명의 문이 닫혀 있어야 한다는 것입니까? 아무튼 켈수스는 우리 성경의 의미를 전혀 이해하지 못합니다. 그런 까닭에 그가 공박하는 것은 결국 성경의 관점이 아니라, 그 자신이 억측하여 지니고 있는 관점입니다. 만일 그가 미래의 영원한 삶 안에서 영혼을 기다리고 있는 운명이 무엇인지, 영혼의 본질과 기원에 관해 어떻게 생각해야 하는지를 조금이라도 안다면, 그는 — 영혼의 윤회에 관한 플라톤적 학설을 따라서가 아니라, 훨씬 숭고한 관점에 따라 말하는 것입니다만 —

---

[32] 참조: 알렉산드리아의 클레멘스 『권고』 2,17-18; 재생이라는 의미에서의 우의적 해석에 관해서는 플루타르코스 『도덕론』 398A; 996C.

"필사의 몸 안으로" 오신 "불사의 존재"를 그렇게 비웃지는 않을 것입니다. 그러면 켈수스는 또한 지극한 인간 사랑[33]에서 비롯한, 성경의 비밀스러운 표현에 따르면 "이스라엘 집안의 길 잃은 양들"(마태 15,24)을 돌아오게 하기 위해 실행된 비길 데 없는 낮춰 내려오심도 이해하게 될 것입니다. 과연 몇몇 비유에서 이야기하듯, 목자는 길을 잃지 않은 양들을 산에 남겨 둔 채, 길 잃은 양들을 찾아 산 아래로 내려가는 법입니다(참조: 마태 18,12-13; 루카 15,4-6).

18. 켈수스는 이런 일들을 이해하지 못하면서도 이 문제를 오래 물고 늘어지며, 또 그로써 우리가 이야기를 반복하게 만듭니다. 아무튼 우리는 그의 주장들 가운데 어떤 것도 검증하지 않은 채 그냥 놔두고 싶지는 않습니다. 그는 이어서 이렇게 말합니다. "그 신은, 이들이 주장하듯이, 필사의 몸 안에서 실제로 변화하거나(그런데 이것은 이미 말했듯이[34] 불가능하다), 아니면 자신은 변화하지 않지만 보는 사람들로 하여금 자신이 변화했다고 믿게 하여 그들을 미혹하고 거짓말을 한다. 그러나 기만과 거짓말은 통상 나쁜 짓이며, 그저 병들고 미쳐 날뛰는 친구의 치유를 위해서나 아니면 예상되는 적의 위험을 피하기 위한 비상 수단으로나 사용할 수 있을 것이다.[35] 그러나 병자나 미친 자는 신의 친구

---

33 참조: 『켈수스 반박』 1,9.27; 오리게네스 『요한 복음 주해』 2,187. 육화와 관련하여 "인간 사랑"(φιλανθρωπία)이라는 표현을 사용하는 것은 티토 3,4에서 유래한다. 참조: 『켈수스 반박』 1.64.
34 참조: 『켈수스 반박』 4,5.
35 이 말의 배경에는 거짓말의 본질과 유익에 관한 플라톤의 토론이 자리 잡고 있다. 그에 따르면 신은 자신의 불변성 때문에, 자기가 변화했다고 사람들을 속여서 믿게 할 수가 없다. 반면 인간들은 위험을 피하기 위해, 그렇게 속여 믿게 하는 방법을 사용할 수 있다. 참조: 플라톤 『국가』 382c; 389b; 459c-d; 크세노폰 『소크라테스 회상』 4,17; 알렉산드리아의 클레멘스 『양탄자』 1,160,2; 7,53,2.

가 아니며, 또한 신에게는 위험을 피하기 위해 속임수를 써야 할 만큼 두려워하는 자가 없다." 이에 대한 반박은 한편으로는 하느님이신 거룩한 로고스의 본성과, 다른 한편으로는 예수님의 영혼과 관련지을 수 있겠습니다. 로고스의 본성과 관련하여 우리는 이렇게 말할 수 있습니다. 음식물의 성질이 아이의 신체 조건에 알맞게 엄마 몸 안에서 젖으로 변하듯, 또는 음식물을 의사가 병자를 위해서는 건강 회복에 필요한 것으로 처방하고 강건한 사람을 위해서는 강장식으로 처방하듯, 하느님께서도 인간 영혼을 먹여 길러야 하는 당신 로고스의 효력을, 각자의 필요에 맞추어 변화시키십니다. 그래서 성경에 따르면, 어떤 이에게는 "영적이고 순수한 젖"(1베드 2,2)을, 믿음이 약한 이에게는 "채소"(로마 14,2)를, 그리고 성숙한 이에게는 "단단한 음식"(히브 5,12.14)을 주십니다. 하지만 로고스께서 당신 본성을 버리지는 않으시니, 누구에게나 그가 당신을 받아들일 수 있는 정도에 따라 영양분을 공급하는 음식이 되십니다. 요컨대 로고스께서는 "기만"하지도, "거짓말"하지도 않으십니다.

그러나 누군가 예수님의 영혼이 몸 안으로 들어간 다음 "변화"했다고 추측한다면, 우리는 그 "변화"가 무엇을 의미하는지 그에게 묻고자 합니다. 그가 본성의 변화를 말하는 것이라면, 우리는 그런 것은 예수님의 영혼에도 다른 이의 이성적 영혼에도 존재하지 않는다고 말하겠습니다. 그러나 또 누군가 영혼이 몸과 혼합된[36] 결과, 몸뿐 아니라, 영혼이 이르른 장소도 영혼에게 영향을 끼친다고 말한다면, 크나큰 인간 사랑 때문에 구원자를 인류에게 낮춰 내려오게 하시는 로고스께서 어떤 부당한 일을 겪으신다는 것입니까? 사실 예전에 우리의 치유를 약

---

36 "혼합"(ἀνάκρασις)이라는 용어를 그리스도론에 사용하는 것에 관해서는 참조: A. van den Hoek, Formulating later Christological Language 48-49.

속했던 사람들 가운데 그 누구도, 예수님의 영혼이 자신의 행동을 통해 보여 주신 것처럼 많은 일을 하지 못했으니, 과연 그 영혼은 스스로 원하여 우리 인류의 운명을 공유하려고 낮춰 내려오셨던 것입니다. 하느님의 말씀은 이 사실을 매우 잘 알고 계시며, 또 이에 관해 성경의 많은 대목에서 자상하게 우리를 가르치십니다. 지금으로서는 바오로의 금언 하나만 인용하는 것으로 충분하겠습니다. "그리스도 예수님께서 지니셨던 바로 그 마음을 여러분 안에 간직하십시오. 그분께서는 하느님의 모습을 지니셨지만, 하느님과 같음을 당연한 것으로 여기지 않으시고 오히려 당신 자신을 비우시어 종의 모습을 취하시고 사람들과 같이 되셨습니다. 이렇게 여느 사람처럼 나타나 당신 자신을 낮추시어 죽음에 이르기까지, 십자가 죽음에 이르기까지 순종하셨습니다. 그러므로 하느님께서도 그분을 드높이 올리시고, 모든 이름 위에 뛰어난 이름을 그분께 주셨습니다"(필리 2,5-9).[37]

19. 그런데 어떤 사람들은 "그 신은 실제로는 변화하지 않지만, 보는 사람들로 하여금 자신이 변화했다고 믿게 한다"라는 켈수스의 말에 동조하고 싶어 할지도 모르겠습니다. 그러나 켈수스의 이 비난이 우리에게는 해당되지 않습니다. 왜냐하면 우리는 예수님께서 외견상으로만이 아니라, 참으로 그리고 실제로 인간들에게 오셨다고 믿기 때문입니다. 그럼에도 우리 자신을 굳이 다음과 같이 변론해 보겠습니다. 켈수스여, 그대 자신이 사람은 "기만"과 "거짓말"을 종종 "비상수단"으로 사용해

---

[37] 오리게네스의 해석에 관해서는 참조: G. Bostock, Origen's Exegesis of the Kenosis Hymn (Philippians 2:5-11): *Origeniana sexta* (hrsg. von G. Dorival/ A. Le Boulluec = BEThL 118), LöWEN 1995, 531-547.

도 된다고 말하지 않았소? 게다가 그런 수단이 구원을 성취할 수 있었는데도, 그런 수단의 사용이 부당했다는 것이오? 의사들이 때때로 자기 환자들을 상대로 진실이 아닌 말을 사용하듯이, 사실 특정한 성격의 사람들은 순전한 진실보다는 거짓이 포함된 말에 의해 올바른 길에 들어서게 되오. 아무튼 이로써 우리 자신을 충분히 변론했다고 생각합니다.[38] 과연 "병든 친구를 치유"하는 의사가 자신이 사랑하는 인류도 그런 수단을 사용하여 치유하는 것은 부당하지 않습니다. 물론 그런 수단은 우선적으로 사용해서는 안 되고, 어디까지나 상황을 고려하여 사용해야 합니다. 그리고 인류가 "미쳐 날뛰게" 되었기 때문에, 치유를 위해 로고스께서는 미쳐 날뛰는 인간들이 제정신을 되찾게 하는 데 도움이 된다고 판단하신 수단들을 선택하셔야 했습니다. 그런데 켈수스는 예상되는 적으로부터의 위험을 피하기 위해서도 그런 수단을 사용한다고 말합니다. 그러나 하느님은 아무도 두려워하지 않으시기에, 적대자들로부터의 위험을 피하기 위해 속임수를 쓰셔야 할 까닭이 없습니다. 이런 말은 우리 구원자와 관련하여 아무도 하지 않습니다. 그러므로 무슨 변론 따위는 전혀 불필요하며 또 어리석은 일이라고 하겠습니다. 그 밖의 변론은, "병자나 미친 자는 신의 친구가 아니다"라는 켈수스의 주장과 관련하여, 이미 앞에서[39] 했습니다. 우리의 변론은 이것이었습니다. 이 구원 경륜상의 일은 "병자나 미친 자들"을 위해서 실행되는 것이 아니니, 그들은 이미 하느님의 "친구들"입니다. 이 일은 영혼의 질병과 선천적 분별력의 교란 때문에 아직도 하느님의 적인 인간들이 하느님

---

38 참조: 『켈수스 반박』 2,24.
39 참조: 『켈수스 반박』 4,12.15.

의 친구가 되게 하려고 실행되는 것입니다. 과연 성경은 예수님께서 이 모든 일을 죄인들을 위해 감수하시어, 그들을 죄에서 해방하시고 의롭게 만드셨다고 아주 명확히 말하고 있습니다(참조: 마태 9,13; 로마 5,19 등).

20. 그런 다음 켈수스는 한편으로는 유대인들을 등장시켜 왜 그들은 메시아의 오심이 이제야 임박했다고 믿는지 그 이유를 언명하게 하고, 다른 한편으로는 그리스도인들로 하여금 하느님 아들이 인간 삶 속으로 들어오신 일을 이미 일어난 사실로 말하게 합니다. 이 문제도 우리는 최대한 간략히 검토하고자 합니다. 켈수스의 말을 인용합시다. "유대인들은 말한다. (인간들의) 삶이 온갖 나쁜 것으로 차고 넘치기 때문에, 하느님은 반드시 어떤 분을 내려 보내시어, 불의한 자들에게 벌을 주고 온 세상을 최초의 대홍수 때에 상응할 만큼 정화하실 것이다." 그러나 그의 말에 따르면, "그리스도인들은 여기에 다른 이유들을 덧붙인다."[40] 아무튼 켈수스의 주장에 따르면, 그리스도인들도 유대인들이 믿는 바를 받아들인다는 것이 분명합니다. 그런데 온갖 나쁜 것이 엄청나게 번져 나가면, 어떤 분이 내려와서 세상을 정화하고 인간들을 각자에게 마땅하게 조처하리라는 믿음에 무슨 불합리한 점이라도 있습니까? 그리고 하느님께서 죄의 만연을 저지하지 않고 세상을 새롭게 만들지 않으신다면, 그건 하느님답지 못한 게 아니겠습니까? 그리스인들도 세상은 일정한 시간 간격을 두고 주기적으로 대홍수와 대화재에 의해 정화된다고 알고 있습니다. 예를 들면 우리는 플라톤의 책에서 이런 대목을 읽을 수 있습니다. "신들이 홍수로 세상을 깨끗이 쓸어버리기

---

40 참조: 『켈수스 반박』 4,22.

시작하면, 홍수가 산 위에까지 이른다."⁴¹ 그러므로 이렇게 물어야겠습니다. 그 사람들이 그런 일들을 주장하면, 그들의 언설은 존중과 주목을 받아 마땅하지만, 그 그리스인들이 받아들이는 내용 가운데 이런저런 것을 우리가 마찬가지로 주장하면, 그것은 가치 있는 가르침이 전혀 아니라는 것입니까? 아무튼 온갖 문헌의 철저한 분석과 정확한 이해에 진력하는 사람들은, 그 저자들의 높은 연대뿐 아니라 그들 글의 마땅히 존중해야 할 특성과 내적 맥락도 뚜렷이 밝히려 애써야 할 것입니다.

21. 그런데 나는 왜 켈수스가 "(유대인과 그리스도인의 가르침에 따르면) 이 세상을 정화한 대홍수가 발생한 것처럼 (바벨) 탑의 파괴도 발생했다"고 생각하는지 모르겠습니다. 창세기(창세 11,1-9 참조)에서 읽을 수 있는 "탑 이야기"는 더 깊은 의미를 내포하고 있지 않으며, 켈수스가 생각하듯 "글자 그대로 이해되어야 한다"고 전제한다면,⁴² 그 사건은 "세상의 정화를 위해" 발생한 것이 아니었다고 생각합니다. 그런데 켈수스는 이른바 "언어 혼란"이 세상의 정화에 이용되었다는 생각을 품고 있는 것이 틀림없습니다. 아무튼 이것은 이 이야기의 문자적 의미만이 아니라 신비적 해석도 제시해 줄 소임을 지닌 전문가가 좀 더 적절한 기회에 설명해야 할 주제입니다. 그러나 켈수스가 "탑 건축(과 언어 혼란) 이야기를 보고하는 모세는 자기 이야기를 위해 알로에우스의 아들들에 관한 이야기를 변조했다"라고 생각하기 때문에, 나는 그에게 다음과 같이 말해야겠습니다. 내 생각에 호메로스⁴³ 이전에는 아무도

---

41 플라톤『티마이오스』22d. 또한 참조:『켈수스 반박』1,18; 4,11.
42 참조:『켈수스 반박』5,29-32.

알로에우스의 아들들에 관해 언급하지 않았으며, 또 내가 확신하기로는, 모세의 책에서 읽을 수 있는 탑 건축 이야기는 호메로스보다 훨씬 연대가 오래되었고, 심지어 그리스어 문자의 발명보다 오래되었습니다.[44] 그런즉 도대체 누가 누구의 이야기를 "변조"했겠습니까? 알로에우스 아들들에 관해 보고한 사람이 탑 건축 이야기를 변조했을까요, 아니면 탑 건축과 언어 혼란 이야기를 기록한 사람이 알로에우스 아들들에 관한 이야기를 변조했을까요? 선입견 없는 독자라면 모세가 호메로스보다 연대가 오래되었다는 사실을 부인하지 않을 것입니다.[45]

켈수스는 모세가 창세기에서 서술하는 "자신들의 죄 때문에 불에 의해 멸망한 소돔과 고모라 이야기"(창세 19,1-29 참조)에서도 "파에톤에 관한 이야기"[46]와의 유사점을 찾고자 합니다. 그런데 켈수스는 한 가지 잘못 때문에, 곧 모세의 연대를 유의하지 않았기 때문에, 모든 것을 억지로 꾸며 냈습니다. 사실 파에톤에 관해 이야기한 저자들은, 모세보다 훨씬 후대에 살았던 호메로스보다도 후대의 인물들임이 거의 확실합니다.[47] 아무튼 우리는 장차 정화하는 불이 죄를 근절하고 우주를 새로이 회복시키기 위해 세상을 먹어 버리리라는 것을 부인하지 않으며, 또한 이것을 예언자들이 자신들의 거룩한 책에서 가르쳤다고 확언합니

---

43 참조: 호메로스『일리아스』5,385.386;『오디세이아』11,305-320. 거인족인 오토스와 에피알테스가 올림포스 위에 오사산을, 그리고 그 너머에 하늘까지 닿는 펠리온 탑을 쌓아 올리려고 했지만, 아폴론에 의해 죽임을 당했다. 이교 측 비판자들이 강조한 이 신화와 성경 이야기의 유사점들에 관해서는 이미 필론『언어의 혼란』4-5가 언급했다.

44 참조:『켈수스 반박』4,36; 6,7; 7,28.

45 그리스도교 호교가들이 유대교 저자들로부터 넘겨받은 이른바 연대 논증에 관해서는 참조: Fiedrowicz, Apologie 212-215.

46 참조:『켈수스 반박』1,19.

47 참조: 에우리피데스『히폴리토스』735-741.

다. 그런데 우리가 앞에서[48] 말했듯이, 미래에 관해 많은 예고를 하는 예언자들이 과거에 관해서도 많은 진실을 말했고, 또 하느님 영이 자신들 안에서 역사役事하셨다는 증거를 제시했다는 사실이 입증되면, 우리가 아직 성취되지 않은 그들의 예언도 마땅히 믿어야 하는 것은, 아니 그들을 통해 말씀하시는 하느님 영을 믿어야 하는 것은 당연한 일이라고 하겠습니다.

22. 켈수스에 따르면 "그리스도인들은 유대인들이 제시하는 이유들에 몇 가지를 덧붙이면서, 유대인들의 죄 때문에 하느님의 아들이 이미 파견되었으며, 또한 유대인들은 예수를 처벌하고 쓸개즙을 마시게 했기 때문에, 하느님의 진노를 자신에게 불러들였다고 주장한다". 관심 있는 사람은 누구나, 예수님이 유대인들에게 그런 일을 겪으신 후 한 세대도 채 지나기 전에 유대 민족 전체가 자기네 거주지에서 추방되지 않았다면, 그리스도인들의 말이 거짓임을 까발릴 수 있을 것입니다. 그러나 과연 예루살렘은, 내가 틀리지 않았다면, 예수님이 십자가에 처형되시고 42년 뒤에 파괴되었습니다.[49] 그리고 유대인들이 존재한 이래, 그들이 이렇게 오랫동안 강력한 민족들에게 예속되고 자기네 성지들에서 격리되고 또 예배 거행을 제지받은 적이 있다고 보고된 일은 한 번도 없었습니다. 사람들은 종종 유대인들이 자기네 죄 때문에 하느님께 버림받았다고 여겼지만, 그래도 하느님께서는 그들을 지켜 주셨으니, 유대인들은 자기네 땅으로 돌아가고 재산을 다시 소유하고 방해받지

---

48   참조: 『켈수스 반박』 1,36.37; 3,2-4.
49   똑같은 햇수가 알렉산드리아의 클레멘스 『양탄자』 1,145,5에도 나온다.

않고 거룩한 관습을 실천할 수 있었습니다. 유대인들이 그분 때문에 그렇게 많고 힘겨운 고난을 그렇게나 오랜 기간 겪어야만 했다는 사실도, 예수님께서 신적이고 거룩한 존재이셨음을 분명히 알려 주는 한 증거입니다. 우리는 그들이 결코 다시는 예전 상태로 돌아가지 못할 것이라고 아주 단호히 주장합니다. 과연 유대인들은 그들이 하느님께 숭고한 비밀의 상징인, 전통으로 지켜 온 희생 제물을 바치던 그 도성에서 인류의 구원자의 목숨을 노림으로써, 실로 극악무도한 만행을 저질렀습니다. 그러므로 예수님이 그 모든 일을 겪으셨던 그 도성은 철저히 파괴되고 유대 민족은 자기네 거주지를 빼앗겨야 했으며, 지복으로의 초대는 하느님에 의해 다른 이들 — 내가 가리켜 말하는 이들은 그리스도인들입니다 — 에게 넘겨질 수밖에 없었습니다. 그리스도인들은 참되고 깨끗하며 바른 하느님 공경을 배웠고, 온 세상으로 퍼져 나가는 나라에 합당한 새로운 법을 받았습니다. 사실 낡은 율법은 같은 심성을 지닌 같은 핏줄의 통치자들에 의해 다스려지던 한 민족을 위해서만 주어졌던 것이며, 그래서 이제 더는 준수될 수가 없었습니다.

23. 이어서 켈수스는 또 습관적으로 "유대인들과 그리스도인들이라는 종種"을 조롱하면서, 그 둘을 싸잡아 "박쥐 떼나 자기네 집에서 기어 나오는 개미들 또는 물웅덩이 둘레에 옹종거리고 있는 개구리들 또는 더러운 귀퉁이에 모여드는 지렁이들"에 빗댑니다. "그들은 그렇게 모여서는 누가 더 나쁜 죄인인가 서로 논쟁하며 또 이렇게 주장한다. 신이 모든 것을 제일 먼저 계시해 주시고 고지해 주시는 것은 바로 우리다. 그분은 온 우주와 천체들의 운행은 그냥 내버려 두시고 드넓은 지구도 신경 쓰지 않으시며, 오로지 우리만 다스리시고 당신 심부름꾼들을 통

해 우리와만 소통하시며 또한 우리가 언제나 당신과 결합되어 있게 하시기 위해, 그들을 파견하시고 살피시기를 그치지 않으신다."⁵⁰ 켈수스는 이렇게 자기가 꾸며 낸 이야기에서 우리를 "지렁이들"에 비기고는 이렇게 말합니다. "그 지렁이들은 이렇게 선언한다. 한 신이 존재하며, 그 신 다음은 우리이니, 왜냐하면 우리는 그분에 의해 창조되었고 모든 점에서 그 신과 아주 비슷하기 때문이다. 모든 것이, 땅과 물과 공기와 별들이 우리에게 종속되어 있으며, 모든 것이 우리를 위해 존재하고 우리를 섬기도록 정해져 있다." 나아가 켈수스는 그 지렁이들, 곧 우리 그리스도인들이 또 이렇게 말한다고 합니다. "그런데 이제 우리 가운데 적지 않은 자들이 죄를 짓기 때문에, 신이 친히 오시거나 당신 아들을 보내시어, 불의한 자들을 불(火)에 넘겨주실 터이니, 남은 우리는 그분과 함께 영원한 생명을 누릴 것이다." 그런 다음 켈수스는 이렇게 말을 맺습니다. "이런 말을 지렁이와 개구리들이 한다면, 유대인들과 그리스도인들이 서로 논쟁하면서 하는 것보다는 참아 줄 만할 것이다."

---

50 유대교-그리스도교의 인간중심주의를 희화화戲畵化하기 위해 켈수스는 다양한 문학적 소재를 이용한다. 첫째 비교는 호메로스 『오디세이아』 24,6-8(플라톤 『국가』 387a에 인용됨)에서 영감을 받았는데, 거기서는 페넬로페의 자유민들의 영혼들이 박쥐 떼에 견주어진다. 이어지는 두 비교는 플라톤 『파이돈』 109b에서 빌려 온 것인데, 거기서는 소크라테스가 인간들은 끝없이 광대한 땅 위에서 그저 한 작은 부분만 차지하고 있을 뿐이라는 사실을 알려 주기 위해, 인간들을 개미들과 개구리들에 견준다. "옹종거리다"(συνεδρεύειν)와 "모여들다"(ἐκκλησιάζειν)라는 구상具象적 조어造語를 통해 켈수스는 유대인들과 그리스도인들의 집회 형태를 비웃고 있으니, 유대교 최고의회와 그리스도교 교회가 주제넘은 보편적 주장을 하는 하찮은 자들의 구석진 장소와 쥐구멍처럼 여겨졌기 때문이다. 켈수스는 여기서 이성적 존재인 인간의 우월성에 관한 스토아학파의 견해를 반대했던 플라톤 아카데미아의 입장과 연계되어 있다. 또한 그리스도교의 확신을 스토아학파의 인간중심주의에 부속시키고, 또 신의 섭리에 관한 그릇된 관념으로서 비판하고 있다. 이에 맞서 보편적 섭리(Pronoia) 개념이 『켈수스 반박』 4,99에서 상론된다.

24. 이제 우리는 이 모욕의 말에 동조하는 사람들에게 물음을 던짐으로써 이 말에 응수하겠습니다. 당신들은 모든 인간이 똑같이, 하느님의 엄청난 위대하심과 비교할 때, "박쥐나 개미 또는 개구리나 지렁이 떼"와 다름없다고 생각합니까? 아니면 어떤 사람들은 이 비교에서 제외하고, 그들의 이성과 그들에게 통용되는 법을 고려하여 인간으로 대접하는 반면, 그리스도인들과 유대인들은 그들의 가르침이 당신들 마음에 들지 않는다는 이유로 아주 하찮게 여기고 그래서 그들을 이런 동물들에 견주는 것입니까? 당신들이 우리 물음에 어떻게 대답하든, 우리는 이런 모욕의 말이 ─ 인류 전체와 관련시키든 아니면 그리스도인들에게 국한시키든 간에 ─ 전혀 타당하지 않다는 사실을 입증할 것입니다. 우선 우리는 당신들이 모든 인간은 그 하찮음이 하느님의 숭고한 위대함과 결코 견주어질 수 없기에, 그분 앞에서는 이 가련한 동물들이나 진배없다는 것을 말한다고 생각하겠습니다. 그런데 그 "하찮음"이라는 게 어떤 성질의 것입니까? 친구들이여, 나에게 대답해 보십시오! 만일 신체의 하찮음을 의미한다면, 뛰어남과 부족함은 진리의 재판관 앞에서는 신체에 따라 판정되지 않는다는 사실을 명심하십시오. 통상 (독수리 머리와 날개에 사자 몸통을 지닌) 그리폰들과 코끼리들은 우리 인간보다 크고 힘도 세며 또 우리보다 오래 삽니다. 하지만 분별 있는 사람이라면 이 이성 없는 동물들이 신체가 거대하다고 해서 이성적 존재인 인간보다 더 높다고 주장하지는 않을 것입니다. 과연 이성은 이성적 존재를 모든 비이성적 존재 위로 들어 높여 줍니다. 한편 선하고 지극히 복된 영들 ─ 당신들 표현에 따라 선한 영들이든, 우리가 흔히 부르는 대로 하느님의 천사들이든 간에 ─ 또는 인간을 능가하는 이런저런 존재들 역시 그들의 신체적 위대함 때문에 인간들보다 높은 것이

아니라, 그들 안에 덕을 추구하는 이성적 요소가 충만히 갖추어져 있기 때문에 인간들보다 높은 것입니다.

25. 그러나 당신들이 인간을 그의 신체 때문이 아니라 영혼 때문에 "하찮게" 여기는 것이라면, 인간이 다른 이성적 존재들, 특히 선한 영들보다 못하고 또 죄가 그들 안에 존재하고 있기 때문에 하찮게 여기는 것이라면, 어째서 그리스도인들 가운데 품행이 악한 자들과 유대인들 가운데 삶이 부도덕한 자들은 "박쥐 떼"와 "개미와 지렁이와 개구리들"이고 다른 민족의 악인들은 그렇지 않다는 것입니까? 사실 어떤 부류든 모든 죄인은, 특히 욕정의 파도에 자신을 완전히 내맡기는 자들은, 여느 인간들과 비교할 때, 박쥐 · 지렁이 · 개구리 · 개미 들이 틀림없습니다. 그리고 어떤 연설가가 데모스테네스 같은 말솜씨를 타고났더라도 그 못지않게 부도덕하고 또 그렇게 행동한다면,[51] 그리고 또 어떤 연설가가 안티폰[52] — 켈수스의 책 제목과 비슷한 『진리』라는 제목을 붙인 자기 책에서 섭리를 부인했습니다 — 에 버금가는 명성을 누린다 하더라도, 이 연설가들은 "더러운 구석"에서, 곧, 자신들의 무지몽매 속에서 이리저리 굴러다니는 "지렁이"입니다. 엄밀히 말하자면, 이성을 부여받은 존재를 분별없이 "지렁이"에 견주어서는 안 되니, 그는 뭐라 해도 덕을 지향하는 천분天分을 지니고 있기 때문입니다. 과연 이 덕을 지향하는 천분은 인간들을 지렁이에 견주는 것을 용납하지 않으니, 이들

---

51 참조: 플루타르코스 『도덕론』 847E-F; 아울루스 겔리우스 『아티카 야화夜話』 1,5,1.
52 이 연설가가 단편적으로만 보존되어 있는 앞에서 언급된 책(기원전 5세기 말)의 저자인 같은 이름의 소피스트와 동일인이라면, 오리게네스가 사람을 혼동하지는 않았다고 하겠다. 켈수스의 섭리 관념에 안티폰이 영향을 끼쳤을 가능성에 관해서는 참조: Q. Cataudella, Tracce della sofistica nella polemica celso-origeniana: RIL 70 (1937) 186-193.

은 덕을 실천할 수 있는 능력을 지니고 있으며, 이 타고난 덕의 씨앗을 결코 완전히는 잃을 수 없습니다. 요컨대 인간들은 일반적으로 하느님과의 관계에서 한낱 "지렁이"가 결코 아니라는 것이 분명합니다. 이성은 자신의 근원을 "하느님과 함께 계시는 로고스(말씀)"(요한 1,1-2 참조)에 두고 있으며, 그래서 우리는 이성을 부여받은 존재가 하느님과 닮은꼴인 존재임을 부인해서는 결코 안 됩니다.[53] 따라서 우리는 실제로는 그리스도인이라고도 유대인이라고도 할 수 없는 나쁜 그리스도인들과 나쁜 유대인들도, 여느 나쁜 인간들보다 더 심하게, "더러운 구석에서 이리저리 굴러다니는 지렁이들"에 견주어서는 안 됩니다. 이성 자체가 이런 비교를 용납하지 않거니와, 우리는 덕을 실천할 수 있는 능력을 타고난 인간 본성을 — 비록 무지 때문에 죄를 저지르곤 하지만 — 모욕하고, 지렁이 같은 동물들과 한가지로 취급해서는 안 될 것입니다.

26. 그러나 켈수스가 다른 인간들은 빼놓고 오직 그리스도인들과 유대인들에게서만, 그의 마음에 들지 않고 또 필경 그가 전혀 모르는 이들의 교리 때문에, "지렁이와 개미"와의 유사점을 찾고자 한다면, 우리는 모든 이에게 널리 알려져 있는 그리스도인들과 유대인들의 교리를 다른 사람들의 교설과 비교하고자 합니다. 그러면 이런저런 인간들은 지렁이나 개미와 진배없다는 견해를 지니고 있는 사람들은, 지렁이 · 개미 · 개구리와의 비교는, 오히려 하느님에 대한 올바른 관점을 상실하고 그릇된 신심으로 이성 없는 짐승들이나 우상이나 피조물들 — 이것들의 아름다움은 본디 사람을 창조주께 대한 찬탄과 경배로 이끌어야

---

53 이미 스토아철학의 견해에 따르면, 이성이 인간과 하느님의 친교를 확증해 준다. 참조: 키케로 『법률론』 1,23.

마땅했습니다(로마 1,20-23 참조) — 을 공경하는 인간들에게 적용되어야 한다는 사실을 분명히 알게 될 것입니다. 또한 그들은 다른 한편으로 그리스도인들과 유대인들이 "인간"이라는 사실, 더 나아가 필경 여느 인간들보다 더 고결하다는 사실도 알게 될 것입니다. 과연 이들은 로고스에 이끌려 돌과 나무로, 아니 값진 재료로 간주되는 은과 금으로 만든 신상들에 대한 공경에서 벗어날 수 있었고, 이 세상의 온갖 아름다운 것들로부터 세상의 창조주께로 고양되어 자신을 온전히 그분께 바쳤으며, 또한 오직 이 하느님만이 모든 존재하는 것을 보살피시고 모든 생각을 인지하시며 모든 기도를 들으실 수 있다는 확신을 지니고 자기네 기도를 그분께 높이 올려 보내며, 또 일거수일투족에서 하느님의 천리안을 의식하고 그분의 주의 깊은 귀에 언짢게 들릴 수도 있는 말은 하지 않도록 조심합니다.

고통이나 생명의 위험에도, 그럴싸하게 여겨지는 논증에도 굴복하지 않는 이런 깊은 신앙이, 어찌 이 신앙을 받아들인 인간들이 이제 더 이상은 "지렁이들"에 견주어지지 않게 하는 데 도움이 되지 않겠습니까(비록 이들이 신앙을 받아들이기 전에는 그렇게 견주어졌을지라도 말입니다)? 그렇게나 많은 "마음을 촛농처럼 무르게 만드는"[54] 감각적 쾌락에 대한 불타는 욕망을 이겨 낸 이들은, 오직 절제를 통해 자신을 하느님께로 들어 올림으로써만 하느님과의 친교를 얻을 수 있다는 확신으로 말미암아 그런 승리자가 되었습니다. 과연 이들이 "지렁이들"의 형제요 "개미들"의 친척이며 "개구리들"의 이웃으로 보입니까? 어찌 그렇습니까? 이웃과 동료 인간에게 관대하고 합당하고 박애적이고

---

54 참조: 플라톤 『법률』 633d.

친절하고 정직한 행동을 견지하는 의로움의 광채가, 그런 덕의 보유자가 "박쥐"로 간주되는 것을 저지하지 않습니까? 오히려 많은 사람이 그러하듯, 턱없이 방탕하고 거리낌 없이 창녀와 관계하면서, 그런 짓이 미풍양속에 전혀 저촉되지 않는다고 강변하는 자들이야말로 "더러운 구석에서 굴러다니는 지렁이들"이 아니겠습니까? 이 사실은 그자들을, 로고스께서 그 안에 계시는 몸인 "그리스도의 지체를 떼어다가 창녀의 지체로 만들지 말라"(1코린 6,15 참조)고 배운, 또 온 우주의 하느님께 바쳐진 이성적 존재의 "몸"은 자신이 공경하는 "하느님의 성전"(1코린 3,16; 참조: 1코린 6,19)이라고 배운, 그리고 창조주께 관한 순정한 표상을 지니고 허용되지 않은 성교를 통해 "하느님의 성전을 파괴"하지 않도록 조심하며(1코린 3,17 참조), 오히려 깊은 신심으로 절제를 실행하면 몸이 하느님 성전이 된다고 배운 사람들과 비교해 보면 특히 분명해집니다.

27. 나는 인간들 사이에 널리 퍼져 있는 그 밖의 악습들에 관해 아직 말하지 않았는데, 철학자로 자처하는 이들 역시 이 악습들로부터 결코 쉽게 벗어나지 못하니, 사실 철학에도 사이비 제자들이 많습니다. 나는 그런 것들이 그리스도인도 유대인도 아닌 자들에게서 자주 나타난다는 사실에 관해서도 전혀 말하고 싶지 않습니다. 그러나 나는 그런 악습들이 진짜배기 그리스도인들에게서는 전혀 발견되지 않는다고 말하겠습니다. 혹시 그런 것이 발견되더라도, "집회를 열고" 함께 기도하기 위해 모이는 온전한 그리스도인들이 아니라, 그런 대중 가운데 숨어 있는 개별적 죄인들에게서 드물게 발견됩니다. 아무튼 우리는 유대인들에게 맞서 그들이 거룩하게 여기는 성경에 근거하여 우리 입장을 표명합니다. 또한 예언자들이 예고한 분이 이미 오셨다는 사실을, 하느님께

서 유대인들의 크나큰 죄 때문에 그들을 떠나셨다는 사실을, 그러나 우리는 하느님 말씀을 받아들인 후 한편으로는 그분에 대한 신앙에 근거하여, 다른 한편으로는 온갖 죄악에서 벗어났고 그래서 우리를 하느님과의 친밀한 관계로 이끌어 주는 우리의 도덕적인 삶에 근거하여, 그분에게서 최고와 최상의 것을 고대한다는 사실을 뚜렷이 밝힐 때, 우리는 "함께 모이는 지렁이들"이 아닙니다. 그런데 어떤 사람이 유대인이나 그리스도인으로 불린다면, 그는 하느님께서 누구보다도 "우리를 위해 온 세상과 천체의 궤도"를 만드셨다고 우악스럽게 말해서는 안 됩니다. 그러나 예수님의 가르침이 요구하는 "마음이 깨끗하고" "온유하고" "평화를 이루는"(마태 5,8.5.9) 사람, 자신의 신앙에 따르기 마련인 온갖 위험을 기꺼이 겪어 내는 사람, 그런 그리스도인은 튼실한 근거를 지니고 확신에 차서 하느님께 자신을 맡길 수 있으며, 또한 그가 예언자들 말씀의 의미를 이해한다면, 이렇게 말해도 될 것입니다. "이 모든 것을 하느님께서 우리에게", 그분을 믿는 우리에게, "먼저 계시하고 고지해 주셨다."

28. 켈수스는 자신이 "지렁이"로 여기는 그리스도인들의 입에 다음과 같은 말을 담습니다. "그 신은 온 우주와 천체들의 운행은 그냥 내버려 두고 드넓은 땅도 신경 쓰지 않으며, 오로지 우리만 다스리고 당신 심부름꾼들을 통해 우리와만 소통하며, 또한 우리가 언제나 당신과 결합되어 있게 하기 위해, 그들을 파견하시고 살피기를 그치지 않는다." 이에 대해 우리는 켈수스가 우리 마음에 한 번도 떠오른 적이 없는 것을 우리가 말한 것처럼 꾸민다고 반박해야겠습니다. 사실 우리는 하느님께서는 "당신께서 만드신 것을 하나도 혐오하지 않으십니다. 당신께서

지어 내신 것을 싫어하실 리가 없기 때문입니다"(지혜 11,24)라는 말씀을 읽고 또 알고 있습니다. 또한 우리는 "생명을 사랑하시는 주님, 모든 것이 당신의 것이기에, 당신께서는 모두 소중히 여기십니다. 당신 불멸의 영이 만물 안에 들어 있기 때문입니다. 그러므로 주님, 당신께서는 탈선하는 자들을 조금씩 꾸짖으시고, 그들이 무엇으로 죄를 지었는지 상기시키시며 훈계하시어, 그들이 악에서 벗어나 당신을 믿게 하십니다"(지혜 11,26-12,2)라는 말씀도 읽었습니다. 그런데 어찌 우리가 "하느님께서는 온 우주와 천체의 운행은 그냥 내버려 두시고 드넓은 땅도 신경 쓰지 않으시며, 오로지 우리만 다스리신다"고 말할 수 있겠습니까? 우리는 "주님의 자애가 땅에 가득하다"(시편 33,5)는 것을, "주님의 자비는 모든 생명에게 미친다"(집회 18,13)는 것을, "하느님은 선하시며"(루카 18,19 참조) "악인에게나 선인에게나 당신의 해가 떠오르게 하시고, 의로운 이에게나 불의한 이에게나 비를 내려 주신다"(마태 5,45)는 것을 기도 중에 끊임없이 명심해야 함을 알고 있습니다. 또한 우리가 당신 자녀가 되게 하시려고, 하느님께서는 우리에게 당신과 닮은 행동을 하라고 훈계하시고, 우리 선행이 가능한 한 모든 인간에게 미치게 하라고 가르치십니다(참조: 마태 5,44-45; 루카 6,35). 과연 성경은 하느님을 "모든 사람, 특히 믿는 이들의 구원자"(1티모 4,10)라고 부르며, 그분의 그리스도에 관해서는 "그분은 우리 죄를 위한 속죄 제물이십니다. 우리 죄만이 아니라, 온 세상의 죄를 위한 속죄 제물이십니다"(1요한 2,2)라고 말하고 있습니다. 그런데 어쩌면 적지 않은 유대인들도, 켈수스가 기록한 내용과 똑같지는 않아도, 이런저런 어리석은 말을 할지도 모르겠습니다. 그러나 그리스도인들은 전혀 그렇지 않으니, 이들은 "의로운 이를 위해서라도 죽을 사람은 거의 없습니다. 혹시 착한 사람을 위해서라면 누가

제4권

죽겠다고 나설지도 모릅니다. 그런데 우리가 아직 죄인이었을 때에 그리스도께서 우리를 위하여 돌아가심으로써, 하느님께서는 우리에 대한 당신의 사랑을 증명해 주셨다"(로마 5,7-8)는 사실을 배워서 알고 있기 때문입니다. 과연 성경의 전통적 어법에 따라 "하느님의 그리스도"(루카 9,20)라고도 불리는 예수님은 "온 세상의 죄인들을 위해 이 세상에 오셨으니"(참조: 마르 2,17; 1티모 1,15), 그들이 자기 죄를 끊어 버리고 하느님께 자신을 맡기게 하시려는 것이었습니다.

29. 아마도 켈수스는 그가 "지렁이들"이라고 표현하는 사람들 몇몇이 "한 신이 존재하며, 그 신 다음은 우리다"라고 하는 말을 들은 것 같습니다. 그런데 켈수스는 어떤 철학자에게 겨우 사흘 강의를 듣고는, 철학에 대해 아무것도 모르는, 자기보다도 훨씬 수준이 낮은 다른 사람들을 고상한 척하며 깔보는 어떤 젊은이의 주제넘은 말의 책임을 한 철학 학파 전체에게 지우고자 하는 사람처럼 처신하고 있습니다. 우리는 인간보다 차원 높은 존재들이 많다는 것을 알고 있습니다. 우리는 성경에서 "하느님께서 신들의 모임에서 일어서시어, 그 신들 가운데에서 심판하신다"(시편 82,1)라는 말씀을 읽습니다[그런데 여기서 말하는 "신들"은 비그리스도인들이 숭배하는 신들이 아닙니다. 사실 "민족들의 신들은 모두 헛것"(시편 96,5)입니다]. 또한 우리는 다음 사실도 알고 있습니다. "하늘에도 땅에도 이른바 신들이 있다 하지만 — 과연 신도 많고 주님도 많습니다만 — 우리에게는 하느님 아버지 한 분이 계실 뿐입니다. 모든 것이 그분에게서 나왔고, 우리는 그분을 향하여 나아갑니다. 또 주님은 예수 그리스도 한 분이 계실 뿐입니다. 모든 것이 그분으로 말미암아 있고, 우리도 그분으로 말미암아 존재합니다"(1코린 8,5-6).

그러나 우리는 천사들 역시 지혜가 인간보다 뛰어나며, 인간들은 완성에 이르면 "천사들과 같아진다"(루카 20,36)는 것도 알고 있습니다. 과연 "부활 때에는 장가드는 일도 시집가는 일도 없고 하늘에 있는 천사들과 같아지고"(마태 22,30), "부활에 참여할 자격이 있는" 의인들은 "천사들과 같아집니다"(루카 20,35-36). 또한 이 우주의 계통 안에는 "왕권", "주권", "권세", "권력"이라고 불리는 이런저런 존재들이 있다는 것도 우리는 모르지 않습니다(콜로 1,16 참조). 인간들은 이런 존재들에 훨씬 못미치지만, 우리가 도덕적인 삶을 살고 또 우리 신앙의 규범을 온전히 따라서 행동하면, 이들과 비슷하게 되리라고 희망할 수 있습니다. 그리고 끝으로 중요한 사실은 이것입니다. "우리가 어떻게 될지는 아직 드러나지 않았지만, 그분께서 나타나시면 우리도 그분처럼 되리라는 것은 알고 있습니다. 그분을 있는 그대로 뵙게 될 것이기 때문입니다"(1요한 3,2). 그러나 누군가 어떤 사람들이 "한 신이 존재하며, 그 신 다음은 우리다"라고 주장하는 — 이들이 자신들이 하는 말의 참된 내용을 이해했든, 아니면 그릇되게 이해했든지 간에 — 것을 들었기 때문에 자기도 똑같이 주장한다면, 나는 이 말을 다음과 같이 이해·설명할 수 있겠습니다. 여기서 "우리"는 "이성적 존재들", 더 낮게 표현한다면, "덕스러운 이성적 존재들"을 의미합니다. 사실 우리의 견해에 따르면, 덕은 모든 복된 존재들에게 "바로 그" 특질이며, 그래서 인간의 덕도 하느님의 덕과 동일하게 됩니다.[55] 그런 까닭에 우리는 "하늘의 너희 아버지께서 완전하신 것처럼, 너희도 완전한 사람이 되어야 한다"(마태 5,48)는 가르침을 받습니다. 그러므로 도덕적으로 선한 사람은 진창에서 돌아다니

---

55 참조: 『켈수스 반박』 5,28; 6,48; 이 스토아철학의 관점에 관해서는 참조: SVF 3,245-254; 테미스티우스 『연설』 2,27c; 키케로 『법률론』 1,25.

는 "지렁이"가, 경건한 사람은 "개미"가, 의로운 사람은 "개구리"가 아니거니와, 그 영혼이 진리의 밝은 빛을 받는 인간을, 이성적 존재를 "박쥐"에 견주어선 결코 안 됩니다.

30. 내가 생각하기에, 켈수스는 "우리와 비슷하게 우리 모습에 따라 사람을 만들자"(창세 1,26)라는 성경 구절도 오해했고, 그래서 자신의 "지렁이들"로 하여금 "우리는 신에 의해 창조되었고, 그래서 모든 점에서 그분과 아주 비슷하다"라고 말하게 합니다. 물론 켈수스가 인간이 "하느님의 모습에 따라" 창조되었다는 표현과, 인간이 "그분과 비슷하게" 창조되었다는 표현의 차이를 알았다면, 그는 성경에서 하느님께서 "우리와 비슷하게 우리 모습에 따라 사람을 만들자"라고 말씀하신다는 것을, 그러나 하느님께서 인간을 "하느님의 모습에 따라" 만드셨지만, 또한 이미 "그분과 비슷하게" 만드시지는 않았다는 것을 알았을 것입니다.[56] 또 그랬다면 그는 우리가 "우리는 모든 점에서 신과 아주 비슷하다"라고 말한다고 꾸미지는 않았을 것입니다. 그 밖에 우리는 "별들도 우리에게 종속되어 있다"라고 주장하지도 않습니다. 사실 지혜로운 이들이 올바로 이해하고 표현한 의인들의 부활을 바오로 사도는 해, 달 그리고 별들에 견줍니다. 사도는 이렇게 말합니다. "해의 광채가 다르고 별의 광채가 다르고 별들의 광채가 다릅니다. 별들은 또 그 광채로

---

[56] 참조: 오리게네스 『원리론』 3,6,1; 『요한 복음 주해』 20,182-183. 오리게네스에게는 오직 그리스도만이 하느님의 모습인 반면, 인간은 "하느님의 모습에 따라" 또는 하느님의 모습의 모상으로 창조되었다. 다시 말해서 인간은 자신의 노력과 하느님 또는 그리스도 모방을 통해 그리스도와 비슷해질 수 있고 또 그로써 자기 완성에 이를 수 있는 영적 능력을 부여받았다; 이 해석은 초기 교회에서 널리 유포되었다(참조: 이레네우스 『이단 반박』 5,6,1; 알렉산드리아의 클레멘스 『양탄자』 2,131,6; 이 표상은 플라톤주의의 '신 유사성'(ὁμοίωσις τῷ θεῷ-) 철학의 영향을 받았다.

서로 구별됩니다. 죽은 이들의 부활도 이와 같습니다"(1코린 15,41-42). 이에 관해서는 다니엘도 이미 오래전에 예언했습니다(다니 12,3 참조). 그러나 켈수스는 계속하여 우리가 "이 모든 것은 우리를 섬기도록 정해져 있다"라고 말한다고 합니다. 그는 필경 우리 가운데서 사려 깊은 이들은 그런 말을 한다는 사실을 듣지 못했을 터이고, 또 "너희 가운데에서 높은 사람이 되려는 이는 너희를 섬기는 사람이 되어야 한다. 또한 너희 가운데에서 첫째가 되려는 이는 너희의 종이 되어야 한다"(마태 20,26-27; 23,11)라는 말씀의 의미도 이해하지 못할 것입니다. 그런데 그리스인들이 "그런 다음 해와 밤이 죽음을 면치 못하는 이들을 섬긴다"[57]라고 말하면, 사람들은 이 말을 멋지게 여기고 또 해설을 합니다. 그러나 이와 비슷한 말을, 다른 의미로든 아니든, 우리가 하면, 켈수스는 그걸로도 우리를 비난합니다.

켈수스가 "지렁이들"에 견주는 우리는 게다가 다음과 같은 말도 했다고 합니다. "그런데 이제 우리 가운데 적지 않은 자들이 죄를 짓기 때문에, 신이 친히 오시거나 당신 아들을 보내시어, 불의한 자들을 불(火)에 넘겨주실 터이나, 우리 나머지 개구리들은 그분과 함께 영원한 생명을 누릴 것이다." 존경하올 철학자 켈수스께서 어릿광대처럼 심판과 불의한 자들의 징벌과 의로운 자들의 보상에 관한 거룩한 가르침을 경멸과 비웃음과 조롱의 대상으로 삼는 것을 주의 깊게 살펴보십시오.

그의 모든 언설을 켈수스는 이렇게 끝맺습니다. "이런 말을 지렁이와 개구리들이 한다면, 유대인들과 그리스도인들이 서로 논쟁하면서 하는 것보다는 참아 줄 만할 것이다." 그러나 우리는 그를 흉내 내지는

---

57 에우리피데스 『페니키아의 여인들』 546. 뒤에서 켈수스도 인용한다. 참조: 『켈수스 반박』 4,77.

않겠으며, 또 그와 비슷한 방식으로 철학자들에 관해 말하지도 않겠습니다. 철학자들은 모든 사물의 본질을 아는 체하면서도, 우주는 어떻게 구성되어 있는가, 하늘과 땅과 그 안의 모든 것은 어떻게 생겨났는가, 영혼들은 창조되지도 않았고 신에 의해 꼴 지어지지도 않았는데 어떻게 신의 관장 아래 있고 또 어떻게 한 몸에서 다른 몸으로 옮겨 가는가, 아니면 영혼은 몸과 함께 생겨났는가, 영원히 존속하는가 따위의 문제들[58]에 관해 뒤엉켜 토론하고 있습니다. 아무튼 사람들은 진리 탐구에 삶을 바친 이들의 노력을 인정하고 존중하는 대신, 그들을 조롱과 비웃음의 대상으로 삼고는, 그들은 인생의 "더러운 구석"에 쪼그리고 앉아 제 분수도 모르고 마치 매우 숭고한 일들을 이해한 듯이 그것들에 관해 논하는, 또 고차적 조명과 신적 능력 없이는 아무도 인식할 수 없는 일들에 대한 통찰을 자신은 얻었다고 힘주어 강조하는 "지렁이들"이라고 할 수도 있을 것입니다. "그 사람 속에 있는 영이 아니고서야, 어떤 사람이 그 사람의 생각을 알 수 있겠습니까? 마찬가지로, 하느님의 영이 아니고서는 아무도 하느님의 생각을 깨닫지 못합니다"(1코린 2,11). 그러나 우리는 그런 "망상"과는 거리가 멀며, 그래서 대중이 중요하게 여기는 것에 목매지 않고, 이른바 진리 탐구에 몰두하는 그런 인간적 지혜 — "지혜"라는 낱말의 통상적 의미로 사용하겠습니다 — 를 "지렁이들"이나 그런 유의 동물들의 이리저리 우글거리는 행태에 견주고자 합니다. 진리의 친구로서 우리는 오히려 적지 않은 그리스 철학자들에 관해 다음과 같이 솔직히 증언합니다. 그들은 하느님을 인식했으니, "하느님께서 그들에게 명백히 드러내 주셨기" 때문입니다. 그러나 그들은 "하

---

[58] 참조: 오리게네스 『원리론』 1,3,3; 『요한 복음 주해』 6,85; 『아가 주해』 2,5,21-28.

느님을 알면서도 그분을 하느님으로 찬양하거나 그분께 감사를 드리기는커녕, 오히려 생각이 허망하게 되고 우둔한 마음이 어두워졌습니다." 그래서 "그들은 지혜롭다고 자처하였지만, 바보가 되었습니다. 그리고 불멸하시는 하느님의 영광을 썩어 없어질 인간과 날짐승과 네발짐승과 길짐승 같은 형상으로 바꾸어 버렸습니다"(로마 1,19.21-23).

31. 이어서 켈수스는 유대인들과 그리스도인들은 자신이 앞에서 언급한 동물들과 다를 게 전혀 없음을 입증하려고, 이렇게 주장합니다. "유대인들은 이집트에서 도망친 노예들인데, 무슨 주목할 만한 일은 한 번도 성취한 적이 없으며, 그들의 존재도 수도 일찍이 사람들은 거들떠보지도 않았다."[59] 그런데 유대인들은 "도망친 노예들"이 아니고 태생 이집트인들도 아니며, 이집트로 이주한 히브리인들이라는 사실은 우리가 앞에서[60] 이미 밝혔습니다. 그러나 켈수스가 "유대인들의 존재도 수도 사람들은 거들떠보지도 않았다"라는 자신의 주장이, 유대인들의 역사에 관해 그리스 저자들이 거의 아무것도 모른다는 사실에 의해 확증된다고 생각한다면, 우리는 그에게 이렇게 대답하겠습니다. 만일 사람들이 유대인들의 처음부터 존재해 온 국가 체제와 율법 제도를 눈여겨본다면, 그들의 현세 삶은 천상 삶의 한 그림자요 모사模寫(히브 10,1 참조)였다는 것을 알게 될 것입니다. 유대인들에게서는 만유를 주재하시는

---

[59] 거의 속담이 되다시피 한 이 표현은 그리스 남부의 도시국가 메가라의 사절들의 물음 '누가 그리스인들 가운데에서 우리와 더불어 최고인가?'에 대한 델피 아폴론 신전의 무녀 피티아의 대답, '당신들 자신도 특별히 중요하지 않다'에서 유래한다. 참조: 플루타르코스 『도덕론』 682F; 알렉산드리아의 클레멘스 『양탄자』 7,110; 유대인들에 대한 비난에 관해서는 플라비우스 요세푸스 『유대 전쟁사』 2,135.148.
[60] 참조: 『켈수스 반박』 3,5-8.

지극히 높으신 하느님 외에는, 그 어떠한 존재도 신으로 공경받지 못했습니다. 그리고 조형물을 만드는 자는 그들 사회에서 용납되지 않았습니다.[61] 그들 나라에는 화가도 조각가도 없었습니다. 왜냐하면 율법이 그런 예술가들을 모조리 나라에서 쫓아냈기 때문이니, 분별없는 인간을 미혹하고 그들 영혼의 눈을 하느님에게서 땅으로 끌어내리는 화상畫像을 만들어 낼 여지를 없애 버리기 위해서였습니다. 요컨대 그들에게서는 다음의 율법 규정이 관철되었습니다. "남자의 모습이든 여자의 모습이든, 어떤 형상으로도 우상을 만들어 타락하지 않도록 하여라. 땅 위에 있는 어떤 짐승의 형상이나, 하늘을 날아다니는 어떤 새의 형상이나, 땅 위를 기어다니는 어떤 것의 형상이나, 땅 아래 물속에 있는 어떤 물고기의 형상으로도 우상을 만들어서는 안 된다"(신명 4,16-18). 이 율법의 의도는 유대인들로 하여금 낱낱 사물의 고유한 본질을 통찰하게 하고 그 본질과 다른 것을 형상화하지 않게 하려는 것이었으니, 그 다른 것이 남자 · 여자의 본질을, 또는 포유동물 · 새 · 파충류 · 물고기의 본질을 속여서 믿게 할 터였기 때문입니다. 유대인들은 또 다른 합당하고 숭고한 계명도 가지고 있었습니다. "너희는 하늘로 눈을 들어, 해나 달이나 별 같은 어떤 천체를 보고 유혹을 받아, 그것들에게 경배하고 그것들을 섬겨서는 안 된다"(신명 4,19).

여자 같은 남자는 공공연히 나다닐 수 없는 온 백성의 공공 생활은 매우 합당했습니다(참조: 신명 22,5; 23,2). 젊은 남자들의 관능적 욕구를 부추기는 창녀들은 사회에서 추방해야 한다는 규정도 경탄할 만합니다. 이 백성의 법정은 오랜 기간 훌륭한 생활 태도를 실증한 아주 공정한

---

61 참조: 필론 『거인』 59.

남자들로 구성되었고, 그들에게 재판이 맡겨졌습니다(참조: 탈출 18,21-22; 신명 1,15). 그들은, 초인적이라는 인상을 불러일으키는 방정한 품행 덕분에, 예부터의 유대인 특유의 관습에 따라 "신들"이라 불리었습니다(시편 82,1-2 참조). 또한 우리는 온 유대 백성이 지혜를 섬겼다는 것을 알 수 있습니다.[62] 그리고 하느님 율법을 경청하는 여가를 가지기 위해, 그들은 이른바 안식일과 그 밖의 축제일들을 규정·준수했습니다(참조: 탈출 31,13; 신명 16,16). 내가 그들의 사제 조직에 관해, 그리고 지적 호기심 많은 이들에게는 그 의미가 분명한 수많은 상징을 내포한 숱한 희생 제사(참조: 레위 1-11장; 21-22장)에 관해서도 더 말해야 하겠습니까?

32. 그러나 인간 본성 안에는 항존하는 것이 하나도 없기 때문에, 그 국가 제도 역시 짧은 시간 안에 변질과 붕괴를 겪을 수밖에 없었습니다. 하지만 섭리는 유대교 교리의 존중할 만한 내용들을 모든 인간에게 적합하게 바꾸었고, 고쳐 만들 필요가 있는 부분들은 고쳐 만들었으며, 또한 예수님이 가르쳐 주신 영예로운 하느님 공경을, 유대인들 대신 모든 민족 출신의 신앙인들에게 맡겼습니다.[63] 지혜만 갖추셨던 게 아니라 하느님 본성도 지니셨던 이 예수님께서는, 제물로 바쳐지는 동물의 피와 굳기름 타는 연기와 향내를 좋아하며, 신화 속의 티탄족이나 거인족처럼 인간들이 하느님에 관해 성찰하지 못하게 방해하는 이 세상 다이몬들에 대한 신앙을 완전히 폐기하셨습니다. 그리고 특히 선한 사람들에게 추근대는 그 다이몬들의 추적을 거들떠보지 않으시고 사람들

---

62 아리스토텔레스도 유대인들을 철학자들의 민족이라고 비슷하게 칭송했다. 참조:. 플라비우스 요세푸스 『유대 전쟁사』 1,179.

63 참조: 『켈수스 반박』 4,8; 7,26.

에게 법을 주셨거니와, 인간은 누구나 자기 삶 속에서 이 법을 따름으로써 지복에 이를 수 있습니다. 이제 이들은 희생 제물을 바쳐 다이몬들의 환심을 살 까닭이 없습니다. 오히려 우리는 사람이 높이 하느님을 올려다보도록 도와주시는 거룩하신 로고스(말씀)를 온전히 신뢰하면서, 그 다이몬들을 철저히 경멸합니다. 그리고 하느님께서 예수님의 가르침이 인간들을 다스리기를 바라셨기에, 다이몬들이 그리스도인들을 뿌리 뽑기 위해 온갖 수단을 다 써도 아무것도 이룰 수가 없습니다. 더 정확히 말하자면, 다이몬들은 황제와 원로원과 온갖 곳의 권력자들, 아니 심지어 민족들까지도 — 이들은 다이몬들의 무분별하고 악한 소행을 전혀 알아채지 못했습니다 — 그리스도 신앙과 그 고백자들을 적대하도록 부추겼습니다. 그러나 모든 적대자보다 강력한 하느님 말씀은 온갖 방해를 무릅쓰고 전진했으니, 오히려 지속적 성장을 위한 자양분을 그런 방해로부터 얻었기 때문입니다. 그리고 말씀의 인간 영혼 수확은 갈수록 풍성해졌습니다. 과연 이것이 하느님의 뜻이었습니다.

이것은 내가 덧붙여서 한 말입니다만, 나는 이 말이 꼭 필요하다고 여기고 있으니, 왜냐하면 유대인들에 관한 켈수스의 언설을 반박하고자 하기 때문입니다. 그는 "유대인들은 이집트에서 도망친 노예들"이었고, "신이 그렇게나 사랑했다는 이자들은 주목할 만한 일은 한 번도 성취한 적이 없다"라고 말했습니다. 그러고는 계속하여 "그들의 존재도 수도 사람들은 거들떠보지도 않았다"라고 말합니다. 우리는 이렇게 대꾸하겠습니다. 유대인들은 "선택된 겨레"요 "임금의 사제단"(1베드 2,9; 참조: 탈출 19,6)으로서 조용히 물러났고, 자기네 관습의 타락을 방지하기 위해 일반 대중과의 접촉을 피했으며, 하느님 권능의 보호 아래 있었습니다. 그들은 대다수 인간들처럼 다른 나라들을 정복하려는 욕망은 전혀 지니고 있지 않았고, 수가 적었지만 적에게 쉽사리 침략당하거나 완전히 말살되지도 않았습니다. 이런 상태는 그들이 아직 하느님의 보호를 받을 자격이 있을 때까지 오래 계속되었습니다. 그러나 온 백성이 죄를 짓고 그래서 고통을 통해 하느님께 되돌아가야만 했던 시기마다, 때로는 길게 때로는 짧게 하느님께 버림을 받았는데, 마침내 로마 지배 아래에서 예수님을 처형함으로써 가장 큰 죄를 저질렀고, 그 때문에 하느님께 완전히 버림받았습니다.

33. 곧이어 켈수스는 "창세기"라는 제목이 붙은 모세의 첫째 책의 내용을 공박하며 이렇게 주장합니다. "그들은 부끄러운 줄도 모르고 자기네 기원을 마술사와 사기꾼들의 첫 세대로부터 이끌어 내려고 시도했다. 그러면서 의미가 깊이 감추어져 있는 모호하고 다의적인 표현들을 증거로 끌어대고, 또 그것들을 무식하고 분별없는 사람들에게 비틀어 설명해 준다. 그런데 전에는 그 오랜 세월 동안 그런 이름들에 관한 논쟁은 한 번도 없었다." 나는 켈수스가 여기서 자신이 본래 말하고자 했던 내용을 아주 모호하게 표현했다고 생각합니다. 그가 의도적으로 이렇게 모호하게 표현하려고 애를 쓴 것은, 아마도 유대 민족의 기원을 그런 조상들에게서 이끌어 내는 전승의 장점을 잘 알고 있었기 때문일 것입니다. 다른 한편 켈수스는 유대인들과, 또 그들의 기원과 관련되는 그렇게 중요한 문제에 관해 자신이 모른다는 인상을 주고 싶지 않았을 것입니다. 아무튼 유대인들이 그들의 기원을 실제로 세 우두머리 조상 아브라함, 이사악, 야곱으로부터 이끌어 낸다는 것은 분명합니다. 그런데 그들의 이름은, 하느님 이름과 연계하여 발설하면, 대단한 효력을 발휘합니다. 그래서 유대 민족 구성원들은 하느님께 기도하거나 마귀

들을 쫓아낼 때, "아브라함의 하느님, 이사악의 하느님, 야곱의 하느님"이라는 정식적 표현을 사용하는데, 그들만이 아니라 온 세상의 거의 모든 구마자와 마술사도 그렇게 하고 있습니다.[64] 더 자세히 말하면, 마술책 많은 대목에서 그렇게 하느님을 부르고 하느님 이름을 끌어대는 것을 찾아볼 수 있는데, 이는 사람들이 마귀들에게 대처할 때 하느님 이름이 그 남자들 이름과 긴밀히 결부되어 있음이 틀림없다고 생각했기 때문입니다. 이런 사실을 유대인들과 그리스도인들은 유대 민족의 우두머리 조상들인 아브라함과 이사악과 야곱이 거룩한 남자들이었다는 증거로 제시하는데, 켈수스도 이를 충분히 알고 있으면서도, 반박할 수가 없기 때문에 명확히 진술하지 않은 것으로 보입니다.

34. 그런 식으로 하느님을 부르는 모든 사람에게 묻겠습니다. 우리에게 말해 보십시오. 아브라함은 누구였고 이사악은 어떤 인간이었으며 야곱은 어떤 힘을 지니고 있었기에, 그들의 이름과 연계하여 하느님 이름을 부르면 그렇게 놀라운 효력을 발휘할 수 있는 것입니까? 그 남자들의 삶에 관한 이야기를 당신들은 누구에게서 들어서 알게 되었습니까? 그런 삶을 당신들이 직접 경험할 수 있겠습니까? 그들의 이야기를 기록하면서 그들을 비밀스러운 능력을 지닌 남자들로 칭송하거나, 그들의 위대하고 놀라운 특성들을 상징적 표현을 통해 판단력 있는 독자들에게 암시해 주는 소임을 떠맡은 사람은 누구였습니까? 우리의 이 물음과 관련하여, 그 남자들의 삶에 관한 이야기가, 그리스인들 것이든 비그리스인들 것이든 어떤 역사책이나 또는 어떤 비밀스러운 기록에

---

64 참조: 『켈수스 반박』 1,22.24; 5,45.

서 유래한다는 것을 아무도 입증하지 못한다면, 우리는 그 남자들의 행적과 그들에게 내리신 하느님의 지시들을 담고 있는 "창세기"라는 제목의 책을 (그 이야기의 출전으로) 제시하고, 또 묻겠습니다. 당신들 역시 유대 민족의 이 세 조상의 이름을 부르면 두드러진 효과를 거둔다는 것을 경험으로 배웠기 때문에 (마귀를 쫓아낼 때) 이들의 이름을 이용한다면, 이것이야말로 우리가 어떤 다른 문헌이 아니라 오로지 유대인들의 거룩한 책을 통해 알고 있는 이 남자들의 거룩함에 대한 한 증거가 아니겠습니까? 사실 사람들은 마귀들이나 이런저런 악한 권세들과 대적할 때에도 "이스라엘의 하느님", "히브리인들의 하느님", "이집트인들의 임금과 그의 군대를 홍해에 처넣으신 하느님"이라는 정식적 표현을 자주 사용합니다. 이렇게 거명된 인물들과 관련된 이야기와 그 이름들에 대한 해석을 우리는 오로지 히브리인들에게서 배우는데, 이들은 자기네 민족 문학과 국어에서 그런 일들을 찬양하고 천명합니다. 실상이 이런데도, 유대인들이 "부끄러운 줄도 모르고" 자기네 "기원"을, 켈수스가 보기에 "마술사들과 사기꾼들"인 사람들의 "첫 세대에게서 이끌어 내려 시도했다"는 것이, 어찌 있을 수 있는 일이겠습니까? 그들의 이름은 확실히 히브리식 이름이며, 히브리 언어와 글자로 쓰인 성경을 가지고 있는 히브리인들에게, 그들 민족은 그 남자들과 친족 관계라는 사실을 증언해 줍니다. 과연 오늘에 이르기까지 유대인들의 히브리식 이름들은 그들의 성경 자체에서 따오거나, 그냥 히브리어 어휘에서 가져옵니다.

35. 켈수스의 글을 읽는 사람은, 그가 그 사실을 다음과 같은 말로 모호하게 암시하고 있지 않은지 주의 깊게 살펴보십시오. "그들은 자기네

기원을 마술사와 사기꾼들의 첫 세대로부터 이끌어 내려고 시도했다. 그러면서 의미가 깊이 감추어져 있는 모호하고 다의적인 표현들을 증거로 끌어댄다." 사실 이렇게 표현된 이름들은 물론 "모호"하니, 누구에게나 환히 이해되지는 않습니다. 그러나 이 이름들은 우리에게 "다의적"이지는 않으며, 우리 종교와 거리가 먼 사람들에 의해 이용될 때에도 그렇습니다. 켈수스가 어떻게 이 표현들을 비난할 수 있었는지 나는 모르겠으니, 그는 이 표현들이 "다의적"이라는 것을 어디서도 설명하지 않기 때문입니다. 아무튼 켈수스가 유대인들이 자기네 기원을, 그가 말하는 대로 "부끄러운 줄도 모르고", 자랑스럽게 아브라함과 그의 후손에게 소급시키는 것을 충분한 근거를 가지고 반박하고자 한다면, 그는 이 주제에 관한 견해들을 모두 설명하고, 어떤 견해를 자기가 가장 신빙성 있는 것으로 여기는지 밝힌 다음, 반대 견해들을 자신이 지니고 있다고 생각하는 진리의 힘과 타당한 근거들을 동원하여 진지하게 논박해야 마땅할 것입니다. 그러나 켈수스도, 또 놀라운 효능을 불러일으키는 데 사용되는 그 이름들의 본질을 탐구하려 시도하는 그 누구도, 그 본질을 정확히 해명하지 못할 것이며, 또한 유대 민족만이 아니라 이민족들도 단순히 그 이름만 불러도 그런 효능을 불러일으킬 수 있는 그 남자들이 그냥 업신여겨도 되는 사람들이라는 것을 입증하지는 못할 것입니다.

또한 무식하지도 않고 분별없지도 않다고 자부하는 켈수스는 우리가 어떻게 "무식하고 분별없는 사람들"에게 이 이름들의 의미를 "비틀어 설명"하는지, 그리고 어떻게 그의 말마따나 듣는 사람들을 미혹하는지도 분명히 밝혀야 할 것입니다. 그런데 켈수스는 유대인들이 자기네 기원을 소급시키는 이 남자들의 이름들에 관해 언급하다가, 덧붙여서 "그런데 전에는 그 오랜 세월 동안 그런 이름들에 관한 논쟁은 한 번도 없었는데, 지금 새삼스레 유대인들이 어떤 사람들 — 구체적으로 거명하지는 않습니다 — 과 이에 관해 논쟁을 벌이고 있다"라고 말합니다. 관심 있는 이는, 이 문제에서 진실을 말한다고 주장하는 사람들, 유대인들과 그리스도인들은 이 이름을 지닌 남자들에 관해 올바른 견해를 제시하지 못했고, 오히려 다른 사람들이 이 문제에 관해 아주 지혜롭고 진실하게 설명했다는 것을 입증해 주는 납득할 만한 근거들을 제시하는 그 사람들이 누구인지 한번 밝혀 보십시오. 하지만 우리는 그 "어떤 사람들"은 그런 유의 근거들을 제시하지 못할 것이라고 확신하고 있으니, 이 이름들은 오직 유대인들만이 사용하는 히브리어에서 가져온 것이 분명하기 때문입니다.

36. 그런 다음 켈수스는 성경 이외의 역사책들로부터 다음 대목을 인용합니다. "오랜 연대를 주장하는 민족들, 예를 들어 아테네인들, 이집트인들, 아르카디아인들, 프리기아들은 자신들에게 땅으로부터 유래한 인간들이 존재했다고 주장하고, 이 주장의 근거를 각기 제시한다."[65] 그러고는 계속 말합니다. "팔레스티나 한 귀퉁이에 웅크리고 있는 유대인들,[66] 헤시오도스와 그 밖에 신의 영감을 받은 무수한 남자들이 이 일들을 이미 오래전에 자기네 시문에서 이야기했다는 사실을 까맣게 모르는 완전히 무식한 이 사람들이 전혀 믿을 수 없는 황당무계한 이야기를 꾸며 냈으니, 요컨대 신이 자기 손으로 한 인간을 빚어 만들고 그

---

65 참조: 『켈수스 반박』 1,37; 스토아학파 철학자들이 주장한 이 견해에 관해서는 SVF 2,739.
66 참조: 『켈수스 반박』 6,78.

에게 숨을 불어넣어 주었으며, 또 한 여자를 그 남자 갈빗대로 만들었다고 한다. 그 밖에 신의 명령에 관한, 그리고 이 인간들을 방해하는 뱀과 하느님 명령에 대한 뱀의 승리에 관한 이야기도 꾸며 냈다. 이렇게 유대인들은 노파들을 위한 동화 같은 이야기를 하며, 또한 신을 자신이 직접 만든 단 하나의 인간조차 순종하게 만들지 못하는 애당초 무능한 존재로 매우 신성모독적으로 묘사하고 있다." 유대인들과 그리스도인들은 무지하고 배운 게 없다고 비난하는 박학다식한 켈수스는 자신이 방금 한 말로써, 그가 이런저런 그리스인이나 비그리스인 저자들의 연대를 과연 얼마나 정확히 알고 있는지에 관한 명확한 증거를 제공합니다. 더 자세히 말하자면, 켈수스는 그가 "신의 영감을 받았다"고 한 헤시오도스와 그 밖의 무수한 저자들이 모세와 그의 책보다 연대가 더 오래되었다고 믿고 있습니다. 하지만 모세는 트로이 전쟁 시기보다도 훨씬 연대가 오래되었다는 사실이 명확히 입증되었습니다.[67] 그러므로 유대인들이 땅에서 유래하는 인간에 관한 "전혀 믿을 수 없는 황당무계한 이야기를 꾸며 낸" 것이 아닙니다. 오히려 켈수스가 "신의 영감을 받은 남자들"이라고 지칭하는 헤시오도스와 그 밖의 무수한 저자들이 팔레스티나에 이미 존재하던 훨씬 오래되었고 또 지극히 경이로운 이야기를 몰랐고 그것에 관해 아무것도 들어보지 못했으며, 그래서 태고, 개벽 Ehoien,[68] 신들의 계보에 관한 이야기들을 지어냈는데, 자기네 관점에 따라 신들이 태어나고 수많은 황당무계한 일을 하는 것으로 묘사했

---

67 참조: 『켈수스 반박』 4,21. 트로이 전쟁과의 연대 비교는 타티아누스 『그리스인에 대한 연설』 36,1에서 발견된다.

68 헤시오도스의 한 작품 제목이다. 이 작품은 여성적인 신인神人들의 기원을 밝히는데, 매 단락이 ἢ οἵη(또는 예를 들어)로 시작한다.

습니다. 그런즉 플라톤이 호메로스와 그런 유의 시문 저자들이 젊은이들을 타락시키기 때문에, 그들을 그의 국가에서 추방하는 것은 마땅합니다.[69] 아무튼 플라톤은 그런 시문을 후세에 남긴 그 남자들이 "신의 영감을 받았다"고는 결코 생각하지 않았다는 것은 분명합니다. 그런데 에피쿠로스학파인 켈수스는, 그리스도인들을 공격하는 다른 두 권의 책을 쓴 사람과 참으로 동일인이라면, 이 문제를 플라톤보다 더 잘 판단할 수 있을 것입니다. 아니면 그의 의도는 오로지 우리를 공박하려는 것이고, 그래서 그 남자들이 "신의 영감을 받았다"고 말했을 뿐 내심으로는 그렇게 여기지 않을 것입니다.

37. 켈수스는 또한, 창세기는 천지 창조에서나 인간 창조에서나 "하느님의 손"에 관해서는 언급하지 않는데도, 우리가 "신의 손으로 빚어 만든 한 인간"을 제시한다고 비난합니다. "당신의 손이 손수 저를 빚어 만드셨습니다"(욥 10,8; 참조: 시편 119,73)라는 표현은 욥과 다윗이 사용했습니다. 우리가 그 남자들이 "빚음"과 "만듦"의 차이뿐 아니라, "하느님의 손"에 관해 언급할 때 무엇을 생각했는지에 관해 설명하고자 한다면, "우리가 해야 할 말이 많을" 것입니다(히브 5,11 참조). 아무튼 성경의 이런 유의 표현들을 이해하지 못하는 사람들은, 우리가 만유를 주재하시는 하느님이 인간의 모습을 지니고 계신다고 여긴다고 생각합니다. 그들은 또한 우리가 하느님 몸에는 날개가 달려 있다고 믿는다고 생각할 것이니, 사실 성경은 이에 관해서도 말하는데, 사람들은 이를 글자 그대로 이해합니다(탈출 19,4 등 참조). 그런데 지금 이런 표현법에 관해 새삼

---

69 참조: 플라톤 『국가』 379c-d.

설명해야 할 필요는 없으니, 우리는 『창세기 주해』에서 이 주제를 힘을 다해 상세히 다루었기 때문입니다.

이제 켈수스가 이어서 하는 말에서 드러나는 못된 심보에 주목하십시오. 우리 성경은 인간 창조에 관해 "하느님께서 흙의 먼지로 사람을 빚으시고, 그 코에 생명의 숨을 불어넣으시니, 사람이 생명체가 되었다"(창세 2,7)라고 말하는 반면, 켈수스는 "하느님께서 그 코에 생명의 숨을 불어넣으셨다"라는 말씀의 의미를 전혀 이해하지 못하면서도, 못된 심보로 이 말씀을 웃음거리로 만들려고 "그들은 신이 자기 손으로 빚어 만들고 숨을 불어넣어 준 한 인간을 꾸며 냈다"라고 썼는데, 이는 독자들로 하여금 "불어넣어 주었다"는 것을 일종의 관棺 속으로 입김을 불어넣는 일과 비슷한 것으로 상상하도록 하고, 또 "하느님께서 그 코에 생명의 숨을 불어넣으셨다"라는 성경의 언명을 우스꽝스럽게 여기도록 하기 위해서입니다. 그러나 이 말씀은 상징적으로 언명된 것이며, 그래서 해석이 필요합니다. 이 구절이 말하고자 하는 바는, 하느님께서 인간에게 당신의 불멸의 영을 나누어 주셨다는 사실입니다. 그런 까닭에 성경에는 이렇게 쓰여 있습니다. "당신 불멸의 영이 만물 안에 들어 있습니다"(지혜 12,1).

38. 켈수스는 성경의 보도를 모욕하기로 작정했기 때문에, 다음 구절도 조롱의 대상으로 삼았습니다. "하느님께서는 사람(아담) 위로 깊은 잠이 쏟아지게 하시어 그를 잠들게 하신 다음, 그의 갈빗대 하나를 빼내시고 … 여자를 지으셨다"(창세 2,21-22). 그런데 그는 이 구절은 상징적으로 언명되었음을 알게 해 주는 말씀은 인용하지 않습니다. 켈수스는 이런 말씀은 우의寓意(알레고리)적으로 이해해야 한다는 견해를 받아

들이지 않습니다. 그러면서도 뒤에서[70] 다음과 같이 말합니다. "유대인들과 그리스도인들 가운데 꽤 분별 있는 이들은 그런 구절을 곤혹스럽게 느껴, 우의적으로 해석하려 시도한다." 그렇다면 우리는 그에게 이렇게 물을 수 있겠습니다. 제우스가 인간들에게 "불(火) 대신 재앙"으로 준 여자[71]에 관한, 그대의 "신의 영감을 받은 헤시오도스"의 신화적 이야기는 우의적 의미를 지니고 있지만, "여자는 남자가 깊은 잠에 빠져 있을 때 하느님께서 남자의 갈빗대로 만드셨다"라는 성경 이야기에는 그대 생각으로는 감추어진 심오한 의미란 전혀 없다는 것이오?

아무튼 그 이야기를 터무니없는 꾸민 이야기로 비웃지 않고 오히려 우화로 표현된 철학적 언명으로 경탄하는 것이 부당하다는 것이오? 사람들은 그 이야기를 단지 말마디에 근거하여 판단하면서 조롱하고, 고려할 만한 가치가 전혀 없다고 여기고 있소. 요컨대 순전히 말마디 때문에 심오한 의미로 언명된 내용을 비난할 수 있다면, 그대가 "신의 영감을 받은 남자"라고 한 헤시오도스는 그가 지은 다음의 시 때문에 더욱 큰 비웃음을 받아야 마땅하지 않겠는지 주의 깊게 살펴보시오.

"그(곧 프로메테우스)에게 천둥 구름 속에서 지배자 제우스가 격노하여 말했지
너, 이아페토스의 아들, 그 누구보다 탁월하게 조언할 수 있는 자여
너는 불을 훔치고는 나를 속인 것을 기뻐하는구나.

---

70 참조: 『켈수스 반박』 4,48.50; 1,17.
71 이 판도라는 헤파이스토스와 아테나에 의해 만들어진 인류 최초의 여자다. 제우스는 프로메테우스와 인간들이 불을 훔쳐 간 데 대해 판도라를 통해 징벌하고자 했다. 판도라는 저장품 단지 하나를 가져왔는데, 뚜껑을 열자 온갖 재앙이 이 세상에 퍼지게 되었고, 오직 희망만이 단지 바닥에 남았다.

맹세코 말하건대, 너 자신과 앞날의 인간들에게 재앙이 닥치리라!
저들에게 나는 불 대신 재앙을 주리니, 저들은 그 불을, 자기네 재앙을 사랑스레 얼싸안으면서, 모두 진심으로 기뻐해야 하리라.
그렇게 인간들과 신들의 아버지가 말했고 또 이루었지.
그는 솜씨 좋기로 유명한 헤파이스토스에게, 아주 서둘러 흙에 물을 섞고 사람 목소리와 힘을 집어넣어 주라고 명령했네.
불사의 여신들과 견줄 만한 외모, 아리땁고 우아한 처녀 모습.
그러자 아테나는 그녀에게 여자들 손일과 베틀에서 실잣기, 마물러 천 짜기를 가르치고,
금빛 찬란한 아프로디테는 그녀 머리에 우아함을, 그리고 고통스러운 갈망과 지체를 갉아먹는 근심을 부어 주네.
그러고는 그녀에게 뻔뻔스러운 마음씨와 교활한 간악함도 집어넣어 주라고,
제우스가 그녀의 동행인 아르고스 살해자 헤르메스에게 명령했네.
그렇게 그는 말했지. 그들은 크로노스의 아들인 지배자 제우스에게 순종했지.
그 탁월한 장인인 유명한 안짱다리가 크로노스 아들 뜻에 따라 즉시 흙으로 단아한 처녀 형상을 빚었네.
이 처녀를 이제 띠로 매고 동이고 옷 입히고 꾸며 주는 일은 푸른 눈의 여신 아테나가 맡았네.
우아미를 상징하는 세 자매 여신과 설득의 여신 페이토가 그녀 가슴에 황금 장신구를 둘러 주었네. 그러고는 아름다운 고수머리 호렌들이 그녀 정수리를 빙둘러 봄꽃으로 꾸며 주었네.
온몸에 대한 모든 치장은 팔라스 아테나가 지시했지.

그 처녀 가슴속에는 그러나 은근히 비위 맞추는 말과 거짓말과 교활한 간악함도 그녀 동행인 아르고스 살해자가, 뇌우의 신 제우스가 그에게 명령한 대로, 불어넣었지. 무언가 많은 것을 말해 주는 목소리도 신들의 전령이 그녀에게 심어 주었고, 그 처녀를 판도라, '모든 선물을 받은 여인'이라고 이름 지었으니, 드높은 올림포스에 사는 모든 이가 각자 자기 선물을 주었기 때문이지. 그러나 할 일 많은 인간들에게는 재앙이 될 테지."

점토로 만든 단지와 관련된 이야기 역시 애당초 터무니없습니다.

"보라, 예전에 세상에는 인간 종자들이 살고 있었지.
불행도 없고 도무지 고통을 모르고 짓누르는 곤궁함도 없었네.
또한 인간들에게 죽음을 가져다주는 병고도 없었지.
그러나 그 여인이 제 손으로 그 단지의 무서운 뚜껑을 열어 흔들고,
인간들에게 슬픔과 비애와 곤궁과 시련과 비참을, 그 온갖 것을 퍼뜨렸네. 그녀 마음이 인간들에게 혼탁한 근심을 가져다주었네.
거기 부서지지 않는 집에는 오로지 희망만 남았지, 단지 주둥이 저 깊은 안쪽에 남았지.
그러곤 밖으로 날아가지 못했지, 그 전에 그녀가 뚜껑을 닫았지."[72]

이제 우리는 이 이야기의 깊은 의미를 "우의적으로 해석"하는 사람에게 ― 그가 올바로 해석하는지 아닌지 간에 ― 묻겠습니다. 자신들의

---

[72] 헤시오도스 『일과 날』 53-82/90-98.

철학적 지혜를 상징적으로 표현하는 것이 오직 그리스인들에게, 또 경우에 따라서는 자기네 비밀스러운 종교 의식儀式과 그 안에 감추어져 있는 진리를 자랑스러워하는 이집트인들과 온갖 비그리스 민족들에게도 허용되지만, 오로지 유대인들은, 또 그들의 입법자와 저자들까지도 그대에게는 모든 인간들 가운데 가장 분별없는 자들로 보인다는 것이오? 하느님의 창조되지 않은 본질을 향해 자신을 들어 올리라고, 오직 그분만을 유념하고 오로지 그분에게 모든 희망을 걸라고 매우 탁월하게 가르침을 받아 온 이 민족만은 유일하게 하느님 능력의 한몫을 받지 못했다는 것이오?

39. 그러나 켈수스는 그의 말로는 신이 인간들에게 내린 명령의 이행을 "방해"하는 "뱀"에 관한 이야기도 조롱하면서, 이 이야기는 "노파들을 위한 동화" 같다고 말합니다. 그런데 우리는 성경에서 다음 구절도 읽게 됩니다. "주 하느님께서는 동쪽에 있는 에덴에 동산 하나를 꾸미시어, 당신께서 빚으신 사람을 거기에 두셨다. 주 하느님께서는 보기에 탐스럽고 먹기에 좋은 온갖 나무를 흙에서 자라게 하시고, 동산 한가운데에는 생명 나무와, 선과 악을 알게 하는 나무를 자라게 하셨다"(창세 2,8-9). 그러나 이 구절과 이어지는 다른 구절들도 켈수스는 의도적으로 언급하지 않으니, 이 구절들이 선의의 독자들로 하여금 이 모든 것은 마땅한 경외심을 손상시키지 않으면서 상징적으로 이해해야 한다고 생각하도록 자연스럽게 인도할 수 있을 터이기 때문입니다.[73] 아무튼 켈수스의 공박에 대해 우리는 플라톤의 『향연』의 한 대목으로 맞서

---

73 참조: 오리게네스 『원리론』 4,3,1.

겠습니다. 그 대목에서 소크라테스가 에로스에 관해 말하는데, 그가 향연에 참석한 모든 연사 가운데 그 주제에 가장 합당한 사람으로 여겨졌기 때문에, 그의 입에 그 말이 담기게 된 것입니다. 플라톤 책의 그 대목은 다음과 같습니다. "아프로디테가 태어나자, 신들은 잔치를 벌였는데, 메티스의 아들 포로스도 참석했다. 신들이 다 먹고 났을 때, 페니아(= 가난)가 뭘 좀 얻어먹으려고 왔는데, 흥청망청한 분위기였기에, 문 옆에 서 있었다. 그런데 포로스가 (신들의 음료) 넥타르 — 그때에는 아직 포도주가 없었다 — 에 취해, 제우스의 정원으로 가서 곤드레만드레 상태로 잠이 들었다. 그때 페니아가, 곤궁했기 때문에, 포로스의 아이를 임신할 요량으로 그의 옆에 누웠고 에로스를 얻었다. 그래서 에로스 역시 아프로디테의 수행원이자 하인이 되었으니, 그녀의 생일잔치에서 생겨났고 또 본래 아름다움을 사랑하는 자인데, 사실 아프로디테도 아름다웠기 때문이다. 포로스와 페니아의 아들인 에로스에게 다음과 같은 운명이 부과되었다. 우선 그는 항상 가난할 것이고, 대부분의 사람이 믿는 것과는 달리 결코 다정하고 아름답지 않을 것이며, 오히려 거칠고 너절하며 맨발에 집도 없고 언제나 맨땅에서 이불도 없이 자고 텅 빈 하늘 아래 남의 집 문 앞이나 길거리에서 밤을 보낼 것이며, 어미의 본성을 따라 언제까지나 곤궁을 동무 삼을 것이다. 그리고 이번에는 아비의 성질을 따라, 아름다움과 선함을 뒤좇고 씩씩하고 저돌적이고 끈질길 것이며, 노련한 사냥꾼이자 줄기찬 책략꾼으로서, 끊임없이 깨달음을 추구하여 획득할 줄도 알며, 평생 동안 철학자, 대단한 마술사, 음모꾼, 궤변가일 것이다. 그리고 에로스는 본성상 죽지도 않고 죽지 않지도 않으며, 오히려 같은 날 활짝 피어 한껏 쌩쌩하다가, 갈망했던 것이 충만함에 이르면, 곧 죽어 사라진다. 그러나 아비 닮은 본성의 힘으로 다시 생명에로 깨어난다. 하지만 그가 획득한 것은 언제나 다시금 그에게서 새어 나가 버리며, 그래서 에로스는 부족함으로 괴로워하지도 않고 그렇다고 풍족함을 보유하지도 못한다. 그는 또한 지혜와 무지 사이의 중간에 선다."[74]

이제 이 이야기를 읽은 사람들이 켈수스의 못된 심보를 제 것으로 삼고자 한다면 ― 그리스도인들은 끼지 않기를! ― 그들은 이 설화를 비웃을 것이며, 또한 위대한 철학자 플라톤을 조롱할 것입니다. 그러나 그들이, 철학자들이 마땅히 그래야 하듯이, 설화로 표현된 내용을 면밀히 탐구하고 또 플라톤의 의도를 찾아낼 수 있다면, 그들은 플라톤이 자신에게 의미심장하게 여겨지는 철학적 가르침을 대중을 위해 설화 형식 안에 숨겨 놓은 솜씨에 찬탄하게 될 것입니다. 여기서 플라톤은, 설화에서 출발하여 진리를 겨냥하는 저자의 의도를 찾아낼 수 있는 사람들을 위해, 꼭 필요한 만큼 이야기합니다.[75] 그런데 내가 플라톤이 이야기하는 이 설화를 인용한 까닭은, 여기서 언급된 "제우스의 정원"이 하느님의 (에덴) 동산과 상당한 유사성이 있다고 여겨졌기 때문입니다. 그리고 페니아는 동산의 뱀에 견줄 수 있고, 또 페니아가 추근대기로 작정한 포로스는 뱀이 추근대는 남자에 비길 수 있기 때문입니다.[76] 플라톤이 이 이야기를 우연히 떠올렸는가, 아니면 몇몇 사람이 생각하듯이, 이집트 여행[77]중에 유대교 교리를 학술적으로 논하는 이들도 만

---

74   플라톤 『향연』 203b-e.
75   오리게네스 『원리론』 4,2,9는 동일한 방법을 로고스가 성경을 감도感導할 때 사용했다고 본다.
76   오리게네스는 플라톤의 설화와 성경의 에덴 동산 이야기의 유비를 논증의 인신공격의 오류(argumentum ad hominem)로서 이용하면서, 이교인들이 실행하고 있는 우의적 해석의 정당성을 성경 주석에서도 인정해 주어야 한다고 요구했다.

났고 그들로부터 많은 것을 배워 더러는 고수하고 더러는 개작했는가 — 만일 유대인들의 교리를 전반적으로 넘겨받으면 그리스인들에게 반감을 불러일으킬까 조심했기 때문이니, 사실 대중에게 유대인들은 이질적 율법과 특이한 생활 방식 때문에 평판이 나빴습니다 — 하는 문제는 명확히 밝혀지지 않았습니다. 아무튼 지금은 플라톤의 설화에 관해 또는 뱀과 하느님의 동산에 대한 이야기에 관해, 그리고 성경에 따르면 그곳에서 발생한 다른 일들에 관해 설명할 적절한 시점이 아닙니다. 사실 우리는 『창세기 주해』에서, 특히 이 문제를 힘을 다해 상론했습니다.

40. 그런 다음 켈수스는 모세의 이야기는 "신을 자신이 직접 만든 단 하나의 인간조차 순종하게 만들지 못하는 애당초 무능한 존재로 매우 신성모독적으로 묘사하고 있다"고 주장하는데, 이에 대해 반박하겠습니다. 이 주장은 누군가 죄가 현존한다는 사실 때문에, 하느님께서 단 한 사람도 죄를 멀리하게 하지 못하셨다고, 최소한 한 명이라도 애당초 죄에 물들지 않은 사람이 있어야 한다고 하느님을 비난하는 것과 마찬가지입니다.[78] 그런데 사람들이 섭리를 옹호하기 위해 적지 않은, 또 하찮지 않은 논거들을 제시하듯이, "아담"은 그리스어로 "인간"(*anthropos*)을 의미한다는 것, 그리고 모세가 아담에 관해 말하는 것처럼 보이는 구절에서 그는 인간의 본성에 관해 보편적 언명을 한다는 것을 아는 사

---

77 오래된 증언들에 관해서는 참조: H. Dörrie, *Der Platonismus in der Antike. Grundlagen – System – Entwicklung*, 5 Bde., Stuttgart/ Bad Cannstatt 1987.1990.1993.1996.1998, 2 166-170,433-440.
78 참조:『켈수스 반박』4,3.

람들은, 아담과 그의 죄에 관해서도 철학적 방식으로 고찰할 것입니다. 과연 성경이 말하듯이 "아담 안에서 모든 사람이 죽습니다"(1코린 15,22). 그리고 "아담의 범죄와 같은 방식으로 죄를 짓지 않은 자들"(로마 5,14) 도 모두 단죄받았습니다. 여기서 하느님 말씀은 한 특정 개인보다는 인류 전체에 관해 언명하고 있습니다. 과연 아담이라는 한 개인을 겨냥하고 있는 저주는, 문맥에서 분명히 드러나거니와, 모든 인간에게 선고된 것입니다(창세 3,17-19 참조). 그리고 여자에게 언명된 내용은, 어떠한 예외도 없이 모든 여인에게 해당됩니다(창세 3,16 참조). 또한 남자와 여자가 에덴 동산에서 내쳐졌고, 하느님께서 인간들의 범죄 때문에 그 죄인들에게 "가죽 옷"을 만들어 입혀 주셨다는 이야기(창세 3,21-23 참조)는 감추어진 비밀스러운 가르침을 담고 있거니와,[79] 이 가르침은 플라톤이 어림짐작한, "날개를 잃고" "확고한 어떤 것을 붙잡을 수 있을 때까지" 이 땅으로 "끌어 내려지는" 영혼의 하강[80]보다 숭고합니다.

41. 이어서 켈수스는 이렇게 주장합니다. "(그런 다음 유대인들은) 홍수, 그리고 모든 생물을 실은 기이한 궤짝 모양의 방주, 전령인 까마귀와 비둘기에 관해 이야기하는데, 이는 데우칼리온 이야기를 파렴치하게 변조한 것이다.[81] 사실 그들은 필경 이런 문서가 세상에 알려지리라는 예상은 하지 않았고, 그냥 단순히 미숙한 아이들을 위한 동화처럼

---

79 오리게네스 『레위기 강해』 6,2는 가죽 옷에서 범죄 후의 육신성에 대한 우의寓意(알레고리)를 보았다. 창세 3,21에 대한 이와 유사한 해석을 이미 영지주의자들이 제시했었다. 참조: 이레네우스 『이단 반박』 1,5,5; 테르툴리아누스 『죽은 이들의 부활』 7,6.
80 참조: 플라톤 『파이드로스』 246c; 『켈수스 반박』 6,43.
81 참조: 『켈수스 반박』 1,19; 4,11; 데우칼리온과 노아의 동일시에 관해서는 필론 『상급과 처벌』 23.

이야기해 주었을 것이다." 이 말에서 드러나는, 유대인들의 아주 오래된 성경에 대한, 철학자에게는 어울리지 않는 이 남자의 증오에 주목하십시오. 그런데 켈수스는 홍수에 관한 이야기를 폄하할 무슨 근거를 전혀 찾아내지 못했습니다. 또한 방주와 그 크기를 공박하기 위해 무슨 말을 해야 할지도 숙고해 보지 않았으니, 대중의 견해에 따르면 길이가 삼백 암마, 너비는 쉰 암마, 높이가 서른 암마였던(창세 6,15 참조) 그 방주는 땅에 살고 있던 짐승을 정결한 것들은 수놈과 암놈으로 일곱 쌍씩, 부정한 것들은 두 쌍씩 모두 실을 만큼 크지 않았다고(창세 7,2-3 참조) 주장하지도 않고 그냥 단순히 "모든 생물을 실은 기이한 궤짝 모양의 방주"라고만 말했습니다. 아무튼 성경의 보고에 따르면 백 년에 걸쳐 지었고 길이가 삼 백 암마, 너비가 쉰 암마, 그리고 서른 암마에 이르는 높이에 길이와 너비가 한 암마인 지붕을 만들어 마무리한(창세 6,16 참조) 그 방주에서 "기이한" 점이 도대체 무엇입니까? 제곱한 그 크기를 재면 바닥은 길이가 구만 암마, 너비가 이천오백 암마가 되는, 웬만한 도시에 버금가는 그런 건조물에 오히려 경탄을 해야 하지 않겠습니까?[82] 그리고 홍수를 일으킨 엄청난 악천후를 견뎌 낼 수 있도록 방주를 아주 튼튼하게 짜맞춘 설계도 마땅히 찬탄을 받아야 하지 않겠습니까? 또한 그 방주에 두껍게 칠한 것은 송진도, 그와 유사한 어떤 재료도 아니었고, 그저 역청이었습니다(창세 6,14 참조). 끝으로 하느님 섭리에 의해 모든 종류의 짐승이 쌍으로 방주에 실렸고 그래서 이 땅이 다시 모든 생물의 자손을 가지게 된 것, 이를 위해 하느님께서 홍수가 끝난 후 태어나는 모든 인간의 조상이 될 터인 참으로 의로운 인간을 이용하신 것도

---

82 참조: 오리게네스 『창세기 강해』 2,2.

실로 찬탄을 불러일으키지 않습니까?(참조: 창세 6,19-20; 7,1-3).

42. 또한 켈수스는 자신이 창세기를 읽었다는 인상을 주려고, "비둘기"에 관한 말을 툭 던지는데, 비둘기에 관한 이야기가 날조되었다는 말은 한 마디도 하지 못합니다. 그런 다음, 성경 말씀을 우스꽝스러운 표현으로 바꾸곤 하는 그의 습관대로, "까마귀"를 "가마귀"로 고치고는, 모세가 이 이야기에서 데우칼리온에 관한 그리스 신화를 파렴치하게 변조했다고 믿으니(그는 창세기는 모세가 아니라 다른 여러 저자에게서 유래한다는 견해를 가지고 있지는 않은 듯합니다), 다음과 같은 그의 언명들이 그 사실을 암시해 줍니다. "그들은 데우칼리온 이야기를 파렴치하게 변조했다." "그들은 이런 문서가 세상에 알려지리라는 예상은 하지 않았을 것이다." 그런데 자기네 문서를 민족 전체에게 전해 준 사람들이 어찌 그것이 세상에 알려지리라 예상하지 않을 수 있었겠습니까? 더구나 그들은 이 종교가 언젠가 모든 민족에게 선포될 것이라는 예언도 했습니다. 그리고 예수님께서 유대인들을 겨냥하여 "하느님께서는 너희에게서 하느님의 나라를 빼앗아, 그 소출을 내는 민족에게 주실 것이다"(마태 21,43)라고 말씀하셨을 때, 그분이 의도하신 것은 바로 하느님 나라의 비밀을 담고 있는 유대인들의 성경 전체를 친히 하느님 능력으로 "온 세상에 널리 알리는" 것이 아니었겠습니까? 그러나 그리스인들의 『신통기』神統記와 열두 주신主神에 관한 이야기를 읽는 사람들은, 우의적 해석을 통해 그것들을 칭송하려 애쓰면서, 우리 성경은 웃음거리로 삼고 그 책은 "미숙한 아이들에게나 이야기해 주는 그저 꾸며 낸 동화 같은 것"이라고 단언합니다.

43. 그런 다음 켈수스는 "전혀 불가능한 때 아닌 자식 출산"에 관해 이야기합니다. 그는, 이름은 말하지 않지만, 아브라함과 사라를 염두에 두고 있는 것이 분명합니다(창세 21,1-7 참조). 또한 켈수스는 "형제들의 추적"에 관해 말하는데, 아벨을 추적했던 카인이나 야곱의 목숨을 노렸던 에사우도 염두에 두고 있습니다(참조: 창세 4,8; 25,29-34; 27,18-29.35-36.41). 그리고 "아버지의 비애"를 필경 야곱이 집을 떠남으로 인한 이사악의 비애로, 또 요셉이 이집트로 팔려감으로 말미암은 야곱의 비애로 이해하고 있습니다(참조: 창세 28,1-5; 37,28-35). 켈수스는 계속하여 자기 책에서 "어머니의 간계"라는 표현으로써, 이사악의 축복이 에사우가 아니라 야곱에게 주어지도록 일을 꾸밀 줄 알았던 레베카를 암시하고자 합니다(창세 27,5-17 참조). 그런데 우리가 "하느님은 이 모든 사람과 매우 친밀하게 소통하셨다"라고 말하는 것이, 무슨 자기모순적인 일입니까? 사실 우리는 하느님의 거룩한 권능은, 도덕적이고 착실한 삶으로 당신께 온전히 헌신하는 사람들을 떠나지 않는다는 것을 확신하고 있습니다. 그 밖에 켈수스는 야곱이 라반에게 고용살이하면서 재산을 불려 나간 일을 비웃는데, "얼룩점 없는 것들은 라반 차지가 되고, 얼룩점 있는 것들은 야곱 차지가 되었다"(창세 30,42)라는 말씀이 무슨 뜻인지는 모릅니다. 그러고는 "신은 자기 아들들에게 새끼 나귀와 새끼 양과 낙타들을 선사했다"라고 말합니다. 켈수스는 "이 일들은 본보기로 그들에게 일어난 것인데, 세상 종말에 다다른 우리에게 경고가 되라고 기록되었습니다"(1코린 10,11)라는 말씀의 뜻을 알아차리지 못했습니다. 우리 가운데 하느님 말씀에 의한 "얼룩점"을 받아 지니고 있는 다양한 민족들은 온전한 (천국) 시민권자들이며, 상징적으로 언급된 야곱에게 소유 재산으로 주어졌습니다. 라반과 야곱에 관한 이야기는 그리스도께 대

한 신앙으로 돌아선 이민족들을 암시하고 있음이 분명합니다.

44. 켈수스는 "신은 의로운 이들에게 우물까지도 주었다"라고 말하는데, 성경에 대한 올바른 이해와는 거리가 멉니다. 그는 의로운 이들은 빗물을 받아 저장하는 통을 만들지 않고 우물[83]을 파며, 땅 밑 깊은 곳에서 생수의 샘과 먹을 수 있는 물의 수맥을 찾으려고 애쓴다는 사실에 유의하지 않았습니다. 과연 그들은 "네 저수 동굴에서 물을 마시고 네 샘에서 솟는 물을 마셔라. 네 샘물이 바깥으로 흘러 버리고 그 물줄기가 거리로 흘러서야 되겠느냐? 그것은 너 혼자만의 것, 네 곁에 있는 낯선 자들이 가져서는 안 된다"(잠언 5,15-17)라는 명령의 상징적 의미를 이해하고 있습니다. 성경의 많은 대목은 오직 더 의미심장한 진리들을 시사하기 위해 실제 사건들을 언급하고 있습니다. 그 예로 "우물"과 "혼인" 그리고 "의로운 이와 여러 여인의 결합"에 관한 이야기들을 들 수 있는데, 이것들에 관해서는 주해서에서 해당 대목을 찾아 읽어 보는 것이 좋을 것입니다. 아무튼 창세기에 쓰여 있듯이(참조: 창세 26,15.18-22.25.32) 의로운 이들이 필리스티아인들의 땅에서도 우물을 팠다는 사실은, 아스칼론에서 볼 수 있는 여느 우물들과는 다른 독특한 건조 방식 때문에 연구할 가치가 있는 놀라운 우물들이 입증해 줍니다.

"합법적 부인들과 여종들"은 우의적으로 해석해야 한다는 것은, 우리 자신이 궁리해 낸 게 아니라 이전 시대의 지혜로운 남자들에게서 넘겨받은 가르침입니다. 그들 가운데 한 사람은, 듣는 이들에게 우의적 해석을 권고하며 이렇게 말했습니다. "율법 아래 있기를 바라는 여러

---

[83] 참조: 오리게네스 『창세기 강해』 7,5; 10,2; 11,3; 12,5; 13; 『민수기 강해』 12. 오리게네스는 우물에서 점점 더 깊이 파고들어 가야 할 하느님 말씀의 상징을 본다.

분, 나에게 말해 보십시오. 여러분은 율법이 말하는 것을 듣지 못합니까? 아브라함에게 두 아들이 있었는데, 하나는 여종에게서 났고 하나는 자유의 몸인 부인에게서 났다고 기록되어 있습니다. 그런데 여종에게서 난 아들은 육에 따라 태어났고, 자유의 몸인 부인에게서 난 아들은 약속의 결과로 태어났습니다. 여기에는 우의적인 뜻이 있습니다. 이 여자들은 두 계약을 가리킵니다. 하나는 시나이산에서 나온 여자로 종살이할 자식을 낳는데, 바로 하가르입니다." 그러고는 조금 뒤에 이렇게 말합니다. "하늘에 있는 예루살렘은 자유의 몸으로서, 우리의 어머니입니다"(갈라 4,21-24.26). 갈라티아서를 가져와 읽기만 하면, "혼인"과 "여종과의 결합"에 관한 성경의 이야기에 더 깊은 의미가 담겨 있는지 알게 됩니다. 성경의 의도는 우리가 이 인간들의 행동의 외적 형태를 본받지 않고, 예수님의 사도들이 즐겨 표현하듯이, 그것의 영적 의미를 본받게 하려는 것입니다(참조: 1베드 2,5; 1코린 2,13; 14,1).

45. 그런데 켈수스가 사람들의 불쾌감을 불러일으키는 일들도 전혀 감추지 않고 보고하는 성경 저자들의 진실 사랑을 인정한다면, 더 납득하기 어려운 다른 일들도 그 저자들이 꾸며 낸 것이 아니라는 사실을 인정해야 할 것입니다. 그러나 그는 반대로 처신했으니, "롯과 그의 딸들에 관한 이야기"(창세 19,30-38 참조)를, 문자적 의미로 꼼꼼히 검증하거나 신비적 의미를 탐구하지 않고, "티에스테스 만행보다 더 역겹다"고 단언했습니다.[84] 여기서 이 대목의 상징적 의미를 설명하는 것이 꼭 필요하지는 않으며, 소돔의 의미 그리고 거기서 구출된 롯에게 천사가 "달

84　아트레우스 왕 전설에 따르면, 그는 쌍둥이 아우 티에스테스가 자기 아내를 유혹한 데 대한 앙갚음으로, 티에스테스의 자식들을 도살하여 만든 음식을 그에게 차려 주었다.

아나 목숨을 구하시오. 뒤를 돌아다보아서는 안 되오. 이 들판 어디에서도 멈추어 서지 마시오. 휩쓸려 가지 않으려거든 산으로 달아나시오"(창세 19,17)라고 한 말의 의미를 설명하는 것도 필요하지 않습니다. 또한 롯이 누구의 화신인지, 뒤돌아보았기 때문에 소금 기둥으로 변한 롯의 아내는 누구의 화신인지, 자기네 아버지를 취하게 하고는 그를 통해 어미가 된 롯의 딸들은 또 누구의 화신인지를 설명하는 것도 여기서는 필요하지 않습니다. 그러나 우리는 몇 가지를 간략하게 언급함으로써, 이 이야기가 사람들에게 불러일으키는 반감과 불쾌감을 좀 덜어 줄 수 있지 않을까 합니다. 그리스인들도 선한 행위, 악한 행위, 그리고 어중간한 행위의 본질을 탐구했습니다. 최상의 해답을 찾아낸 사람들은 선한 행위와 악한 행위의 판정 기준은 어디까지나 의지의 결단[85]이라고 주장합니다. 엄밀히 말해서, 선행先行하는 의지의 결단 없이 실행되었음이 분명한 모든 행위는 선하지도 악하지도 않다고 합니다. 의무가 요구하는 바를 이행하고자 하는 의지의 결단은 칭송받아야 하지만, 악한 목적을 추구하려는 의지의 결단은 비난을 받아야 마땅합니다. 그런데 그들은 그런 의지의 결단 없는 행위라는 주제와 관련하여, 자기 딸과의 동침은 오늘날의 질서정연한 사회에서는 허용되지 않지만, 그 자체로 판단하자면, 선하지도 악하지도 않다고 말합니다.[86] 그리고는 의지의 결단 없는 행위는 선하지도 악하지도 않다는 그들의 가설을 정당화하기 위해, 온 인류가 멸망하고 한 현자와 그의 딸만 남은 경우를 가정하고는 물음을 던집니다. 그 아버지가 인류가 절멸하지 않도록, 이

---

85 이 악행의 "주의주의화"主意主義化를 오리게네스는 스토아철학에서 넘겨받아 그리스도교 사유에 도입했다. 참조: Kobusch, Origenes 41-42.
86 참조: 『켈수스 반박』 4,26.

가설에 따라, 자기 딸과 동침하는 것이 허용되는가?[87]

이런 논구가 그리스인들에게는 합리적인 것으로 여겨지며, 그들에게서 명망을 누리고 있는 스토아학파도 이 논구에 찬동합니다. 그러나 세계 대화재에 관해 들어 보았지만 깊이 이해하지는 못한 젊은 처녀들이, 막상 불이 자기네 도시와 땅을 집어삼키는 것을 보았다면, 그리고 그 때문에 "인류의 생명의 불꽃"[88]이 오직 자기네 아버지와 자기들에게만 남아 있다고 생각했다면, 또 그런 생각 때문에 세상을 확실히 존속시키고자 했다면 — 그녀들의 행위가, 스토아학파의 가설에 따르면 인류 전체가 멸망할 판국에는 죄책罪責 없이 자기 딸들과 동침해도 되는 그 현인의 행위보다 더 나쁘다고 해야 하겠습니까? 적지 않은 사람들이 롯의 딸들의 이 결단에 반감을 느꼈고, 그녀들의 행위를 극히 파렴치하게 여겼으며, 또한 이 근친상간에서부터 저주받은 두 민족, 곧 모압족과 암몬족이 유래한다고 (창세 19,36-38 참조) 말했다는 사실을 나는 알고 있습니다. 그런데 사실 우리는 성경이 그런 행위를 윤리적으로 선한 것으로 분명히 인정하거나, 아니면 비난하고 질책하는 것을 발견하지 못합니다. 아무튼 실제 사정이 어떻든 간에, 우리는 그런 행위를 우의적으로 해석할 수 있지만,[89] 또한 그 자체로 판단하자면, 어느 정도는 납득할 수도 있습니다.

46. 그런 다음 켈수스는, 내가 생각하기에는 동생 야곱에 대한 에사우의 "앙심"을 암시하는데, 그를 성경은 못된 인간으로 묘사하고 있습니

87　이 구절은 SVF 3,743에 인용된다.
88　참조: 플라톤 『법률』 677b.
89　참조: 오리게네스 『창세기 강해』 5,4-5; 이레네우스 『이단 반박』 4,31,1-2.

다(창세 27,41-45 참조). 그리고 켈수스는 스켐 임금의 아들에게 "자기네 여동생이 겁탈당한 것을 복수하기 위해 나선" 시메온과 레위에 관한 이야기(창세 34,2.25-31 참조)를 분명히 인용하지는 않으면서 그 두 사람을 비난합니다. 또한 야곱의 아들들은 "팔아 버리는 형들"로, 요셉은 "팔려 버린 동생"으로, 그리고 야곱은 "속아 넘어간 아비"로 지칭합니다. 사실 야곱은 아들들이 요셉의 알록달록한 저고리를 보여 주었을 때 그들을 의심없이 믿었으며, 요셉이 죽은 줄 알고 애도했지만, 요셉은 이집트에서 종살이를 하게 될 터였습니다(참조: 창세 37,26-36; 39,1-6). 켈수스가 이야기의 이런저런 부분들을 얼마나 악의적으로 사실과 다르게 짜맞추어 놓았는지 주의 깊게 살펴보십시오. 그는 어떤 이야기가 (유대인들과 그리스도인들을) 비난할 수 있는 빌미를 제공한다고 여겨지면, 그 이야기를 인용합니다. 그러나 반대로 주목할 만한 절제의 증거를 제시하는 경우에는 — 예를 들어 요셉은 법적인 자기 여주인이 졸라 대고 으르대는데도, 그녀의 동침 요구에 응하지 않습니다(창세 39,7-12 참조) — 그 이야기를 결코 언급하지 않습니다. 정결을 잃느니 차라리 감옥에 던져지고자 한 요셉의 처신은, 우리에게 전해 오는 벨레로폰[90]의 처신을 훨씬 넘어선다고 보아도 될 것입니다. 요셉은 없는 일로 그를 고발한 여주인을 거슬러 자기를 변호하고 자신의 당당함을 주장할 수도 있었지만, 너른 마음으로 침묵했고 자기 운명을 하느님께 맡겼습니다.

47. 이어서 켈수스는 외견상 아주 모호하게 파라오의 헌작 시종과 제빵 시종 그리고 파라오의 "꿈들"과 요셉의 "해몽"에 관해 언급하는데,

---

90 참조: 호메로스 『일리아스』 6,155-168. 벨레로폰은 아르고스 왕의 아내 안테이아의 사랑 요구를 물리친 후, 오히려 그녀를 유혹하려 했다는 거짓 고발을 당했다.

요셉은 해몽 덕분에 파라오에 의해 감옥에서 풀려나고 또 이집트에서 그 통치자 다음으로 가장 높은 지위가 그에게 맡겨집니다(창세 40-41장 참조). 그런데 이 이야기가, 문자적 의미로만 이해하더라도, 도대체 어떤 "허무맹랑한" 내용을 내포하고 있기에, 『참된 말씀』이라는 제목을 붙인 책 ─ 그러나 무슨 가르침은 제시하지 않고, 오로지 그리스도인들과 유대인들에 대한 비난만 담고 있습니다 ─ 의 저자인 켈수스께서 이 이야기를 비난의 대상으로 삼았을까요? 켈수스는 "팔려 갔던 자가 자신을 팔아 버렸고 또 굶주림에 시달리다가 (곡식을) 사기 위해 (아버지에 의해) 보내어져 나귀를 타고 온 형들에게 친절하게 대했다"(창세 42-44장 참조)라고 말하지만, 그가 구체적으로 무슨 일을 했는지는 설명하지 않습니다. 켈수스는 "다시 알아봄"(창세 45,1-15 참조)에 관해서도 언급하는데, 무슨 의도로 그렇게 하는지 나는 모르겠습니다. 또한 그가 형제들이 다시 알아보는 이 사건에서 어떤 "허무맹랑한" 점을 입증하려고 하는지도 모르겠습니다. 아무튼 우리는 모모스[91]조차도 이 이야기를 합리적 근거를 가지고 공박하는 것은 가능하지 않으리라고 주장할 수 있으니, 이 이야기는 깊은 의미는 제쳐 놓더라도, 매혹적인 내용을 많이 지니고 있기 때문입니다. 그러나 켈수스는 또한 "종으로 팔렸던 요셉이 속량되고 또한 자기 아버지 장례를 위해 으리으리한 수행원들을 거느리고 고향으로 돌아간다"(창세 50,4-14 참조)라고 말하면서, 이 이야기는 비난의 빌미를 내포하고 있다고 생각하니, 이렇게 언명하기 때문입니다. "그 ─ 분명히 요셉입니다 ─ 를 통해 유대인들이라는 영광스럽고 거룩한 일족이 이집트에서 크게 불어났을 때, 변경 어딘가에 시민

---

[91] 참조: 플라톤 『국가』 487a. 모모스는 비판적 정신의 화신으로 여겨졌다.

권 없는 주민으로 거주하면서 불명예스러운 자들 곁에서 가축을 치라는 지시를 받았다." 켈수스는 못된 심보로 "그들은 불명예스러운 자들 곁에서 가축을 치라는 지시를 받았다"라고 덧붙였는데, 도대체 이집트 고셴 지방이 어떤 점에서 "불명예스러운" 지역인지는 밝히지 않습니다 (창세 47,1-6.27 참조). 유대 민족이 "이집트에서" 떠나간 일을 켈수스는 "도망"이라고 표현했는데,[92] 그러면서도 탈출기에 쓰여 있는, 이집트 땅에서 히브리인들의 떠나감에 관한 내용은 전혀 언급하지 않습니다. 우리는 이 사례들을, 켈수스가 우리를 비난하고 조롱하려는 의도로, 자구 내용에 따르면 전혀 비난할 만하게 여겨지지 않는 일들도 열거한다는 사실의 증거로 제시하겠습니다. 덧붙여, 그는 자신이 우리 성경에서 고약하게 여기는 것이 무엇인지를 구체적으로 밝히지는 않습니다.

48. 켈수스는 오로지 유대교와 그리스도교 신앙에 대한 미움과 혐오를 표현하는 사명에 몸 바친 듯이 계속 말합니다. "유대인들과 그리스도인들 가운데 꽤 분별 있는 자들은 이런 이야기들을 우의적으로 해석한다." 그러나 그는 "그들은 이 이야기들을 곤혹스럽게 느끼기 때문에, 우의적 해석으로 도피한다"라고 언명합니다. 켈수스에게 이렇게 반박할 수 있겠습니다. 신화와 꾸며 낸 이야기들의 내용을, 그것이 어떤 깊은 의미를 내포하고 있든 아니면 어떤 다른 목적을 겨냥하든 간에, 문자적 이해에 따라 실제로 "곤혹스럽다"라고 지칭해야 한다면, 그리스인들의 신화보다 더 마땅히 그렇게 지칭해야 할 이야기들이 또 있을까요?[93] 과

---

92   참조: 『켈수스 반박』 5,59.
93   이 비판의 그 밖의 사례들에 관해서는 참조: Fédou, Christianisme 82-88.

연 그리스 신화에서는 아들들이 자기 아버지들을 거세하고 아버지들이 자기 아들들을 삼켜 버리는데, 게다가 이 아들들과 아버지들은 신들입니다. 또한 신들의 한 어머니는 "신들과 인간들의 아버지"[94]에게 자기 아들 대신 돌멩이를 먹으라고 주고, 한 아버지는 자기 딸을 능욕하고, 한 아내는 남편을 사슬로 묶어 두는데, 시동생과 딸내미를 도우미로 이용합니다.[95] 내가 자기네 신들에 관한 그리스인들의 이 우악스러운 이야기들을, "우의적 해석"을 하더라도 애당초 "곤혹스러운" 이야기들을 계속 열거할 필요가 있겠습니까? 나는 다만 많은 박식한 논설 덕분에 스토아철학파의 영예로 여겨지는 솔로이의 크리시포스에 관해서만 언급하겠습니다. 크리시포스는 사모스섬에 있는, 헤라가 제우스에게 극히 파렴치한 짓을 저지르는 것을 묘사하고 있는 한 그림을 설명합니다.[96] 더 자세히 언급하자면, 이 존경하는 철학자는 자기 글에서 질료는 신의 생식력을 받아서 우주의 질서를 위해 자신 안에 보존한다고 말합니다. 사모스섬의 그 그림에서 헤라는 질료를, 제우스는 신성을 나타냅니다. 아무튼 그런 유의 무수한 신화들 때문에, 우리는 만유를 주재하시는 하느님을 제우스라는 이름으로, 태양을 아폴론으로, 달을 아르

---

94 호메로스『일리아스』1,544. 제우스를 가리킨다.

95 크로노스가 자기 아버지 우라노스를 거세한다. 참조: 헤시오도스『신통기』164-182. 크로노스가 자기 자식들을 삼키자, 레이아는 크로노스에게 제우스 대신 돌을 줌으로써 그를 구한다. 한 오르페우스 전설에 따르면 플루토가 아니라 제우스가 자기 딸 페르세포네를 능욕했다. 헤라, 포세이돈 그리고 아테나가 제우스를 사슬에 묶어 놓기로 계획했다. 참조: 호메로스『일리아스』1,399-400;『켈수스 반박』1,17.

96 디오게네스 라에르티오스『유명한 철학자들의 생애와 사상』7,187-188에 따르면, 크리시포스(기원전 281~208년경)는 생리학적 설명을 600행에 걸쳐 풀어놓는다. 그러나 그 그림의 존재를 라에르티오스는 의심하니, 다른 저자들에 의해 확인되지 않기 때문이다. 참조: SVF 2,1071-1074.

테미스로 부르는 것을 거부합니다. 오히려 우리는 창조주께 깨끗하고 바른 공경을 바치고, 그분의 영광스러운 업적에 관해 마땅한 방식으로 말하며, 하느님의 본질 자체를 한낱 말과 이름을 통해 더럽히지 않으려 조심합니다. 우리는 『필레보스』에 나오는 플라톤의 말에 찬동하거니와, 그는 사람들이 쾌락을 여신으로 칭송하는 것을 용납하지 않으려 이렇게 말합니다. "과연 나의 경외심은, 사랑하는 프로타르코스여, 신들의 이름 앞에서 매우 깊다네."[97] 우리도 참으로 하느님 이름과 그분의 영광스러운 창조 업적에 대해 경외심을 품고 있으며, 그래서 우의적 해석을 구실로 내세우더라도, 젊은이들을 해칠 수 있는 이런저런 신화는 결코 받아들이지 않습니다.

49. 켈수스가 선입견 없는 마음으로 성경을 읽었다면, 성경은 "우의적 해석을 시도하는 게 불가능할 것이다"라고 주장하지 않았을 것입니다.[98] 사실 사람들은 역사적 사건을 기록하고 있는 예언서에서 오히려, 역사책 자체에서보다도 더, 이 역사적 사건들은 우의적 해석을 하게 하려는 의도로 기록되었다는 확신, 그리고 대다수의 단순한 신앙인들만이 아니라 통찰력을 지니고 이 일들을 검증하고자 하거나 검증할 수 있는 소수의 신앙인들도 고려한 완전한 지혜로 기록되었다는 확신을 얻을 수 있습니다. 오늘날 켈수스의 견해처럼 유대인들과 그리스도인들 가운데 "분별 있는" 사람들만 성경을 우의적으로 해석한다면, 사람들은 켈수스의 말이 어느 정도 신빙성이 있다고 생각할 수도 있을 것입니

---

97 플라톤 『필레보스』 12c; 『켈수스 반박』 1,25에 이미 인용되었다.
98 참조: 『켈수스 반박』 4,50과 해제 101-103.

다. 그러나 우리 가르침의 조상들과 성경 저자들이 이 사건들을 우의적으로 해석한다면, 성경은 사람들이 그 주요 언명 의도에 따라 우의적으로 이해하도록 기록되었다고 생각하는 것이 타당하지 않겠습니까?

우리는 켈수스가 아무런 근거 없이 우리 성경을 비방하면서 "그 책은 우의적 해석을 시도하는 게 불가능할 것이다"라고 말한다는 것을 입증하기 위해, 아주 많은 구절을 인용할 수 있지만, 여기서는 그저 몇 가지 예만 제시하겠습니다. 예수님의 사도 바오로는 이렇게 말합니다. "사실 모세의 율법에 '타작 일을 하는 소에게 부리망을 씌워서는 안 된다'고 기록되어 있습니다. 하느님께서 소에게 마음을 쓰시는 것입니까? 어쨌든 우리를 위하여 말씀하시는 것이 아닙니까? 물론 우리를 위하여 그렇게 기록된 것입니다. 밭을 가는 이는 마땅히 희망을 가지고 밭을 갈고, 타작하는 이는 제 몫을 받으리라는 희망으로 그 일을 합니다"(1코린 9,9-10; 참조: 신명 25,4). 그리고 다른 한 구절에서는 이렇게도 말합니다. "'그러므로 남자는 아버지와 어머니를 떠나 아내와 결합하여, 둘이 한 몸이 됩니다'(창세 2,24). 이는 큰 신비입니다. 그러나 나는 그리스도와 교회를 두고 이 말을 합니다"(에페 5,31-32). 그리고 또 다른 구절에서는 이렇게 씁니다. "형제 여러분, 나는 여러분이 이 사실도 알기를 바랍니다. 우리 조상들은 모두 구름 아래 있었으며, 모두 바다를 건넜습니다. 모두 구름과 바다 속에서 세례를 받아, 모세와 하나가 되었습니다"(1코린 10,1-2). 또한 바오로 사도는 만나와, 성경의 보고에 따르면 놀랍게도 바위에서 솟아나온 물에 관한 이야기를 설명할 때에는 이렇게 말합니다. "모두 똑같은 영적 양식을 먹고, 모두 똑같은 영적 음료를 마셨습니다. 그들은 자기들을 따라오는 영적 바위에서 솟는 물을 마셨는데, 그 바위가 곧 그리스도이셨습니다"(1코린 10,3-4). 그리고 아삽은 탈출기와 민수기의 이야기들은 시편에 쓰여 있듯이 "수수께끼"와 "비유"임을 언명하며, 그래서 그 이야기들을 상기시킬 때, 다음과 같이 말을 시작합니다. "내 백성아, 나의 가르침을 들어라. 내 입이 하는 말에 너희 귀를 기울여라. 내가 입을 열어 비유들을, 예부터 내려오는 수수께끼들을 말하리라. 우리가 들어서 아는 것을, 우리 조상들이 우리에게 들려준 것을"(시편 78,1-3).

50. 모세의 율법이 더 깊은 의미를 지닌 내용을 전혀 담고 있지 않다면, 예언자는 하느님께 기도하면서 이렇게 말하지 않았을 것입니다. "제 눈에서 너울을 벗겨 주소서. 당신 가르침의 기적들을 제가 바라보오리다"(시편 119,18). 그는 상징적 의미를 이해하지 못하는 독자들 마음에는 무지라는 "너울"이 덮여 있음을 알았던 것입니다(2코린 3,13-16 참조). 이 너울은 사람이 제 힘으로 할 수 있는 일을 다하고 "좋고 나쁜 것을 분별하는 지각을 훈련"하며(히브 5,14 참조), "제 눈에서 너울을 벗겨 주소서. 당신 가르침의 기적들을 제가 바라보오리다"라고 끊임없이 기도할 때, 그 기도를 들어주시는 하느님 은총에 의해 벗겨집니다. 그리고 우리가 "이집트 나일강에 살고 있는 거대한 용"과 "그 용의 비늘 아래 숨어 있는 물고기들"(에제 29,3-4 참조) 또는 "이집트 산들을 뒤덮을 파라오의 배설물"(에제 32,6 참조)에 관해 읽는다면, 다음과 같이 묻고 싶은 충동을 느끼지 않을 사람이 누가 있겠습니까. 이집트 산들을 그렇게 심한 악취가 나는 배설물로 뒤덮을 수 있는 존재는 누구입니까? 이집트 산들이 의미하는 것은 무엇입니까? 또한 파라오가 거만하게 자랑하며 "이 강들은 내 것이다. 내가 나를 위해서 만들었다"(에제 29,3)라고 말하는 강들은 무슨 의미를 지니고 있습니까? 그리고 거대한 용은 어떻게 해석해야

강들에 대한 선언에 걸맞는 것입니까? 또한 그 용의 비늘 아래 숨어 있는 물고기들과 관련해서는 무엇을 떠올려야 합니까? 그런데 도대체 무엇 때문에 내가 입증이 전혀 필요하지 않은 일을 위해 더 많은 증거를 제시해야 하겠습니까? 이런 일과 관련해서는 다음의 성경 말씀이 유효합니다. "지혜로운 사람은 이를 깨닫고, 분별 있는 사람은 이를 알아라"(호세 14,10).

나는 이 주제에 관해 꽤 상론했는데, "그러나 유대인들과 그리스도인들 가운데 꽤 분별 있는 자들은 이런 이야기들을 우의적으로 해석하려 시도한다. 그러나 이런 이야기들은 그런 시도가 불가능하니, 애당초 황당무계한 꾸며 낸 이야기다"라는 켈수스의 주장이 오히려 얼마나 터무니없는지를 입증하려는 의도가 있었기 때문입니다. 요컨대 "애당초 황당무계"할 뿐 아니라 삿되기까지 한 "꾸며 낸 이야기"라는 말은 오히려 그리스인들의 이야기에 훨씬 더 들어맞습니다. 사실 우리 이야기는 단순한 신앙인 대중도 고려하는 반면, 그리스의 꾸며 낸 이야기 저자들은 그런 일에 유의하지 않았습니다. 그러므로 플라톤이 그런 유의 신화와 시문을 자기 나라에서 내치는 것은 부당한 일이 아닙니다.[99]

51. 내가 보기에, 켈수스는 (모세) 율법에 대한 우의적 해석이 내용에 포함된 책이 있다는 말을 들은 것 같습니다. 그러나 그는 그 책을 읽지는 않았으니, 만일 읽었다면 다음과 같이 말하지는 않았을 터이기 때문입니다. "사람들이 그 꾸며 낸 이야기들에 대해 시도한 이른바 우의적 해석들은 아무튼 그 이야기들 자체보다도 훨씬 더 혐오스럽고 허무맹

---

99 참조: 플라톤 『국가』 379c-d; 398a; 『켈수스 반박』 4,36.

랑하다. 그 해석들은 결코 서로 조화될 수 없는 일들을, 아주 기이하고 전혀 납득할 수 없는 어리석음으로 짜맞춘다." 여기서 켈수스는 아마도 필론[100]의 책 또는 아리스토불로스[101] 같은 더 이전 저자들의 책을 암시하는 것 같습니다. 그러나 짐작건대 그는 그 책들을 읽지는 않았습니다.[102] 왜냐하면 내가 보기에 그 책들은 많은 대목이 매우 훌륭하게 작성되었기에, 그리스 철학자들조차 그 해석에 매료될 정도이기 때문입니다. 거기서 우리는 엄선된 표현 방식뿐 아니라 탁월한 사상과 가르침 그리고 켈수스가 "꾸며 낸 이야기"로 간주하는 성경 대목들에 대한 뛰어난 논구도 발견합니다. 그 밖에 나는 플라톤 저작에 대한 출중한 해석자이자 피타고라스 가르침의 정통적 주창자인 피타고라스학파 철학자 누메니오스가 자기 저서 많은 대목에서, 모세와 예언자들의 말을 인용하고 꽤 신빙성 있게 우의적으로 해석하고 있다는 사실도 알고 있습니다. 누메니오스는 예를 들어 『후투티』라는 제목의 책과 『수數와 장소』에 관한 논설에서 이런 작업을 하고 있으며, 『선』에 관한 셋째 저작에서는 이름을 언급하지 않지만 예수님 이야기도 인용하고는 우의적으로 해석합니다.[103] 이 작업과 해석이 올바른지 아니면 그릇되었는지

---

100   알렉산드리아의 필론(기원전 13년~기원후 45~50년)은 아리스토불로스(각주 101 참조)가 유대교에 도입한 우의적 성경 해석을 모세오경에 적용함으로써 신앙과 이성을 조화시키려 시도했다. 이 구절은 오리게네스의 저작 전체에서 필론에 관해 명시적으로 언급하는 세 구절 가운데 하나다(나머지는 『켈수스 반박』 6,21과 『마태오 복음 주해』 15,3이다).

101   아리스토불로스는 마카베오기 하권 1,10에 따르면 이집트의 프톨레마이오스 6세(기원전 181~145년)의 스승이었는데, 헬레니즘-유대교의 호교가로서 지금은 단편적으로만 전해 오는 모세오경 해설서를 저술했으며, 그리스 사상가들이 유대교 출전에 의존하고 있다고 주장했다.

102   E. Stein, Alttestamentliche Bibelkritik in der späthellenistischen Literatur: CoTh 16 (1935) 12,23에 따르면, 켈수스는 문자적 의미에 대한 필론의 비판은 넘겨받았지만, 다른 한편 그의 우의적 해석은 배척했다.

는 다음 기회에 논의할 수 있을 것입니다. 누메니오스는 모세와 얀네스와 얌브레스(2티모 3,8 참조)[104]에 관한 이야기도 인용하고 있습니다. 우리가 이런 사실을 제시하는 것은 (그리스도교를) 자랑하기 위해서가 아닙니다. 그러나 아무튼 누메니오스를 켈수스나 그 밖의 다른 그리스인들보다 훨씬 높이 평가합니다. 과연 그의 학구열이 그를 부추겨, 우리 책들을 면밀히 검증·연구하게 했고, 또 그 결과 그것들을 황당무계한 글로 여겨서는 안 되고 오히려 우의적으로 해석해야 한다는 생각을 갖게 했던 것입니다.

52. 우의적 해석과 설명을 담고 있고 또 매우 호소력 있는 문체로 쓰인 모든 저작 가운데에서, 켈수스는 단순한 신앙인 대중에게는 신앙의 강화에 도움이 되지만 이지적인 사람들에게는 깊은 감명을 주지 못하는, 수준이 높지 않은 저작 하나를 고르고는, 이렇게 말합니다. "그런 부류의 것으로 내가 아는 책은 『파피스쿠스와 야손의 논쟁』[105]이 있는데, 그 논쟁은 웃음보다는 오히려 동정과 혐오를 불러일으킨다. 지금 나의 의도는 그 부조리한 내용을 반박하는 게 아니니, 그 내용은 그 책을 꼼꼼히 읽는 인내심과 끈기를 지닌 사람 누구에게나 명백하기 때문이다. 오히려 나는 본성에 관한 가르침을 개진하고자 한다. 더 자세히 말하자

---

103   누메니오스에 관해서는 참조: 『켈수스 반박』 1,15. 거기에는 다음에서 언급하는 구절들은 포함되어 있지 않다.
104   이 이집트 마술사들은 탈출기 7,11-13.22에서는 이름이 언급되지 않는다. 이 이름들은 전설적 첨가다. 유대교 문헌에서는 얀네스와 얌브레스가 발라암(민수 22-24장 등 참조)의 제자들 또는 아들들이다.
105   기원후 140년경에 생겨난 이 작품은 단편적으로만 전해 오는데, 대화 형식으로 쓰인 이 작품은 유대교에 맞선 그리스도교의 가장 오래된 호교서다.

면, 신은 죽음을 면치 못하는 존재는 아무것도 만들지 않았다. 불사하는 존재들만이 신의 작품인데, 다른 한편으로 이것들로부터 죽음을 면치 못하는 존재들이 유래한다.[106] 그래서 영혼은 신의 작품이지만, 몸은 다른 본성을 지니고 있다. 그리고 이 점에서는 박쥐나 벌레나 개구리나 인간의 몸이 전혀 차이가 없다. 과연 모든 몸은 동일한 물질로 이루어져 있고 또 똑같이 허무에 예속되어 있다." 하지만 나는 그리스도에 관한 『파피스쿠스와 야손의 논쟁』이라는 제목의 저작은 "웃음보다는 오히려 동정과 혐오를 불러일으킨다"는 켈수스의 터무니없이 배짱 좋은 주장을 들은 사람은 누구나, 그 작은 책자를 손에 들고 "인내심과 끈기를 지니고" 그 내용을 새겨보기를 바랍니다. 그러면 그는 그 책에서 "혐오를 불러일으키는" 내용은 전혀 발견하지 못할 것이고, 또 그로써 그 소책자 자체에 근거하여 켈수스에게 반박을 할 수 있게 될 것입니다. 그리고 선입견 없는 독자라면, 한 그리스도인이 유대교 문헌을 근거로 한 유대인과 논쟁을 하면서 메시아에 관한 예언들은 예수님에게서 실현된다는 것을 입증하고, 다른 한편 그의 논적 역시 논쟁상의 요점에서 유대인으로서의 자신의 입장을 노련하고 적절하게 주장하는 그 책에서 "웃음거리"라고는 전혀 발견하지 못할 것입니다.

53. 켈수스가 인간 본성 안에서는 함께 나타날 수 없는 병존 불가능한 감정들을 결부시킬 수 있다는 사실이 나로서는 납득되지 않습니다. 요컨대 그는 그 책은 "동정과 혐오를 불러일으킨다"라고 말할 때, 그렇게 합니다. 그런데 동정을 받는 사람은 혐오의 대상이 아니며, 혐오의 대

---

106 참조: 플라톤 『티마이오스』 69c-d; 알키노오스 『플라톤 학설 강의』 16,1; 아티쿠스 『단편』 4. 에우세비우스 『복음의 준비』 15,6에 인용됨.

상인 사람은 동정을 받지 못한다는 것은 누구라도 인정할 것입니다. 아무튼 그래서 켈수스는 그런 "부조리한 내용을 반박"하는 것은 자신의 "의도가 아니"라고 말합니다. 그는 그런 부조리한 내용을, 논리적으로 입증하지 않아도, 누구나 명백히 알고 있다고 생각합니다. 그러나 우리는 켈수스의 비난을 반박하는 우리의 이 변론서의 모든 독자에게 "인내심과 끈기를 지니고" "꼼꼼히 읽고", 그 내용에 근거하여 저자들의 의도와 그들의 양심과 정신이 어떠한지 판단해 볼 것을 요청합니다. 그렇게 하면 그들은 저자들이 불타는 열정으로 자신들의 확신을 옹호한다는 사실, 그들 중 몇몇은 자신이 이야기하는 사건들을 자기 눈으로 보고 몸으로 겪었으며, 실로 경이로운 그 사건들은 훗날의 독자들의 유익을 위해 마땅히 전해 주어야 한다고 여겼기에 기록했다는 사실을 확인하게 될 것입니다. 아무튼 온 우주의 하느님을 믿고, 일거수일투족을 그분 마음에 들도록 정돈하고, 하느님은 우리의 말과 행동만이 아니라 생각까지도 심판하시리라는 확신을 지니고 그분이 싫어하실 일은 아예 생각도 하지 않는 것이 인간들을 위한 모든 축복의 원천이자 시작이라는 것을 참으로 공박하고자 합니까? 도대체 어떤 다른 가르침이, 그 지고하신 분께서는 우리가 말하고 행동하는 것, 아니 우리가 생각하는 것조차 모두 알고 계시다는 믿음 또는 견해보다 더 효과적으로, 인간 본성을 덕스러운 삶으로 이끌리게 할 수 있겠습니까? 원하는 사람은, 한두 명 정도가 아니라 무수히 많은 인간을 회심과 개과천선으로 이끌어가는 길이 (그리스도교 외에) 또 있거든, 제시해 보십시오. 그러면 두 길의 비교를 통해, 어떤 길이 우리에게 덕스러운 삶의 실천을 가능하게 해 주는 가르침인지 명확히 알게 될 것입니다.

제4권

54. 우리가 앞에서 인용한, 켈수스가 에둘러 표현한 플라톤의 『티마이오스』[107]의 한 대목에는 다음과 같은 말이 나옵니다. "신은 죽음을 면치 못하는 존재는 아무것도 만들지 않았고, 불사하는 존재들만 만들었다. 반면 죽음을 면치 못하는 존재들은 다른 존재들에게서 유래한다. 그래서 영혼은 신의 작품이지만, 몸은 다른 본성을 지니고 있다. 인간의 몸은 박쥐나 벌레나 개구리의 몸과 전혀 다르지 않다. 과연 모든 몸은 동일한 물질로 이루어져 있고 또 똑같이 필멸에 예속되어 있다." 우리는 이 문제도 간략히 논하면서 켈수스가 자신의 에피쿠로스적 견해를 숨기고 있는 것인지, 아니면 ― 이렇게 말해도 되려니와 ― 나중에 더 나은 견해로 바꾼 것인지, 그것도 아니면 ― 이렇게 주장할 수도 있으려니와 ― 켈수스라는 에피쿠로스학파 철학자와 이름만 같을 뿐인지를 밝혀 보고자 합니다.[108] 아무튼 켈수스가 그런 견해를 표명하면서 우리뿐 아니라 키티온의 제논에게 거슬러 올라가는 매우 명망 있는 철학 학파[109]도 공박하고자 한다면, 그는 동물들의 몸은 "신의 작품"이 아니라는 것, 그들이 보여 주는 놀라운 기능은 최고 예지에서 유래하지 않는다는 것도 입증해야 할 것입니다. 그리고 자기들 내부에서 작용하는 보이지 않는 자연의 힘에 의해 다스려지며 인간에게 도움이 되기 위해 존재하는 온갖 종류의 동물과, 전체 인류의 적지 않은 유익을 위해 창조된 그렇게나 많고 다양한 식물들과 관련해서도, 켈수스는 그런 (터무니없이 씩씩한) 주장을 내세우기만 하지 말고, 피조물들을 구성하고 있는 질료에 그렇게나 많은 속성[110]을 부여한 존재가 완전한 예지가 아

---

107 참조: 플라톤 『티마이오스』 69c-d.
108 참조: 『켈수스 반박』 해제 21-24.28-31.
109 스토아학파의 목적론적 사상은 참조: 키케로 『신들의 본성』 2,37; SVF 2,1152-1167.

니라는 것을 입증하는 "가르침을 개진"해야 할 것입니다.

그런데 켈수스가 일단 (저급한) 신들은 몸의 창조자(데미우르구스)들로 여기고, 영혼만을 (최고) 신의 작품으로 인정했다면, 또 그 많은 피조물들을 여러 부류로 나누어 각각 다수의 창조자들에게 귀속시켰다면, 설득력 있는 논증을 통해, 어떤 신들은 인간의 몸을 만들고 또 어떤 신들은 가축의 몸을 만들며 또 다른 어떤 신들은 야생동물의 몸을 만든다는 식으로, 이 신들의 차이를 밝히는 것이 일관성이 있는 태도가 아니겠습니까? 그리고 켈수스가 신들 가운데 몇은 용·뱀·바실리스코스[111]를, 또 몇은 곤충류를, 또 다른 몇은 온갖 종류의 식물과 약초를 만들어 낸다는 것을 알아냈다면, 그는 이 분류의 이유를 명시해야 했습니다. 만일 켈수스가 이런 문제를 면밀히 탐구했다면, 그는 아마도 하나하나의 존재를 각기 특정한 목적을 위해 그리고 특정한 이유로 만드신 한 분 하느님을 모든 것의 창조주로 포착했거나, 아니면 자신이 사용한, 본성상 무차별적으로 모든 사물에 내재되어 있는 "필멸"이라는 속성을 어떻게든 옹호해야만 하는 자기 처지를 발견했을 것입니다. 그리고 다른 한편으로는 어쩌면 유일무이한 건축가가 동일하지 않은 부분들로 이루어진 세계를 만들었고, 또 온갖 다양한 종류들이 전체의 최선에 도움이 되도록 섭리했다는 것은 전혀 부조리한 일이 아니라는 사실을 알게 되었을 것입니다. 아무튼 켈수스는 "가르침을 개진"하겠다고 예고한 내용을 실제로 입증할 의도가 없었다면, 그렇게나 중요하다는 그 "가르침"에 관해 아예 발설해서는 안 되었습니다. 켈수스는 단순한 신앙

---

110   참조: 『켈수스 반박』 4,56-57.
111   고대 문헌에 따르면 호흡이나 눈길만으로 인간을 죽일 수 있는 맹독을 지닌 뱀의 일종이다.

을 선포한다고 우리를 비난하면서[112] 자기는 단순한 주장을 내세우지 않고 "가르침을 개진"하겠다고 확언했음에도 불구하고, 지금 그 자신이 자기주장을 믿으라고 우리에게 요구하는 꼴입니다.

55. 아직 내가 말하지 않은 것이 있습니다. 켈수스가 자신의 말처럼 참으로 "인내심과 끈기를 지니고" 모세와 예언자들의 글을 "꼼꼼히 읽었다면", "하느님께서 창조하셨다/만드셨다"라는 표현이 왜 "하늘과 땅" 그리고 이른바 "궁창" 그 밖에 "빛물체들과 별들" 그다음엔 "큰 용들과 물에서 우글거리며 움직이는 제 종류대로의 온갖 생물들" 또 "날아다니는 제 종류대로의 온갖 새들" 그리고 "제 종류대로의 들짐승들과 제 종류대로의 집짐승들" 또한 "땅바닥을 기어다니는 온갖 종류의 것들" 그리고 마지막으로 인간과 관련하여 사용되는지를 깊이 숙고했을 것입니다(참조: 창세 1,1.7.16.21.25.27). 그리고 다음에는 "그분께서 창조하셨다/만드셨다"라는 표현이 왜 그 밖의 사물들에게는 사용되지 않는지, 빛과 관련해서는 왜 단순히 "빛이 생겨라"(창세 1,3)라고만 쓰여 있는지, 그리고 하늘 아래에 있는 모든 물이 한곳으로 모일 때에는 왜 단지 "그대로 되었다"(창세 1,9)라고만 쓰여 있는지, 또 그와 비슷하게 땅의 식물에 관해서는 왜 "땅은 푸른 싹을 돋아나게 하였다. 씨를 맺는 풀과 씨 있는 과일나무를 제 종류대로 돋아나게 하였다"(창세 1,12)라고 말하는지도 숙고했을 것입니다. 나아가 켈수스는 성경의 언명에 따르면 하느님께서 삼라만상 하나하나의 부분들을 만들어 내시려는 의도로 내리시는 이 명령들이 누구를 겨냥한 것인지, 하나인지 아니면 여럿인지를

---

112   참조: 『켈수스 반박』 1,9.

탐구했을 것입니다.¹¹³ 또한 그는 이 책 안에 담겨 있는 이야기들은 도무지 납득할 수 없고 무슨 숨겨진 의미도 전혀 없다고 그렇게 경박하게 비난하지 않았을 것입니다. 과연 이 이야기들은 모세에게서 — 아니, 우리는 다음과 같이 말하고 싶거니와 — 모세 안에 계셨고 그에게 예언의 은사를 주신 거룩하신 영에게서 유래합니다. "과연 그는 현재와 미래와 과거의 일을 알았네"¹¹⁴라고 그리스 시인 작가들이 그들의 통찰력에 관해 말하는 선견자들보다 그(모세)는 더 잘 알고 있었습니다.

56. 그러나 켈수스가 여전히 "영혼은 신의 작품이지만, 몸은 다른 본성을 지니고 있다. 그리고 이 점에서 인간의 몸과 박쥐나 벌레나 개구리의 몸은 전혀 차이가 없다. 과연 모든 몸은 동일한 물질로 이루어져 있고 또한 똑같이 필멸에 예속되어 있다"라고 말하니, 이렇게 대꾸하겠습니다. 인간의 몸과 박쥐나 벌레나 개구리의 몸이 동일한 물질로 이루어져 있기 때문에 정말로 전혀 차이가 없다면, 이 몸들은 해나 달이나 별들이나 하늘과도, 또는 그리스인들이 "볼 수 있는 신"¹¹⁵이라고 이르는 어떤 다른 물체와도 분명히 전혀 차이가 없을 것입니다. 왜냐하면 "동일한 물질"이 모든 몸의 바탕이기 때문입니다. 그러나 이 물질은 그 자체로는 특정한 속성도 특정한 형태도 없습니다.¹¹⁶ 이 물질이 켈수스

---

113 참조: 『켈수스 반박』 2,9.
114 호메로스 『일리아스』 1,70. 트로이전쟁 때 그리스의 선견자 칼코스를 두고 한 말이다.
115 플라톤 『티마이오스』 92c(하늘에 관하여); 참조: 『켈수스 반박』 5,10.
116 참조: 『켈수스 반박』 3,41; 성경의 부활 사상의 해석을 위한 철학적 개념의 수용에 관해서는 U. Berner, Der synkretismus in der origeneischen Darstellung des Auferstehungsglaubens in "Contra Celsum" IV, 57: *Synkretismusforschung. Theorie und Praxis*(hrsg. von G. Wiessner = GOF.GI), Wiesbaden 1978, 39-57.

의 견해에 따르면 어떤 존재에게서 자신의 속성들을 받는다는데, 그게 누구/무엇인지 나는 모르겠습니다. 켈수스는 신은 필멸적 존재는 아무 것도 만들지 않는다고 언명했고, 또 동일한 바탕 물질로 이루어진 모든 사물은 본성상 필연적으로 똑같이, 필멸하게 되어 있다고 말했기 때문입니다. 아무래도 켈수스는 이 문제에서, 궁지에 몰렸다고 느껴, 영혼을 일종의 혼합하는 항아리로부터 유출되도록 하는 플라톤[117]을 멀리하고 아리스토텔레스와 그의 학파에게로 도피하려는 것 같습니다. 이들은 하늘(에테르)은 비물질적이며, 4대 원소(흙·물·불·바람)의 본성과는 다른 다섯 번째 본성을 지니고 있다고 주장합니다.[118] 그런데 이 주장에 맞서 플라톤학파와 스토아학파는 매우 탁월하게 반론을 제기했습니다.[119] 그리고 켈수스에게 멸시만 받는 우리 역시, 예언자의 다음 말씀을 설명하고 해석하면서 그의 견해를 반박하겠습니다. "하늘과 땅은 사라져 가도 당신께서는 그대로 계십니다. 그것들은 다 옷처럼 닳아 없어집니다. 당신께서 그것들을 옷가지처럼 바꾸시니, 그것들은 지나가 버립니다. 그러나 당신은 언제나 같으신 분, 당신의 햇수는 끝이 없습니다"(시편 102,27-28). 이 말씀으로써 "영혼은 신의 작품이지만, 몸은 다른 본성을 지니고 있다"라는 켈수스의 주장도 충분히 반박되었다고 하겠습니다. 이 언명으로부터는 하늘의 몸도 "박쥐나 벌레나 개구리의 몸들"과 "차이가 전혀 없다"는 결론이 도출되기 때문입니다.

117　참조: 플라톤 『티마이오스』 41d-e.
118　참조: 아리스토텔레스 『천체론』 1,3,270b; 『기상학』 1,3,339b; 키케로 『투스쿨란의 대화』 1,22.
119　참조: 아티쿠스 『단편』 5, 에우세비우스 『복음의 준비』 15,7에 인용됨; 키케로 『최고선악론』 4,12; 오리게네스 『원리론』 3,6,6; 『요한 복음 강해』 13,126-128.

57. 그런데 우리가 그런 견해를 내세우며 그리스도인들을 공박하는 이 인간에게 찬동하고, 오히려 몸들의 다양성을 그것들의 내적·외적 속성들에 근거하여 설명하는 가르침을 버려야 한다는 것입니까? 아무튼 우리는 다음 사실도 알고 있습니다. "하늘에 속한 몸체들도 있고 땅에 속한 몸체들도 있습니다. 그러나 하늘에 속한 몸체들의 광채가 다르고 땅에 속한 몸체들의 광채가 다릅니다. 해의 광채가 다르고 달의 광채가 다르고 별들의 광채가 다릅니다. 별들은 또 그 광채로 서로 구별됩니다"(1코린 15,40-41). 그래서 우리는 또한, 죽은 이들의 부활을 고대하면서, 몸들의 속성들이 변화를 겪으리라는 것도 가르칩니다. 과연 "죽은 이들의 부활도 이와 같습니다. 썩어 없어질 것으로 묻히지만, 썩지 않는 것으로 되살아납니다. 비천한 것으로 묻히지만, 영광스러운 것으로 되살아납니다. 약한 것으로 묻히지만, 강한 것으로 되살아납니다. 물질적인 몸으로 묻히지만, 영적인 몸으로 되살아납니다"(1코린 15,42-44). 사물들의 바탕이 되는 물질은 창조주께서 그 물질에 주고자 하시는 속성들을 받아들일 능력이 있다는 것에 대해서, 섭리를 믿는 우리 모두는 전혀 의심하지 않습니다. 그리고 하느님께서 원하시면, 이 물질은 지금은 이런저런 속성을 지니고, 나중에는 다른 속성을, 예컨대 더 낫고 더 탁월한 속성을 지닙니다.

그러나 몸의 변화 또한, 세상이 존재한 이래 그리고 존재하는 한, 특정한 법칙성들에 따라 일어나기 때문에, 지금 이미 죽은 인간의 몸이 바뀌어 [민간 신앙에 따르면 척추의 골수骨髓에서] 뱀이 생겨나고, 황소에게서 꿀벌이, 말에게서 말벌이, 나귀에게서 딱정벌레가, 그리고 대부분의 동물 시신에서 벌레가 자라 나오는 것이 크게 놀라운 일은 아니라고 하겠습니다.[120]▶ 한편 이 세상의 폐기 — 우리 성경에서는 "세상의 완성(종말)"이라고 지칭합니다(마태 13,39-40 등 참조). ― 이후에는 필경 사물들의 새롭고 다른 성질의 질서가 낡은 질서를 대체할 것입니다. 그런데 켈수스는 그것들 가운데 어떤 것도 신의 작품이 아니고, 이 속성들은 그렇게 변하도록 어딘가로부터(나는 그게 어딘지 모르겠습니다) 정해졌으며, 따라서 물질 안에서 속성들을 변화시키는 신적 이성이 작용하는 것은 아니라는 주장을 뒷받침하는 하나의 증거를 발견합니다.

58. 켈수스는 "영혼은 신의 작품이지만, 몸은 다른 본성을 지니고 있다"라는 매우 심각한 명제를, 입증하거나 개념적으로 명료화하지도 않고, 그냥 주장만 했습니다. 사실 그는 모든 영혼이 신의 작품인지, 아니면 이성을 부여받은 영혼들만이 신의 작품인지를 명확히 언명하지 않았습니다. 그래서 우리는 그에게 이렇게 대답해야겠습니다. 모든 영혼이 하느님의 작품이라면, 이성 없는 아주 하찮은 동물들의 영혼도 분명히 하느님의 작품일 터이고, 또한 모든 몸도 영혼과는 "다른 본성"을 지니고 있을 것입니다. 그런데 켈수스는 뒤에서[121] "이성 없는 동물들이 우리보다 더 신에게 사랑받으며, 신에 관한 더 순수한 표상을 지니고 있다고 하겠다"라고 주장하는데, 이로써 인간들의 영혼뿐 아니라 이성 없는 동물들의 영혼도 "신의 작품"이며, 오히려 후자가 더 그렇다는 명제를 내세우려는 것으로 보입니다(사실 동물들의 영혼이 더 높은 정도로 신의 작품이라는 것은, "이성 없는 동물들이 우리보다 더 신에게 사

◀120 이른바 자연발생(generatio aequivoca)의 이 형태들은 고대 문헌에 자주 나타난다. 여기서 언급된 모든 것은 예를 들어 플루타르코스 『아기스』 60,4-5에 나온다. 소에게서 꿀벌이 생겨나오는 것에 관해서는 참조: 베르길리우스 『농경시』 4,281-314.
121 참조: 『켈수스 반박』 4,88.

랑받는다"는 주장으로부터 도출되는 결론입니다). 그러나 이성을 부여받은 영혼만이 신의 작품이라면, 켈수스는 첫째, 자기주장을 명확히 표현하지 않은 것이고, 둘째, 그가 영혼 개념의 명료화를 소홀히 했기 때문에 ― 마치 모든 영혼이 아니라 이성을 부여받은 영혼만이 신의 작품이듯이 ― 모든 몸이 영혼과는 다른 본성을 지닌 것은 아니라는 결론이 나오게 된 것입니다. 그런데 모든 몸이 영혼과 다른 본성을 지니고 있는 것이 아니라, 각각의 생물에서 몸이 영혼과 상응 관계에 있다면, 그 영혼이 "신의 작품"인 어떤 존재의 몸은, 신의 작품이 아닌 영혼이 그 안에 살고 있는 몸보다 고상하리라는 것은 분명합니다. 이로써 "박쥐나 벌레나 개구리의 몸이 인간의 몸과 전혀 차이가 없다"는 주장은 그릇되었다고 하겠습니다.

59. 사람이 어떤 돌이나 건물을, 하느님 공경에 쓰이도록 정해졌는지 아니면 염치없고 타락한 인간들 접대에 쓰이도록 정해졌는지에 따라, 다른 돌이나 건물보다 더 깨끗하거나 덜 깨끗한 것으로 여긴다면, 사실 불합리하다고 하겠습니다. 다른 한편 몸들과 관련하여, 어떤 몸에는 이성적 존재가 살고 있고 다른 몸에는 비이성적 존재가 살고 있다면, 더구나 이 이성적 존재는 덕스러운 인간이고 저 비이성적 존재는 극악한 인간이라면, 그 몸들의 차이를 인정하지 않는 것도 불합리하다고 하겠습니다.[122] 그런 차이에 대한 인지認知가 적지 않은 사람들을 부추겨, 특출한 남자들의 몸은 존귀한 영혼의 거처로 쓰였기에 신격화하고, 반면 극악한 자들의 몸은 혐오의 대상으로 경멸하게 했습니다. 나는 그 사람

---

122 참조: 『켈수스 반박』 5,24.

들이 아주 올바로 행동했다고 말하려는 것은 아니고, 단지 그런 행동은 건전한 생각에서 나온 것이라는 사실만 암시하려는 것입니다. 지혜로운 사람이라면 소크라테스와 아니토스[123]가 죽고 난 후 소크라테스 몸과 아니토스 몸의 매장에 똑같이 마음 쓰고, 그 두 몸에 같은 무덤이나 같은 기념비를 세워 주려 하겠습니까? 우리가 이 예를 제시한 것은 "그것들 가운데 신의 작품은 하나도 없다"라는 켈수스의 말 때문인데, 여기서 "그것들"은 인간의 몸이나 인간 시신에서 생겨나는 뱀과 황소의 몸이나 황소의 시체에서 생겨나는 꿀벌 또는 말이나 나귀의 몸과 그것들의 시체에서 생겨나는 말벌과 딱정벌레와 관련됩니다. 그래서 우리는 "영혼은 신의 작품이지만, 몸은 영혼과는 다른 본성을 지니고 있다"라는 켈수스의 말로 다시 돌아올 수밖에 없었습니다.

60. 이어서 켈수스는 말합니다. "앞에서 언급한 모든 몸은 단 하나의 공통된 본성을 지니고 있으니, 이 본성은 끊임없이 반복되는 변화로 나아가고 또 되돌아온다." 이에 대해 응수해야겠습니다. 이미 말한 내용으로부터 분명해진 것인즉, 앞에서 열거한 몸들만 하나의 공통된 본성을 지니고 있는 게 아니라, "하늘에 속한 몸체들"(1코린 15,40)도 그렇다는 것입니다. 실상이 참으로 그렇다면, 켈수스의 말처럼 ― 과연 실상에 부합하는지 나는 모르겠습니다만 ― "모든 몸은 단 하나의 본성을 지니고 있으니, 이 본성은 끊임없이 반복되는 변화로 나아가며 또 되돌아온다"는 것도 분명합니다. 또한 세계는 멸망하리라고 믿는 사람들의 견해에 따르더라도, 실상은 분명히 그럴 것입니다. 그러나 세계가 멸

---

123 소크라테스를 고발한 사람인데, 이 일 때문에 추방당하고 돌에 맞아 죽었다고 한다.

망한다는 견해를 반대하고 또 "다섯 번째 원소"의 존재를 부인하는 사람들 역시, 자기네 견해에 따르더라도 "모든 몸은 단 하나의 본성을 가지고 있으니, 이 본성은 끊임없이 반복되는 변화로 나아가고 또 되돌아온다"는 것을 명시하려 시도할 것입니다. 아무튼 그리하여 멸망하는 것도 변화 안에서 계속 존립하게 된다는 것입니다. 요컨대 모든 사물의 바탕이 되는 물질은, 이 물질을 생성되지 않은 것으로 여기는 이들의 견해에 따르면, 언제까지나 존속하는 반면, (물질이 지니고 있는) 속성은 소멸합니다. 그러나 물질이 생성되지 않은 게 아니라 어떤 특정한 목적을 위해 생성되었다는 증거를 제시할 수 있다면, 그 물질은 그것의 존속과 관련하여, 사람이 그것을 생성되지 않은 것으로 가정할 때와 동일한 본성을 지니지 않으리라는 것은 분명합니다. 아무튼 지금 우리의 과제는 이런 자연철학적 문제들을 논구하는 것이 아니라, 켈수스의 비난을 반박하는 것입니다.

61. 우리의 적수는 계속 주장합니다. "물질로부터 생겨난 것은 아무것도 불멸하지 않는다." 이에 대해 다음과 같이 대답하겠습니다. 참으로 "물질로부터 생겨난 것은 아무것도 불멸하지 않는다"면, 온 세계는 "불멸"하기에 "물질로부터 생겨나"지 않거나, 그 자체로 불멸하지 않습니다. 그런데 세계가 불멸한다면 — 이것은 사실 영혼만이 "신의 작품"이며 일종의 혼합하는 항아리에서 유출되었다고 주장하는 이들도 옹호하는 것입니다 — 켈수스는 우리에게 세계가 무형의 물질로부터 생겨나지 않았다는 것을 입증해야 할 것이며, 그러면서 동시에 "물질로부터 생겨난 것은 아무것도 불멸하지 않는다"라는 자신의 명제를 고수해야 할 것입니다. 그러나 세계가 정말로 "물질로부터 생겨"났기에 불

멸하지 않는다면, 세계는 사멸하거나 필멸합니다. 그렇지 않습니까?[124] 요컨대 그렇게 세계가 필멸한다면, 세계는 사실 "신의 작품"으로서 필멸할 것입니다. 그렇다면 세계가 멸망할 때, "신의 작품"인 영혼은 어찌 되는지를 켈수스는 우리에게 말해야 할 것입니다. 그러나 만일 켈수스가 "불멸적"이라는 개념의 뜻을 견강부회牽强附會하면서, 세계는 소멸할 가능성은 있지만 실제로 소멸하지는 않으며, 죽음을 겪을 수 있지만 실제로는 죽지 않는다는 의미에서 "불멸적"이라고 주장하고자 한다면,[125] 그의 견해에 따르면 두 가지 가능성을 모두 지니고 있기에, 동시에 사멸적이고 불멸적인 어떤 것이 있으리라는 것이 분명합니다. 그렇다면 죽지 않으면서 죽는 어떤 실재가 있을 터이고 본성상 불사하지 않는 것이, 실제로 죽지 않기 때문에, 본디의 의미에서 "불멸적"이라고 불릴 것입니다. 아무튼 이런 구별을 고려한다면, 켈수스는 "물질로부터 생겨난 것은 아무것도 불멸하지 않는다"라는 자기주장이 어떤 의미로 이해되기를 바라는 것일까요? 사람들은 켈수스가 자기 책에서 표명하는 사상들은, 좀 더 면밀히 검증하고 분석한다면, 논란의 여지없고 반박할 수 없는 것이 아니라는 사실이 드러난다는 것을 알아야 합니다.

아무튼 켈수스는 덧붙여 말합니다. "이 문제에 관해서는 충분히 언명했다고 하겠다. 내 말을 계속 듣고 탐구할 수 있는 사람은, 깨달음을 얻을 수 있을 것이다." 그의 견해에 따르면 "분별없는 사람들"인 우리도 그의 말을 좀 귀를 기울여 듣고 탐구하면 과연 어떤 유익함을 얻을 수 있는지 알아보고자 합니다.

---

[124] 이 물음의 배경에는 플라톤의 『티마이오스』를 문자적으로 해석할 것인가 우의적으로 해석할 것인가 하는 문제와 관련된, 중기 플라톤주의 내부의 학술 논쟁이 자리 잡고 있다.
[125] 참조: 오리게네스 『원리론』 2,3,6; 플라톤 『티마이오스』 41a.

62. 이어서 켈수스는 많은 중요한 저작들을 이미 다양하게 탐구했고 또 다양하게 대답한 "악의 본질"이라는 문제에 대한 가르침을 자신이 몇 가지 간략한 명제를 통해 우리에게 줄 수 있다고 하면서 이렇게 말합니다. "악의 감소와 증가는 이 세상에서 과거에도 없었고, 또 현재와 미래에도 없을 것이다. 왜냐하면 우주의 본질은 언제나 하나요 동일한 것으로 머물러 있으며, 악의 생성도 언제나 동일하기 때문이다." 이 말은 플라톤의 『테아이테토스』의 한 구절을 우회적으로 표현한 것으로 여겨지는데, 거기서 플라톤은 소크라테스로 하여금 이렇게 말하게 합니다. "악이 인간들의 삶에서 완전히 없어진다는 것도 불가능하고, 또 악이 신들 가운데 자리 잡는 것도 불가능하다."[126] 그런데 나에게는 우리를 공박하는 자기 책에 『참된 말씀』이라는 제목을 붙이고, 그 안에 진리를 온전히 총괄하고자 시도하는 (위대한 학자) 켈수스가 플라톤을 정확히 이해한 것으로는 결코 보이지 않습니다. 아무튼 (플라톤의 다른 책) 『티마이오스』에 나오는 "그러나 신들이 이 세상을 물로 정화하면"[127]이라는 구절은, 대홍수에 의해 정화된 세상에서는 정화 이전보다 악이 적어지리라는 것을 분명히 알려 줍니다. 그리고 우리도 언젠가 악이 적어질 것이라고 플라톤과 연계하여 주장하니, 『테아이테토스』에서 "악이 인간들의 삶에서 완전히 없어질 수는 없을 것이다"라고 언명하고 있기 때문입니다.

63. 그런데 켈수스가, 사람들이 그의 책의 언명들에서 유추할 수 있듯

---

126 참조: 플라톤 『테아이테토스』 176a.
127 플라톤 『티마이오스』 22d.

이, 일종의 섭리를 인정하면서도, 어떻게 "악은 증가하지도 감소하지도 않는다"고, 이를테면 경계가 정해져 있다고 주장하게 되었는지 나는 모르겠습니다. 아무튼 이로써 켈수스는, 악의는 한계가 없으며 그 고유한 본성에 따라 무한하다는 탁월한 가르침을 배격하고 있습니다.[128] 하지만 악은 과거에도 현재에도 미래에도 감소하거나 증가하지 않는다는 명제로부터는, 세계가 필멸한다고 주장하는 사람들의 견해처럼, 섭리가 원소들이 균형을 이루도록 작용하여 한 원소의 압도직 우세를 저지하고 세계의 소멸을 방지한다고 그래서 이를테면 일종의 섭리가 악의 양이 어느 정도인지 감독하여, "증가하지도 감소하지도 않도록" 한다고 추론할 수 있을 것으로 여겨집니다.[129]

악에 관한 켈수스의 견해는 다른 논거들을 통해서도 반박할 수 있습니다. 선과 악을 연구 분석한 철학자들은 인류 역사로부터 다음 사실도 밝혀냈습니다. 창녀들이 처음에는 도시 밖에서 그리고 너울로 얼굴을 가리고 아무에게나 돈을 받고 몸을 팔았는데, 나중에는 그럭저럭 부끄러움이 없어지자 너울을 벗었지만 법률이 그녀들의 도시 출입을 금지했기에 여전히 도시 밖에 머물렀으나, 마침내 윤리적 타락이 날이 갈수록 심해지자 감히 도시도 드나들게 되었습니다. 이 사실을 크리시포스는 자기 책 『선과 악 입문』에서 보고하고 있습니다.[130] 그 책에서 우리는 악이 증가하거나 감소한다는 사실을 입증해 주는 사례도 발견할 수

---

128 배경에는 그리스 사유에서 한계 지어지지 않은 것과 형태 없는 것에 대한 부정적 평가가 자리 잡고 있다.
129 참조: 키케로 『신들의 본성』 2,84.
130 이 언급에 근거하여, 이어지는 모든 구절을 크리시포스에게 귀속시키고 있다. 참조: SVF 3, Appendix II, XVIII 단편 3; SVF 2,1174.

있으니, 예전에는 이른바 "수상쩍은 여자들"이 공공연히 창녀 노릇을 하면서 손님들의 욕구를 능동적·수동적 방식으로 만족시켜 주었지만, 나중에는 공공 질서의 수호자인 경찰에게 쫓겨났습니다. 또한 악습이 널리 퍼져 인간들의 삶 속에 들어온 무수한 파렴치한 행위들과 관련하여, 우리는 그것들이 예전에는 존재하지 않았음을 확인할 수 있습니다. 수많은 악행을 저지른 악인들을 비난하는 아주 오래된 이야기들도, 말로 표현할 수 없을 만큼 추악한 범죄들에 관해서는 물론 전혀 모르고 있습니다.

64. 이런 사실들을 고려하건대, "악은 결코 증가하거나 감소하지 않는다"고 생각하는 켈수스가 터무니없어 보이지 않습니까? 아무튼 "우주의 본질은 하나요 동일하다"고 하더라도, 여기에서 "악의 생성도 언제나 동일하다"는 결론이 따라 나오는 것은 결코 아닙니다. 요컨대 한 특정한 인간의 "본성이 하나요 동일"하다고 하더라도, 그의 의향·사유·행위가 언제나 동일한 특질을 보여 주지는 않으니, 그가 때로는 이성을 사용하지 않고, 때로는 이성과 함께 악의(이것도 때에 따라 정도가 심하거나 약합니다) 역시 사용하기 때문이며, 또 때로는 덕을 지향하고 이 덕에서 다소간 진보하거나 더러는 장·단기간의 영적 통찰을 통해 덕의 정점에까지 이르기도 하기 때문입니다. 그러므로 우리는 "우주의 본질"이 본래 "하나요 동일"하다 하더라도, 우주 안에서 발생하는 일들이 언제나 동일하지는 않으며 결코 동질적이지도 않다고 아주 당연히 확언할 수 있습니다. 사실 계속되는 풍년도 없고 계속되는 흉년도 없으며, 장마도 가뭄도 끝없이 이어지지 않습니다. 또한 그래서 선한 영혼들의 과다나 부족도 이미 확정되어 있지 않으며, 마찬가지로 죄악

의 다소간의 만연도 이미 정해져 있지 않습니다. 이 모든 것을 철저히 탐구하고자 하는 사람은, 악에 관한 다음의 가르침을 굳게 믿어야 합니다. 악은 언제나 동일한 정도로 존속하지 않으니, 섭리가 이 세상 사물들을 그대로 보존시키거나 또는 대홍수나 대화재를 통해 정화하기 때문인데, 이런 일은 필경 이 세상만이 아니라, 악이 그 안에 만연하면 정화가 필요하게 되는 온 우주의 사물들에게 발생할 것입니다.[131]

65. 이어서 켈수스는 말합니다. "악의 기원이 무엇인지는, 철학 공부를 하지 않은 사람은 쉽게 통찰하지 못한다. 대중에게는 악은 신에게서 유래하는 게 아니라, 물질에 따라오는 것이며 또 죽음을 면치 못하는 존재들에게 내재한다고[132] 말해 주는 것으로 충분하다. 그런데 죽음을 면치 못하는 존재들의 순환은 처음부터 끝까지 한결같으며, 세계 주기週期들의 확정된 순서에 따라 필연적으로 과거와 현재와 미래에 언제나 동일한 일이 발생한다."[133] 여기서 켈수스는 "철학 공부를 하지 않은 사람은 악의 기원을 쉽게 통찰하지 못한다"라고 말하는데, 이로써 그는 철학자들은 그런 통찰을 얻기가 쉬운 반면, 철학자 아닌 이들은 매우 어렵긴 하지만 그래도 힘껏 분발하고 노력하면 악의 기원을 통찰하는 것이 가능함을 암시하고 있습니다. 그러나 이에 대해 우리는 다음과 같이 반박합니다. 철학자일지라도 악의 기원을 통찰하는 것은 결코 쉬

---

131 이 주해는 정화하는 세계 대홍수에 관한 플라톤적 표상들(특히 『티마이오스』 22b-23d)에 근거하고 있다. 대화재와 견주어지는 세계적인 대홍수에 관한 스토아학파의 표상에 관해서는 참조: M. Pohlenz, Stoa. *Die Stoa. Geschichte einer geistigen Bewegung*, 2Bde., Göttingen 5. Aufl. 1978.1980, 2 47.

132 참조: 플라톤 『국가』 379c; 380b; 『티마이오스』 42d; 『테아이테토스』 176a.

133 참조: 플라톤 『정치』 269c-270a; 『켈수스 반박』 4,11.

운 일이 아닙니다. 만일 신적 비추임에 의해 악의 본질이 밝혀지지 않고, 악의 발생이 해명되지 않고, 악의 폐기 방식이 파악되지 않는다면, 악의 기원에 관한 순전한 통찰을 얻는 것은 결코 가능하지 않을 것입니다.[134] 그런데 하느님에 대한 무지도 악의 하나이며, 사실 가장 큰 악은 하느님을 섬기고 공경하는 올바른 방법을 모르는 데 있다고 하겠습니다. 아무튼 철학 학파들의 서로 다른 잡다한 견해들에서 분명히 드러나듯이, 적지 않은 철학자들이 악의 기원을 통찰하지 못했다는 사실을 켈수스 자신도 전혀 부인하지 못할 것입니다. 우리의 견해에 따르면, 세속적인 국가 제도 안에서 통용되는 법률에 따라 참된 하느님 공경을 실천할 수 있다고 믿는 것을 "악"으로 여기지 않는 사람들은, 아무도 악의 기원을 통찰할 수 없을 것입니다. 그리고 이전에 이른바 "악마와 그 심부름꾼들"(마태 25,41)에 관한 가르침을 탐구하지 않은 사람, 악마는 악마가 되기 전에 무엇이었는지, 그리고 어떻게 악마가 되었는지, 또 "악마의 심부름꾼들"이라고 성경이 지칭하는 존재들이 악마와 함께 (하느님에게서) 떨어져 나간 이유는 무엇이었는지 탐구하지 않은 사람들은, 아무도 악의 기원을 통찰할 수 없을 것입니다. 이러한 통찰을 얻고자 하는 사람은 다음과 같은 다이몬-론에 관해서도 철저히 파악해야 합니다. 그들은 다이몬이라는 점에서는 피조물이 아니며 이성적 존재인 한에서만 하느님의 피조물이라는 것, 그리고 어떤 이유에서인지 그들의 의지가 다이몬이라는 존재가 되는 데 결정적인 몫을 했다는 것을 파악해야 합니다. 사실 깊이 탐구해야 할, 또 그렇게 하더라도 우리 인간 본성으로서는 규명하기가 매우 어려운 문제들이 있는데, "악의 기원"

---

134 오리게네스에게는 악의 기원이라는 난제가 결국은 오직 계시의 빛 안에서만 해명될 수 있거니와, 계시는 하느님에 관한 앎만 전달해 주는 게 아니라 악마의 모습도 꿰뚫어 보게 해 준다.

도 그런 것들 가운데 하나라고 하겠습니다.

66. 그런 다음 켈수스는 마치 자신이 "악의 기원"에 관한 비밀스러운 통찰을 전해 줄 수 있는 듯 처신하지만, 그것을 언명하지는 않고, 다음과 같이 그저 대중에게 적합한 정도로만 말하겠다고 합니다. "대중에게는 악은 신에게서 유래하는 게 아니라, 물질에 따라오는 것이며 또 죽음을 면치 못하는 존재들에게 내재한다고 말해 주는 것으로 충분하다." "악은 하느님에게서 유래하지 않는다"는 것은 진실입니다. 과연 우리의 예언자 예레미야에 따르면 "악도 선도 지극히 높으신 분의 입에서 나오지 않는다"(애가 3,38)라는 것은 명백합니다. 그러나 "죽음을 면치 못하는 존재에게 내재하는 물질"이 악의 원인이라는 주장은, 우리의 견해에 따르면, 진실이 아닙니다.[135] 개개인의 의지가, 그 사람 안에 존재하는 죄성罪性의 원인입니다. 이 죄성이 "악"이며, 죄성이 부추기는 행위들 역시 악합니다. 그 밖에는 우리에게 엄밀한 의미의 "악"이란 아무것도 없습니다. 아무튼 나는 이 가르침은 철저한 연구와 논증이 필요하다는 것을 잘 알고 있거니와, 이 일은 우리의 정신을 비추어 주시는 하느님의 은총을 통해, 이런 통찰을 얻기에 합당하다고 하느님께서 여기시는 사람에 의해 수행될 수 있을 것입니다.

67. 켈수스가 우리를 공박하는 책을 쓰면서, "죽음을 면치 못하는 존재들의 순환은 처음부터 끝까지 한결같으며, 세계 주기週期들의 확정된 순서에 따라 필연적으로 과거와 현재와 미래에 언제나 동일한 일이 발

---

135 참조: 『켈수스 반박』 3,42.

생한다"는 것을 가능한 한 명시하기 위해, 최소한 외견상으로 설득력 있는 많은 논증이 필요한 교설을 부수적으로 언급하는 것이 어떠한 유익함을 가져다줄 수 있으리라 여겼는지 나는 모르겠습니다.[136] 아무튼 그의 견해가 옳다면, 우리의 자유의지는 폐기된 셈입니다.[137] 과연 "죽음을 면치 못하는 존재들의 순환 안에서, 언제나 동일한 일이 세계 주기들의 확정된 순서에 따라 필연적으로 과거와 현재와 미래에 발생"한다면, 필경 소크라테스는 "필연적으로 언제나" 철학을 하고, 낯선 신들을 소개하고 젊은이들을 타락시켰다고 고발당하며, 아니토스와 멜레토스는 "언제나" 소크라테스의 고발자가 되고, 아레오파고스의 재판관들은 "언제나" 소크라테스에게 독배를 마시고 죽는 사형 판결을 내릴 것입니다. 팔라리스도 "세계 주기들의 확정된 순서에 따라 필연적으로" 폭군으로 지배하고, 페라이의 알렉산더도 똑같은 잔혹한 짓을 저지르고, 팔라리스에게 황소 모습으로 만든 틀 속에서 화형당하는 판결을 받은 이들도 "언제나" 그 틀 속에서 울부짖게 될 것입니다.[138] 만일 사람들이 이런 일들을 인정한다면, 우리의 자유의지가 어떻게 존재할 수 있을지, 칭송과 비난에 관해 어떻게 합리적으로 언명할 수 있을지 나는 정말 모르겠습니다. 이런 가설에 대해 사람들은 켈수스에게 다음과 같이 응수해야 할 것입니다. "죽음을 면치 못하는 존재들의 순환

---

136 주기마다 발생하는 사건들의 전적인 동일성은 스토아철학의 정통 가르침이다. 참조: 『켈수스 반박』 4,12; J.M. Rist, Beyond Stoic and Platonist 236-237; 이른바 윤회(반복 발생, Palingenesie)설에 관해서는 참조: Pohlenz, Stoa 1 78-81; SVF 2,623-632.

137 참조: 오리게네스 『원리론』 2,3,4. 이어지는 스토아학파의 반복되는 세계 주기설과의 논쟁은 인간의 자유의지를 옹호하는데, 이 자유의지는 앞에서 악의 기원을 해명하기 위해 제시되었다.

138 이 대표적 사례들에 관해서는 참조: 『켈수스 반박』 5,20; 타티아누스 『그리스인에 대한 연설』 34,1; 또한 네메시우스 『인간 본성』 38; 또한 Pohlenz, Stoa 1 80-81.

은 처음부터 끝까지 한결같으며, 언제나 동일한 것이 세계 주기들의 확정된 순서에 따라 필연적으로 과거와 현재와 미래에 발생한다"면, "주기들의 확정된 순서에 따라 필연적으로" 모세는 매번 유대 민족과 이집트에서 떠나가야 하고, 예수님도 거듭 세상에 오시어, 그분이 한 번만이 아니라 "주기적 순환" 안에서 이미 무수히 성취하셨던 일과 동일한 일을 다시금 성취하셔야만 할 것입니다. 또한 동일한 그리스도인들도 "확정된 세계 주기들에 따라" 다시 나타나고, 켈수스 역시 그가 전에 이미 셀 수 없이 여러 번 썼던 책과 똑같은 책을 다시금 쓸 것입니다.[139]

68. 그런데 켈수스는 오직 "죽음을 면치 못하는 존재들의 순환은 세계 주기들의 확정된 순서에 따라 필연적으로 과거와 현재와 미래에 언제나 발생한다"라고 주장합니다. 반면 대부분의 스토아학파 철학자들의 견해에 따르면, 그런 주기적 순환은 죽음을 면치 못하는 존재들만이 아니라 불사하는 존재들과 심지어는 그 철학자들이 믿는 신들에게도 해당됩니다.[140] 아무튼 이미 무수히 발생했고 또 앞으로도 무수히 발생할 우주의 대화재 이후에도 삼라만상의 질서는 처음부터 끝까지 동일했고 또 동일하게 머물러 있을 것입니다. 물론 스토아학파 철학자들은 자기네 학설의 부조리한 점들을 어느 정도 다듬어 보려고 기묘하게도, 모든 인간은 한 주기가 경과하는 동안 이전 주기들의 인간들과 아주 비슷해진다고 주장합니다. 그래서 소크라테스가 다시 태어나는 것이 아니라, 소크라테스와 아주 비슷한 인간이 태어나고, 크산티페와 아주 비

---

139 참조: 오리게네스『원리론』 2,3,4.
140 참조: 『켈수스 반박』 4,14; 6,71.

숫한 여자와 혼인하게 되며, 아니토스와 멜레토스와 아주 비슷한 사람들에 의해 고발당하게 된다고 합니다.[141] 하지만 나는 어떻게 세계가 언제나 동일하다면서 다른 세계와 아주 비슷하기만 한지, 어떻게 그 세계 안의 사물들은 동일하지 않고 그저 아주 비슷하기만 한지 납득할 수가 없습니다. 아무튼 켈수스와 스토아학파의 언명들에 대한 중요한 반대 논증은 다른 곳에서 좀 더 적절히 상론할 수 있을 것입니다.[142] 지금은 시점이나 우리의 당면 목적이 이 문제에 오래 머물러 있는 것을 허용하지 않습니다.

69. 이어서 켈수스는 말합니다. "사람들이 보고 있는 사물들은 (신에 의해) 인간에게 주어져 있는 것이 아니라, 그 모두가 전체의 이익을 위해 생겨나고 소멸하는데,[143] 이는 내가 앞에서 말한 바 있는 사물들의 상호적 전환에 해당한다." 이 말을 반박하느라 오랜 시간을 들일 필요가 없으니, 이미 앞에서 우리 능력껏 상론했기 때문입니다.[144] 그리고 "죽음을 면치 못하는 존재들에게 있어서 선도 악도 증가하거나 감소할 수 없다"라는 주장도 우리는 이미 반박했습니다.[145] 또한 다음의 언명에 대해서도 반론을 제기했습니다.[146] "신은 자기 작품들을 거듭 새삼 개선할 필요가 없다. 또한 너무 솜씨 없이 일을 하여 결함 있는 것을 만

---

141   스토아학파의 이 학설은 A주기 안의 소크라테스와 B주기 안의 소크라테스의 절대적 동일성이 아니라 절대적 유사성(ἀπαράλλαντος)을 주장했다.
142   참조: 『켈수스 반박』 5,20.
143   참조: 플라톤 『법률』 903b-e.
144   참조: 『켈수스 반박』 4,60.
145   참조: 『켈수스 반박』 4,62-64.
146   참조: 『켈수스 반박』 4,11-13.

들어 내는 인간과 달리, 신은 세상을 홍수나 화재로 정화함으로써 세상의 개선을 시도하지도 않는다." 켈수스는 홍수나 화재는 단지 죄악이 더 이상 만연하는 것을 저지하기 위한 것이라고 생각합니다. 하지만 나는 하느님께서 전체의 유익을 위해 죄악을 정연한 방식으로 (단번에) 완전히 섬멸하신다고 믿습니다. 그러나 죄악의 섬멸 이후, 죄악이 다시 생겨나는지 아닌지 하는 문제는 별도의 연구로 숙고해야 할 것입니다.[147] 아무튼 하느님께서는 "언제나 다시금 새로운 개선을 통해" 과실들을 좋게 복구하고자 하십니다. 과연 하느님께서 세상을 창조하실 때 만물을 지극히 아름답고 완전한 방식으로 지으셨지만, 죄의 병을 앓고 있는 이들을 치유하셔야만 했고, 또한 죄에 의해 이를테면 오염이 된 온 세상도 그렇게 하셔야 했습니다. 그리고 하느님께서는 변화 가능하고 또 변화하는 세상에서 마땅한 시기에 마땅히 하셔야 할 일을 소홀히 하시지 않았고 또 앞으로도 소홀히 하시지 않을 것입니다. 농부가 계절 따라 땅과 그 식물에 여러 다른 농사일을 하듯이, 하느님께서도 각 시대에 따라, 몇 년밖에 되지 않더라도, 전체의 마땅한 질서가 요구하는 일을 행하심으로써, 우주의 시간 전체를 정연하게 이끌어 가시거니와, 이 전체의 마땅한 질서는 오로지 진리 자체이신 하느님에 의해 온전하고 정확하게 파악되고 또 완성됩니다.

---

147 취소 불가능한 완성과 관련하여, 『켈수스 반박』 8,72; 『로마서 주해』 8,13도 상당히 유보적인 입장에 머물러 있다. R. Roukema, "Die Liebe kommt nie zu Fall"(1Kor 13,8a) als Argument des Origenes gegen einen neuen Abfall der Seelen von Gott: *Origeniana Septima* (hrsg. von W. A. Bienert/ U. Kühneweg = BEThL 137), Löwen 1999, 21-22에 따르면, 코린토 1서 13,8a에 대한 종말론적 해석이, 하느님께 대한 사랑이 언젠가 하느님 배반에 기우는 성향보다 더 강해지리라는 최종적 확신을 위해 결정적이었다.

70. 켈수스는 악에 관해 이렇게 언명했습니다. "당신에게 어떤 것이 악하게 여겨지더라도, 그것이 참으로 악한지는 아직 분명하지 않다. 왜냐하면 당신은 사실 무엇이 당신에게 또는 어떤 다른 사람에게 또는 세상 전체에 유익한지 알지 못하기 때문이다." 이 언명은 상당히 신중한 듯하지만, 개별적인 경우에 악으로 여겨지는 것이 전체에게 유익을 가져다줄 수도 있기 때문에 악의 본질이 전적으로 나쁘지는 않을 것이라는 추측을 안고 있습니다.[148] 그래서 아무도 이 말을 잘못 이해하여 악한 행위의 빌미로 삼지 못하도록, 그 악행이 전체에게 유익할 수도 있다는 구실을 내세우지 못하도록, 다음과 같이 확언해야겠습니다. 하느님께서 개개인의 자유의지를 보장해 주시면서도, 다른 한편 나쁜 인간들의 악의가 세계 전체의 질서 보존과 유익에 이용되도록 그 악의를 조종하신다 하더라도, 나쁜 인간은 마땅히 비난을 받아야 합니다. 그런 인간은 비난받아 마땅하니, 세계 전체에 유익함이 된다 하더라도, 사람이라면 누구나 혐오해야 할 짓을 저지르기 때문입니다. 비유를 하나 듭시다. 어떤 사람이 어떤 도시에서 이런저런 중죄를 저질렀고, 그 때문에 공익 근로 사업에 투입되는 벌을 받아 도시 전체의 유익에 한몫을 했다 하더라도, 그 자신은 조금이라도 이성을 지닌 인간이라면 저지르지 않을 혐오해야 마땅한 짓을 한 책임을 져야 합니다.[149]

예수님의 사도 바오로 역시 아주 나쁜 인간들일지라도 어떻게든 전체의 유익을 위해 쓰일 수 있지만, 그들 자체로 볼 때 버림받은 자들에 속하며, 반면 아주 좋은 인간들은 전체에게 매우 큰 유익함을 가져다

---

148   참조: 오리게네스 『예레미야서 강해』 12,5.
149   참조: 오리게네스 『민수기 강해』 14,2,7.

주며 또 그 보상으로 매우 영광스러운 자리를 차지하게 되리라고 우리에게 가르쳐 줍니다. 그는 말합니다. "큰 집에는 금 그릇과 은 그릇만이 아니라 나무 그릇과 질그릇도 있어서, 어떤 것은 귀하게 쓰이고 어떤 것은 천하게 쓰입니다. 그러므로 누구든지 이러한 것들에서 자신을 깨끗이 씻어 버리면, 귀하게 쓰이는 그릇, 곧 거룩하게 되어 주인에게 요긴하게 쓰이고 또 온갖 좋은 일에 쓰이도록 갖추어진 그릇이 될 것입니다"(2티모 2,20-21). 이 말씀을 나는 "당신에게 어떤 것이 악하게 여겨지더라도, 그것이 참으로 악한지는 아직 분명하지 않다. 왜냐하면 당신은 사실 무엇이 당신에게 또는 어떤 다른 사람에게 또는 세상 전체에 유익한지 알지 못하기 때문이다"라는 켈수스의 언명에 대한 마땅한 응답이라고 여깁니다. 그 누구도 켈수스의 언명을 빌미삼아, 전체 세상에 유익함을 가져다준다는 구실로 죄를 저질러서는 안 됩니다.

71. 이어서 켈수스는 하느님이 마치 인간처럼 생각하고 느끼시는 성경 구절, 예를 들어 사악한 자들에 대한 "진노의 말씀"과 죄인들에 대한 "위협"에 관해 보고하는 구절들을 올바로 이해하지 못하고 조롱하기 때문에,[150] 이에 대해 다음과 같이 말해야겠습니다. 우리가 아이들과 대화할 때 의도적으로 우리의 언어적 능력을 모두 동원하지 않고 아이들의 미약한 이해력에 맞추어 그들의 교육과 향상에 유용하다고 여겨지는 내용을 말하고 행하듯이, 하느님의 로고스께서도 성경의 보고가 독자들의 이해력과 유익함에 부합하게끔 계획적으로 성경을 구상하신 것으로 여겨집니다. 신명기는 하느님 진리들의 그런 선포 방식에 관해

---

150 하느님의 인간적 격정에 대한 이 비판의 철학적 배경에 관해서는 참조: Cook, Interpretation of the Old Testament 143-144.

전반적으로 이렇게 말합니다. "너희는 마치 사람이 제 아들을 업고 다니듯, 주 너희 하느님께서 너희가 이곳에 다다를 때까지 걸어온 그 모든 길에서 줄곧 너희를 업고 다니셨다"(신명 1,31). 요컨대 로고스께서는 그런 표현들을 사용하실 때, 인간들의 유익을 위해 인간들의 "성향"을 지니십니다. 사실 대중은 하느님께서 그들에게 친히 말씀하실 때, 그분의 참된 본질에 부합하는 방식으로 말씀해 주시는 것을 바라지도 않았습니다. 그러나 성경을 정확히 이해하려 애쓰는 사람은, 이해력이 부족한 사람들을 위해 말해진 것의 의미와 정통한 탐구자들에게 말해진 것의 의미를 비교해 본다면, 성경이 "영적"이라고 지칭하는 내용들, "영적"이라고 불리는 사람들을 위한 내용들을 발견하게 될 것입니다(1코린 2,13-14 참조). 이 이중 의미는 성경을 올바로 이해할 수 있는 사람들을 위해, 하나의 동일한 구절 안에도 담겨 있는 경우가 많습니다.

72. 비록 우리가 하느님의 "진노"에 관해 말하지만, 하느님이 "격정"을 지니고 있다고 생각하는 것은 아니며, 다만 이 말을 통해 중대한 죄를 저지른 자들에게 엄한 훈육 수단이 사용된다는 사실을 표현할 따름입니다.[151] 이른바 하느님의 진노와 앙심은 일종의 교육적 기능을 지닌다는 것, 그리고 성경은 다만 이 사실을 언명하고자 한다는 것을 시편과 예레미야서의 말씀이 밝혀 줍니다. "주님, 당신의 진노로 저를 벌하지 마소서. 당신의 앙심으로 저를 징벌하지 마소서"(시편 6,2). "주님, 저를 고쳐 주시되 공정하게 해 주소서. 저를 진노로 다루지 마시어, 저를

---

151 참조: 오리게네스 『원리론』 2,4,4; 『에제키엘서 강해』 1,2. Cook, Interpretation of the Old Testament 145에 따르면, 켈수스는 네부카드네자르를 염두에 두고 있었을 가능성도 있다(2열왕기 25,9 참조).

없애지 마소서"(예레 10,24). 그리고 누군가 사무엘기 하권에서 하느님의 진노가 다윗을 부추겨 인구 조사를 실시하게 했고(2사무 24,1 참조), 역대기 상권에서는 "사탄"이 인구 조사를 부추긴(1역대 21,1 참조) 이야기를 읽는다면, 그는 이 "진노"를 어떤 의미로 이해해야 하는지 알기 위해, 그 두 구절을 비교해 보기만 하면 됩니다. 바오로가 정식적으로 표현하듯이, 모든 인간이 "진노의 자식들"이 되었습니다. "우리도 다른 모든 사람과 마찬가지로 본성적으로 진노의 자식들이었습니다"(에페 2,3).

하느님의 "진노"가 "격정"이 아니며, 누구든 자기 죄를 통해 진노를 자초한다는 사실을 바오로는 다음 말씀에서 분명히 깨우쳐 주고자 합니다. "아니면, 하느님의 그 큰 호의와 관용과 인내를 업신여기는 것입니까? 그분의 호의가 그대를 회개로 이끌려 한다는 것을 모릅니까? 그대는 회개할 줄 모르는 완고한 마음으로, 하느님의 의로운 재판이 이루어지는 진노와 계시의 날에 그대에게 쏟아질 진노를 쌓고 있습니다"(로마 2,4-5). 만일 "진노"를 하느님이 지니고 계시는 격정으로 이해해야 한다면, 어떻게 사람이 "진노의 날에 자신에게 쏟아질 진노를 쌓는다"고 할 수 있겠습니까? 그리고 어떻게 "격정"으로서의 진노가 교육적 기능을 완수할 수 있겠습니까? 또한 성경은 우리에게 결코 분노하지 말라고 훈계하니, 시편과 바오로는 이렇게 말합니다. "노여움을 그치고 성을 가라앉혀라"(시편 37,8). "이제는 분노, 격분, 악의, 중상, 또 여러분의 입에서 나오는 수치스러운 말 따위는 모두 버리십시오"(콜로 3,8). 이렇게 우리를 격정에서 완전히 해방시키고자 하는 성경이 하느님께서 이 "격정"을 품고 계시다고 할 리는 없습니다. 하느님의 진노에 관한 언설들을 비유적 의미로 이해해야 한다는 것은, 성경이 하느님의 잠에 관해 말하는 구절들도 분명히 알려 주거니와, 예언자는 이를테면 하느님을 이 잠에서 깨우고자 합니다. "깨어나소서, 주님, 어찌하여 주무십니까?"(시편 44,24). "그러나 주님께서는 잠자던 사람처럼, 술로 달아오른 용사처럼 깨어나셨다"(시편 78,65). 요컨대 "잠"이 통상적 의미와 다른 어떤 것을 표현한다면, 어째서 "진노" 역시 그와 비슷한 식으로 이해되어서는 안 됩니까?

또한 "위협"도 악한 자들에게 닥쳐올 징벌에 대한 통고일 따름입니다. 그래서 사람들은 의사가 환자에게 하는 다음과 같은 말도 위협이라 이를 수 있을 것입니다. "만일 당신이 나의 지시를 따르지 않고 영양 섭취와 처신을 적절히 하지 않는다면, 나는 당신 몸을 째고 철과 불에 의한 치료법을 사용할 수밖에 없게 될 것이오." 요컨대 우리는 "인간적 격정들"을 하느님께서 지니고 계시다 여기지 않고, "하느님에 관한 경박한 견해"를 지니고 있지 않으며, 또한 성경에 나오는 하느님에 관한 설명들을 서로 비교·명시하기에 오류를 범하지도 않습니다. 그리고 우리 가운데에서 지혜롭게 교도직을 수행하고 있는 남자들은 자기 말을 듣는 사람들이 가능한 한 그들의 무지에서 벗어나 깨달음을 얻도록 돕는 것 외에 다른 목적을 지니고 있지 않습니다.

73. 켈수스는 하느님의 진노에 관한 성경 말씀을 이해하지 못하기 때문에, 계속하여 이렇게 말합니다. "아무튼 유대인들에게 분노한 한 인간이 전투 능력 있는 남자들은 모조리 죽이고 그들의 도시를 폐허로 만들어 버렸는데[152] 유대인들은 철저히 무력했다. 그런데 지극히 높은 신이, 그들이 말하는 것처럼, 진노하고 격앙하고 협박하면서 자기 아들

---

152 기원후 70년 티투스 황제의 예루살렘 파괴를 암시한다.

을 파견하고, 또 그렇게 고약한 일을 감수해야만 한다면, 이는 아주 터무니없는 일이 아닌가?" 실제로 유대인들이 감히 예수님을 매우 잔혹하게 취급했기 때문에, 전투 능력 있는 남자들은 모조리 죽임을 당하고 그들의 도시가 잿더미가 되었다면, 그들은 이 모든 일을 어디까지나 자기네에게 쏟아질 "진노"를 쌓은 결과로 당한 것입니다(로마 2,5 참조). 요컨대 하느님의 결의에 따라 유대인들에게 닥친 하느님의 심판은 유대인들의 통상적 어법에서 "진노"라고 지칭됩니다. 그러나 지극히 높으신 하느님의 아들께서는, 우리가 앞에서 능력껏 상술했듯이,[153] 인간들의 구원을 위해 자유의지로 고난을 겪으셨습니다.

이어서 켈수스는 말합니다. "그러나 유대인들에 관해서만이 아니라, — 아무튼 이것이 내 의도는 아니지만 — 내가 약속했듯이,[154] 본성 전체에 관한 언설이 되기 위해, 내가 이미 말했던 것을 더 분명히 설명하고자 한다." 인간의 결함을 익히 아는 분별 있는 독자라면 누가, 본성 전체에 관해 설명해 주겠다고 약속하고 또 자기 책에 감히 『참된 말씀』이라는 제목을 붙일 정도로 자부하는 이 남자의 오만함에 충격을 받지 않겠습니까? 아무튼 우리는 그가 과연 본성 전체에 관해 무엇을 말하고 더 분명히 설명할 것인지 지켜보고자 합니다.

74. 이어서 켈수스는 "그리스도인들은 하느님이 모든 것을 인간을 위해 창조하셨다고 주장한다"[155]고 하면서, 많은 말로 우리를 비난합니다.

---

153 참조: 『켈수스 반박』 1,54-55.61; 2,16.23.
154 참조: 『켈수스 반박』 4,52.
155 참조: 오리게네스 『시편 발췌 주해』 1,3 = SVF 2,1156; 세계의 인간중심주의에 관한 토론에 관해서는 『켈수스 반박』 해제 38-39.81-83.86.

그리고 동물들에 관한 박물학과 동물들이 보여 주는 예민한 감각에 근거하여 "삼라만상은 인간들을 위해서만이 아니라 마찬가지로 이성 없는 동물을 위해서도 생성되었다"는 것을 입증하고자 합니다. 내게는 켈수스가 적수들에 대한 미움으로 눈이 멀어, 똑같은 일을 자기가 사랑하는 친구들의 경우에는 칭찬하고 적수들의 경우엔 비난하는 이들처럼 처신하고 있는 것으로 보입니다. 미움이 이들을 눈멀게 만들고 또한 이들이 그것을 통해 적수들을 공격한다고 생각하는 그 비난이 자기네가 사랑하는 친구들에게 되돌아온다는 것을 알아차리지 못하게 만들듯이, 켈수스도 생각이 뒤엉켜, 자신이 스토아학파 철학자들도 공격하고 있다는 것을 알지 못하고 있거니와, 이 철학자들은 마땅히 인간을 비롯한 이성적 존재들을 모든 비이성적 존재들 위에 놓으며 또한 섭리가 만물을 특히 이성적 존재들을 위해 만들었다고 주장합니다.[156] 그리고 위에 있는 이 이성적 존재들은 이를테면 세상에 태어난 아이들의 의의意義를 지니고 있다고 하겠습니다. 이와는 달리 이성 없는 동물들과 영혼 없는 사물들은 모태 속에서 태아를 감싸고 있는 보의 의의를 지니고 있습니다. 나는 다음과 같은 견해를 지니고 있습니다. 도시에서 물품과 시장을 감독하는 사람은 오직 인간들을 위해 자신의 직분을 수행하지만 그 곁에서 개나 그 밖의 이성없는 존재들도 남아도는 물건에서 덕을 보듯이, 마찬가지로 섭리도 이성을 부여받은 존재들을 특별히 배려하지만, 그 결과로 이성 없는 존재들도 인간들을 위해 일어나는 일에서 이득을 봅니다. 그리고 물품이 차고 넘치는 시장에서 개도 제 몫을 얻으니, 시장 감독자가 개보다 인간을 더 배려하는 게 아니라고 주장하

---

156 참조: Pohlenz, Stoa 1 81-83; SVF 2,1152-1167.

는 사람이 오류에 빠져 있듯이, 켈수스와 그의 동지들은 "어째서 이 사물들이 식물, 나무, 풀, 엉겅퀴를 위해서보다는 인간을 위한 양식으로 생겨났다는 것인가"라고 주장함으로써, 이성적 존재들을 위해 당신 섭리를 발동하시는 하느님을 크게 욕보이는 것입니다.

75. 아무튼 켈수스는 우선 "천둥, 번개, 비는 신의 작품이 아니다"라고 생각하고 있는데, 여기서 이미 자신이 에피쿠로스학파 사람이라는 것을 꽤 분명히 드러냅니다. 그다음으로 켈수스는 "이 사물들은, 사람들이 신의 작품으로 여기고자 하지만, 식물·나무·풀·엉겅퀴를 위해서보다는 인간을 위한 양식으로 생겨나는 것은 아니다"라고 말합니다. 전형적인 에피쿠로스학파 사람으로서 켈수스는 이 사물들이 섭리의 산물이 아니라 우연의 산물이라고 여깁니다. 이 사물들이 식물·나무·풀·엉겅퀴에게보다 우리에게 더 유익한 게 아니라면, 이 사물들은 섭리의 산물이 아니거나, 아니면 나무·풀·엉겅퀴보다 우리를 더 배려하지 않는 모종의 섭리의 산물임이 분명할 것입니다. 그런데 이 두 가지 가정은 그 자체로 무신론적입니다. 그런즉 우리를 무신론적이라고 비난하는 적수의 주장을 반박한다는 것은 어리석은 짓이라고 하겠습니다. 왜냐하면 지금까지 말한 것으로부터, 과연 누가 하느님을 믿지 않는지를 누구나 분명히 알 수 있을 터이기 때문입니다.

켈수스는 계속 말합니다. "당신이 이것들, 곧 식물·나무·풀·엉겅퀴가 인간을 위해 자란다고 말한다면, 왜 그런 다음엔 또 이것들은 이성 없는 아주 사나운 동물들을 위해서보다는 인간을 위해 자란다고 주장하려고 하는가?" 켈수스는 이제 땅에서 자라는 식물들의 이렇게 엄청난 다양성이 섭리의 소산이 아니라는 것, 원자들의 이런저런 우연한 조합이 이렇게 많은 종種과 속屬을 만들어 냈다는 것, 그렇게 많은 종류의 식물·나무·풀이 서로 비슷한 것은 순전한 우연의 산물이라는 것, 그것들은 참으로 솜씨 좋고 사려 깊은 이성의 작품도 아니고 아무리 찬탄해도 부족한 심오한 지성으로부터 연원하는 것도 아니라는 자기 생각을 솔직하고 명확히 밝혀야 할 것입니다. 그러나 우리 그리스도인은 오직 한 분 하느님을 이 모든 것의 창조주로 공경하며, 또한 그분이 우리에게 이렇게 훌륭한 거주지를 선사해 주시고 또 우리를 위해 우리를 섬기는 동물들에게도 서식처를 마련해 주신 것에 감사드립니다. "가축들을 위하여 풀이 나게 하시고, 사람들이 가꾸도록 나물을 돋게 하시어, 땅에서 빵을, 인간의 마음을 즐겁게 하는 술을 얻게 하시고, 기름으로 얼굴을 윤기나게 하십니다. 또 인간의 마음에 생기를 돋우는 빵을 주십니다"(시편 104,14-15). 하느님께서 "아주 사나운 동물들"에게도 양식을 마련해 주신 것은, 놀랄 일이 아닙니다. 사실 이 동물들도, 어떤 철학자들의 견해에 따르면, 이성을 부여받은 존재인 인간이 힘을 단련할 수 있도록 하기 위해 창조되었습니다.[157] 그리고 우리의 현자들 가운데 한 사람은 어떤 구절에서 이렇게 말합니다. "아무도 '이게 무어냐? 어찌된 일이냐?'고 말해서는 안 된다. 모든 것이 필요에 따라 창조되었기 때문이다"(집회 39,21). "아무도 '이게 무어냐? 어찌된 일이냐?'고 말해서는 안 된다. 모든 것은 제때에 풀리기 때문이다"(집회 39,17).

76. 이어서 켈수스는 섭리가 "땅의 식물들을 사나운 동물들을 위해서보다는 우리를 위해서 창조했다"는 것을 인정하려 하지 않기 때문에

---

[157] 참조: 『켈수스 반박』 4,78.

이렇게 덧붙여 말합니다. "우리 자신은 매우 애를 쓰고 지치도록 일을 해야, 삶의 극심한 곤경에서 겨우 먹고살 수 있다. 그런데 이 동물들은 씨 뿌리지 않고 쟁기질하지 않아도, 모든 것이 이들에게 주어진다."[158] 여기서 켈수스는 다음 사실을 통찰하지 못하고 있습니다. 하느님께서는 인간이 오성을 모든 분야에 사용하여, 게으르고 기술에 무지하지 않게 되기를 바라십니다. 그래서 인간을 결핍과 욕구를 지닌 존재로 창조하셨으니, 그가 바로 이 결핍 때문에 때로는 먹고 입을 것을 위한, 때로는 자기 보호를 위한 기술을 발명하지 않을 수 없도록 하시기 위함이었습니다.[159] 사실 신적 영역을 탐구하거나 철학(곧 세계-지혜)에 몰두하는 성향이 없었던 인간들은, 모든 것을 넘치도록 소유하고 그래서 자기 정신의 도야를 게을리하는 것보다는, 결핍의 상황에 처해서 거기서 벗어날 기술을 찾아내기 위해 오성을 사용할 수밖에 없었던 것이 더 나았습니다. 삶에 필수적인 사물들의 결핍은 한편으로는 농사가 시작되게 했고 다른 한편으로는 포도 재배와 원예술을 일으켰으며, 그다음엔 식량 생산 작업에 쓰이는 도구들을 만들어 내는, 나무와 쇠붙이를 재료로 사용하는 직업들이 생겨나게 했습니다. 그 밖에 입을거리와 보호의 결핍은 한편으로 양모와 털 고르기와 실잣기 기술에 따른 직조술을 발생시켰고, 다른 한편으로는 집 짓는 기술도 알아내게 했으며, 그리하여 인간 오성은 정교한 건축술에 대한 지식으로까지 발전했습니다. 삶에 꼭 필요한 것들의 결핍은 더 나아가 항해와 조종 기술을 발전시켜, 머나먼 낯선 곳의 생산물을 그것이 없는 사람들에게 운송해 줄 수 있게 했습니

---

158 참조: 호메로스『오디세이아』9,109.
159 참조: 플라톤『프로타고라스』320a-322d.

다. 그러므로 우리는 섭리가 이성을 부여받은 존재들을, 그들의 결핍이 오히려 그들 고유의 장점이 되게끔 창조하셨다는 바로 이 사실 때문에라도 섭리를 찬탄할 수 있다고 하겠습니다. 반면 이성 없는 존재들에게는 먹을거리가 마련되어 있으니, 이들에게는 기술을 발명하게끔 자극하는 것이 없기 때문입니다. 자연은 이들에게 입을거리도 제공하니, 이들은 털과 깃털과 비늘 또는 고치 따위로 보호되고 있습니다. 이 사실을 "우리 (인간) 자신은 매우 애를 쓰고 지치도록 일을 해야, 삶의 극심한 곤경에서 겨우 먹고살 수 있다. 그런데 이 동물들은 씨 뿌리지 않고 쟁기질하지 않아도, 모든 것이 이들에게 주어진다"라는 켈수스의 주장에 맞서 우리를 옹호하기 위해, 확언해 두어야겠습니다.

77. 그런 다음 켈수스는 유대인들과 그리스도인들을 공격하려는 자신의 의도를 잊어버리고는, 자기 견해와 상충되는 에우리피데스의 시 한 구절을 논박하면서, 그 부당함을 밝히려고 합니다. 켈수스의 말은 다음과 같습니다. "당신이 나에게 맞서 '해와 밤이 죽음을 면치 못하는 존재들을 섬기네'[160]라는 에우리피데스의 시구를 들이민다면, 나는 '도대체 어째서 개미와 파리들보다는 우리(를 위해서)인가?'라고 묻겠다. 사실 그것들을 위해서도 휴식의 밤은 오고, 그것들이 보고 활동할 수 있도록 낮이 밝는다." 아무튼 분명한 사실: 적지 않은 유대인들과 그리스도인들만이 해와 천체들이 우리를 섬긴다고 주장한 게 아니라, 많은 사람이 "극장 무대의 철학자"[161]라고 부르는 에우리피데스도 그렇게 말했습

---

160 에우리피데스 『페니키아의 여인들』 546; 이미 『켈수스 반박』 4,30에 인용되었음.
161 섹스투스 엠피리쿠스 『수학자』 1,288. 참조: 알렉산드리아의 클레멘스 『양탄자』 5,70,2.

니다. 그는 아낙사고라스에게서 자연 철학 강의를 들었는데, 아낙사고라스는 (부분으로 전체를 나타내는 어법인) 제유법提喻法(Synekdoche)을 사용하면서 비할 데 없는 하나의 이성적 존재인 인간에 관해 말하는데, 이로써 우주 안의 만물은 모든 이성적 존재를 섬기도록 규정되어 있다고 언명하는 것입니다. 또한 그는 다시금 제유법을 사용하면서, 사물들도 "해와 밤"이라는 표현을 통해 지칭합니다. 필경 이 비극 시인은 낮을 오게 하는 "해"로 "낮" 자체도 시칭했고, 또 그런 식으로 달 아래 있는 존재들이 "낮"과 "밤"을 가장 많이 필요로 하며, 다른 존재들은 땅 위의 존재들과 같은 정도로 낮과 밤을 필요로 하지 않는다는 주장을 펼치고자 했습니다. 요컨대 "낮과 밤은 죽음을 면치 못하는 존재들을 섬기니", 그것들은 이성을 부여받은 존재들을 위해 창조되었기 때문입니다. 그러나 "개미와 파리들"도 낮 동안 활동하고 밤에는 쉬며, 그래서 인간들을 위해 창조된 이 낮과 밤이라는 체계가 부수적으로 그것들에게도 유익함을 줍니다. 그러므로 사람들은 "개미와 파리들을 위해" 또는 어떤 다른 존재들을 위해 "낮과 밤이 온다"고 강변해서는 안 되며, 이 체계는 "인간들을 위해" 섭리에 의해 생겨났다고 여겨야 합니다.

78. 이어서 켈수스는 이성 없는 동물들은 인간들을 위해 창조되었다는 논증 자체를 반박하며 이렇게 말합니다. "누군가 우리가 이성 없는 동물들을 사냥하고 음식으로 먹기 때문에, 우리를 이성 없는 존재들의 지배자로 지칭하고자 한다면, 나는 그 동물들도 우리를 잡아서 먹어치우니, 오히려 우리가 그것들을 위해 생겨난 것이 아닌가라고 물을 것이다. 사실 우리는 우리가 사냥하는 동물들과 맞서려면 그물과 무기와 많은 인간과 개들의 도움이 필요하다. 그러나 자연은 동물들에게 우리를

손쉽게 제압할 수 있는 무기들을 애당초 그리고 직접 갖추어 주었다." 그런데 바로 이 말에서, 동물들이 지니고 있는 것으로 보이는 모든 무기보다 더 강력한 오성이 중요한 수단으로 우리에게 주어져 있다는 사실을 미루어 알 수 있습니다. 비록 우리는 체력에서 많은 생물보다 뒤지며, 어떤 동물들은 체격이 우리 인간보다 엄청나게 크지만, 우리는 오성의 힘으로 그 동물들을 지배합니다.[162] 우리는 거대한 코끼리를 사냥하고, 길들이는 동물들을 부드럽게 다룸으로써 잘 따르게 만듭니다. 반면 길들여지지 않거나 길들여 보아야 유익함을 기대할 수 없으리라 여겨지는 동물들에 대해서는 우리의 안전을 위해 행동합니다. 그래서 우리 뜻대로 그것들을 가두어 두거나, 그것들의 고기가 식량으로 필요할 때에는 길든 가축들과는 달리 가벼운 마음으로 도살합니다. 요컨대 창조주께서는 만물이 이성을 부여받은 존재와 그의 천부적 오성에게 쓰이도록 섭리하셨습니다. 그리고 우리는 특정한 목적들을 위해 동물들이 필요하니, 예를 들어 양·소·염소 떼를 지키거나 집을 지키기 위해서는 개가 필요하고, 농사일에는 소가 필요하며, 그 밖에 수레 끄는 일과 짐 나르는 일에도 동물을 이용합니다. 또한 사자·곰·표범·멧돼지 같은 동물들은 우리 안에 씨앗처럼 내장되어 있는 용맹성의 도야를 위해 우리에게 주어졌다고 말해도 될 것입니다.[163]

79. 그런 다음 켈수스는 이성 없는 동물들보다 자신들이 우월함을 의식하고 있는 인간들에게 말합니다. "신이 야생동물을 잡아서 이용할

---

162 참조: 키케로 『신들의 본성』 2,151.
163 참조: 『켈수스 반박』 4,75; 이 스토아철학의 주장에 관해서는 키케로 『신들의 본성』 2,161; 아리아누스 『에픽테토스 어록』 1,6,32-36; 플루타르코스 『도덕론』 1044D.

수 있는 능력을 우리에게 부여해 주었다는 당신들의 주장에 나는 이렇게 응수하겠다. 도시, 기술, 상응하는 단체, 무기와 그물이 생겨나기 전에는 인간들이 야생동물들에게 공격을 당하고 잡아먹혔으나, 야생동물들은 인간들에게 전혀 잡히지 않았다는 것은 거의 확실하다." 여기서 유의해야 할 사실: 인간이 야생동물을 잡고, 또 야생동물이 인간을 공격한다 하더라도, 자기 오성을 사용하여 우월성을 획득한 인간과, 야생동물에게 해를 입지 않도록 자기 오성을 사용하지 않는 사람을 사나움과 잔혹함을 발휘하여 제압하는 동물 사이에는 중요한 차이가 있습니다. 켈수스는 "도시, 기술, 상응하는 단체가 생겨나기 전"이라고 말하는데, 내 생각에 그는 자신이 앞에서 한 말, 곧 "세계는 창조되지 않았고 변함없지도 않으며, 이 땅 위의 존재들만 대홍수와 대화재를 겪어야 하고, 모두가 동시에 이 재앙에 휩쓸려 드는 것은 아니다"[164]라고 한 말을 잊어버린 것 같습니다. "세계가 창조되지 않았다"고 가정하는 사람들은 세계의 기원을 언명하는 것이 불가능하듯이, 아직 도시가 존재하지 않았고 기술이 발명되지 않았던 시기도 콕 집어 말할 수 없습니다. 아무튼 세계가 참으로 섭리의 작품이고 또 하느님께서 삼라만상을 주재하신다면, "인류의 생명의 불꽃"[165]은 처음부터 더 숭고한 존재의 보호를 받았음이 틀림없으며, 그래서 처음에 신성과 인간들 사이에 긴밀한 관계가 있었습니다. 이를 아스크라의 시인도 알고 있었으니, 이렇게 말했습니다.

"당시에는 식탁과 자리를 함께했네

---

164 지금까지 오리게네스가 인용하지 않은 구절이다.
165 플라톤 『법률』 677b.

불사의 신들과 사멸의 인간들이 함께."¹⁶⁶

80. 한편 모세가 기록한 하느님 말씀은 하느님의 목소리와 지시를 듣는, 또한 때때로 자기를 찾아오는 하느님의 천사들을 보는 첫 인간들을 우리에게 보여 줍니다. 사실 세상의 시초에는 인간 본성이, 인식과 그 밖의 이런저런 덕에서 진보하고 또 기술들을 발명하여 인간들이 자주적으로 살아갈 수 있게 될 때까지, 하느님 뜻에 따라 놀라운 방식으로 나타나 부단히 감독과 인도의 임무를 수행한 거룩한 조력자들에게서 많은 도움을 받는 것이 당연했습니다. 이 사실로부터 "처음에 인간들은 야생동물들에게 공격당하고 잡아먹혔으나, 야생동물들은 인간들에게 전혀 잡히지 않았다"는 켈수스의 언명이 진실이 아니라는 것이 밝혀집니다.

또한 "그러므로 신은 최소한 이 점에서는 오히려 인간들을 동물들에게 예속시켰다"라는 켈수스의 언명의 그릇됨 역시 분명히 드러납니다. 왜냐하면 하느님께서는 인간들을 동물들에게 예속시키지 않으셨고, 오히려 동물들을 인간의 오성과 인간이 동물들을 거슬러 고안해 낸 정교한 도구들의 지배를 받도록 하셨기 때문입니다. 그런데 하느님의 도움이 없었다면, 인간들은 자신을 야생동물로부터 보호하고 또 그것들을 지배할 수 있는 도구를 발명해 낼 수 없었을 것입니다.

81. 우리의 탁월한 사상가는 많은 철학자가 일종의 섭리를 전제한다는 사실을, 그리고 그들이 섭리가 만물이 이성을 부여받은 존재들을 위

---

166 헤시오도스 『단편』 1.

해 생겨나도록 작용한다고 말한다는 사실을 인지하지 못하며, 이 문제에서 그리스도교와 철학의 의견 일치에 유용한 가르침들도 온 힘을 다해 물리칩니다. 또한 그는 "신의 눈에는 인간이 개미나 꿀벌보다 우월한 점이 전혀 없다"는 자신의 주장이 참하느님 공경을 얼마나 흠집 내는지를 인식하지 못하며, 그래서 이렇게 말합니다. "인간이 도시를 건설하고 국가 제도 · 직책 · 정부를 가지고 있기 때문에, 이성 없는 생물들보다 우월한 듯 보이시만, 이 사실은 아무런 의미가 없다. 왜냐하면 그런 것들은 개미와 꿀벌들도 가지고 있기 때문이다.[167] 더 자세히 말하면, 꿀벌들은 한 우두머리와 호위병들과 일꾼들을 가지고 있으며, 전쟁을 하고 승리를 거두고 패자들을 죽인다. 또한 도시와 외곽 마을을 가지고 있고 분업을 하며 게으른 놈들과 열등한 놈들을 가려 내어 게으름뱅이들은 쫓아내거나 징계한다." 그러나 켈수스는 여기서 이성과 합리적 숙고를 통해 이루어지는 일과, 비이성적 본능과 순전히 자연적인 기관에 의해 실행되는 일 사이에 어떤 차이가 있는지를 알지 못했습니다. 후자의 일의 근원은 그 일을 실행하는 존재들에게 내재하는 이성이 아닙니다(사실 이 존재들은 이성을 아예 지니고 있지 않습니다). 최고最古 존재,[168] 하느님 아들, 만물의 주권자가 비이성적 본능을 창조하시어, 이성을 지니기에 합당하지 않은 존재들에게 도움이 되게 하셨습니다.

오직 인간들에게서만 많은 기술과 법적 질서를 갖춘 도시가 생겨났습니다. 인간들의 제도, 직책, 정부는 본디 말뜻에 맞게 좋은 상태에서

---

167 전형적인 예들이다. 참조: 키케로『신들의 본성』3,21; 베르길리우스『농경시』4,67-87; 동물 세계에서 보이는 합리적 행태에 관한 고대의 토론에 관해서는 Cook, Interpretation of the Old Testament 88-90.

168 참조:『켈수스 반박』5,37.

훌륭하게 기능하거나, 아니면 본디의 말뜻에 맞지 않게 그런 상태와 기능을 시늉만 냅니다. 사실 탁월한 입법자들이 최상의 제도, 직책, 정부를 성공적으로 제정했을 때 추구했던 것은 그런 훌륭한 상태와 기능이었습니다. 그런데 그런 것을 이성 없는 존재들에게서는 전혀 발견할 수 없습니다. 비록 켈수스는 이성을 부여받은 존재와 이성적 행위에만 사용되는 개념들, 곧 "도시·제도·직책·정부" 등을 "개미와 꿀벌"에게도 적용시켜 말하지만 말입니다. 아무튼 우리는 개미와 꿀벌을 결코 칭송할 수 없으니, 그것들은 이성적 숙고 없이 행동하기 때문입니다. 오히려 우리는 하느님을 찬탄해야 하니, 이성 없는 존재들에게도 이성적 존재들을 이런저런 점에서 모방할 수 있는 능력을 부여해 주셨기 때문입니다. 그런데 하느님께서 그렇게 하신 데에는 이성적 존재들을 부끄럽게 하시려는 의도가 있었다고 하겠으니, 이를테면 이들이 개미들을 눈여겨봄으로써 자신의 재능을 사용할 때 더 성실하고 더 합리적이 되도록, 또 꿀벌들을 보고는 공권력에 복종하고 공공복리를 증진시키는 이런저런 국가적 과업에서 제 몫을 다하도록 하시려는 것이었습니다.

82. 그러나 이른바 "꿀벌들의 전쟁"도 인간들이 ─ 어디까지나 불가피한 경우여야 하거니와 ─ 전쟁을 정당하고 정연하게 수행하기 위한 일종의 가르침을 준다고 하겠습니다.[169] 그리고 꿀벌들은 "도시"와 "외곽 마을"은 가지고 있지 않지만, 그들의 벌통과 육각형 벌집과 생산품인 꿀과 "분업"은 인간들을 위해 존재하니, 인간들은 꿀을 여러 용도에, 예

---

169 비록 오리게네스가 여기서는 정당한 전쟁의 가능성을 인정하지만, 그는 그리스도인들의 군복무를 반대했으니, 그리스도인들은 오히려 악의 권세들과의 영적 전투에 헌신해야 한다고 했다.

를 들어 병약한 육신의 보양에, 또는 건강한 음식물로 사용합니다. 그러나 꿀벌들의 "게으름뱅이들"에 대한 조처와 인간들 도시에서의 "빈둥거리는 자들과 나쁜 자들"에 대한 판결 및 처벌을 서로 견줄 수는 없습니다. 오히려 우리는, 내가 이미 앞에서 말했듯이, 이런 일들을 두고 (신적인) 자연을 찬탄해야 합니다. 다른 한편 인간도 마땅히 칭송해야 하니, 자신의 이성으로 만물에 관해 숙고하고 그것들을 정연히 질서 지을 수 있으며, 또 그래서 하느님 섭리의 협력자이기 때문이기니와, 그는 섭리의 일들을 수행할 뿐 아니라 자신이 통찰한 일들도 실행합니다.

83. 켈수스는 우리 그리스도인만이 아니라 모든 인간과 관련하여 "도시, 제도, 직책, 정부"와 조국을 위해 수행하는 "전쟁"을 최대한 평가절하하기 위해 "꿀벌들"에 관해 말한 다음, 이제 "개미들"에 대한 길고 지루한 찬사를 덧붙입니다. 이 찬사를 통해 켈수스는 인간들의 "양식에 대한 걱정"을 경멸하고자 하며, 또한 개미들과 견주어 인간들의 "겨울 대비"를 깎아내리고자 하니, 그 대비는 그가 개미들에게서 발견된다고 생각하는 비이성적 "대비"보다 나을 게 전혀 없다는 것입니다. 만물의 본성을 꿰뚫어보지 못하는 단순한 인간이라면, 켈수스가 — 아무튼 그에게는 중요한 일인가 보지만 — "개미들"에 관해 "그 녀석들은 한 녀석이 기진맥진한 것을 보자마자, 서로 그 짐을 덜어 준다"라고 말하는 것을 들으면, 무거운 삶의 짐에 짓눌리는 동료 인간들을 돕고 그들의 노고에 함께하는 일을 방해받지 않을 수 있겠습니까?

사실 이성을 사용하는 훈련이 전혀 안 되어 있기에, 그 교육이 필요한 사람은 이렇게 말할 것입니다. 켈수스에 따르면 "우리는 개미보다 나은 게 없으니, 우리가 매우 무거운 삶의 짐을 지느라 '기진맥진한' 사람들을 도와주더라도 그렇다. 그런데 무엇 때문에 그런 무의미한 일을 해야 한다는 것인가?" 개미들은 이성 없는 생물이기에, 자기네 행위가 인간의 행위에 견주어진다고 해서 자부하거나 교만해지지도 않을 것입니다. 그러나 이성을 지니고 있기에 다른 인간들을 위한 자신의 도움이 얼마나 하찮게 여겨지는지를 인지할 수 있는 인간들은 켈수스의 말에 상처를 입을 수도 있습니다. 요컨대 켈수스는 자기 책 독자들을 그리스도교와 멀리 떼어 놓으려는 의도로 말미암아, 비그리스도인들의 마음에서도 무거운 삶의 짐을 져야만 하는 사람들에 대한 동정심을 뽑아 버리고 있다는 사실을 전혀 인식하지 못하고 있습니다. 켈수스가 참으로 철학자이고 인간들 상호 간의 유대를 깊이 이해하고 있다면, 그는 그리스도교와 더불어 인간들의 여러 소중한 신념들까지도 내버리면 안 될 것입니다. 오히려 그리스도교가 비그리스도인들과 공유하고 있는 훌륭한 원칙들을, 할 수 있는 한 지지하고 촉진해야 할 것입니다.

또한 "개미들은 저장하고 있는 열매의 눈(芽)을 떼어 싹이 나오지 않게 하여, 일 년 내내 양식으로 이용"하는데, 그 행동의 근원을 개미의 이성적 숙고라고 추측해서는 안 됩니다. 오히려 만물의 어머니인 자연이 꼼꼼하게 이성 없는 존재들에게도 예민한 기능을 갖추어 주어, 극히 미세한 일도 놓치지 않도록 한 것이니, 그 행동 자체에 자연이 부여한 이성의 자취는 전혀 없습니다. 아무튼 이로써 켈수스는 ─ 사실 많은 문제에서 플라톤의 학설을 따르고자 하거니와 ─ 모든 영혼은 동질적이며, "인간의 영혼은 개미나 꿀벌들의 영혼과 전혀 다르지 않다"는 것을 암시하려는 의도를 지니고 있다는 사실이 분명히 드러납니다.[170] 이

---

170 참조: 『켈수스 반박』 4,52; 플라톤 『티마이오스』 69c-d; 알키노오스 『플라톤 학설 강의』 25.

것은 영혼을 하늘로부터 끌어내려, 인간의 몸뿐 아니라 그 밖의 존재들의 몸속으로도 들어가게 하는 한 남자의 견해입니다.[171] 그러나 이런 견해는 그리스도인들이라면 믿지 않을 것이니, 그들은 인간 영혼은 "하느님의 모습으로"(창세 1,27) 창조되었다는 것을 익히 알고 있으며, 또한 하느님 모습에 따라 창조된 존재는, 이성 없는 존재들에서처럼 자기 존재의 속성들을 완전히 버리고 다른 속성들을 취할 수는 결코 없다는 것을 잘 이해하고 있기 때문입니다.

84. 그러나 켈수스가 또한 "살아 있는 개미들은 죽어 가는 개미들에게 특별한 장소를 지정해 주는데, 이곳은 그 녀석들에게 조상들 묘지의 의미를 지니고 있다"[172]라고 말하기 때문에, 이에 대해 반박해야겠습니다. 이 이성 없는 생물에 대한 켈수스의 찬사가 조잡하게 길어질수록, 그만큼 더 그는, 본의 아니게, 만물을 정연히 질서 지으시는 하느님 로고스(말씀)의 활동을 폭넓게 보고, 또 그만큼 더 인간의 능력을 뚜렷이 알려 주니, 인간은 이성 없는 존재들이 지니고 있는 자연의 풍요로운 선물들도 이성을 통해 합리적으로 완성시킬 수 있습니다. 그런데 켈수스의 견해에 따르면 동물들은 이성 없는 존재가 결코 아닌데, 나는 왜 사람들이 일반적 관념에 따라 지칭하듯이 동물들을 "이성 없는" 존재라고 말하는 것일까요? 본성 전체에 관해 논하겠다고 자청하여 약속했고,[173] 그의 책 제목이 시사하듯 자신이 진리를 말한다고 자부하는 켈수스는 "개미들" 역시 이성이 없다고 여기지 않습니다. 아무튼 그는 마치 개미

---

171 참조: 플라톤 『파이드로스』 246b-247b.
172 참조: 노老 플리니우스 『박물지』 11,110; 플루타르코스 『도덕론』 967E.
173 참조: 『켈수스 반박』 4,52.73.

들이 서로 대화를 나누는 것처럼, 그것들에 관해 이렇게 말합니다. "그리고 그 녀석들은 서로 만나면 물론 대화를 나누며, 그래서 자기네 길도 헤매지 않는다. 요컨대 그 녀석들은 일종의 온전히 형성된 이성, 특정한 보편적 사실들에 관한 공통된 표상들 그리고 실상과 내용을 분명히 표현하는 일종의 언어를 가지고 있다."[174] 사실 사람이 다른 사람과 "대화"를 한다면, 이 일은 "언어"를 통해 이루어지는데, 언어는 "내용"을 표현하지만, 흔히는 이른바 "실상"에 관한 정보도 제공합니다. 그러나 이런 일을 개미들도 한다고 주장하려는 것은, 완전히 터무니없다고 해야 하지 않겠습니까?

85. 또한 켈수스는 훗날의 독자들도 자기주장의 저열함을 분명히 알게 되리라는 사실을 전혀 꺼리지 않으면서 이렇게 덧붙입니다. "이제 누군가 하늘에서 이 땅을 내려다볼 수 있다면, 그는 우리의 활동과 개미와 꿀벌들의 활동의 차이가 무엇이라고 여길까?" 켈수스가 가정하듯 누군가 하늘에서 이 땅의 인간들과 개미들의 활동을 내려다 본다면, 한쪽에서는 이성적 숙고에 의해 인도되는 합리적 의지를, 다른 쪽에서는 이성 없이 그저 본능과 감각에 의해 움직이는, 특정한 자연적 기관과 결부된 비이성적 의지에 주목하지 않고, 단지 인간과 개미의 몸에만 눈길을 주겠습니까? 사실 어떤 사람이 하늘에서 이 땅 위의 존재들을 내려다보면서, 그저 인간과 개미의 몸만 관찰하고 그들을 움직이는 원리들의 성질과 그 움직임들의 이성적이거나 비이성적인 원천을 통찰하려는 의도가 없다면, 어리석은 일이라고 하겠습니다. 그러나 그가 일단

---

174 언어, 실상, 내용의 구별은 스토아철학의 언어 이론에서 끌어온 것이다. 참조: 섹스투스 엠피리쿠스 『수학자』 8,11-12.

그 모든 움직임의 원천을 확인한다면, 그는 인간이 개미만이 아니라 코끼리와도 다르고 또 우월하다는 사실을 분명히 알게 될 것입니다. 아무튼 이성 없는 존재들을 하늘에서 내려다보는 사람은, 그들의 몸집이 얼마나 크든 간에, 그들의 움직임의 원리로 — 이렇게 표현해야 맞지요 — "비이성" 외에 다른 것은 찾아낼 수 없을 것입니다. 그러나 그는 이성을 부여받은 존재들에게서 이성을 식별하게 될 터인데, 이 이성을 인간은 천상의 거룩한 존재들과, 아니 필경 만유를 주재하시는 하느님과도 공유하고 있습니다.[175] 그런 까닭에 성경은 과연 인간이 "하느님의 모습대로"(창세 1,27) 창조되었다고 말합니다. 그리고 만유를 주재하시는 하느님의 모상은 그분의 로고스(= 말씀 = 이성)이십니다(콜로 1,15 참조).

86. 이어서 켈수스는 인간을 더 깎아내려, 이성 없는 동물들과 동렬에 놓으려고 아주 열심히 애를 씁니다. 그러면서 이성 없는 동물들의 우월함을 입증해 주는 듯이 보이는 이야기들은 하나도 놓치지 않으려 합니다. 요컨대 그는 몇몇 이성 없는 동물도 "마술"에 관한 지식을 가지고 있으며, 그래서 인간이 이 점에서 특별히 자부하거나 이성 없는 동물들보다 우월하다고 주장해서는 결코 안 된다고 힘주어 말합니다. 이렇게 말입니다. "만일 인간들이 자신의 마술을 자랑스러워한다면, 뱀과 독수리는 이 분야에서 더 훌륭한 지식을 가지고 있다. 더 자세히 말하면, 그 녀석들은 독과 질병에 대한 많은 치료제와 새끼들 건강을 위한 특정한 돌들의 효력을 알고 있다. 인간들이 그런 돌들을 우연히 발견한다면, 횡재했다고 생각할 것이다." 우선 나는 켈수스가 동물들이 경험이

---

175 참조: 세네카 『편지』 76,9; 92,27; 『켈수스 반박』 4,25.

나 이런저런 자연적 지각 능력을 통해 얻게 된 자연적인 해독제에 대한 지식을 어떻게 "마술"이라고 말할 수 있는지 이해할 수가 없습니다. 왜냐하면 "마술"이라는 낱말은 통상 그런 것과는 다른 어떤 것을 가리키기 때문입니다. 아마도 그는 에피쿠로스학파 사람으로서 그런 수단의 사용 자체를 은근히 비난하려는 것 같으니, 그의 견해에 따르면 그런 일은 그저 마술사의 허풍 속에나 존재하기 때문입니다. 아무튼 마술사든 아니든 간에 인간들은 그런 수단들에 대한 지식을 자랑스러워한다는 데 대해서는 우리도 그에게 동의하고자 합니다. 그런데 켈수스는 뱀이 시력과 민첩성 강화를 위해 회향茴香을 먹는다고[176] 해서, 어떻게 "뱀이 이 분야에서 인간보다 더 훌륭한 지식을 가지고 있다"고 주장할 수 있습니까? 뱀의 이 자연적 능력은 이성적 숙고의 결과가 아니라, 그것의 신체적 소질 덕분입니다. 그러나 인간은 뱀처럼 순전한 자연적 소질을 통해서가 아니라, 때로는 시험을 통해, 때로는 이성적 숙고를 통해, 때로는 체계적 탐구를 통해, 그런 유의 지식을 얻게 됩니다. 마찬가지로 독수리들이 둥지 속 새끼들의 건강을 위해 이른바 "독수리 돌"(晶洞石)[177]을 발견하여 둥지로 날아 온다고 해서, 어떻게 그것들이 "지식"을, 그것도 "인간들보다 더 훌륭한 지식"을 가지고 있다는 것입니까? 인간은 본성상 독수리에게 주어진 치료제를 시험과 이성적 숙고를 통해 발견했고, 또 그것을 오성을 가지고 사용해 왔습니다.

87. 또한 동물들이 다른 "치료제들"도 알고 있다고 가정하더라도, 동물

176　참조: 노老 플리니우스 『박물지』 8,99.
177　참조: 노老 플리니우스 『박물지』 10,12; 36,149-151.

들이 그 치료제들을 발견한 것은 그것들의 본성이 아니라 이성이라는 것이 어떻게 입증되겠습니까? 만일 이성이 발견했다면, 뱀의 이성은 하나만이 아니라 둘째 치료제, 셋째 치료제도 발견할 터이고, 또 뱀만이 아니라 독수리도 그것의 이성이 다른 치료제를 발견할 터이며, 나머지 모든 동물도 마찬가지여서, 그것들에게도 인간에게처럼 수많은 치료제가 존재할 것입니다. 그러나 각각의 동물의 본성이 각기 다르게 특정한 치료제에 맞추어져 있다면, 다음 사실은 분명합니다. 동물들은 지혜도 이성도 지니고 있지 않고, 다만 특정한 선천적 기관을 지니고 있으며, 신적 이성이 부여해 준 이 기관이 동물들로 하여금 자신의 건강과 안녕을 위해 이런저런 치료제를 찾게 해 줍니다.

내가 이 주제에 관해 켈수스와 더 오래 논쟁을 할 마음이 있다면, 나는 솔로몬의 책 잠언의 다음 말씀을 내세울 것입니다. "세상에서 가장 작으면서도 지혜로운 이들보다 더 지혜로운 것이 넷 있다. 힘없는 족속이지만 여름 동안 먹이를 장만하는 개미, 힘이 세지 않은 종자이지만 바위에 집을 마련하는 오소리, 임금이 없지만 모두 질서 정연하게 나아가는 메뚜기, 사람 손으로 잡을 수 있지만 임금의 궁궐에 사는 도마뱀이다"(잠언 30,24-28). 그러나 나는 이 말씀을 마치 그 자체로 의미가 명백한 듯이 인용하지 않고, 오히려 책 제목인 "잠언"이 촉구하듯이 이 말씀의 감추어진 의미를 탐구합니다. 사실 이런 책들의 저자들은 한편으로는 문자적 의미를, 다른 한편으로는 감추어진 의미를 담고 있는 본문들을 다양한 문학 양식으로 표현하곤 합니다. 그런 양식들 가운데 하나가 "잠언"입니다. 그래서 복음서에 따르면 우리 구원자께서 이렇게 말씀하셨습니다. "나는 지금까지 너희에게 이런 것들을 잠언으로 이야기하였다. 그러나 더 이상 너희에게 잠언으로 이야기하지 않고 아버지에 관하여 드러내 놓고 너희에게 알려 줄 때가 온다"(요한 16,25). 요컨대 우리 눈에 보이는 "개미들"이 아니라, 잠언 양식으로 지칭되는 사람들이 "지혜로운 이들보다 더 지혜로운" 것입니다. 그 밖의 동물들에 관한 말도 마찬가지로 이해해야 합니다. 그러나 켈수스는 "유대인들과 그리스도인들의 책들은 아주 우직하고 천박하다"고 생각하며, 또 "그 책들을 우의적으로 해석하는 자들은 저자들의 의도를 왜곡하고 있다"고 믿고 있습니다.[178] 아무튼 지금까지의 상론으로써, 켈수스가 아무 근거 없이 우리를 비방하고 있다는 사실이 입증되었고, 또한 "뱀과 독수리가 인간보다 더 지혜롭다"는 것을 명시하기 위해 그 동물들을 내세우며 펼친 그의 논증도 반박되었다고 하겠습니다.

88. 그러나 켈수스는 또한 "신에 관한 표상들" 역시 다른 모든 죽음을 면치 못하는 존재들에게는 없는 인간들의 독점물이 아니라는 것, 그리고 여러 이성 없는 동물도 신에 관한 일종의 표상을 지니고 있다는(이것은 그리스인이든 비그리스인이든 온갖 곳의 명민한 철학자들의 견해가 서로 크게 엇갈리는 주제입니다) 것을 아주 지루하게 명시하고자 하며, 그래서 이렇게 말합니다. "인간은 신에 관한 표상을 만들어 내 왔기 때문에 다른 생물들보다 우월하다고 주장하는 자들은, 다른 많은 생물도 그런 주장을 할 수 있다는 것을 알아야 한다. 아무튼, 아주 당연하거니와, 미래에 대한 예지와 예고보다 더 신적이라고 지칭할 수 있는 것이 도대체 무엇이 있겠는가?"[179] 그런데 이 미래에 대한 예지와 예언

---

178 참조: 『켈수스 반박』 1,7; 4,38.51.
179 참조: 『켈수스 반박』 6,10.

을 인간은 다른 생물들, 특히 새들에게서 배운다. 새들의 신호 언어를 이해할 수 있는 인간은, 예언을 잘할 수 있다. 요컨대 신이 그런 지각력을 부여해 준, 새들을 비롯하여 예언을 할 수 있는 모든 동물이 신호를 통해 우리를 가르친다는 사실을 고려하건대, 이들은 본성상 (인간보다) 신과 훨씬 더 친밀한 관계에 있고 더 지혜롭고 또 신에게 더 사랑받는 것으로 여겨진다. 현자들은 게다가 이 동물들은 서로 대화를, 그것도 우리 인간들보다 훨씬 더 경건한 대화를 나눈다고 말한다.[180] 그들은 또한 자기네가 이 동물들의 대화 내용을 알아들으며, 이 사실을 실제로 입증할 수 있다고 주장한다. 이를테면 그들은 새들이 말한 내용 — 어디어디로 날아갈 것이고 이런저런 일을 할 것이다 등등 — 을 사람들에게 알려 준 다음, 나중에 새들이 실제로 그렇게 했다는 것을 밝힐 수 있다고 한다. 한편 코끼리보다 더 충실히 맹세를 지키고 신을 더 충실히 공경하는 존재는 없는 것으로 여겨지는데, 이는 코끼리들이 신에 대한 어떤 것을 알고 있기 때문이라는 것은 의심의 여지가 없다."[181] 여기서 켈수스가 그리스뿐 아니라 다른 민족 철학자들의 논란의 여지 많은 갖가지 견해들을 정신없이 주워 모아, 마치 확실히 입증된 듯이 제시하는 것에 유의하십시오. 어쩌면 그들은 인간이 이런저런 예언을 배워야 한다는 새나 다른 동물들에 관한 지식을 스스로 습득했거나, 아니면 특정한 마귀들에게서 얻은 것 같습니다. 아무튼 첫째로 논란되는 문제는, 사람이 새나 다른 동물을 관찰함으로써 미래를 예언할 수 있는 기술이

---

180 참조: 필로스트라토스 『아폴로니오스의 생애』 4,3; 루크레티우스 『사물의 본성』 5,1057-1086.
181 참조: 『켈수스 반박』 4,98; 아일리아누스 『동물의 본성』 4,10; 5,49; 7,44; 노老 플리니우스 『박물지』 8,1-3; 디오 카시우스 『로마사』 39,38. 오래된 보고들에 따르면, 코끼리들은 해와 달을 공경했고, 사람들이 맹세를 통해 코끼리들의 귀환을 확약해 주었을 때에만 배(船)에 올랐다.

라는 게 과연 있는가 하는 것입니다. 둘째 문제는 새들을 이용하는 그런 점치는 기술이 존재한다고 인정하는 사람들도, 그런 점의 근원에 대해서는 의견이 일치하지 않는다는 것입니다. 어떤 사람들은 그 동물들의 움직임은 점술을 관장하는 이런저런 다이몬이나 신들에 의해 일어나며, 그래서 새들이 다양한 형태로 날거나 소리를 지르고 다른 동물들도 이렇게 또는 저렇게 움직인다고 주장합니다. 반면 다른 사람들은 그 동물들의 영혼은 상당히 거룩하며 그런 행동에 매우 적합하다고 주장하는데,[182] 사실 이것은 전혀 믿을 수가 없습니다.

89. 켈수스가 자신의 상론을 통해 "이성 없는 동물들이 인간보다 더 경건하고 더 지혜롭다"는 것을 입증하고자 했다면, 그는 그런 예언술이 존재한다는 것을 상세히 확증한 다음 명확한 논증을 통해 옹호했어야 합니다. 그리고 그런 방식의 예언술을 부인하는 사람들의 견해를 논거를 제시하며 반박했어야 했고, 또한 그런 예언술과 결부된 새들의 움직임은 다이몬이나 신들에 의해 일으켜진다고[183] 주장하는 사람들의 견해도 그런 식으로 반박했어야 하며, 그런 다음 끝으로 이성 없는 동물들의 영혼이 "더 경건하다"는 것을 입증했어야 했을 것입니다. 켈수스가 그런 식으로 이 문제들을 다룸으로써 자신이 참으로 철학자임을 실증했다면, 우리도 그의 수긍할 만한 주장들을 힘을 다해 반박했을 것입니다. 우리는 우선 "이성 없는 동물들이 인간들보다 더 지혜롭다"는 그

---

182 참조: 키케로 『점술』 1,120.81. 전자의 견해는 스토아학파적이고, 후자의 견해는 소요학파적이다.
183 다이몬들이 그런 식으로 동물들을 이용하여 인간들을 좌지우지하려는 시도에 관해서는 참조: Fédou, Christianisme 437-440의 『켈수스 반박』 4,89-96에 대한 해석과 T. Sardella, Prognōsis e mantikē in Origene: Aug. 29 (1989) 281-306.

의 명제를 반박했을 것이고, 이어서 그것들이 "하느님에 관해" 우리보다 "더 경건한 표상들을 지니고 있으며" 또한 서로 이런저런 "경건한 대화를 나눈다"는 그의 견해 역시 그릇되었음을 뚜렷이 밝혔을 것입니다. 그러나 우리가 만유를 주재하시는 하느님을 믿는다고 비난하는 켈수스는 이제 오히려 우리에게 새들의 영혼이 인간들보다 더 숭고하고 더 명료한 "하느님 표상"을 지니고 있음을 믿으라고 요구하고 있습니다. 만일 그의 견해가 옳다면, 새들은 켈수스보다 더 명료한 하느님 표상을 지니고 있을 것입니다. 그리고 이것은 그에게는 전혀 놀랄 일이 아니니, 사실 켈수스는 인간을 그 정도로 깎아내리고 있기 때문입니다. 아무튼 켈수스에 따르면 — 나는 이렇게 말하지 않겠지만 — 새들은 우리 그리스도인들이나 우리와 같은 성경을 사용하는 유대인들보다, 더 나아가 인간이긴 마찬가지인 그리스인 신학자들보다 더 숭고하고 더 거룩한 하느님 표상을 지니고 있을 것입니다. 요컨대 그의 견해대로라면 "새들" 가운데 "예언술의 능력을 타고난" 것으로 여겨지는 종은 하느님의 본질을 페레키데스, 피타고라스, 소크라테스, 플라톤보다 더 잘 파악하고 있을 것입니다. 그리고 그 녀석들이 우리에게 예언술을 통해 미래에 관해 "가르치고" 또 그 녀석들이 얻은 하느님 본질에 관한 명료한 표상을 우리에게 전달하여, 인간들을 하느님 본질에 관한 회의에서 해방시키도록, 새들이 선생님인 학교로 등교해야 하는 것이 실로 우리의 책무가 될 것입니다. 그렇다면 켈수스도 "새들이 인간들보다 숭고하다"는 자신의 견해에 따라 일관성 있게, 이런저런 그리스인 철학자들이 아니라 새들을 자기 스승으로 모셔야 할 것입니다.

90. 우리는 켈수스의 이런 주장들에 맞서 많은 것을 말할 수 있지만, 몇

가지만 간략히 언명하여, 그가 자기 창조주에 관해 얼마나 배은망덕하고 그릇되이 생각하고 있는지를 뚜렷이 밝히기로 하겠습니다. 사실 켈수스도 "사람"이며, 그래서 "영화 속에 있으면서도 지각이 없습니다"(시편 49,13.21 참조). 그런 까닭에 켈수스는 예언과 점치는 능력을 지니고 있다고 여겨지는 "새들"과 그 밖의 "이성 없는 동물들"을 자신과 동등하게 여길 뿐 아니라, 심지어는 그 동물들에게 첫째가는 지위를 인정해 주며, 그러면서 온 힘을 다해 자신만이 아니라 이른바 하느님에 관해 저급하고 빈약한 표상을 지니고 있다는 온 인류를 이성 없는 동물들 아래로 끌어내립니다. 이 점에서 그는 이성 없는 동물들을 신으로 숭배하는 이집트인들 못지않습니다.

그러므로 이제 무엇보다도 새들과 그 밖의 동물들을 통해 전달된다는 예언과 점치는 기술이라는 게 과연 존재하는지 여부를 검증해야 합니다. 이 문제에는 긍정과 부정의 논증이 다 있는데, 각각 무시할 수 없는 근거들을 제시하고 있습니다. 한편으로 사람들은 그런 기술을 인정하기를 꺼리니, 이성을 부여받은 존재인 인간이 신탁을 청하여 받는 대신, 그것을 무시하고 오히려 새들 따위에게 방도를 구하지 않게 하려는 것입니다. 다른 한편으로는 새를 통한 예언과 점치는 기술을 신뢰하는 인간들이, 그 덕분에 심각한 위험에서 구출되었음을 입증해 주는 명백한 증언이 많이 있습니다. 아무튼 우리는 지금은 일단 새를 이용하는 그런 기술이 존재한다는 것을 인정하겠는데, 이는 이런 인정에도 불구하고, 인간은 예언 능력을 타고났든 아니든 이성 없는 동물들보다 훨씬 우월하며, 그래서 결코 그것들과 동렬에 놓일 수 없다는 사실을, 선입견에 사로잡힌 이들에게 똑똑히 보여 주기 위해서입니다. 우리는 이렇게 말해야겠습니다. "미래의 일들을 미리 알 수 있는" 신적 능력이 실제로 그 동물들에게 내재하고, 또 그 능력이 차고 넘쳐서 어떤 인간에게나 그 일들을 알려 줄 수 있을 정도라면, 그 동물들은 틀림없이 자신의 미래는 훨씬 더 명확히 미리 알 것입니다. 그렇다면 이 예지에 힘입어 그것들은 인간들이 자신을 노리고 올가미나 그물을 쳐 놓은 곳에 내려앉거나, 사냥꾼이 공중의 새를 향해 화살을 쏘려는 곳으로 날아가지 않도록 조심할 것입니다.[184] 또한 독수리가 자기 새끼들에 대한 공격 ― 뱀이 새끼들 둥지로 기어올라 잡아먹거나, 인간이 장난감으로 쓰려고나 이런저런 목적으로 잡아가는 따위 ― 을 미리 안다면, 그런 공격이 예상되는 곳에는 당연히 둥지를 틀지 않을 것입니다. 아니, 이런 동물들 가운데 어떤 놈도 아예 인간에게 붙잡히지 않을 터이니, 그것들이 인간보다 "더 거룩하고 더 지혜롭기" 때문입니다.

91. 그러나 예언하는 새들이 실제로 서로 싸운다[185] 하더라도, 아무튼 켈수스 말처럼 "예언과 점치는 능력을 타고난 새들과 그 밖의 이성 없는 동물들"이 일종의 신적 본성과 "신에 관한 표상들"과 "미래의 일들에 대한 예지"를 지녔고, 그 일들을 다른 존재들에게 "미리 알려 준다"면, 호메로스의 시에 나오는 참새 어미는 뱀 새끼들과 자기를 먹어치울 터인 곳에 둥지를 틀지 않았을 것이고, 같은 시인이 묘사한 뱀도 독수리에게 잡히지 않았을 것입니다. 앞의 사례에 관해 그 찬탄받아 마땅한 시인은 다음과 같이 노래합니다.

---

184 아마도 플라비우스 요세푸스 『유대 전쟁사』 1,202-204에 나오는 아브데라의 헤카타이오스의 이야기에 기대고 있는 듯하다.

185 J. Arnold, Textkritisches zu Origenes' Contra Celsum: VigChr 64 (2010) 68-71은 μάχονται(서로 싸우다)가 아니라 μαντεύονται(서로 예언하다)가 본디 낱말이라고 본다.

"그때 우리에게 한 두려운 표징이 나타났네. 등이 새빨간 뱀 한 마리,
바라보기 소름끼치네, 올림포스의 신 자신이 세상에 보냈지.
제단 아래에서 미끄러져 나와, 저 플라타너스 나무 위로 잽싸게 기어 올라갔네.
그곳 맨 바깥쪽 가지 둥지 안에 여린 참새 새끼들 깃들어, 나뭇잎들 아래 옹그리고 있었네.
숫자는 여덟, 아홉째는 어린 것들 보살피는 어미였지.
그런데 그 뱀이 애처롭게 짹짹대는 놈들을 모조리 삼켜 버렸고,
새끼들 잃은 어미 슬피 울며 둘레를 날아다녔네.
그때 뱀이 날래게 솟구쳐, 그리 슬피 울어 대는 놈의 날개를 덮쳤지.
그렇게 뱀이 참새 새끼들을, 마침내 어미까지 먹어 치운 뒤, 그 뱀을 보낸 신은 그 놈을 뚜렷한 표징으로 만들었지.
과연 크로노스의 음흉한 아들이 그 뱀을 석상으로 빚었지.
그런데 우리는 멀거니 서서, 그렇게 일어난 놀라운 일에 경악했네.
도대체 어찌 그렇게 섬뜩한 괴수가 신들의 제물 한가운데로 뚫고 들어왔는지."[186]

뒤의 사례에 관해서는 이런 구절을 읽을 수 있습니다.

"그런데 새 한 마리, 그들이 막 저쪽으로 건너가려고 했을 때, 그들에게 날아왔네.
높이 나는 독수리 한 마리, 군대를 가로막고 왼쪽으로 몰아댔지.

---

[186] 호메로스『일리아스』2,308-321. 이미 키케로『점술』2,63-64는 이 구절을 노골적으로 비판하면서 인용했다.

갈고리 발톱으로는 거대한 새빨간 뱀 한 마리 움켜쥐고 있었네.
뱀은 아직 살아 있고 격렬히 버둥거리며 저항하려 했네.
뱀을 움켜쥐고 있던 독수리가 뱀의 목에서 가슴을 파먹어 들어가다가, 대가리를 아래쪽으로 돌렸지.
그러고는 몹시 고통스러워 뱀을 땅으로 내팽개쳤네.
뱀은 군인 무리들 한가운데로 떨어졌지.
이제 독수리는 큰 소리로 울면서 바람에 나부끼며 날아갔네.
트로이 사람들은 먼지 속에 누워 있는 영롱한 뱀을 보고는, 몸이 굳어 버렸지.
어떻게 이것이, 방패를 흔드는 신 제우스의 표징이, 그들 한가운데 누워 있는가."[187]

새를 이용하여 점을 치는 자들이 뱀도 이용하는데, 독수리는 미래를 알고, 뱀은 모른다는 것입니까? 그런 구별은 근거가 없다는 것이 이렇게 쉽게 실증되는데도, 이 두 동물이 예언 능력을 가지고 있다는 추측을 반박할 수 없다는 것입니까? 아무튼 그 뱀이 미래를 아는 능력을 지니고 있었다면, 독수리에게 그런 일을 당하지 않도록 조심하지 않았겠습니까? 우리는 동물들이 예언과 점복 능력을 갖춘 영혼을 지니고 있지 않다는 것을 입증해 주는 수많은 사례를 발견할 수 있습니다. 오히려 그 시인과 수많은 사람이 추측하듯이, 그것들은 올림포스의 신 자신이 세상에 보냈습니다. 과연 한 특정한 표징으로 아폴론 역시 매를 전령으로 이용하니, "매"는 "아폴론의 날랜 전령"이라 불리고 있습니다.[188]

---

[187] 호메로스 『일리아스』 12,200-209. 플라톤 『이온』 539b-d와 키케로 『점술』 1,106에 인용됨. 이 두 호메로스 인용문은 예언과 점술에 관한 토론에서 문학적 범례들에 속한다.

92. 우리 견해에 따르면, 특정한 악한 다이몬들 — 이른바 "티탄"Titan 또는 "거인족"이라 불립니다 — 이 참하느님과 하늘의 천사들을 거슬러 방자하게 굴었는데, 그 때문에 하늘에서 떨어졌고 이제는 이 땅에서 거칠고 더러운 몸으로 행패를 부리고 있습니다. 그것들은 미래를 보는 일종의 천리안을 가지고 있으니, 인간의 몸을 입지 않았기 때문입니다. 그리고 그것들의 모든 행위는 인류를 참하느님에게서 떼어 놓는 것을 겨냥하고 있습니다. 그래서 아주 사납고 잔혹하고 교활한 동물들 몸 속으로 미끄러져 들어가, 자신들이 원할 때 원하는 곳으로 그 동물들을 몰아갑니다. 또는 그 동물들의 표상 능력을 부추겨 특정한 방식으로 날거나 움직이게 합니다. 그 다이몬들의 의도는 이성 없는 동물들의 예언과 점치는 능력으로 인간들을 미혹하여, 그들이 만유를 당신 권능 안에 두루 장악하고 계시는 하느님을 찾아 깨끗하고 바른 하느님 공경을 실천하지 않고, 오히려 그들의 생각을 지상의 새와 뱀과 여우와 늑대 따위에게 향하도록 하려는 것입니다. 그런데 이 분야에 정통한 사람들은 그런 동물들을 관찰함으로써 미래를 꽤 명확히 알 수 있다는 사실을 확인했다고 합니다. 그러나 그 다이몬들은 길이 든 순한 동물들에게는 사나운 동물들에게처럼 자신들의 악의를 행사하지 못하니, 전자에게는 후자에게처럼 그 다이몬들과 닮은 악의가 없기 때문입니다. 그런데 후자의 악의라는 것도 물론 엄밀한 의미의 악의는 아니고, 비본래적 의미의 악의입니다.[189]

---

188 참조: 호메로스 『오디세이아』 15,526.
189 참조: 『켈수스 반박』 4,84.

93. 그런 까닭에 나는 평소에 모세를 매우 찬탄했습니다. 사실 나는 그가 동물들의 다양한 본성을 잘 알고 있었던 ― 그 본성들에 관한, 그리고 각각의 동물들과 유사한 구석을 지닌 다이몬들에 관한 지식을 하느님에게서 얻었든, 아니면 그 자신의 지혜의 진보를 통해 찾아 얻었든 간에 ― 것은 각별한 찬탄을 받아 마땅하다고 주장하고 싶습니다. 아무튼 모세는 동물들을 분류할 때, 이집트인들이나 다른 민족들이 예언을 한다고 간주하는 동물들은 모두 부정不淨하다고 한 반면, 그 밖의 동물들은 대체로 정결하다고 여겼습니다. 그리고 모세는 부정한 동물에 늑대와 여우, 뱀, 독수리, 매 그리고 그것들과 비슷한 것들도 포함시켰습니다(레위 11장 참조). 우리는 이 동물들이 통상 율법서만이 아니라 예언서에서도 매우 중대한 악습들의 상징으로 언급되는 것을 발견하며, 늑대와 여우의 이름은 좋은 일을 표현하는 데 결코 사용되지 않는 것도 발견합니다(참조: 이사 11,6; 65,25; 예레 5,6; 에제 13,4; 22,27; 시편 63,11; 아가 2,15). 그런데 다이몬들의 각각의 종류와 동물들의 각각의 종류 사이에는 모종의 유대 관계가 존재하는 것 같습니다. 그리고 인간들 사이에서 어떤 이들은, 그들의 윤리적 성향과는 전혀 관계 없이 다른 이들보다 더 강하듯이, 어떤 다이몬들은 이런저런 영역에서 다른 다이몬들보다 더 큰 힘을 지니고 있는 것 같습니다. 또한 많은 다이몬들은 인간들을 미혹하기 위해 앞에서 언급한 동물들을 이용하는데, 그렇게 함으로써 우리 성경이 "이 세상의 우두머리"(요한 12,31; 14,30; 16,11; 2코린 4,4)라고 이르는 자의 뜻을 이룹니다. 다른 다이몬들은 다른 종류의 동물들을 통해 미래의 일을 알려 줍니다. 여기서 미래를 알려 주기 위해 족제비까지 이용하는 다이몬들이 얼마나 혐오스러운지 유의하십시오.[190] 그리고 만유를 주재하시는 하느님과 그분 아들이 새들과 그 밖의 동물들을 예언

적인 목적을 위해 움직이신다고 생각하는 것과, 아니면 그런 동물들(인간들이 아닙니다!)을 움직이는 존재가 악하고[191] 또 우리 성경이 말하듯이 "더러운" 다이몬들(참조: 마태 10,1; 12,43 등)이라고 생각하는 것, 둘 중에서 어떤 것이 합당한지 스스로 판단하십시오.

94. "새들"이 "미래 일들을 예언"하기 때문에 그것들의 영혼이 참으로 "거룩"하다면, 우리는 그 예언을 듣고 받아들이는 인간들의 영혼도 거룩하다고 더 정당하게 말하게 되지 않겠습니까? 이 견해에 따르면 호메로스의 글에 나오는 "곡식 빻는 여자 노예"는 거룩했으니, 그녀는 (페넬로페의) 자유민들에 관해 이렇게 말했기 때문입니다. "모쪼록 그들이 최후의 식사를 지금 하기를!"[192] 요컨대 그 여자 노예는 "거룩"했습니다. 그러나 호메로스의 아테나 여신의 친구인 위대한 오디세우스는 거룩하지 않았으니, 오히려 그 시인이 말하듯이 거룩한 여자 노예의 그 예언을 들었을 때 그저 즐거워했습니다. "고결한 오디세우스는 그 예언을 듣고 즐거워했다네."[193] 그러나 유의해야 할 것인즉, "새들"이 참으로 "거룩한" 영혼을 지니고 있다면, 그리고 자기네 감관으로 하느님을 또는 켈수스의 표현대로 "신들"을 인지할 수 있다면, 인간들 역시, 만일 우리가 (예언적) 재채기를 한다면, 우리에게 내재하면서 우리 영혼에 작용하는 거룩하고 예언적인 능력의 힘을 받아 재채기를 하는 것

---

190   족제비는 나쁜 징조로 여겨졌다. 참조: 아리스토파네스 『여자들의 의회』 792; 테오프라스토스 『윤리적 성격론』 16,3.
191   참조: 플라톤 『정치』 272e.
192   호메로스 『오디세이아』 4,685. 이 말은 다른 맥락에서는 페넬로페가 한 말로 인정되며, 반면 여기서 언급된 여자 노예의 바람은 『오디세이아』 20,112-119에서 나온다.
193   호메로스 『오디세이아』 20,120.

이 분명합니다. 사실 이 현상은 많은 사람이 증언하고 있습니다. 그런 까닭에 그 시인도 이렇게 말합니다. "그는 그러나 재채기하여 그의 소원을 확증했네." 그래서 페넬로페도 이렇게 말합니다. "아들이 재채기하여 그대의 모든 말을 내게 보증한 것을 그대는 보고 있지 않느냐?"[194]

95. 참으로 신적인 존재는 미래의 일을 알려 주고자 할 때, 이성 없는 동물이나 아무 인간을 이용하지 않고, 지극히 기룩하고 순결한 인간 영혼들을 이용하고, 이들을 신적 능력으로 충만케 하여 예언자로 만듭니다. 그런 까닭에 모세의 율법에는 경탄스러운 말씀들이 많이 나오는데, 다음 말씀도 거기 포함시킬 수 있습니다. "너희는 새들의 울음소리와 비행에 신경을 곤두세워서는 안 된다"(레위 19,26). 그리고 다른 구절에서는 이렇게 말합니다. "너희가 쫓아낼 저 민족들은 복술가들이나 점쟁이들의 말을 듣지만, 너희에게는 주 너희 하느님께서 그것을 허락하지 않으셨다"(신명 18,14). 그런 다음 계속해서 말합니다. "주 너희 하느님께서 너희 동족 가운데에서 나와 같은 예언자를 일으켜 주실 것이다"(신명 18,15). 과연 하느님께서는 일찍이 한 예언자를 통해 당신 백성이 점술 따위를 버리게 만들고자 하셨고, 그래서 예언자의 영으로 하여금 이렇게 말하게 하셨습니다. "정녕 야곱에는 점술이 없고, 이스라엘에는 주술이 없다. 이제 야곱을 두고, 이스라엘을 두고 말하리라. 하느님께서 무엇을 하셨는지"(민수 23,23). 우리는 이런 경고들을 알고 있기에, 신비스러운 의미를 담고 있는 다음의 명령을 따르고자 합니다. "무엇보다도 네 마음을 지켜라"(잠언 4,23). 이는 이런저런 다이몬이 우리 의지에

---

194 호메로스 『오디세이아』 17,541,545. 징조로서의 재채기에 관해서는 참조: 키케로 『점술』 2,84.

영향을 미치거나 어떤 적대적인 영이 자기 목적을 위해 우리의 표상 능력을 악용할 수 없게 하려는 것입니다. 그런 까닭에 우리는 "우리 마음 속에 하느님의 영광을 알아보는 빛이 비치기를"(2코린 4,6 참조) 기도 중에 간청하니, 하느님 영이 우리 마음 바탕에 와서 사시어 우리에게 하느님 비밀들에 관한 표상을 전달해 주시게 하기 위함입니다. 과연 "하느님의 영의 인도를 받는 이들은 모두 하느님의 자녀입니다"(로마 8,14).

96. 그러나 "미래에 대한 예지"가 반드시 하나의 "신적 속성"인 것은 아니라는 사실을 알아야 합니다. 사실 그런 예지 자체는 선하지도 악하지도 않으며, 선인에게도 악인에게도 주어질 수 있습니다.[195] 의사들도, 비록 성품이 나쁘더라도, 의술을 이용하여 이런저런 병세의 뒷짐작을 할 수 있습니다. 마찬가지로 부도덕한 조타수일지라도, 경험과 관찰에 근거하여 기상과 격렬한 폭풍우와 일기 변화를 예견합니다. 그러나 이런 사실들로 말미암아 그들을, 더구나 나쁜 성품을 지니고 있는데도, 거룩한 사람들이라고 말해서는 안 됩니다. 요컨대 "미래에 대한 예지와 예고보다 더 신적이라고 지칭할 수 있는 것이 도대체 무엇이 있겠는가?"라는 켈수스의 주장은 그릇되었습니다. 그리고 "많은 동물도 신에 관한 표상을 지니고 있다고 주장할 수 있다"는 그의 강변 역시 진실이 아닙니다. 왜냐하면 이성 없는 어떠한 존재도 하느님에 관한 표상을 지니고 있지 않기 때문입니다. 또한 "이성 없는 동물들이 신과 더 친밀한 관계를 맺고 있다"라는 주장도 마찬가지로 그릇되었습니다. 인간들 가운데에도 크게 진보했지만 여전히 나쁜 자들이 있는데, 이들은 "하느

---

195 참조: 『켈수스 반박』 3,25; 6,10; 아래의 예들에 관해서는 키케로 『점술』 1,112; 플라톤 『법률』 709b-c.

님과의 친밀한 관계"와는 거리가 아주 멉니다. 참으로 지혜롭고 진짜배기로 경건한 인간들만이 하느님과 친밀한 관계를 맺고 있습니다. 우리의 예언자들과 모세가 이런 인간들에 속하거니와, 성경은 모세의 위대한 깨끗함과 바름을 이렇게 증언합니다. "너 모세만 주님에게 가까이 오고, 다른 이들은 가까이 와서는 안 된다"(탈출 24,2).

97. 우리가 하느님을 모독한다고 비난하는 그 사람의 주장, 곧 "이성 없는 동물들"이 인간 존재보다 "더 지혜로울" 뿐 아니라 "신에게 더 사랑받는다"는 주장이 오히려 얼마나 더 신성모독적입니까? 어떤 자가 인간이라는 종보다 뱀·여우·늑대·독수리·매가 "신에게 더 사랑받는다"라고 말하는 것을 듣는다면, 역겨움을 느끼지 않을 사람이 누가 있겠습니까? 그자가 일관성이 있다면, 다음과 같이 말해야 할 것입니다. 이 동물들은 참으로 인간보다 신에게 더 사랑받기에, 또한 소크라테스·플라톤·피타고라스·페레키데스 그리고 모든 신학자 — 그런데 그자는 얼마 전에는 이들을 매우 칭송했습니다 — 보다 더 신에게 사랑받는다는 것은 분명하다. 그렇다면 우리는 그자를 위해 다음과 같이 빌어 주면 되겠습니다. 그대의 견해처럼 동물들이 참으로 인간보다 하느님에게 더 사랑받는다면, 그대는 그놈들과 함께 하느님께 사랑받기 위해 그놈들을 닮게 되시기를! 그자는 우리의 기원을 저주라고 여기면 안 될 것입니다. 사실 그자의 확신대로라면, 신에게 더 사랑받는 그 동물들을 쏙 빼닮게 되어 자신도 그들처럼 신에게 사랑받는 것을 바라지 않을 사람이 누가 있겠습니까?

또한 켈수스는 "이성 없는 동물들의 대화"가 우리의 대화보다 "더 경건하다"라는 주장의 근거로, 아무나가 아니라 "현자들"의 증언을 내세움니다. 그런데 실제로는 선한 인간들만이 "현자들"이니, 나쁜 인간은 그 누구도 지혜롭지 않기 때문입니다.[196] 아무튼 켈수스는 이렇게 말합니다. "현자들은 게다가 이 동물들은 서로 대화를, 그것도 우리 인간보다 훨씬 더 경건한 대화를 나눈다고 말한다.[197] 그들은 또한 자기네가 이 동물들의 대화 내용을 알아들으며, 이 사실을 실제로 입증할 수 있다고 주장한다. 이를테면 그들은 새들이 말한 내용 — 어디어디로 날아갈 것이고 이런저런 일을 할 것이다 등등 — 을 사람들에게 알려 준 다음, 나중에 새들이 실제로 그렇게 했다는 것을 밝힐 수 있다고 한다." 그러나 실제로는 분별 있는 인간은 누구도 그런 일을 알려 주지 않으며, 현자는 이성 없는 동물들의 대화가 인간들의 대화보다 더 경건하다고 주장하지 않습니다. 우리가 켈수스 주장의 진실성을 검증하기 위해 그 주장의 귀결을 헤아려 본다면, 이성 없는 동물들의 대화가 페레키데스 · 피타고라스 · 소크라테스 · 플라톤이나 그 밖의 철학자들의 칭송할 만한 잠언보다 "더 경건"해야 할 터입니다. 그러나 이것은 그 자체로 믿을 수 없을 뿐더러, 그야말로 허무맹랑합니다. 아무튼 어떤 사람들이 새들의 시끄러운 울음소리에서 "그 새들이 어디어디로 날아가고 이런저런 일을 하리라"는 것을 알아듣고 또 그것을 우리에게 "미리 알려 준다" 하더라도, 우리는 이렇게 대답할 것입니다. 그런 일은 다이몬들이 특정한 표지들을 통해 인간에게 알려 주는 것이니, 그 의도는 인간을 미혹하여 그의 정신을 하늘과 하느님으로부터 이 땅 저 아래로 끌어내리려는 것입니다.

---

196 참조: 『켈수스 반박』 3,74; 이 스토아적 견해에 관해서는 SVF 3,298.
197 참조: 필로스트라토스 『아폴로니오스의 생애』 4,3; 루크레티우스 『사물의 본성』 5,1057-1086.

98. 한편 켈수스가 "코끼리들은 맹세를 하고", 우리보다 "신에게 더 충성스러우며", 또한 "신에 대해 어떤 것을 알고 있다"는 것을 어디서 들었는지 나는 모르겠습니다. 나는 이 동물의 본성과 온순함에 관한 놀라운 보고를 많이 알고 있지만, 일찍이 코끼리들의 "맹세"에 관해 들은 기억은 없습니다.[198] 아마도 켈수스는 코끼리의 온순함, 그리고 일단 인간 뜻대로 부리게 되면 인간에게 보여 주는, 마치 약속을 지키는 듯한 태도를 "맹세에 대한 충실함"이라고 표현하는 것 같은데, 그러나 이것 역시 진실이 아닙니다. 왜냐하면 코끼리가 길들여졌다고 여겨지는 일정한 시기가 지나면, 갑자기 인간에게 사납게 달려들고 심지어는 죽이기까지 했으며, 그래서 사람들이 이 동물을 쓸모없다고 여겨 없애기로 결정했다는 보고들이 드물기는 하지만 있습니다.

이어서 켈수스는 "황새들이 인간들보다 부모에 대해 더 큰 의무감을 지니고 있다"고 믿으며 그것을 입증하기 위해, 이 동물에 관한 보고들을 증거로 내세웁니다. "그 보고들에 따르면, 황새는 부모의 보살핌에 감사하며 보답하고, 부모에게 먹이를 물어다 준다."[199] 이에 대해서는 이렇게 반박해야겠습니다. 황새가 그렇게 하는 것은 자신의 윤리적 책임에 대한 성찰 때문도, 이성적 숙고 때문도 아니고, 단지 자연적 본능 때문입니다. 사실 그것이 그렇게 하도록 섭리한 자연은 한편으로 이성 없는 동물들을 통해 인간들을 부끄럽게 만들 수 있는, 부모에 대한 감사 표현의 본을 보여 주고자 한 것입니다. 켈수스가 그런 일을 이성을

---

198 참조: 『켈수스 반박』 4,88 각주 181. 코끼리는 온순한 야생동물로 여겨졌다. 참조: 아리스토텔레스 『동물지』 8,46,630b.

199 참조: 플라톤 『알키비아데스』 1,135e; 아리스토텔레스 『동물지』 8,13, 615b; 노老 플리니우스 『박물지』 10,63.

사용하여 수행하는 것과, 이성의 동원 없이 순전히 자연적 본능으로 실행하는 것 사이에 어떤 차이가 있는지 알았더라면, "황새들이 인간들보다 부모에 대해 더 큰 의무감을 지니고 있다"고 주장하지 않았을 것입니다.

마치 이성 없는 동물들의 의무감을 옹호하는 사명에 몸 바친 듯이, 켈수스는 나아가 "아라비아의 불사조" 얘기를 꺼냅니다. "여러 해가 지난 뒤 불사조는 이집트로 날아가는데, 아비의 시체를 그리로 가져가 몰약과 송진으로 만든 공처럼 생긴 것 안에 파묻고는, 태양신 헬리오스의 거룩한 영역에 매장한다." 이에 관한 보고들이 있기는 하지만,[200] 그런 일이 사실이라 하더라도, 역시 순전히 자연적인 사건이라고 하겠습니다. 하느님의 섭리는 그 풍요로움을 갖가지 종류의 동물들에게서도 뚜렷이 드러내고, 또 그로써 새들에게까지 미치는 이 세상 체계 안의 다채로움을 인간들에게 깨우쳐 주고자 하셨습니다. 또한 그리하여 섭리는 하나의 비범한 동물을 창조하셨으니, 그를 통해 동물이 아니라 그것의 창조주께서 찬탄받으시도록 하기 위함이었습니다.

99. 이 모든 말을 한 다음, 켈수스는 또 이렇게 덧붙입니다. "요컨대 만물은 사자나 독수리나 돌고래를 위해 만들어지지 않았듯이, 인간을 위해 만들어진 것도 아니며, 오히려 이 세계가 신의 작품으로서 그 모든 부분에서 온전하고 완벽하게 되게끔 만들려 한다. 그런 까닭에 만물은 ─ 우연한 경우를 제외하면 ─ 따로 떨어져 있지 않고, 전체를 위해 잘 조화되어 있다. 신은 전체를 보살피며, 신의 섭리는 전체를 결코 방

---

[200] 참조: 헤시오도스 『단편』 304; 헤로도토스 『역사』 2,73; 노老 플리니우스 『박물지』 10,3-5.

치하지 않는다. 전체는 나빠지지도 않으며, 신이 얼마간의 시간이 흐른 후 전체를 원래대로 되돌리지도 않는다. 신은 인간 때문에 분노하지도 않으니, 원숭이나 생쥐 때문에 분노하지 않는 것과 마찬가지다. 또한 신은 이 존재들을 위협하지도 않으니, 이들은 각각 자기 자리에서 자기 몫(운명)을 받아 지니고 있다." 이에 대해 간략하게나마 반론을 제기해야겠습니다. 나는 앞에서 말한 것을 통해, "만물은 인간을 위해" 그리고 이성을 부여받은 모든 존재를 위해 "창조되었다"는 사실을 입증했다고 생각합니다. 과연 세계는 우선적으로 이성을 부여받은 존재들을 위해 창조되었습니다. 그런데 켈수스는 만물은 인간을 위해 창조된 것이 아니니, 이는 만물이 사자나 그가 언급하는 다른 동물들을 위해 창조되지 않은 것과 마찬가지라고 주장합니다. 그러나 우리는 이렇게 말해야겠습니다. 창조주께서 만물을 창조하신 것은 사자와 독수리와 돌고래 등을 위해서가 아니라, 이성을 부여받은 존재들을 위해서입니다. 이는 "이 세계가 하느님의 작품으로서 그 모든 부분에서 온전하고 완벽하게 되도록 하기 위함"입니다. 사실 이 명제에 사람들은 찬동해야 하니, 적확하게 표현되었기 때문입니다. 하지만 하느님은, 켈수스의 생각처럼 "전체"를 보살피실 뿐 아니라, 전체와 더불어 이성을 부여받은 모든 존재를 각별히 보살피십니다. 그리고 "하느님의 섭리는 전체를 결코 방치하지 않으실 것입니다." 이성을 부여받은 존재들의 이런저런 죄악 때문에 전체의 한 부분이 "나쁘게" 되더라도, 하느님께서는 그 부분이 정화되도록 배려하시며, 또한 "얼마간의 시간이 지난 후 전체가 원래대로 되돌아가도록" 보살피십니다. 또한 그분은 "원숭이나 생쥐 때문에 분노하시지 않습니다". 그러나 하느님께서는 자기 본성에 따라 타고난 소질을 거스르는 인간들은 심판하고 징벌하시며 또 예언자들을 통해, 그리고 인류 전체를 위해 오신 구원자를 통해 그들을 "위협"하시니, 위협의 말씀을 새겨듣는 이들이 회개하게 하시기 위함이고, 회개를 촉구하는 말씀을 흘려듣는 자들은 합당한 벌을 받게 하시기 위함입니다. 하느님께서 전체의 행복을 보살피시려는 당신의 뜻 안에서, 매우 고통스러운 치유 조처와 개선이 꼭 필요한 자들에게 그런 벌을 내리시는 것은 실로 마땅합니다.

아무튼 이 제4권도 분량이 충분히 많아졌기에, 우리의 상론을 여기서 끝맺고자 합니다. 모쪼록 하느님께서, 로고스(말씀) 하느님이시고 지혜와 진리와 의로움이시며 또한 성경이 그분에 관해 신론적으로 언명하는 그 모든 것이신 당신 아드님을 통해 우리에게 은총을 선사하시어, 독자들의 유익을 위해 제5권도 시작하여, 우리 영혼에 와 계시는 당신 로고스의 도우심으로 훌륭하게 마칠 수 있게 해 주시기를.

제5권

1. 죄를 면할 수 없는 해괴한 요설(잠언 10,19 참조)에 사로잡히지 않기 위해, 우리는 이제 벌써 켈수스의 저작을 반박하는 책의 제5권을 시작합니다. 존경하는 암브로시우스여, 우리는 가능한 한 켈수스의 주장들, 특히 그가 적지 않은 사람들의 견해에 따르면 외견상으로 합리적인 근거를 제시하며 우리나 유대인들을 공박한 내용은 어느 것도 철저히 검증하지 않은 채 지나치지 않으려 합니다. 우리의 논설이 켈수스 책 독자들의 양심을 파고들어, "하느님의 무기로 완전히 무장"(에페 6,11)하지 못한 이들에게 상처를 입힌 화살들을 모두 뽑아내고, 켈수스의 말을 듣고 건실한 신앙생활(티토 2,2 참조)을 방해받는 상해를 입은 모든 이를 치유하는 영적 약제를 제공하는 것이 가능하다면, 우리는 이 일을 지금까지처럼 앞으로도 기꺼이 할 것입니다. 그러나 당신 영을 통해 그리고 그리스도의 영과 함께, 당신이 합당하다고 여기시는 이들에게 보이지 않게 와 계시는 것은 하느님의 일입니다. 우리의 소임은 말과 글로 사람들의 믿음을 굳세게 하고 "진리의 말씀을 올바르게 전하여" 우리 자신이 "흠잡을 데 없는 일꾼"(2티모 2,15 참조)으로 드러나기 위해, 모든 일을 다 하는 것입니다. 이 모든 과제 가운데 하나가, 설득력 있게 보이는 켈수스의 논증들도 우리의 능력껏 반박하여, 그대의 부탁을 충실히 완

수하는 것이라고 생각합니다. 그래서 나는 우리가 이미 반박한 — 독자들은 우리가 과연 제대로 반박했는지 아닌지 판단할 수 있을 것입니다 — 켈수스의 언명들에 계속 이어지는 주장들을 인용하고, 그것들에 대한 반론을 제시하고자 합니다. 하느님께서 우리의 계획이 거룩한 영감으로 충만한 정신과 말로 시작되도록 해 주시기를! 그리하여 우리가 도우려는 사람들의 "믿음이 인간의 지혜가 아니라 하느님의 힘에 바탕을 두고"(1코린 2,5 참조), 또한 우리가 "그리스도의 마음"(1코린 2,16)과 하느님 말씀의 한몫을, 홀로 그것들을 주실 수 있는 그분 아버지에게서 받아, "하느님을 아는 지식을 가로막고 일어서는 모든 오만"(2코린 10,5)을, 또 우리와 우리 예수님, 나아가 모세와 예언자들을 거슬러 일어서는 켈수스의 망상을 무너뜨리게 해 주시기를! 또한 그리하여 "기쁜 소식 전하는 이들의 대군大軍"(시편 68,12)에게 큰 힘을 주시는 하느님께서 우리도 이 일에서 인도하시고 큰 힘을 선사하시어, 말과 하느님의 힘으로 독자들에게 믿음을 불러일으키게 해 주시기를!

2. 요컨대 이제 우리의 과제는 켈수스의 다음과 같은 주장을 반박하는 것입니다. "당신네 유대인들과 그리스도인들이여, 신과 신의 아들은 이 세상에 내려온 적이 결코 없으며, 앞으로도 필경 내려오지 않을 것이다. 또 당신들은 천사들에 관해 말하는데, 당신들은 그들을 무엇으로 여기는가? 신들? 아니면 다른 존재들? 틀림없이 다른 존재들, 곧 다이몬들일 것이다."[1] 켈수스의 이 거듭되는 언명 — 그는 앞에서 이미 여러

---

[1] 플라톤 전통에서 생소한 천사들과 다이몬들의 동일시에 관해서는 참조: K. Puiggali, La démonologie de Celse penseur médio-platonicien: EtCl 55 (1987) 17-18; 이 동일시에 대한 비판에 관해서는 『켈수스 반박』 5,5.

차례 이에 관해 말했습니다² — 은 새삼 상세히 다룰 필요가 없으니, 우리가 앞에서 제시한 응답으로 충분할 터이기 때문입니다. 여기서는 우리가 앞에서 말한 내용과 부합하지만 의미가 완전히 똑같지는 않은 몇 가지만 가려내어 언급하고자 합니다. 요컨대 우리는 켈수스가 "신이나 신의 아들"은 인간들에게 "내려온 적이 없다"라는 일괄적 주장을 통해, 대다수 인간이 공유하고 있는 신의 현현에 관한 견해도 배척하고 있다는 사실을 밝혀야겠습니다. 켈수스의 이 주장은 그가 자기 책 앞 부분에서 제시했던 견해와도 부합하지 않습니다.³ 아무튼 "신과 신의 아들은 이 세상에 내려온 적이 결코 없으며, 앞으로도 필경 내려오지 않을 것이다"라는 켈수스의 일괄적 주장이 진실이라면, 인간들에게 미래를 예고해 주거나 신탁을 통해 병자를 치유하기 위해 신들이 하늘에서 내려와 이 세상에 현존한다는 생각은 물론 할 수 없을 것입니다. 그렇다면 사람들이 그런 일을 했다고 믿는 피티아 무녀의 신 아폴론도 아스클레피오스도 또는 그 밖의 다른 존재들도 "하늘에서 내려온 신"이 아닐 것입니다. 아니면, 신이기는 하지만 언제까지나 이 세상에 붙박여 살 운명을 지닌, 이른바 신들의 거주지로부터 쫓겨난 신이거나, 또는 그곳의 신들과 어울려 살 권한이 없는 신일 것입니다. 아니면, 보통 사람들이 이 세상에서 이런저런 중요한 작용을 한다고 믿는 아폴론과 아스클레피오스와 그 밖의 모든 존재는 신이 아니라 일종의 다이몬들로서, 자신의 덕행으로 말미암아 하늘로 오르는 저 지혜로운 인간들보다 훨씬 미천합니다.⁴

---

2 참조: 『켈수스 반박』 4,2-7.10.14.18.20-23.
3 참조: 『켈수스 반박』 3,22-25.
4 참조: 플라톤 『파이드로스』 247b.

3. 이제 자기 책 전체에서 자신이 에피쿠로스학파임을 밝히지 않는 켈수스가, 우리의 가르침을 배척하느라, 명백히 에피쿠로스에게로 넘어가는 것을 눈여겨보십시오. 그러니 켈수스 책의 독자여, 그의 언설에 찬동하여, 이 세상에 오시어 인간 하나하나를 보살피시는 하느님에 대한 믿음을 버리거나, 아니면 그런 믿음을 받아들이고 켈수스의 주장은 그릇되었다고 선언하는 것은 그대에게 달려 있습니다. 그런데 그대가 섭리를 철저히 부인한다면, 그대 견해가 진실됨을 옹호하기 위해, 신들의 현존과 섭리의 존재를 인정하는 켈수스의 주장들[5]도 진실이 아니라고 선언해야 할 것입니다. 그러나 그대가 "신도 신의 아들도 인간들에게 내려온 적이 없고, 앞으로도 내려오지 않을 것이다"라는 켈수스의 주장에 찬동하지 않기 때문에 섭리를 인정한다면, 그대는 왜 예수님에 관한 우리의 언명들과 그분과 관련되는 예언들에 근거하여, 사람이 어떤 신이나 신의 아들이 인간들에게 내려왔다고 생각해야 하는지를 면밀히 탐구하려고 하지 않습니까? 그 존재가 과연 누구일까요? 그렇게나 위대한 일을 계획하고 행하신 예수님일까요, 아니면 자신들을 숭배하는 사람들의 윤리적 행실을 이른바 신탁이나 예언 따위로도 향상시키지 못하는, 게다가 자신들을 붙좇는 그 사람들이 삼라만상의 창조주를 참되고 바르고 깨끗하게 공경하는 것을 가로막고, 그 사람들의 영혼을 다신 숭배라는 휘황한 외관을 통해 홀로 뚜렷하시고 참되신 한 분 하느님과 떼어 놓는 저 신들일까요?

4. 마치 유대인들과 그리스도인들이 인간들에게 내려오는 존재에 대

---

5 참조: 『켈수스 반박』 1,57; 4,4.99; 7,68; 8,45.

한 물음에 "천사들"이라고 대답한 것처럼, 켈수스는 이어서 이렇게 말합니다. "그렇게 당신들이 천사들에 관해 말하는데, 당신들은 그것들이 무엇이라고 여기는가? 신들? 아니면 어떤 다른 존재들?" 그런 다음 그는 마치 우리가 그 물음에도 대답을 했다는 듯이, 우리 대답을 꾸며 냅니다. "틀림없이 다른 존재들, 곧 다이몬들이다." 우리는 이 문제도 숙고하고자 합니다. 사실 두루 알다시피 우리는 "천사들"에 관해서도 말합니다. 그런데 천사들은 "하느님을 시중드는 영으로서, 구원을 상속받게 될 이들에게 봉사하도록 파견되는 이들"(히브 1,14)입니다. 천사들은 인간들의 청을 천상의 지극히 깨끗한 영역이나 더 깨끗한 "초超천상적"⁶ 영역으로 전달하기 위해 높이 올라갑니다. 그리고 거기서 하느님께서 당신의 은택을 받아야 할 인간들 각자에게 자격에 따라 나눠 주시는 선을 전달하기 위해 다시 내려옵니다.⁷ 우리는 그들을 그들의 소임에 맞갖게 "천사"(전령/사자)라 부르라고 배웠으며, 또한 그들이 하느님과 닮은 본질 덕분에, 성경에서도 종종 "신들"로 불리는 것을 발견합니다(참조: 시편 50,1; 82,1; 86,8; 95,3; 96,4; 136,2). 그러나 우리에게 하느님 선물을 전달해 주는 이 봉사하는 존재들을 하느님 대신 섬기고 경배하라는 명령을 받지는 않습니다. 왜냐하면 모든 "간청과 기도와 전구와 감사"(1티모 2,1)는 모든 천사보다 숭고하신 살아 계시는 로고스 하느님(요한 1,1 참조)이신 "대사제"(히브 2,17; 7,26 등)를 통해, 만물을 주재하시는 하느님께로 높이 보내져야 하기 때문입니다. 그러나 우리가 "기도" 개념의 본원적 의미와 전의轉義적 의미를 명확히 이해할 수 있다면, 로고스 자신

---

6 참조: 플라톤 『파이드로스』 247c; 『켈수스 반박』 3,80.
7 천사 표상에 관해서는 참조: Monaci Castagno, Angelo: *Origene. Dizionario. La cultura, il pensiero, le opere* (hrsg. von A. Monaci Castagno), Rom 2000, 6-13.

께 간청과 기도와 전구와 감사를 드릴 것입니다.[8]

5. 사실 천사들에 관한 초인간적 지식 없이 천사들을 부르고 그들에게 간청하는 것은 분별없는 일이라 하겠습니다. 그러나 천사들의 본성과 그들 각자에게 맡겨진 소임을 우리에게 밝혀 주는 실로 놀랍고 비밀스러운 지식을 얻었다 가정하더라도, 이 지식이 모든 면에서 자족적이시며 만유를 주재하시는 하느님께, 하느님의 아들 · 로고스 · "지혜"(1코린 1,24.30)이고 "진리"(요한 14,6)이며 또한 하느님의 예언자들과 예수님 사도들의 글이 그분에 관해 언명하는 그 모든 것이신 우리 구원자를 통해 기도하는 것 외에, 감히 어떤 다른 존재에게 기도하는 것을 허용하지는 않습니다. 하느님의 거룩한 천사들이 우리에게 호의적인 마음을 지니고 우리를 위해 모든 것을 하도록 하기 위해서는, 우리 인간 본성으로 가능한 한, 하느님께 대한 우리의 마음가짐이 천사들의 근본 결단을 충실히 본받아야 하니, 그들도 그들 나름대로 하느님을 본받고 있습니다. 또한 하느님의 아들, 로고스에 관한 우리의 견해 역시, 우리에게 가능한 한, 그분에 관한 천사들의 더 명확한 견해와 상충되지 않고 오히려 그 견해의 명료함과 정확함에 나날이 더욱 가까워지도록 애써야 합니다. 아무튼 켈수스는 우리 성경을 읽어 보지 않았기 때문에, 우리 대신 스스로 대답합니다. 더 자세히 말하면, 인간들에게 은택을 베풀어 주기 위해 하느님으로부터 이 세상에 내려온 "천사들"은 "다른 존재들"이라

---

8 오리게네스에게 기도는, 엄밀한 의미에서, 오직 성부 하느님에게 방향이 맞추어져 있다. 그에게 있어 로고스는 이 기도의 중개자요 스승이지만 기도의 일차적 수령자는 아니다. 참조: 오리게네스 『기도론』 15-16. 이 기도 대상이 여기서는 전의적 의미로 허용되고 있다. 참조: 『켈수스 반박』 5,11.

고 우리가 주장한다는 것입니다. 그러고는 우리가 그 천사들은 "틀림없이 다이몬들"이라고 지칭했다고 말합니다. 여기서 켈수스는 "다이몬들"이라는 명칭은 선한 이들과 악한 이들이 섞여 있는 "인간들"이라는 명칭처럼 중립적이지 않다는 것, 그리고 "신들"이라는 명칭처럼 온전히 선하지는 않다는 것, "신들"이라는 명칭은 신적인 것에 대한 심오한 지식을 지니고 있는 사람들이 악한 다이몬들이나 우상들이나 동물들이 아니라 참으로 거룩하고 지극히 복된 존재들에게 국한하여 붙인 낱말이라는 것을 알아차리지 못하고 있습니다. 그러나 "다이몬들"이라는 명칭은 언제나 두껍고 무거운 몸을 지니고 있지는 않은 악한 권세들에게 붙여지거니와, 이것들이 인간들을 미혹하고 빗나가게 하며, 그들을 하느님과 "초천상적" 실재⁹로부터 지상적인 것으로 끌어내립니다.¹⁰

6. 이어서 켈수스는 유대인들에 관해 다음과 같이 말합니다. "사람들이 유대인들에 관해 이상하게 생각할 수밖에 없는 첫째 문제는, 그들이 하늘과 하늘에 사는 천사들은 공경하면서, 하늘의 가장 존귀하고 강력한 구성 요소들인 해와 달과 그 밖의 별들, 항성과 행성들은 무시한다는 사실이다.¹¹ 마치 전체는 신이지만, 부분들은 신적이 아닌 것이 가능하다는 듯이 말이다.¹² 또는 마치 의심스러운 마술 때문에 맹목적이 되었

---

9 참조: 플라톤 『파이드로스』 247c.
10 다이몬들의 본성과 작용에 관해서는 참조: Fédou, Christianisme 272-274; A. Monaci Castagno, Diavolo: *Origene. Dizionario. La cultura, il pensiero, le opere* (hrsg. von A. Monaci Castagno), Rom 2000, 115-116.
11 켈수스에 따르면, 별들은 일종의 신적 성질을 지니고 있다.
12 배경에는 우주 전체만이 아니라, 켈수스가 언급한 개별적 구성 요소들도 신적 존재라는 스토아적 견해가 자리 잡고 있다.

거나 꿈속에서 희미한 환영을 보는 인간들에게 어둠 속 어딘가에서 접근한다는 저 존재들은 지극히 경외하면서도, 그들(곧 유대인들)이 숭배하는 비 · 더위 · 구름 · 천둥 · 번개 등 자연현상들과 과일을 비롯한 온갖 생산물을 관장하고 또 그것들을 통해 모든 인간에게 아주 분명하고 확실하게 예고를 해 주는 이 존재들은 아무것도 아닌 것으로 간주하는 것이 가능하다는 듯이 말이다. 이 존재들은 이들을 통해 신이 자신을 드러내는, 초지상적 실재의 가장 공공연한 전령들이요 참으로 천상적인 사자들이다." 여기서 켈수스는 생각과 말이 도무지 뒤죽박죽이거니와, 자신이 알지 못하는 것들을 여기저기서 주워듣고 쓴 것으로 보입니다. 사실 유대인들의 종교적 표상들을 면밀히 탐구하고 또 그리스도교의 표상들과 연계시키는 사람들은, 유대인들은 하느님 이름으로 자신들에게 언명된 다음과 같은 율법을 준수한다는 사실을 명확히 알고 있습니다. "너에게는 나 말고 다른 신이 있어서는 안 된다. 너는 위로 하늘에 있는 것이든, 아래로 땅 위에 있는 것이든, 땅 아래로 물속에 있는 것이든 그 모습을 본뜬 어떤 신상도 만들어서는 안 된다. 너는 그것들에게 경배하거나, 그것들을 섬기지 못한다"(탈출 20,3-5). 따라서 유대인들은 하늘과 그 밖의 모든 것을 창조하신, 만유를 주재하시는 하느님 외에 그 어떤 것도 숭배하지 않습니다. 율법에 따라 살아가는 그들이 하늘의 창조주를 숭배하지만, 하느님과 함께 "하늘"도 숭배하지는 않는다는 것도 명확한 사실입니다. 또한 모세 율법의 준봉자들은 그 누구도 "하늘에 사는 천사들"도 숭배하지 않습니다. 마찬가지로 그들은 "해와 달과 별들", 하늘의 아름다움도 "숭배"하지 않으니, 율법에 이렇게 쓰여 있습니다. "너희는 하늘로 눈을 들어, 해나 달이나 별 같은 것을 보고 유혹을 받아, 그것들에게 경배하고 그것들을 섬겨서는 안 된다. 그것들은 주 너희 하느님께서 온 하늘 아래에 있는 다른 모든 민족들에게 주신 몫이다"(신명 4,19).

7. 그러나 켈수스는 또한 유대인들이 "하늘을 신으로 여긴다"고 제멋대로 짐작하고는, 그들이 "하늘은 숭배하지만, 해와 달과 별들은 숭배하지 않는다"고 비난합니다. 그러고는 유대인들이 마치 "전체는 신이지만, 그 부분들은 신적이지 않다"는 것이 가능한 듯이 처신하는 것은 부조리하다고 덧붙여 말합니다. 켈수스는 "전체"를 "하늘"로, "부분들"은 "해, 달 그리고 별들"로 지칭하는 것 같습니다. 그런데 유대인들도 그리스도인들도 하늘을 하느님으로 지칭하지 않는다는 것은 누구나 알고 있습니다. 그러나 켈수스가 생각하듯이, 유대인들이 하늘을 하느님으로 여긴다고 가정한다면, 해, 달 그리고 별들도 하늘의 "부분들"일 터입니다 — 그런데 이는 전혀 진실이 아닙니다. 사실 땅 위의 동물들과 식물들도 땅의 "부분들"이 아닙니다. "전체가 신이라면, 그 부분들도 신적이다"라는 그리스인들의 견해가 진실이라는 근거가 무엇입니까? 그리스인들은 세계 전체를 분명히 "신"이라고 지칭합니다. 스토아학파는 첫째 신으로, 플라톤학파는 둘째 신으로, 몇몇 학파는 셋째 신으로 지칭합니다.[13] 과연 그들의 견해대로, 세계 전체가 신이기 때문에, 그 부분들도 신적이라는 것입니까? 그래서 인간들만이 아니라, 세계의 부분들인 동물들도, 게다가 식물들까지도 신적이라는 것입니까? 그러나 그렇게 산, 강 그리고 바다도 세계의 부분들이라면, 그것들도 신들이 아니겠습니까? 그러나 이런 것은 그리스인들도 주장하려 들지 않을

---

[13] 스토아학파에 관해서는 참조: 키케로 『신들의 본성』 2,45; 세네카 『자연현상 연구』 2,45,3; 디오게네스 라에르티오스 『유명한 철학자들의 생애와 사상』 7,137-140.

것입니다. 그들은 기껏해야 강과 바다를 관장하는 존재들 — 그들은 다 이몬들 또는 신들이라 부릅니다 — 을 신들로 부를 수 있을 것입니다. 또한 "전체가 신이라면, 그 부분들 역시 필연적으로 신적이다"라는 켈수스의 일괄적 주장은, 섭리를 인정하는 그리스인들도 그릇되다고 여길 것입니다. 그의 이 주장은, 세계가 신이라면 세계 안에 존재하는 모든 것도, 세계의 부분들이기에, 신적이라는 언명으로 귀결됩니다. 그리고 이 주장에 따르면, 동물들 — 파리, 모기(탈출 8,12 등 참조), 벌레, 온갖 종류의 뱀, 새, 물고기 등 — 도 신적일 터입니다. 하지만 이런 따위는 세계를 신으로 여기는 사람들일지라도 결코 주장하지 않을 것입니다. 아무튼 모세 율법에 따라 사는 유대인들은, 말씀 안에 감추어져 있는 율법의 의미(비밀스러운 것을 암시하고 있습니다)를 밝혀내지는 못하더라도, "하늘"이나 "천사들"이 "신"이라고 주장하지 않을 것입니다.

8. 우리는 켈수스가 이 문제에서 자신이 알지 못하는 것들을 여기저기서 주워듣고 썼기에, 생각과 말이 도무지 뒤죽박죽이라고 주장했습니다. 그래서 우리는 이제 이 문제를, 우리가 할 수 있는 한, 철저히 파고들어 명확히 밝히고자 합니다. 켈수스는 "하늘과 거기 사는 천사들을 숭배"하는 것을 유대인들의 종교적 관습으로 간주하는데, 우리는 그런 숭배는 유대인들의 관습이 아닐 뿐더러 오히려 유대교는 그런 짓을 "해와 달과 별들" 그리고 우상들에 대한 "숭배"와 마찬가지로 역겹게 여긴다는 사실을 분명히 알려 주고자 합니다. 우리는 특히 예레미야서에서 유대 민족이 그런 것들을 숭배하고 또 "하늘 여왕"과 "하늘의 모든 군대"에게 제물을 바치기 때문에, 하느님께서 그 예언자를 통해 유대 민족을 질책하시는 대목을 읽습니다(참조: 예레 7,17-18; 19,13; 51,17). 그

러나 유대인들의 죄를 언급하는 그리스도인들의 글도 하느님께서 이런저런 죄악 때문에 그 민족을 버리셨을 때, 그들이 그런 죄도 저질렀다는 사실을 아주 명확히 보고합니다. 과연 사도행전은 유대인들에 관해 이렇게 말합니다. "그리하여 하느님께서는 그들을 외면하시고, 그들이 하늘의 군대를 섬기게 내버려 두셨습니다. 이는 예언자들의 책에 기록된 그대로입니다. '이스라엘 집안아, 너희가 광야에서 지낸 사십 년 동안 나에게 번제물과 희생 제물을 바친 적이 있느냐? 너희는 오히려 몰록의 천막과 너희 래판 신의 별을, 곧 너희가 경배하려고 스스로 만들어 낸 상들을 짊어지고 다녔다'(아모 5,25-26)"(사도 7,42-43). 철저한 유대교 교육을 받았으나 훗날 예수님의 놀라운 현현으로 말미암아 그리스도교로 돌아선 바오로는 콜로새서에서 다음과 같이 말합니다. "거짓 겸손과 천사 숭배를 즐기는 자는 아무도 여러분을 실격시키지 못하게 하십시오. 그런 자는 자기가 본 환시에 빠진 나머지 현세적 생각으로 까닭 없이 우쭐거립니다. 그는 자기의 머리이신 분께 단단히 붙어 있지 않습니다. 온몸은 이 머리로부터 관절과 인대를 통하여 영양을 공급받고 잘 연결되어, 하느님께서 원하시는 대로 자라는 것입니다"(콜로 2,18-19). 이 말씀을 읽어 보지도 않았고 이해하지도 못하는 켈수스는, 어찌 된 일인지는 모르겠으나 아무튼 뜬금없이, 유대인들은 자기네 율법을 거스르지 않고도 "하늘과 거기 사는 천사들을 숭배한다"고 생각하게 된 것 같습니다.

9. 켈수스는 여전히 생각이 뒤죽박죽인데다 이 문제를 피상적으로만 살펴보았기 때문에, 유대인들은 수상쩍은 마술적 의식에서 주문을 외움으로써 보게 되는 이런저런 환영들에 부추겨져, "하늘에 사는 천사

들을 숭배"하게 되었다고 생각하고 있습니다. 여기서도 그는 그런 짓을 하는 자들도 율법을 위반하는 것이라는 사실을 알아차리지 못했습니다. 율법은 이렇게 말합니다. "너희는 영매들과 점쟁이들에게 가지 마라. 너희가 그들을 찾아다녀 그들이 너희를 부정하게 만드는 일이 없게 하여라. 나는 주 너희 하느님이다"(레위 19,31). 켈수스는 유대인들은 율법을 준수한다는 사실을 알고 또 그들은 율법에 따라 산다고 스스로 증언한 바 있으니,[14] 그는 유대인들이 그린 짓을 한다고 비난해서는 결코 안 되었을 것입니다. 또는 그가 그런 비난을 했다면, 율법 위반자들이나 그런 짓을 한다는 사실을 분명히 밝혔어야 했을 것입니다. 그 밖에 또 유의할 점은, 어둠 속에서 작용하는 존재들을 마술을 통해 섬기는, 그러면서 맹목적으로 되어 꿈에서 희미한 환영들이 자신에게 접근하는 것을 보는 유대인들이 율법을 범하는 것처럼, 해와 달과 별들에게 제물을 바치고 공경하는 자들도 노골적으로 율법을 위반하는 것입니다. 아무튼 동일한 사람이 유대인들은 "해와 달과 별들을 숭배"하는 짓을 하지 않도록 조심한다고 말하고, 또 같은 입으로 그들은 "하늘과 천사들"을 신으로 숭배하는 것을 꺼리지 않는다고 말하니, 도무지 어이가 없습니다.

10. 그런데 "해, 달, 별들"과 마찬가지로 "천사들"도 숭배하지 않는 우리가, 그리스인들이 볼 수 있고 인지할 수 있는 신들이라 이르는 존재들도 전혀 숭배하지 않는다는 비난에 맞서 우리 자신을 변호해야 한다면, 이렇게 대답하겠습니다. 모세 율법은 이 존재들은 하느님께서 "온

---

14 참조: 『켈수스 반박』 5,25.

하늘 아래 있는 다른 모든 민족들에게 주신 몫"(신명 4,19)이라는 것, 그러나 하느님께서 다른 모든 민족들보다 선호하시어 당신 소유로 삼으신 유대 민족(신명 32,9 참조)의 몫은 결코 아니라는 것을 잘 알고 있습니다. 과연 신명기에는 이렇게 쓰여 있습니다. "너희는 하늘로 눈을 들어, 해나 달이나 별 같은 어떤 천체를 보고 유혹을 받아, 그것들에게 경배하고 그것들을 섬겨서는 안 된다. 그것들은 주 너희 하느님께서 온 하늘 아래에 있는 다른 모든 민족들에게 주신 몫이다.[15] 그러나 너희는, 주님께서 도가니 곧 이집트에서 이끌어 내셔서 오늘 이처럼 당신의 소유로 삼으신 백성이다"(신명 4,19-20). 히브리 민족은 하느님께서 "선택된 겨레", "임금의 사제단", "거룩한 민족", "나의 소유"(1베드 2,9)라고 부르시거니와, 그들에 관해 아브라함에게 주님의 목소리를 통해 다음과 같이 예고되었습니다. "하늘을 쳐다보아라. 네가 셀 수 있거든 저 별들을 세어 보아라. … 너의 후손이 저렇게 많아질 것이다"(창세 15,5). 하늘의 별들처럼 헤아릴 수 없이 많아지리라는 희망을 지니고 있었던 그 민족은, 그런 별들을 경배해서는 안 되었습니다. 과연 그들에게 모세는 이렇게 말했습니다. "주 너희 하느님께서 너희를 불어나게 하셔서, 너희가 오늘 하늘의 별처럼 많아진 것이다"(신명 1,10). 그리고 다니엘서에서는 부활 때에 일어날 사건들에 관한 예언을 발견할 수 있습니다. "그때에 내 백성, 책에 쓰인 이들은 모두 구원을 받으리라. 또 땅 먼지 속에 잠든 사람들 가운데에서 많은 이가 깨어나 어떤 이들은 영원한 생명을 얻고 어떤 이들은 수치를, 영원한 치욕을 받으리라. 그러나 현명한 이

---

15 하느님께서 이민족들에게 천체들을 공경하라고 주신 것은, 그들이 완전히 신앙 없는 자들이 되지 않게 하시기 위함이었다고 한다. 참조: 오리게네스 『요한 복음 주해』 2,24-25; 알렉산드리아의 클레멘스 『양탄자』 6,110,3; 또한 Fédou, Christianisme 260-262.

들은 창공의 광채처럼, 많은 사람을 정의로 이끈 이들은 별처럼 영원무 궁히 빛나리라"(다니 12,1-3). 이 구절을 바오로는 부활에 관한 상론에서 원용하면서, 이렇게 말합니다. "하늘에 속한 몸체들도 있고 땅에 속한 몸체들도 있습니다. 그러나 하늘에 속한 몸체들의 광채가 다르고 땅에 속한 몸체들의 광채가 다릅니다. 해의 광채가 다르고 달의 광채가 다르고 별들의 광채가 다릅니다. 별들은 또 그 광채로 서로 구별됩니다. 죽은 이들의 부활도 이와 같습니다"(1코린 15,40-42).

그러므로 자신이 모든 피조물 위로 숭고하게 들어 높여지고 덕스러운 삶에 대한 최상의 보상을 하느님께 받을 것을 열망하라고 배운 사람들, 그리고 "너희는 세상의 빛이다. … 너희의 빛이 사람들 앞을 비추어, 그들이 너희의 착한 행실을 보고 하늘에 계신 너희 아버지를 찬양하게 하여라"(마태 5,14-16)라는 말씀을 귀 기울여 들은 사람들, 또한 "바래지 않고 늘 빛나는 지혜"(지혜 6,12), "영원한 빛의 광채인 지혜"(지혜 7,26)를 얻으려고 애쓰거나 이미 얻은 사람들이 해와 달과 별들의 가시적인 빛에 깊은 감명을 받는다는 것은 어처구니없는 일이라고 하겠습니다. 자신 안에 그렇게나 엄청난 영적 깨달음의 빛을, "참빛"(요한 1,9; 1요한 2,8) · "세상의 빛"(요한 8,12; 9,5) · "사람들의 빛"(요한 1,4)을 지니고 있으면서도, 해와 달 따위의 가시적인 빛 때문에 자신을 하찮은 존재로 여기고 그런 따위를 경배한다면, 실로 분별없는 짓이 아닐 수 없을 것입니다. 만일 해와 달과 별들을 참으로 경배해야 한다면, 일반 대중이 경탄하는 그것들의 가시적인 빛 때문이 아니라, 영적이고 진정한 빛 때문에 경배해야 할 것입니다. 그런데 이것도 하늘의 별들 역시 이성적이고 도덕적인 존재이며, 또한 "영원한 빛의 광채인 지혜"(지혜 7,26)를 통한 깨달음의 빛으로 조명된 경우에 그렇습니다.[16] 아무튼 그것들의 가시적인 빛 역시 온 우주의 창조주의 한 작품입니다. 그러나 영적인 빛은 그것들의 소유이지만, 그것들 안에서 작용하고 있는 자유로운 의지에서 비롯하는 것입니다.

11. 그러나 이 빛은 "참빛"(요한 1,9; 1요한 2,8)을 보는, 또 참빛이 함께 작용하여 이 별들이 빛난다는 것을 통찰하는 사람들에게는 결코 경배의 대상이 될 수 없습니다. 마찬가지로 참빛의 아버지이신 하느님을 보는 사람들에게도 경배 대상이 되지 못합니다. 그분에 관해 똑바르게 이렇게 쓰여 있습니다. "하느님은 빛이시며, 그분께는 어둠이 전혀 없습니다"(1요한 1,5). 그리고 멋진 가시적인 빛 때문에 해와 달과 별들을 경배하는 사람들은 이 땅의 불꽃이나 등불은 결코 경배하지 않을 것이니, 그것들의 빛은 경배해야 마땅하다고 간주되는 천체들의 찬란한 빛과 전혀 견줄 만하지 않다는 것을 잘 알기 때문입니다. 이는 "하느님은 빛이십니다"라는 말씀이 무슨 뜻인지 이해한 사람들, 어찌해서 하느님의 아들이 "모든 사람을 비추는 참빛"으로 "세상에 오셨는지"를(요한 1,9 참조) 통찰한 사람들, "나는 세상의 빛이다"(요한 8,12)라는 그분의 주장이 무슨 의미인지 깨달은 사람들의 경우도 마찬가지입니다. 이들은 당연히 해와 달과 별들의 빛을 경배하지 않을 터이니, 그것은 참된 빛의 빛이신 하느님께 견주면 그저 하나의 작은 불꽃에 지나지 않습니다.

우리가 해와 달과 별들에 관해 이렇게 말하는 것은, 하느님의 이 찬

---

16 플라톤-스토아적 표상들에 기대어, 오리게네스는 별들의 규칙적이고 조화로운 운동들에 근거하여, 별들은 이성적 생명체로서 하느님을 인식할 뿐 아니라 끊임없이 하느님께 기도한다고 확신하고 있었다. 참조: 『켈수스 반박』 8,66-67; 오리게네스 『원리론』 1,7,3; 『마태오 복음 주해』 13,20.

란한 작품들을 무시하기 때문이 아니고, 그것들을 아낙사고라스식으로 "불타는 덩어리"[17]라고 이르기 때문도 아니며, 오히려 하느님과 만물 위에 계시는 그분 외아드님의 이루 말할 수 없이 월등한 거룩함을 존중하기 때문입니다. 그리고 우리는 해와 달과 별들 자신도 만유를 주재하시는 하느님께 그분 외아드님을 통해 기도드리고 있다고 확신하고 있기에, 사람은 자신도 기도드리는 존재들에게 기도해서는 안 된다고 판단한 깃입니다. 사실 그것들은 우리를 자기들에게 끌어내리거나 우리의 경배를 하느님에게서 자기들에게로 떼어 가기보다는, 오히려 우리를 자신들이 기도드리는 하느님께 높이 이끌어 가고자 합니다.

이와 관련하여 예를 하나 들겠습니다. 어느 날 어떤 사람이 우리의 구원자요 주님을 "선하신 스승님"이라고 불렀을 때, 그분은 그의 마음이 당신 아버지께 향하도록 하시려고 이렇게 말씀하셨습니다. "어찌하여 나를 선하다고 하느냐? 하느님 한 분 외에는 아무도 선하지 않다" (마르 10,17-18; 루카 18,18-19). 하느님 "아버지께서 사랑하시는 아드님"(콜로 1,13 참조)께서 하느님 선하심의 "모상"(콜로 1,15; 2코린 4,4)으로서 그런 말씀을 하신 것은 마땅한 이유가 있었거니와, 그렇다면 해는 자신을 경배하는 이들에게 다음과 같이 말하는 것이 더욱 마땅하지 않겠습니까? "왜 나를 경배하느냐? '주 너의 하느님께 경배하고 그분만을 섬겨라'" (참조: 마태 4,10; 루카 4,8; 신명 6,13; 10,20). 이 하느님을 나와 나의 모든 동료도 경배하고 섬깁니다. 그리고 (그분 아드님처럼) 그렇게 위대하지 못한 사람도 자신을 치유해 주실 수 있는 아버지의 로고스(말씀)께, 그리고 그분의 아버지께는 더더욱 기도해야 하니, 그분은 옛날의 의로운 이

---

17 아낙사고라스 『단편』 A 1,8 = 디오게네스 라에르티오스 『유명한 철학자들의 생애와 사상』 2,8.

들에게도 "당신 말씀을 보내시어 그들을 낫게 하시고, 구렁에서 구해 내셨습니다"(시편 107,20).

12. 요컨대 하느님께서는 당신 자비로 말미암아 인간들에게 내려오셨거니와, 이 일은 장소 변경에 의해서가 아니라 당신 섭리에 의해 일어났습니다. 그리고 하느님의 아드님[18]은 이 세상에 계실 때만이 아니라 언제까지나 당신 제자들과 함께 계시며, 그로써 "보라, 내가 세상 끝 날까지 언제나 너희와 함께 있겠다"(마태 28,20)라는 당신 약속을 이루십니다. 또한 "가지가 포도나무에 붙어 있지 않으면 스스로 열매를 맺을 수 없는 것처럼"(요한 15,4), 로고스(말씀)라는 참포도나무의 영적 가지들인 로고스의 제자들도 참포도나무인 하느님의 그리스도에게 붙어 있지 않으면, 덕이라는 열매를 맺을 수 없다는 것은 분명합니다. 그리스도께서는 공간적으로 이 세상에 살고 있는 우리와 함께 계시고, 어디서나 그분께 의지하는 사람들과 함께 계시며, 심지어는 당신을 모르는 사람들과도 어디에서나 함께 계십니다. 이 사실을 복음사가 요한이 세례자 요한의 말을 통해 분명히 알려 줍니다. "너희 가운데에는 너희가 모르는 분이 서 계신다. 내 뒤에 오시는 분이신데, 나는 그분의 신발 끈을 풀어 드리기에도 합당하지 않다"(요한 1,26-27). 그분이 하늘과 땅을 가득 채우셨기에 "내가 하늘과 땅을 가득 채우고 있지 않느냐? 주님의 말씀이다"(예레 23,24)라고 말씀하신다면, 또 그렇게 우리와 함께 우리 가까

18　παῖς라는 낱말은 아들뿐 아니라 종도 의미할 수 있다. "하느님의 종"(특히 이사 52,13)과 관련지어서 베드로도 예수님을 여러 차례 하느님의 종이라고 지칭했다(참조: 사도 3,13.26; 4,27.30). 켈수스는 이 칭호를 자주 사용한다(참조: 『켈수스 반박』 1,67; 2,4.9; 5,2.52; 6,42.47.74; 7,9.18.53; 8,14.39.41). 오리게네스는 『켈수스 반박』 5,2에서 이 칭호를 다시 다룬다.

이 계시다면 — 과연 나는 "내가 가까운 곳의 하느님이기만 하고, 먼 곳의 하느님은 아닌 줄 아느냐? 주님의 말씀이다"(예레 23,23)라는 말씀을 믿습니다 — 그 작용이 결코 만물에 미치지 못하는 해와 달과 별에게 경배하는 것은 분별없는 일이라고 하겠습니다.

그런데 켈수스 자신의 말대로 "해와 달과 별들이 비와 더위와 구름과 천둥을 예고해 준다"고 하더라도, 그 예고자들보다 오히려 그것들을 이용하여 그린 예고를 하게 하시는 하느님을 더 공경하고 더 숭배해야 마땅하지 않겠습니까? 그것들이 "번개와 열매와 땅의 온갖 생산물"을 예고하고, 또 그런 모든 것을 "관장"하는 것이 사실이라 하더라도, 그런 일들 때문에 우리는 자신들도 (하느님을) 경배하는 그것들을 경배하지는 않을 것이며, 또한 모세도, 그리고 모세 이후에 하느님이 파견하셨고 우리 감관이 인지할 수 있는 "비와 더위와 구름과 천둥과 번개와 열매와 온갖 생산물"보다 훨씬 훌륭한 일들을 예고한 예언자들도 경배하지 않을 것입니다. 해와 달과 별들이 "큰 비"보다 더 중요한 일들을 예고해 줄 수 있다 하더라도, 그럼에도 우리는 그 천체들을 경배하지 않고, 오히려 그것들 예고의 근원이신 아버지 하느님과 그 예고의 봉사자[19]인 하느님의 로고스를 경배할 것입니다. 해와 달과 별들이 하느님의 "전령"이자 "참으로 천상적인 사자"라 하더라도, 우리는 그 "전령"과 "사자"가 아니라 오히려 그것들이 선포하고 증언하는 하느님만을 경배해야 마땅하지 않겠습니까?

---

19 로고스를 종속론적으로 이해하는 오리게네스는 여기서 성자를 "봉사자/종"(διάκονος)이라 표현하고, 그를 하느님의 대외적 활동의 도구인 道具因으로 나타나게 한다. 수사본들 안의 주해와 수정들은 후대 사람들이 이 표현 때문에 골머리를 앓았음을 알려 준다.

13. 켈수스는 우리가 "해, 달 그리고 별들을 아무것도 아닌 것으로 여긴다"고 제멋대로 짐작합니다. 이와 관련하여 우리는 그것들도 "하느님 자녀들의 나타남"을 간절히 희망하고 있다는 것을 인정합니다. 그것들이 현재 물질적 몸체의 허무함에 예속되어 있는 것은, 그것들을 그렇게 간절히 희망하게 하신 하느님의 뜻이었습니다(로마 8,19-20 참조). 켈수스가 성경의 수많은 다른 구절에서도 우리가 해와 달과 별들에 관해 말하는 내용을 읽었다면, 예를 들어 "주님을 찬양하여라, 해와 달아, 주님을 찬양하여라, 반짝이는 모든 별들아. 주님을 찬양하여라, 하늘 위의 하늘아"(시편 148,3-4)라는 구절을 읽었다면, 그렇게 장엄하게 하느님을 찬양하는 그 장려한 피조물들을 우리가 "아무것도 아닌 것"으로 여긴다고 주장하지 않았을 것입니다. 켈수스는 다음 구절을 전혀 모르고 있습니다. "사실 피조물은 하느님의 자녀들이 나타나기를 간절히 기다리고 있습니다. 피조물이 허무의 지배 아래 든 것은 자의가 아니라 그렇게 하신 분의 뜻이었습니다. 그러나 그것은 희망을 간직하고 있습니다. 피조물도 멸망의 종살이에서 해방되어, 하느님의 자녀들이 누리는 영광의 자유를 얻을 것입니다"(로마 8,19-21).

이로써 우리가 "해, 달 그리고 별들을 숭배하지 않는다"는 비난에 대한 변론을 마치겠습니다. 우리는 이어지는 켈수스의 말도 인용하고, 우리에게 진리의 빛을 비춰 주실 하느님의 도우심으로 반박하고자 합니다.

14. 켈수스는 이어서 이렇게 말합니다. "신이 언젠가 마치 요리사처럼 불을 지피면, 다른 존재들은 모두 구워지고[20] 당신들만 존속하게 되리

---

20 참조: 『켈수스 반박』 4,23; 7,9.

라는 믿음, 더구나 살아 있는 자들만이 아니라 오래전에 죽은 자들도 예전과 똑같은 육으로 땅에서 되살아나리라는 당신들의 믿음 역시 어처구니가 없다. 그것은 한마디로 벌레들의 희망이다! 도대체 어떤 인간 영혼이 이미 부패한 육신에 대한 갈망을 여전히 느끼겠는가? 이 주장이 당신들 가운데 적지 않은 자들(곧 유대인들)과 적지 않은 그리스도인들에게도 전혀 받아들여지지 않는[21] 사실이, 이 주장이 얼마나 혐오스럽고 비난받아 마땅하고 또 말이 안 되는지를 알려 주는 한 표지다.[22] 요컨대 어떤 몸이 완전히 썩어 버린 후 다시 원래 성질로 돌아갈 수 있으며, 해체되기 전에 지니고 있던 최초의 상태로 되돌아갈 수 있는가? 그들은 대답이 궁하여 실로 허무맹랑한 구실을 내세우니, '신에게는 모든 것이 가능하다!'(참조: 욥 42장; 루카 1,37; 마태 19,26)는 것이다.[23] 그러나 신은 혐오스러운 일은 결코 할 수 없고, 또 자연을 거스르는 일도 하고자 하지 않는다.[24] 그래서 당신이 저열하기에 무엇인가 혐오스러운 것을 갈망하더라도, 신은 그것을 베풀어 줄 수 없으니, 당신은 애당초 자기 소원이 이루어지리라 믿어서는 안 된다. 왜냐하면 신은 뒤틀린 욕망이나 탈선한 패륜의 근원이 아니라, 정연하고 올바른 상태의 근원이기

---

21 특히 사두가이파와 영지주의자들은 육신 부활을 배척했다. 초기 그리스도교 공동체들 내부에서의 논쟁에 관해서는 참조: 1코린 15,12.

22 참조: 『켈수스 반박』 해제 86-89.

23 참조: 『켈수스 반박』 2,77; 3,70. 하느님의 전능에 관한 언급은 유스티누스 『첫째 호교론』 19,7; 아테나고라스 『죽은 이들의 부활』 9; 테르툴리아누스 『죽은 이들의 부활』 57,11에 나타난다. 비슷한 사례로, 이미 스토아학파가 신의 전능을 내세웠는데, 플라톤 아카데미아의 비판에 맞닥뜨렸다. 참조: 키케로 『점술』 2,86; 『신들의 본성』 3,92.

24 고대 철학의 확신에 따르면, 자연 안에서 만물은 자신의 근원으로 돌아가야만 하니, 지상적 육신은 땅으로, 천공天空(에테르)적 영혼은 하늘로 돌아간다. 참조: 에우리피데스 『탄원하는 여인들』 532-534; 『단편』 839; 아리스토텔레스 『자연학』 3,204b 32-35.

때문이다. 영혼들에게는 신이 필경 영원한 생명을 베풀어 줄 수 있을 것이다. 그러나 헤라클리토스가 말했듯이, '시체는 똥오줌처럼 내버려야 한다'.[25] 요컨대 사람들이 입에 올리는 것도 꺼려 하는 속성들로 가득 찬 육신을, 이성을 거슬러 영원히 존속케 한다는 것은 신이 하고자 하지도 않고 또 할 수도 없다. 왜냐하면 신 자신이 존재하는 모든 것의 이성이기 때문이다. 신은 이성을 거스르거나 자기 본질과 상충되는 일은 실행할 수 없다."

15. 여기서 우선 켈수스가 적지 않은 저명한 그리스 철학자들도 옹호하는 세계 대화재설을 의도적으로 조롱하고 비방하는 것에 주목하십시오. 그런 다음 켈수스는 우리가 세계 대화재설을 받아들이고는, 하느님에게 요리사 노릇을 시킨다고 강변합니다. 아무튼 그는 상당수 그리스인들의 견해 ― 그들은 이것을 필경 아주 옛날의 히브리 민족에게서 넘겨받았을 것입니다[26] ― 에 따르더라도, 정화를 위한 큰 불이 세상을, 또 그로써 물론 불을 통한 징벌과 치유가 동시에 필요한 모든 존재도 덮치리라는 것을 모르고 있습니다. 그 불은 태우고 태우고 깡그리 태워 버릴 터이지만, 그 불에 의해 제거되어야만 하는 요소를 지니고 있지 않은 존재들은 태우지 않습니다. 그러나 자신의 행동과 말과 생각의 집을 지었지만, 비유적으로 표현하자면 "나무나 풀이나 짚으로" 집을 지은(1코린 3,12 참조) 자들은 깡그리 태워 버릴 것입니다.[27] 성경은 "제련사의 불 같고 염색공의 잿물 같은"(말라 3,2) 주님께서, 자신의 죄성罪性에서

25　헤라클리토스『단편』B 96.
26　참조:『켈수스 반박』4,21.
27　이 비유에 관해서는 참조: 오리게네스『예레미야서 강해』16,5-6;『원리론』1,1,2; 2,10,4.

비롯하는 나쁜 요소가 섞여 있기에 불과 잿물이 꼭 필요한 이들을 모두 찾아가실 것이라고 말합니다. 나는 말하거니와, 이를테면 쇠와 주석과 납이 뒤섞여 있는 자들은 정련하는 불이 필요합니다. 이 문제에 관심이 있는 사람은 누구나 에제키엘 예언자의 책에서 찾아 읽고 배울 수 있습니다(에제 22,18-22 참조).

우리는 "하느님이 마치 요리사처럼 불을 지피신다"고 주장하는 게 아니라, 하느님은 불을 통한 매우 고통스러운 정련이 필요한 이들에게 오히려 불로써 은혜를 베푸신다고 주장하는 것입니다. 이는 이사야 예언자도 죄투성이 백성에게 언명하는 구절에서 증언하고 있습니다. "너는 숯불을 가지고 있으니, 그 위에 앉아라. 그것이 너에게 도움이 될 것이다"(이사 47,14). 로고스께서는 성경을 읽는 일반 대중에게 세심히 맞추어, 감추어진 지혜가 담긴 위협적인 언명을 하시거니와, 이는 다른 방도로는 자신들의 차고 넘치는 죄에서 벗어나 돌아설 수 없는 이들에게 마땅한 두려움을 불러일으키시기 위함입니다.[28] 그러나 또한 그렇게 함으로써, 주의 깊은 독자들은 이런 위협적이고 고통스러운 일이 그 당사자들에게서 이루고자 하는 목적이 명시된다는 것을 확인하게 됩니다. 여기서는 이사야의 언명을 인용하는 것으로 충분하겠습니다. "나는 내 이름 때문에 노여움을 참고, 내 명예 때문에 너에 대한 분노를 억눌러, 너를 멸망시키지 않는다"(이사 48,9). 우리는 쉬운 말을 통한 가르침이 필요한 단순한 신앙인들에게는 버거운 내용을 어쩔 수 없이 좀 모호하게 암시만 했습니다. 아무튼 "신이 언젠가 마치 요리사처럼 불을 지필 것이다"라는 켈수스의 비난을 반박하지 않고 넘어간다는 인상을

---

[28] 참조: 오리게네스 『원리론』 3,5,8; 『민수기 강해』 8,1,2; 『에제키엘서 강해』 1,2-3; 『로마서 주해』 8,12.

주고 싶지 않았던 것입니다.

16. 지금까지 이 글을 읽은 통찰력 있는 독자라면 "다른 존재들은 모두 구워지고, 자기네만 존속하게 되리라고 그들은 믿는다"라는 켈수스의 언명에 대해서도 우리가 어찌 반박해야 하는지를 분명히 알 것입니다. 우리 가운데 어떤 사람들, 곧 성경이 "이 세상의 어리석은 것", "이 세상의 약한 것", "이 세상의 비천한 것", "이 세상의 없는 것"이라고 표현하는 이들(1코린 1,27-28 참조), "세상은 자기 지혜로는 하느님을 알아보지 못하기에, 하느님께서 복음 선포의 어리석음을 통하여 구원하기로 작정하신 당신을 믿는" 이들(1코린 1,21 참조)이 그렇게 생각한다 해도, 이상하게 여길 일은 아닙니다. 이들은, 예수님께서 성경을 연구하라고 말씀하셨는데도(요한 5,39 참조), 성경 구절의 의미를 파고들지 못하며 한가한 시간을 성경 탐구에 쓰지도 않습니다. 그래서 이들이 하느님께서 지피실 불과 죄인들에게 닥쳐올 운명에 관하여 그런 표상을 지니고 있는 것은 이상하게 여길 일이 아닙니다. 그러나 아이들에게는 그들 나이에 알맞은 것을 말해 주어 미숙한 상태에서 더 나은 상태로 향상시키는 것이 마땅하듯이, 성경이 "이 세상의 어리석은 것", "이 세상의 비천한 것", "이 세상의 천대받는 것"이라고 표현하는 이들에게도 징벌에 관한 문자적 이해가 걸맞으니, 이들은 오직 두려움과 징벌에 관한 표상에 의해서만 회심하고 수많은 악행에서 돌아서기 때문입니다. 그런데 성경은 관점과 품행과 정신이 완전히 정화된 사람들만이 불과 징벌에 다치지 않는다고 말합니다. 그러나 이런 전제 조건을 갖추지 못한 사람들, 자신의 잘못에 마땅한 불 징벌을 통한 견책이 필요한 사람들과 관련하여, 성경은 "하느님의 모습으로"(창세 1,27) 창조되었으나 그렇게 창조된 자

기 본성의 설계를 거스르며 살아온 사람들에게 마땅하다고 하느님께서 여기시는 특정한 목적(곧 징벌을 통한 견책)을 확언합니다. 아무튼 이로써 그리스도인들은 "다른 존재들은 모두 구워지고, 자기네만 존속하게 되리라고 믿는다"라는 켈수스의 주장에 대꾸를 충분히 했다고 하겠습니다.

17. 이어서 켈수스는 스스로 성경을 오해했든지, 성경의 의미를 이해하지 못하는 자들에게서 들었든지 간에, 우리가 다음과 같이 가르친다고 말합니다. "정화의 불이 세상을 덮치는 시점에 우리만이 존속할 터인데, 그것도 그때 살아 있는 사람들만이 아니라 이미 오래전에 죽은 사람들도 그렇게 될 것이다." 그는 예수님의 사도의 다음 말씀에 비밀스러운 지혜가 담겨 있다는 것을 알아차리지 못했습니다. "우리 모두 죽지 않고 다 변화할 것입니다. 순식간에, 눈 깜빡할 사이에, 마지막 나팔 소리에 그리될 것입니다. 나팔이 울리면 죽은 이들이 썩지 않는 몸으로 되살아나고, 우리는 변화할 것입니다"(1코린 15,51-52). 켈수스는 그 사도가 무슨 의도로 이 말씀을 했는지 숙고해야 했습니다. 사도는 죽은 사람이 아니었거니와, 그는 자신과 살아 있는 이들을 죽은 이들과 구별했으며, 그래서 "죽은 이들이 썩지 않는 몸으로 되살아난다"라는 말에 "우리는 변화할 것입니다"라는 말을 덧붙인 것입니다. 사도가 방금 인용한 코린토 1서의 이 구절을 쓸 때 그런 의도를 가지고 있었다는 나의 주장을 뒷받침하기 위해, 테살로니카 1서의 구절도 인용하고자 합니다. 여기서도 바오로는 살아 있고 또 깨어 있는 인간으로서 자신을 죽은 사람들과 구별하면서, 이렇게 말합니다. "우리는 주님의 말씀을 근거로 이 말을 합니다. 주님의 재림 때까지 남아 있게 될 우리 산 이들이

죽은 이들보다 앞서지는 않을 것입니다. 명령의 외침과 대천사의 목소리와 하느님의 나팔 소리가 울리면, 주님께서 친히 하늘에서 내려오실 것입니다"(1테살 4,15-16). 이어서 사도는 그리스도 안에서 죽은 이들을 자신과 같은 살아 있는 사람들과 다시금 구별하면서, 이렇게 덧붙입니다. "그러면 먼저 그리스도 안에서 죽은 이들이 다시 살아나고, 그다음으로, 그때까지 남아 있게 될 우리 산 이들이 그들과 함께 구름 속으로 들려 올라가 공중에서 주님을 맞이할 것입니다"(1테살 4,16-17).

18. 켈수스는 교회들이 선포하고 또 통찰력 있는 사람들이 정확히 이해하고 있는 육의 부활을 실컷 조롱했습니다. 이미 인용한 그의 말을 여기서 다시 제시하는 것은 쓸데없는 일이라고 하겠습니다. 그러나 이 변론서는 우리 신앙을 적대하는 한 남자를 겨냥할 뿐 아니라, 파도에 이리저리 휩쓸리고 "사람들의 속임수나 간교한 계략에서 나온 가르침의 온갖 풍랑에 흔들리고 이리저리 밀려다니는"(에페 4,14) 아직 미숙한 그리스도인들을 위해서도 쓰는 것이기에, 우리는 이 문제에 있어서도 능력껏 몇 가지 요점을 독자들이 받아들일 수 있는 방식으로 명확히 밝히고자 합니다. 우리도 성경도, 이미 오래전에 죽은 인간들이 더 나은 상태로 변화되지 않은 예전과 똑같은 육으로 땅에서 되살아난다고 주장하지 않습니다.[29] 그런 주장은 오히려 켈수스가 하고 있으며, 또 우리가 그런 주장을 한다고 없는 말을 지어내고 있습니다. 사실 우리는 많은 성경 구절이 하느님께 합당한 방식으로 부활에 관해 말하는 것을 읽고 있는데, 지금은 바오로의 코린토 1서 말씀을 인용하는 것으로 충분

---

29 참조: 『켈수스 반박』 3,41-42.

하겠습니다. "그러나 '죽은 이들이 어떻게 되살아나는가? 그들이 어떤 몸으로 되돌아오는가?' 하고 묻는 이가 있을 수 있습니다. 어리석은 사람이여! 그대가 뿌리는 씨는 죽지 않고서는 살아나지 못합니다. 그리고 그대가 뿌리는 것은 장차 생겨날 몸체가 아니라, 밀이든 다른 종류든 씨앗일 따름입니다. 그러나 하느님께서는 당신이 원하시는 대로 그 씨앗에 몸체를 주십니다. 씨앗 하나하나에 고유한 몸체를 주시는 것입니다"(1코린 15,35-38).[30] 요컨대 여기서 사도는 장차 생겨날 몸체의 파종에 관해 말하는 게 아니라, 맨몸으로 땅에 뿌려진 씨앗 하나하나에 하느님께서 각각 고유한 몸체를 주심으로써 부활이 이루어진다는 사실에 관해 말하고 있다는 것에 유의해야 합니다. 땅에 뿌려진 씨앗에서 어떤 경우에는 이삭이 솟아나고, 겨자씨의 경우에는 나무가 자라나며, 올리브나 과일들 씨앗의 경우에는 더 큰 나무가 우뚝 솟아 나옵니다.

19. 이렇게 하느님께서는 당신이 원하시는 대로 씨앗 하나하나에 몸체를 주십니다. 그리고 그분은 뿌려진 씨앗들에게 하시듯, 인간들에게도 그렇게 하십니다. 죽음으로써 이를테면 씨앗이 뿌려진 인간들은 때가 되면, 그 뿌려진 씨앗이 하느님께서 각자의 공과에 합당하게 정하신 몸을 받습니다. 우리는 또한 성경이 이를테면 씨 뿌려진 것과 거기서 일으켜지는 것의 차이에 관해 꽤 상세히 가르쳐 주는 것을 읽습니다. "죽은 이들의 부활도 이와 같습니다. 썩어 없어질 것으로 씨 뿌려지지만 썩지 않는 것으로 일으켜집니다. 비천한 것으로 씨 뿌려지지만 영광스러운 것으로 일으켜집니다. 약한 것으로 씨 뿌려지지만 강한 것으로 일

---

30 참조: 『켈수스 반박』 5,22.

으켜집니다. 물질적인 몸으로 씨 뿌려지지만 영적인 몸으로 일으켜집니다"(1코린 15,42-44). 능력이 있는 사람은 다음 구절의 의미도 파악해 보십시오. "(첫 인간은 땅에서 나와 흙으로 된 사람입니다. 둘째 인간은 하늘에서 왔습니다.) 흙으로 된 그 사람이 그러하면, 흙으로 된 다른 사람들도 마찬가지입니다. 하늘에 속한 그분께서 그러하시면, 하늘에 속한 다른 사람들도 마찬가지입니다. 우리가 흙으로 된 그 사람의 모습을 지녔듯이, 하늘에 속한 그분의 모습도 지니게 될 것입니다"(1코린 15,47-49). 물론 사도는 이 문제와 관련된 비밀들을 감추고자 하니, 이 비밀들은 오로지 신앙을 통해 덕으로 인도되어야 할 단순한 신앙인들과 평범한 대중이 이해하기에는 버겁기 때문입니다. 하지만 사도는 "우리는 하늘에 속한 그분의 모습도 지니게 될 것입니다"라는 자신의 말을 우리가 오해하지 않도록, 나중에는 어쩔 수 없이 이렇게 덧붙였습니다. "형제 여러분, 내가 말하려는 것은 이렇습니다. 살과 피는 하느님의 나라를 물려받지 못하고, 썩는 것은 썩지 않는 것을 물려받지 못합니다"(1코린 15,50). 그런데 사도는 이 구절의 숨겨진 신비스러운 의미를 잘 알고 있었기 때문에, 그리고 자신이 표명한 사상을 후세를 위해 글로 남겨야 하는 저자에게는 마땅한 일이었기 때문에, 또 한마디 덧붙였습니다. "자, 내가 여러분에게 신비 하나를 말해 주겠습니다"(1코린 15,51). 이 말은 대중에게는 마땅히 숨겨야 하는 심오하고 비밀스러운 진리를 담고 있는 구절들에 으레 덧붙이는 말입니다. 그래서 토빗기에도 이렇게 쓰여 있습니다. "임금의 비밀은 감추는 것이 좋습니다"(토빗 12,7). 그러나 하느님의 영광과 공익을 고려하여 진리를 슬기롭게 명시하면서 "하느님의 업적은 존경하는 마음으로 드러내어 밝히는 것이 좋습니다"(토빗 12,7).

제5권

요컨대 우리의 희망은 "벌레들"의 희망이 아니며, 우리 영혼은 "이미 부패한 육신에 대한 갈망"을 느끼지 않습니다. 비록 한 장소에서 다른 장소로 이동하기 위해 영혼에게 몸이 필요하다 하더라도, "의인의 입은 지혜를 체득한다"(시편 37,30)라는 금언대로 영혼이 지혜를 체득했다면, 영혼은 허물어지게 되어 있는 자신의 "지상 천막집"(2코린 5,1)과, 의로운 이들이 "그 속에 살면서 무겁게 짓눌려 탄식하고 있는 천막, 그래도 벗어 버리기를 바라는 것이 아니라 그 위에 덧입기를 바라는 천막, 그렇게 덧입어서 생명이 죽을 것을 삼키기를 바라는 천막"(2코린 5,4 참조)의 차이를 알고 있습니다. 요컨대 몸의 전체적 성질은 변화에 종속되어 있기 때문에, 이 필멸의 천막은 "항구함"을 입어야 하며, 죽음을 면치 못하고 죄의 결과인 죽음에 예속된 몸의 다른 부분은 "불사"를 입어야 합니다. 그렇게 필멸하는 것이 항구함을 입고 죽어야만 하는 것이 불사를 입으면, 예언자들이 오래전에 예고한 일이 실현될 터이니, 곧 죽음의 "승리"의 폐기와 죽음의 "독침"(호세 13,14 참조)의 제거입니다. 죽음은 우리를 정복하여 자신에게 예속시켰으며, 죽음의 독침은 온전히 보호되지 않은 영혼을 찔러 상처를 입히니, 이 모든 것이 죄의 결과입니다(1코린 15,55-56 참조).

20. 부활에 관한 우리의 견해를 지금까지, 지면이 허용하는 한, 부분적으로 밝혔습니다(우리는 다른 책[31]에서 이 주제를 상세히 다룬 바 있습니다). 이제 우리의 과제는 부활에 관한 켈수스의 주장이 과연 합당한지 검증하는 것입니다. 켈수스는 우리의 성경도 이해하지 못하며, 저

---

31 두 권으로 이루어진 『부활』이다. 지금은 소실되어 단편적으로만 보존되어 있다. 참조: 오리게네스 『원리론』 2,10,1; 에우세비우스 『교회사』 6,24,2.

지혜로운 성경 저자들의 의도는 그리스도교 가르침에 대한 단순한 신앙만 고백하는 사람들에 의해 대변된다고 생각해서는 안 된다는 사실도 판단하지 못합니다. 그래서 우리는 정통한 논리학 지식과 변증법 연구로 이름난 남자들이 (부활에 관해) 매우 불합리한 언명을 한다는 사실을 뚜렷이 밝히고자 합니다. 유치하고 우악스러운 표상들을 마땅히 조롱해야 한다면, 사람들은 우리 그리스도인들보다는 그 남자들을 조롱해야 할 것입니다.

스토아학파 사람들은 우주의 주기적 운행이 한 차례 끝나면 세계 대화재가 발생하고 이어서 새로운 질서가 시작되는데, 이것은 이전 질서와 완전히 동일하다고 주장합니다.[32] 그들 가운데 이 가르침을 좀 꺼림칙하게 느끼는 사람들은 각 주기 안에서, 이전 주기의 상태와 비교할 때 미미하고 사소한 변경들만 발생한다고 말합니다.[33] 요컨대 스토아학파 사람들은 다음 주기에 이전 주기에서와 동일한 일들이 반복된다고, 그러니까 소크라테스는 다시 소프로니스코스의 아들이 된다고, 파이나레테는 다시 소프로니코스와 혼인하여 소크라테스를 낳는다고 주장하는 셈입니다. 그들이 여기서 "부활"이라는 표현을 사용하지는 않지만, 어쨌든 그들은 사실상 소크라테스는 다시금 새로이 소프로니스코스의 정자로부터 생성되고 파이나레테 태 안에서 꼴을 갖추고, 아테네에서 교육받고 철학에 몰두할 터이며, 이로써 이를테면 이전 철학의 부활이 이루어지는데, 이것 역시 이전 철학과 완전히 똑같을 것이라고 가르치는 것입니다. 마찬가지로 아니토스와 멜레토스가 다시 소크라

---

32 참조: 『켈수스 반박』 4,68.
33 사소하고 부차적인 변경들만 발생하고, 개체들의 본성은 변경되지 않는다.

테스 고발인으로 부활하고 시의회가 아레오파고스에서 소크라테스에게 다시금 사형 판결을 내릴 것입니다. 게다가, 더 우스꽝스러운 일이라고 하려니와, 소크라테스는 이전 주기에서 입었던 옷과 완전히 똑같은 옷을 입을 것이고, 이전 주기에서와 똑같은 아테네에서 똑같은 가난 속에 살 것입니다. 그리고 팔라리스는 다시 폭군 노릇을 할 터이고, 그의 청동으로 만든 황소 모양의 화형火刑 틀 속에서는 이전 주기 때와 똑같은 사형수들이 울부짖는 소리가 다시금 울려 퍼질 것입니다. 또한 페라이의 알렉산더도 다시 폭군으로 군림하면서, 전과 완전히 똑같은 잔혹함으로 전과 똑같은 사람들을 또다시 처벌할 것입니다.[34] 그런데 내가 무엇 때문에 스토아학파 철학자들이 부활과 관련하여 꼴 지어 놓은 설을, 제논을 예수님보다 더 지혜롭다고 여기는 켈수스로서는 조롱은커녕 오히려 보나마나 존중할 터인 학설을 꼼꼼히 뜯어보는 것일까요?

21. 한편 피타고라스와 플라톤 추종자들은 세계의 항구성을 고수하는 듯 보이지만, 거의 같은 오류에 빠져 있습니다. 더 자세히 말하면, 확정된 우주-주기들이 경과한 후 천체들이 다시 동일한 장소와 위상을 점유하면, 이 세상의 만물은 천체들이 우주 안에서 동일한 위상을 보유했을 때와 유사한 상태에 있게 된다고 그들은 주장합니다.[35] 이 학설의 필연적 귀결인즉, 천체들이 한 오랜 주기가 경과한 후 소크라테스 당시와 동일한 위상을 점유하게 되면, 소크라테스 역시 다시금 동일한 부모에게서 태어나고 아니토스와 멜레토스에게 고발당하고 아레오파고스에

---

34 참조: 『켈수스 반박』 4,67.
35 참조: 플라톤 『티마이오스』 39d.

서 시의회에 의해 사형 판결을 받는 동일한 운명을 겪게 됩니다. 이런 견해를 전승하고 있는 이집트 학자들의 견해[36]를 켈수스와 그의 동지들은 조롱하지 않고, 오히려 존중할 만한 것으로 여깁니다. 그렇다면, 우리가 하느님께서 우리 각자의 자유의지의 행위에 상응하여 우주를 다스리고 또 언제나 최대한 더 나은 상태로 이끄신다고 언명하면, 또한 우리가 자유의지의 본성은, 하느님의 절대적 불변성을 온전히 파악할 수 없기 때문에, 다양한 가능성들을 허용한다는 것을 인정하면, 이런 우리의 견해는 검증과 연구 가치가 있는 것으로 여겨지지 않습니까?

22. 우리가 이렇게 말한다고 해서, 우리가 이름은 그리스도인이지만 부활에 관한 성경의 가르침은 배척하는 부류의 인간들에 속한다고 여겨서는 안 됩니다. 그 사람들은, 자기네 교의들을 고수하는 한, 어떻게 밀이나 이런저런 종류의 식물의 씨앗이 이삭이나 나무로 이를테면 부활하는지를 도무지 설명하지 못합니다. 그러나 우리는 "뿌려진 씨앗은 죽지 않고서는 살아나지 못한다"는 것을, 그리고 "뿌려지는 것은 장차 생겨날 몸체가 아니"니, 왜냐하면 "하느님께서 당신이 원하시는 대로 그 씨앗에 몸체를 주실" 터이기 때문이라는 것을 확신하고 있습니다. "썩어 없어질 것"으로 씨 뿌려지지만, 하느님께서 그것을 "썩지 않는 것"으로 일으키시고, "비천한 것"으로 씨 뿌려지지만 "영광스러운 것"으로 일으키시며, "약한 것"으로 씨 뿌려지지만, 하느님께서 그것을 "강한 것"으로 일으키시고, "물질적인 몸"으로 씨 뿌려지지만 "영적인 몸"으로 일으키십니다(1코린 15,36-44 참조). 우리는 이 일의 가능성을 그

---

36 참조: 헤로도토스 『역사』 2,123.

저 주장만 하는 게 아니라 합리적 근거를 제시하며 논증하면서, 그리스도 교회의 가르침과 하느님 약속의 위대함을 고수합니다. 우리는 알고 있습니다. 하늘과 땅이 그 안에 있는 모든 것과 함께 사라져도, 그분의 말씀은, 그 무엇에 관한 말씀이든, 한 전체의 부분들처럼 또는 한 유類의 종種들처럼 로고스 — "한처음에 하느님과 함께 계셨던, 하느님 로고스"이시니(요한 1,1 참조) — 에 속하는 말씀(들)은, 결코 사라지지 않을 것입니다. 과연 그 로고스께서 말씀하셨습니다. "하늘과 땅은 사라질지라도 내 말은 결코 사라지지 않는다"(마태 24,35).[37] 그리고 그분에 대한 우리의 믿음도 사라지지 않을 것입니다.

23. 요컨대 우리는 "썩어 버린 몸이 자신의 원래 성질로 다시 돌아간다"라고 주장하지 않으니, 이는 우리가 "썩은" 밀 씨앗이 다시 밀 씨앗이 된다고 주장하지 않는 것이나 마찬가지입니다. 사실 우리는 밀 씨앗에서 이삭이 솟아 나오듯, 몸 안에는 어떤 영적 원리[38]가 내장되어 있는데, 이 원리가 소멸하지 않고 몸으로부터 항구성으로 부활한다고 주장합니다. 그러나 스토아학파 사람들은 모든 우주-주기 안의 사물들의 완전한 동일성을 확고한 가르침으로 내세우기 때문에, "완전히 썩어 버린 몸이 자신의 원래 성질로 되돌아간다"고 주장합니다. 또한 그들

---

37 이 구절의 로고스 개념의 다양한 의미에 관해서는 참조: H.J. Horn, Zur Konzeption der Evidenz in der Schrift des Origenes Contra Celsum: *Philanthropia kai Eusebia*. FS A. Dihle (hrsg. von G. W. Most u.a.), Göttingen 1993, 193-194.
38 참조:『켈수스 반박』1,37; 7,32; 오리게네스『원리론』2,10,3; 팜필루스『오리게네스를 위한 변론』130; 메토디우스『부활』1,24,5. 이 로고스λόγος — 스토아학파의 "이성적 생명력" — 가 생명의 모든 단계에서 하나의 기체基體에 또는 가변적 질료에 각 개인의 인격적 특징들을 각인 刻印하며, 또한 지상적 몸과 영화靈化된 몸 사이의 연속성과 동일성의 원리다.

은 "그 몸이 해체되기 전에 지니고 있었던 최초의 상태"가 회복된다고 주장하는데, 그러면서 이 가르침을 — 그들 생각에 따르면 — 논란의 여지 없는 논리적 근거들을 내세워 입증할 수 있다고 믿습니다. 아무튼 우리는 "하느님께는 모든 것이 가능하다"(마태 19,26; 참조: 루카 1,37; 욥 42,2)라는 우리 믿음에 "허무맹랑한 구실"을 내세우지 않습니다.[39] 우리는 "모든 것"이라는 표현은, 존재하지 않거나 생각할 수 없는 것과 관련시켜서는 안 된다는 것을 알고 있습니다. 그래서 우리 역시 "하느님께서는 혐오스러운 일은 결코 하실 수 없다"라고 주장합니다. 왜냐하면 하느님이 그런 일을 하실 수 있다면, 하느님은 하느님 아닌 존재일 수 있는 셈이기 때문입니다. 과연 "신이 혐오스러운 어떤 일을 한다면, 신이 아닙니다".[40]

또한 켈수스는 "신은 본성을 거스르는 일은 하고자 하지 않는다"고 주장하는데, 우리는 이 명제를 구분하여 숙고해야 합니다. 사람들이 "본성을 거스르는" 것을 죄성罪性으로 이해한다면, 우리 역시 "하느님은 본성을 거스르는 일은 하고자 하지 않으신다"고, 죄성에서 비롯하는 일도, 이성을 거스르는 일도 하고자 하지 않으신다고 말합니다. 그러나 사람들이 하느님의 결심과 뜻에 따라 일어나는 일을 "본성을 거스르는" 일로 느낀다면, 우리는 즉시 그 일은 자연적 질서에 어긋나지 않는다고 생각해야 합니다. 왜냐하면 하느님이 하시는 일은, 비록 그것이 많은 사람에게 이상하게 여겨지더라도, 결코 "본성을 거스르는" 것이 아니기 때문입니다. 그럼에도 사람들이 하느님의 행위와 관련하여

---

39 참조: 『켈수스 반박』 5,14.
40 참조: 에우리피데스 『단편』 292. 플루타르코스 『도덕론』 21A, 1049E과 위-유스티누스 『단원론』 5,6에 인용됨.

"본성을 거스르는"이라는 표현을 사용할 수밖에 없겠다고 느낀다면, 우리는 이렇게 말하겠습니다. "본성"에 대한 통상적 이해와 견주어, 본성을 초월하는 일들이 존재하거니와, 이런 일들을 하느님께서 종종 일으키십니다. 더 자세히 말하면, 하느님께서는 인간을 인간 본성 너머로 들어 올리시고 더 나은 신적 본성으로 변화되도록 하시며, 그를 그 상태에서 오랫동안 보살피시어, 그 인간이 그 각별한 보살핌을 원한다는 사실을 자기 행위를 통해 실증하게 하십니다.

24. 우리는 하느님께서는 당신에게 합당하지 않은 일은 아무것도 하고자 하시지 않으니, 만일 그렇게 하신다면 당신이 하느님이심을 부인하게 될 터이기 때문이라고 이미 말했습니다. 그래서 우리는 또한 "만일 어떤 인간이 저열하기에 무엇인가 혐오스러운 것을 갈망하더라도, 하느님은 그것을 베풀어 주실 수 없다"라고 말하고자 합니다. 우리는 투쟁심 때문에 켈수스의 주장들을 공박하는 것이 아니라, 오히려 어디까지나 진리에 대한 사랑으로 그 주장들을 검증합니다. 그래서 "신은 뒤틀린 욕망이나 탈선한 패륜의 근원이 아니라, 정연하고 올바른 상태의 근원이다"라는 그의 언명에 찬동하고자 합니다. 왜냐하면 하느님께서는 과연 모든 선의 원천이시기 때문입니다. 또한 우리는 "신은 영혼들에게 영원한 생명을 베풀어 줄 수 있다"는 그의 말에도 동의합니다. 그런데 하느님께서는 "베풀어 줄 수 있을" 뿐 아니라 실제로 베풀어 주십니다. 한편 우리는 앞에서 상술했기 때문에, 켈수스가 인용하는 "시체는 똥오줌처럼 내버려야 한다"[41]라는 헤라클레이토스의 언명 때문에

---

41 참조: 『켈수스 반박』 5,14.

심사가 불편할 것은 없습니다. 그럼에도 이렇게 말해야겠습니다. "똥오줌은 내버려야" 마땅하지만, 인간 시신은 그래서는 안 되니, 그 안에 영혼이 살고 있었기 때문입니다. 특히 그 영혼이 도덕적으로 바르고 깨끗했을 경우에는 더욱 시신을 그냥 내버려서는 안 됩니다. 사실 사람들은 문명화된 도덕률에 따라 통례적인 경의를 표하며 애써 시신을 매장하거니와, 이는 그 몸 안에 살았던 영혼이 몸을 떠난 후 우리가 시신을 마치 짐승들 사체처럼 그냥 내던져 버림으로써 영혼을 욕보이지 않으려는 것입니다. 아무튼 우리는 밀 씨앗이나 "썩어 없어질 것으로 씨 뿌려진 것"을 "하느님께서 이성을 거슬러" 영원히 존속케 하신다고 생각하지 않습니다. 그러나 밀 씨앗에서 솟아 나오는 이삭이나 "썩지 않는 것으로 일으켜지는 것"의 경우는 사정이 다릅니다(1코린 15,37.42 참조). 또한 켈수스에 따르면, "신 자신이 존재하는 모든 것의 이성"인데, 우리의 견해에 따르면, 그것은 하느님의 아드님이십니다. 그분에 관해 우리는, 철학적 용어를 사용하여, 이렇게 말합니다. "한처음에 말씀(로고스)이 계셨다. 말씀은 하느님과 함께 계셨는데, 말씀은 하느님이셨다"(요한 1,1). 아무튼 우리도 켈수스처럼 "하느님께서는 이성을 거스르거나 당신 본질과 상충되는 일은 실행하실 수 없습니다"라고 가르칩니다.

25. 이어지는 켈수스의 언명도 우리는 주의 깊게 살펴보고자 합니다. "유대인들은 하나의 고유한 민족이 되었고, 나라 풍속에 따른 율법을 마련하였다. 그들은 이 율법을 오늘도 준수하며 또 종교적 예식을 보유하고 있는데, 이 예식은 매우 특이하지만 선조들에게서 물려받은 것이다. 이로써 유대인들은 다른 인간들과 비슷하게 행동하고 있으니, 모든 인간이 선조들의 전통과 관습을, 어떤 종류든 간에, 보호 장려하고 있

기 때문이다. 이런 일이 발생하는[42] 것은 다양한 인간들이 다양한 법 관념들을 확립했고 또 사회 전체에 통용되는 관습들을 고수했기 때문만이 아니라, 거의 확실하거니와, 세상의 다양한 지역들이 처음부터 다양한 권력자들에게 할당되었고, 또 정해진 지배 영역들로 나뉘어 그런 방식으로 관장되어 왔기 때문이기도 한 것으로 여겨진다.[43] 그러므로 각 민족에게 있어서 그 권력자들 마음에 드는 행동 방식들이 올바른 것이다. 사실 각 지역에 처음부터 존재해 온 관습들을 폐기한다는 것은 정당하지 않다." 이 구절에서 켈수스는 "유대인들"이 옛날에 이집트인들이었으나, 나중에 "하나의 고유한 민족이 되었고, 또 율법을 마련하여 준수하고 있다"고 밝히고 있습니다. 인용한 켈수스의 말을 전부 반복하지는 않겠습니다만, 아무튼 그는 유대인들도 선조들에게 물려받은 종교 예식을 거행하는 일이 발생하는데, 이는 자기네 종교 예식을 보호 장려하는 다른 민족들과 마찬가지라고 말합니다. 그리고 켈수스는 각 민족의 나라에 대한 "권력자" 권한을 얻은 사람들이 그 민족을 위해 입법자들과 협력하여 법을 마련했음을 시사함으로써 유대인들이 선조들의 전통을 보호 장려하는 한 가지 더 뿌리 깊은 이유도 제시합니다. 요컨대 켈수스는 유대인들의 나라와 거기 터 잡고 사는 민족은 한 명 또는 여러 명의 "권력자"의 지배를 받고 있으며, 그들이 모세와 협력하여 유대인들의 율법을 마련했음을 암시하는 것으로 여겨집니다.

---

42 '발생하다, 일어나다'라는 의미의 동사 συμφέρειν은 헤로도토스가 습관적으로 사용하는 낱말이다. 참조: Andresen, Logos 196-197과 각주 2.
43 이 표상의 배경에 관해서는 참조: 플라톤 『법률』 713c-d; 『정치』 271d; 또한 J. Puigalli, La démonologie de Celse penseur médio-platonicien: EtCl 55 (1987), 516-518; Fédou, Christianisme 516-518.

26. 켈수스는 사람은 법을 준수해야 하니, "다양한 인간들이 다양한 법 관념들을 확립했고 또 사회 전체에 통용되는 관습들을 고수했기 때문만이 아니라, 거의 확실하거니와, 세상의 다양한 지역들이 처음부터 다양한 권력자들에게 할당되었고, 또 정해진 지배 영역들로 나뉘어 그런 방식으로 관장되어 왔기 때문이기도 하다"라고 말합니다. 켈수스는 자기가 유대 민족을 공격해 온 것을 잊어버린 듯이, 이제는 그들을 선조의 전통을 충실히 보존하는 민족들에 대한 전반적 칭송 속에도 끼워넣어 줍니다. 그러면서 이렇게 말합니다. "그러므로 각각의 민족에게 있어서 권력자 마음에 드는 행동 방식들이 올바른 것이다." 독자들은 켈수스가 여기서 유대 민족이 자기네 고유의 율법에 따라 살아가고 그 율법을 버리지 않아야 한다는 — 만일 버린다면, "정당하게" 행동하는 게 아닐 터이기 때문입니다 — 자신의 바람을 좀 모호하게 표명한 것이 아닌지 유심히 살펴보십시오. 과연 켈수스는 "각 지역에 처음부터 존재해 온 관습들을 폐기하는 것은 정당하지 않다"라고 말하고 있습니다.

이와 관련하여 나는 켈수스에게, 또는 그와 같은 생각을 지니고 있는 사람들에게, 도대체 누가 "세상의 다양한 지역들을" 그때그때 "다양한 권력자들에게 할당"했는지 묻고 싶습니다. 그런 할당으로 말미암아 두루 알다시피 유대아의 땅과 유대인들 역시 그런 권력자(들)에게 맡겨졌다고 하겠습니다. 혹시 제우스가 유대인들과 유대아의 땅을 그런 권력자(들)에게 분배했을까요? (켈수스는 내심으로 그렇다고 말하고 싶을지도 모르겠습니다.) 그리고 유대아의 땅을 할당받은 그 사람(들)이 그런 율법을 유대인들 가운데에서 마련하는 것이 제우스의 뜻이었을까요? 아니면 그런 일이 제우스의 뜻을 거슬러 일어난 것일까요? 켈수스의 대답이 무엇이든 간에, 독자들은 그의 논증이 아주 궁색하다는 것을 알 수 있을 것입니다. 아무튼 어떤 유일한 존재에 의해 "세상의 다양한 지역들이 그 권력자들에게 분배"된 것이 아니라면, 그들 각자가 그저 우연히, 어떤 초인간적 권능의 이끎 없이 스스로 땅을 차지했다고 말할 수밖에 없습니다. 그러나 이 견해 역시 부조리하며, 만유를 주재하시는 하느님의 섭리를 명백히 부인하고 있습니다.

27. 세상의 다양한 지역들이 이렇게, 그리고 어떤 지배 영역들로 나뉘어, 권력자들에 의해 관장되고 있는지를, 관심 있는 사람들은 탐구해 보십시오. 아무튼 켈수스는 우리에게 어째서 "각 민족에게 있어서 그 권력자들 마음에 드는 행동 방식들이 정당"한지를 가르쳐 주어야 할 것입니다. 또한 그는 부친 살해를 허용하는 스키타이인들의 법이 정당한지, 아들과 어머니의 혼인 그리고 딸과 아버지의 혼인을 금지하지 않는 페르시아인들의 법이 정당한지도 말해 주어야 할 것입니다. 그런데 나는 왜 다양한 민족들의 법을 연구한 저자들의 책에서 이런 사례들을 골라, "각 민족에게 있어서 그 권력자들 마음에 드는 행동 방식들이 정당하다"라는 켈수스의 언명에 대한 나의 의심을 표명하는 것일까요? 켈수스는 어미나 딸과의 혼인을 허용하거나, 스스로 목매달아 죽는 이들에게 행복을 약속하거나, 스스로 불속에 뛰어들어 생명을 버리는 이들에게 정화를 인정해 주는 조상 전래의 법을 "폐기"하는 것은 "정당하지 않은" 일인지 우리에게 말해야 할 것입니다. 또한 외지인은 아르테미스에게 제물로 바쳐야 한다는 타우리스인들의 법이나, 자식을 크로노스에게 희생 제물로 바쳐야 하는 몇몇 리비아 종족들의 법을 폐기하는 것은 "정당하지 않은" 일인지도 말해야 할 것입니다.⁴⁴ 켈수스의 견해대로라면, 만일 유대인들이 온 우주의 창조주 이외의 신 숭배를 금지

하는 조상 전래의 율법을 "폐기"한다면, 그것도 "정당하지 않은" 일이 될 것입니다. 그런데 그의 견해에 따르면, "정당한" 것이란 본성상 거룩한 특질을 지니고 있는 것이 아니라, 사람들의 자의적 확정과 협약과 관습에 근거한 것이 될 것입니다.[45] 사실 어떤 이들에게는 악어를 숭배하면서 다른 이들이 숭배하는 짐승을 잡아먹는 일이 "정당"하며, 또 어떤 이들은 송아지를, 또 다른 이들은 염소를 신으로 여기는 일이 "정당"합니다. 그래서 동일한 사람이 행하는 동일한 일이, 이 법에 따르면 정당하고 저 법에 따르면 신성모독입니다. 이는 부조리의 극치라고 하겠습니다.

28. 이 말에 대해 필경 나의 적수들은 "조상 전래의 관습을 준수하는 것은 정당"하며, 남들의 관습을 따르지 않는 것은 결코 신성모독이 아니라고 반박할 것입니다. 그렇다면 특정 민족들에게서는 신성모독자로 여겨지는 사람이, 자기 조상 전래의 관습에 따라 자기네 동물 신들을 숭배하면서 전혀 다른 법을 가지고 있는 민족들이 숭배하는 동물 신들을 사냥해서 먹어도, 전혀 신성모독자가 아닐 것입니다. 이런 견해는 "정당함", "올바름", "경건함"이라는 개념들에 관한 극심한 혼란을 드러내고 있지 않은지 잘 생각해 보십시오. 사실 이런 견해에 따르면 "경건함"이 신성모독과 전혀 명확히 분리되지 않으며, "경건함" 고유의 특질

---

44 모든 윤리적 견해와 종교적 실천의 상대성을 개별 민족들의 다양성에 근거하여 뒷받침하려는 시도는 소피스트들에게로 거슬러 올라간다. 플라톤 아카데미아의 카르네아데스도 이와 비슷하게 스토아학파를 반대하는 논증을 전개했다. 오리게네스가 제시하는 사례들은 전형적인 것들이다. 참조: Chadwick, Stoa 35.
45 φύσις(본성, 자연)와 θέσις(태도, 상태), νόμος(법)에 대한 철학적 토론에 관해서는 참조:『켈수스 반박』해제 110-113.

을 지니고 있지 않다고 하겠습니다. 이렇게 경건함, 올바름, 정당함이 상대적 개념들이라면, 그 결과로 경건함과 신성모독이 상이한 조건과 법에서는 동일한 것이라면, 또한 필연적 귀결로서 신중, 용기, 분별, 통찰 또 그 밖의 덕들 역시 상대적 개념들에 속하게 되지 않는지 숙고해 보십시오. 그러나 이것이야말로 최대의 부조리라고 하겠습니다.[46]

단순하고 평범한 이해 지평을 지닌 독자들에게는 앞에서 인용한 켈수스의 언명에 대해 우리가 지금까지 대답한 것으로 충분할 것입니다. 그러나 우리는 좀 더 비판적인 독자들도 이 글을 읽고 있다고 생각하기 때문에, "처음부터 이 세상의 다양한 지역들이 다양한 권력자들에게 분배"된 일에 관한 신비적이고 심오한 고찰을 포함하고 있는 몇 가지 심원한 견해를 제시하고자 합니다. 또한 그러는 가운데 가능한 한, 방금 언급한 부조리에서 최대한 벗어난 가르침을 제공하고자 합니다.

29. 내가 보기에, 켈수스는 이 세상 지역들 분할의 신비스러운 이유들 가운데 몇 가지를 오해한 것 같습니다.[47] 이 분할은 그리스 역사도 다루고 있으니, 몇몇 신이 아티카[48]를 차지하려고 서로 싸웠다고 보고하며, 또한 시인들을 통해 그 신들로 하여금 이런저런 장소들은 다른 신들보다 자신들의 소유가 되어야 한다고 고백하게 합니다. 그리스 밖의 역사, 특히 이집트 역사도 이집트의 이른바 노멘(곧 지역들)의 분할에 관해

---

[46] 오리게네스는 덕들과 악덕들에 있어서는 상대성이 존재하지 않는다는 스토아학파의 견해를 따르고 있다. 참조: SVF 2,399-404; 3,259.
[47] 켈수스는 민족들의 다양성과 그들의 그때그때의 "권력자들"을 마땅히 긍정해야 할 세계 질서로 여기는 반면, 오리게네스는 거기서 바벨 탑 건축 등에서 노골적으로 드러난 인간의 교만에 대한 하느님 징벌의 한 표현을 본다.
[48] 아테네가 중심지인 그리스 중부의 반도.

그런 암시를 하니, 사이스[49]를 거주지로 받은 아테나 여신이 아티카도 차지했다고 말합니다.[50] 이집트 학자들은 이런 유의 일을 무수히 언급할 수 있을 것입니다. 그러나 그들이 유대인들과 그들의 땅도 그런 분할에 포함시키는지 나는 모르겠습니다. 아무튼 이 일에 관한 성경 밖의 증언으로는 지금까지 제시한 것으로 충분하다고 하겠습니다.

우리로서는 하느님의 예언자요 충실한 종이었던 모세가 "신명기"에 실려 있는 그의 노래에서 세상 지역들의 분할에 관해 명시했다고 확언하겠습니다. 그는 이렇게 말합니다. "지극히 높으신 분께서 민족들에게 상속 재산을 나누어 주실 때, 사람들을 갈라놓으실 때, 하느님의 천사들의 수에 따라 민족들의 경계를 정하셨다.[51] 그러나 주님의 몫은 당신의 백성, 그분의 소유는 야곱이었다"(신명 32,8-9). 똑같은 모세가 "창세기"라는 제목의 책에서는 역사적 보고 형식으로 민족들의 분산에 관해 이렇게 말합니다. "온 세상이 같은 말을 하고 같은 낱말들을 쓰고 있었다. 사람들이 해가 떠오르는 쪽에서 이주해 오다가 신아르 지방에서 한 벌판을 만나 거기에 자리 잡고 살았다"(창세 11,1-2). 그리고 조금 뒤에 다음과 같이 말합니다. "주님께서 내려오시어 사람들이 세운 성읍과 탑을 보시고 말씀하셨다. '보라, 저들은 한 겨레이고 모두 같은 말을 쓰고 있다. 이것은 그들이 하려는 일의 시작일 뿐, 이제 그들이 하고자 하는 것은 무엇이든 못할 일이 없을 것이다. 자, 우리가 내려가서 그들의

---

49 사이스는 델타 서부의 중심이었다면 타니스와 부바스티스가 델타 동부의 중심이었다.
50 참조: 『켈수스 반박』 5,34; 헤로도토스 『역사』 2,62; 플라톤 『티마이오스』 21e; 플루타르코스 『도덕론』 354C.
51 이른바 "민족들의 천사들"에 관해서는 참조: Monaci Castagno, Angelo delle nazioni; Fédou, Christianisme 518-524; J. Daniélou, *Origène*, Paris 1948, 222-235.

말을 뒤섞어 놓아, 서로 남의 말을 알아듣지 못하게 만들어 버리자.' 주님께서는 그들을 거기에서 온 땅으로 흩어 버리셨다. 그래서 그들은 그 성읍을 세우는 일을 그만두었다. 그리하여 그곳의 이름을 바벨(= 혼란, 뒤섞음)이라 하였다. 주님께서 거기에서 온 땅의 말을 뒤섞어 놓으시고, 사람들을 온 땅으로 흩어 버리셨기 때문이다"(창세 11,5-9). 민족들이 온 땅으로 흩어지게 된 언어 혼란 이후의 인간들과 지혜에 관해 논하는 "솔로몬의 지혜서"라는 제목의 책에는 지혜에 관해 이렇게 쓰여 있습니다. "악을 저지르기로 합심한 민족들이 혼란에 빠졌을 때, 지혜는 한 의인을 가려내어 하느님 앞에 흠이 없도록 지켜 주고 자식에 대한 애정을 이기도록 강하게 만들어 주었다"(지혜 10,5).

이 주제에 관해 우리는 많은 심오한 사상을 표명할 수도 있을 터이나, 이런 경우엔 다음 말씀이 합당합니다. "임금의 비밀은 감추는 것이 좋다"(토빗 12,7). 그렇게 하지 않으면 영혼이 한 육신으로부터 다른 육신으로 계속적 이전을 가정하지 않는, 윤회설을 아무에게나 들려주는 셈이 될 터이고, "거룩한 것을 개들에게 주고, 진주를 돼지들에게 던져 주는"(마태 7,6 참조) 꼴이 될 것입니다. 그런 행동이 바로 신성모독적이라고 할 것이며, 하느님의 지혜가 담긴 비밀스러운 금언의 누설이라고 할 것이니, 과연 이에 관해 적확하게 이렇게 쓰여 있습니다. "지혜는 간악한 영혼 안으로 들지 않고, 죄에 얽매인 육신 안에 머무르지 않는다"(지혜 1,4). 그러나 역사적 보고 형식 안에 감춰진 의미를 이야기 방식으로 제시하는 것으로 충분하니, 그로써 능력 있는 독자들은 노력하면 성경 구절의 의미를 스스로 찾아낼 수 있을 것입니다.

30. 그러므로 다음의 일들을 숙고해 보십시오.[52] 세상의 모든 민족이 한 가지 거룩한 언어를 사용합니다. 그리고 서로 일치하여 같은 마음으로 살아가는 한 이 거룩한 언어를 계속 사용하며, 또한 "영원한 빛의 광채인 지혜"(지혜 7,26 참조)의 활동에 대한 통찰을 지니고 있는 한 "해가 떠오르는 지역"(창세 11,2 참조)에서 멀리 떨어지지 않습니다. 그런데 그들은 "해가 떠오름"과 걸맞지 않는 것들을 생각함으로써 "해가 떠오르는 지역"을 떠나가고, "신아르 지방에서 한 벌판"(창세 11,2) — "이빨이 부러짐"을 의미하는데, 식량 조달 수단의 상실을 상징적으로 표현합니다 — 을 발견하고는 거기에 자리 잡고 삽니다. 그 후 그들은 지상적인 것들을 끌어모으고, 또 지상적인 것으로 비지상적인 것을 낚아채기 위해, 본성상 하늘과 연결될 수 없는 그것들을 하늘과 연결시키고자 하면서, 이렇게 말합니다. "자, 벽돌을 빚어 단단히 구워 내자"(창세 11,3). 이제 그들이 찰흙 덩이를 굳혀 견고하게 만들고 또 돌 대신 벽돌을, 그리고 진흙 대신 역청을 만들어, "성읍"과 최소한 그들 생각에는 "꼭대기가 하늘까지 닿는 탑"(창세 11,4)을 세우려고 하자 — 이는 "하느님을 아는 지식을 가로막고 일어서는" 그들의 "오만"(2코린 10,5 참조)에서 비롯한 일입니다 — 그들은 각자 "해가 떠오름"에서 멀리 떨어진 정도에 따라, 그리고 돌 대신 벽돌을 만들고 진흙 대신 역청을 만들어 건축 일에 사용한 정도에 따라, 더 혹독하거나 덜 혹독한 이런저런 특성을 지닌 천사들에게 넘겨져, 자신들의 신성모독적 행위의 죗값을 다 치를 때까지 견

---

52 이제 오리게네스는 역사 진행 과정을 명시한다. 이 과정은 인류의 원초적 일치(단일성)로부터 다양한 민족들로의 분산을 거쳐 다시 그리스도교 신앙 안에서의 새로운 일치로 나아가는데, 그리스도교 신앙의 보편성은 모든 민족적 경계를 뛰어넘고 교회 안에서 인간들에게 새로운 정체성(동일성)을 선사하니, 이 정체성 안에서는 지금까지의 종교적 전통들과 악마적 권세들에 의 모든 속박이 효력을 상실한다.

책을 받게 됩니다. 또한 그 천사들은 그들에게 특정한 언어들을 불어넣어 주고, 그런 다음 그들을 자격에 따라 이 세상의 다양한 지역으로 데려가니, 예를 들면 더러는 타는 듯이 뜨거운 지역으로, 더러는 추위를 통해 견책받는 지역으로, 더러는 경작하기 어려운 지역으로, 더러는 경작이 꽤 손쉬운 지역으로, 더러는 들짐승이 우글거리는 지역으로, 더러는 그런 동물들이 별로 없는 지역으로 데리고 갑니다.

31. 그 자체로 일정한 진리를 내포하고 있으며 동시에 감추어진 의미도 시사하는 이 역사적 보고 형식을 통찰할 수 있는 사람은, 또한 어떤 인간들이 "해가 떠오르는 지역"에서 멀리 떠나지 않고 오히려 그 장소와 언어에 충실했기에, 그 원초적 언어를 보존해 왔는지도 통찰할 수 있을 것입니다. 그리고 그는 이들만이 "주님의 몫", "야곱"이라는 이름으로 불리는 "그분의 백성", 또 "그분의 상속 재산 이스라엘"이 되었다는 것을 이해할 수 있을 것입니다(신명 32,9 참조).[53] 또한 이들만이 한 통치자의 다스림을 받게 되는데, 그는 다른 통치자들처럼 징계하려고 신민(臣民)들을 맡은 것이 아닙니다. 이제 독자들은 통찰력을 최대한 발휘하여, 다음의 일들을 숙고해 보십시오. 주님께서 당신 "몫"으로 특별히 선택하신 그 사람들의 공동체 안에서 죄들이 저질러지는데, 처음에는 그 장본인들이 완전히 버림받아야 할 만큼 심각하지는 않은 참아 줄 만한 죄들이고, 나중에는 점점 더 무거워지지만 그래도 아직은 참아 줄

---

53 켈수스는 유대인들이 그리스도인들과는 달리 하나의 민족 종교를 준봉하며, 이 점에서 다른 민족들과 같기 때문에 그들을 칭찬하는 반면, 오리게네스는 이스라엘의 특별한 위상을 강조하니, 이스라엘은 한 천사에게 종속되지 않고 하느님 자신에게 부속되었으며 또 그로써 징벌로서 선고된 민족들의 체계에서 벗어나 있다는 것이다.

만합니다. 그런 상태가 상당히 오랜 기간 계속되고 또 언제나 치유책이 사용되며, 그래서 그들은 통상적으로 다시 회심합니다. 그들은 자기네 죄의 정도에 따라 다른 나라 지배자들에게 넘겨지는데, 처음에는 좀 가벼운 징벌을 받고 죗값을 치른 후, 이를테면 교육을 받고, 다시 고국으로 돌아옵니다. 하지만 나중에 그들은, 독자들은 유념해야 하거니와, 매우 엄혹한 지배자들에게 넘겨지니, 곧 성경에서 언급하는 아시리아, 또 그 후엔 바빌론의 지배자들입니다. 그들은 치유책이 사용됨에도 불구하고 갈수록 많고 중대한 죄를 지어, 그 때문에 다른 민족의 지배자들에게 갈가리 찢겨 여러 다른 나라로 분산되는 것입니다. 하지만 그들의 본디 통치자는 그들이 다른 민족의 지배자들에게 억압받는 것을 의도적으로 내버려 둡니다. 이는 그 통치자가 ― 그로서는 마땅한 이유가 있거니와 ― 이를테면 보복하는 셈으로, 그 모든 사람을 다른 민족들로부터 떼어 내는 전권을 얻기 위함입니다. 그는 그 사람들로 하여금 그 과업을 수행하게 하고 그들에게 법을 주고 또 마땅한 삶의 태도를 가르쳐 줄 수 있습니다. 그리하여 그는 자신의 첫 백성을 이루고 있던 인간들 가운데 죄를 범하지 않은 이들을 이끌어 갔던 완성으로 그들 또한 이끌어 갑니다.

32. 이렇게 엄청난 일들을 통찰할 수 있는 사람들은 여기에서 예전에 죄를 짓지 않은 그 인간들을 맡은 그 통치자가 다른 모든 통치자보다 비교할 수 없이 강력하다는 것을 배울 수 있을 것입니다. 과연 그는 모든 인간으로부터 선택된 몫을 취할 수 있고, 그 선택된 이들로 하여금 그들을 지배하며 징벌하던 통치자들에게 등을 돌리게 할 수 있으며, 그들을 예전 죄들을 잊게 해 주는 삶의 태도와 율법으로 이끌어 갈 수 있

습니다. 우리가 숨겨진 의미를 담아 이런 말을 한 것은, 앞에서[54] 언급했듯이, 저 사람들의 오해를 뚜렷이 밝히기 위함입니다. 그들은 "이 세상의 다양한 지역들은 처음부터 그때그때 다양한 권력자들에게 할당되었고, 특정한 지배 영역들로 나뉘어 그런 방식으로 관장되어 왔다"라고 주장했는데, 우리가 인용한 켈수스의 견해도 그들에게서 넘겨받은 것입니다.

"해가 떠오르는 지역"으로부터 멀리 떠나간 자들이 자신들의 죄 때문에 "분별없는 정신"과 "수치스러운 정욕"과 "더러운 마음의 욕망"에 빠지는 것을 하느님께서는 내버려 두셨으니(로마 1,28.26.24 참조), 죄에 진저리가 나서 죄를 미워하게 하시기 위함이었습니다. 그래서 우리는 "이 세상의 다양한 지역들을 할당받은 권력자들" 덕분에 각 민족의 삶이 정당하게 영위된다는 켈수스의 주장에 동의하지 않습니다. 또한 우리는 그 권력자들이 "마음에 드는 대로" 내리는 명령들을 따르고자 하지도 않습니다. 왜냐하면 우리는 "처음부터 각 지역에 존재해 온 관습들"을 더 훌륭하고 더 거룩한 법으로 대체하는 것이 "정당"하다고 여기기 때문이니, 그 거룩한 법은 예수님께서 우리를 "지금의 이 악한 세상"(갈라 1,4)과 "파멸하게 되어 있는 이 세상 우두머리들"(1코린 2,6)에게서 구해 내셨을 때, 지극한 전권을 지니고 우리에게 주신 것입니다. 반면 당신이 모든 지배자보다 더 바르고 더 강력함을 뚜렷이 보여 주시고 실증하신 분 발치에 엎드리지 않는 것은 방자하고 사악하다고 우리는 생각합니다. 과연 하느님께서는, 예언자들이 많은 세대 전에 선포했듯이, 그분에게 이렇게 말씀하셨습니다. "나에게 청하여라. 내가 민족들을 너

---

54 참조: 『켈수스 반박』 5,29.

의 재산으로, 땅끝까지 너의 소유로 주리라"(시편 2,8). 그분은 모든 민족들 가운데에서 그분과 만유를 주재하시는 하느님이신 그분의 아버지를 믿는 우리의 "희망"(창세 49,10 참조)이 되셨습니다.

33. 우리의 이 상론은 켈수스가 제시한 "권력자들"에 관한 주장에 대한 반박일 뿐 아니라, 어느 정도는, 그가 아래에서 우리에게 제기하는 비방에 대해 미리 해 두는 응답이기도 합니다. 그는 이렇게 말합니다. "그러나 두 번째 무리가 등장한다. 나는 그들에게 그들이 어디에서 왔으며, 그들 조상 전래의 율법의 창시자를 누구로 여기는지 물을 것이다. 그들은 아무도 제시하지 못할 것이니, 사실 그들 자신이 그곳 출신이고, 그들의 선생들과 지도자들을 다른 어떤 곳에서 얻지 못하기 때문이다. 그런데도 그들은 유대인들에게서 떨어져 나왔다." 예수님이 우리와 함께 지내시던 시간 이후, 이제 우리는 모두 "마지막 날들"에 이르렀고, "주님의 산"(이사 2,3)에, 모든 말 위에 있는 숭고한 말씀에, 그리고 "살아 계신 하느님의 교회로서 진리의 기둥이며 기초"(1티모 3,15)인 하느님의 집에 이르렀습니다. 그리고 우리는 어떻게 이 집이 "모든 산들 위에"(이사 2,2), 곧 이 집의 기초인 모든 예언자의 말씀 위에 굳게 세워지는지 알고 있습니다.[55] 이 집은 "언덕들 위에"(이사 2,2 참조), 곧 인간들 위에 우뚝 솟아 있거니와, 이들은 같은 인간들 가운데에서 지혜와 진리에 터해 놀라운 소식을 선포하고 있습니다. 그리고 우리, 곧 "모든 민족"은 그리로 나아가고, 우리, 곧 "수많은 백성"은 그리로 올라가면서 하느님을 경배하자고 서로 격려하거니와, 그분은 마지막 날들에 예수 그리스도를 통

---

[55] 참조:『켈수스 반박』4,1.

해 영광스럽게 드러나셨습니다. "자, 주님의 산으로 올라가자. 야곱의 하느님 집으로! 그러면 그분께서 당신의 길을 우리에게 가르치시어, 우리가 그분의 길을 걷게 되리라"(이사 2,3). 과연 법은 시온의 주민들에서 나왔고(이사 2,3 참조) 또 영적 형태로 우리에게 옮겨졌습니다. 그러나 주님의 말씀 역시 예루살렘에서 나와, 모든 곳으로 전파되고 민족들 사이에서 판결을 내리시니(이사 2,3-4 참조), 기꺼이 믿는 이들을 가려내시고, 믿지 않는 무리들은 벌하십니다.[56]

우리가 "어디에서 오는가" 그리고 "누가 우리를 세우셨는가?"라는 물음에 이렇게 대답하겠습니다. 우리는 예수님 명령에 따라, 우리 견해를 옹호하고 우리 적들은 공격하던 영적인 "칼"을 "보습"으로 바꾸고, 예전에 우리가 전투를 위해 사용하던 "창"을 "낫"으로 바꾸기 위해 왔습니다(이사 2,4 참조). 과연 우리는 더는 어떤 민족을 거슬러 칼을 잡지 않고 더는 전쟁 기술을 익히지 않으니, 우리를 세우신 예수님을 통해 평화의 자녀들이 되었기 때문입니다(루카 10,6 참조). 우리가 그 아래에서는 "약속의 계약과 관계 없었던"(에페 2,12 참조) 조상들의 율법 대신, 우리는 다른 법을 받아 지니고 있거니와, 이에 대해 우리는 다음과 같이 말하면서, 우리를 오류에서 건져내 주신 그분께 감사를 드립니다. "저희 조상들이 물려준 우상들은 그 얼마나 헛된지요, 그것들 가운데 비를 내려 줄 수 있는 것은 하나도 없습니다"(참조: 예레 16,19; 14,22). 우리 무리의 지도자들과 선생들은 유대인 출신이지만, 그분 가르침의 말씀으로 온 세상을 이끕니다. 지금까지 한 말로써 우리는 켈수스가 아래에서 길고 지루하게 우리를 거슬러 늘어놓는 내용을, 그가 이미 주장한 내용과

---

56 이민족을 부르심이라는 주제에 관해서는 참조: Fédou, Christianisme 543-550.

연결시켜, 우리 능력껏 앞서 반박했다고 하겠습니다.

34. 우리는 그 중간에 들어 있는 켈수스의 비난도 무시할 뜻은 없기에, 그것도 인용하겠습니다. "우리는 이 문제와 관련하여 헤로도토스도 증인으로 내세울 수 있을 것이니, 그는 이렇게 말한다.[57] '리비아와 이집트 접경 지역에 사는 마레아와 아피스 시민들은 자신들을 이집트인이 아니라 리비아인으로 여겼다. 그들은 희생 제물을 바치는 종교 예식을 성가시게 여겼고 또 암소 고기 먹는 것을 방해받고 싶지 않았기 때문에, (이집트의 주신主神) 아몬에게 사자를 보내 자신들은 이집트인들과 공통점이 없다고 알리게 했다. 사실 그들은 (나일강) 삼각주 밖에 살고 있었고, 또 그들의 신앙은 이집트인들의 신앙과 전혀 달랐다. 그래서 그들은 모든 것(곧 동물들)을 먹어도 된다는 허락을 받고자 했다. 그러나 신은 그것을 허락하지 않고 다음과 같이 선언했다. 나일강이 범람하여 물을 대 주는 땅은 이집트이며, 엘레판티네 아래쪽에 살면서 이 강의 물을 마시는 사람들은 이집트인들이다.' 여기까지가 헤로도토스의 보고다. 그런데 아몬 신은 신의 일을 공식적으로 전하는 일에 있어서 유대인들의 천사들보다 덜 유능하지 않다. 그러므로 모든 민족이 자기네에게 통례적인 종교 관습들을 준수하는 것은 정당하고 또 마땅하다. 민족들 사이에는 큰 상이점들이 있지만, 그럼에도 모든 민족이 자기네 신 숭배 방식을 최고의 것으로 여긴다는 사실을 우리는 단언한다. 메로에에 살고 있는 에티오피아인들은 제우스와 디오니소스만 숭배하고,[58]

---

57 헤로도토스 『역사』 2,18.
58 참조: 헤로도토스 『역사』 2,29.

아라비아인들은 우라니아와 디오니소스를,[59] 모든 이집트인은 오시리스와 이시스를,[60] 사이스 주민들은 아테나를 숭배한다.[61] 나우크라티스 인들은 얼마 전부터 세라피스에게 간청하고,[62] 나머지 민족들도 자기네 종교적 규정에 따라 행동한다. 어떤 이들은 양을 성스러운 동물로 숭배하기 때문에 잡아먹지 않고,[63] 다른 이들은 염소를, 또 어떤 이들은 악어를,[64] 또 다른 이들은 암소[65]와 돼지[66] 먹는 것을 혐오한다. 그러나 스키타이인들은 심지어 인간을 먹는 것도 칭송할 만한 관습으로 여기며,[67] 인도인 가운데 적지 않은 이가 아버지를 먹는 것을 일종의 거룩한 행동으로 여긴다. 이 헤로도토스가 다른 대목에서 말한 것도, 사람들이 내 말을 믿도록 하기 위해, 정확히 인용하자. '만일 모든 인간에게 모든 법 가운데 최고의 것을 선정하라는 과제를 부여한다면, 그들은 모두 충분히 숙고한 끝에 필경 자기네 것을 선정할 것이다. 그 정도로 사람은 누구나 자기네 법이 월등하게 최고라고 확신한다. 그러므로 그런 일을 우스꽝스럽게 여기는 자는 미친 사람 말고는 아무도 없을 것이다. 인류 전체가 법과 관련하여 이런 확신을 공유하고 있다는 사실을, 다른 많은 증언 가운데 다음의 증언으로도 판단할 수 있다. 다리우스가 임금이었

59　참조: 헤로도토스『역사』3,8; 1,131.
60　참조: 헤로도토스『역사』2,42.
61　참조: 헤로도토스『역사』2,28.59.169-170.175.
62　참조: 스트라본『지리학』17,1,23.
63　참조: 헤로도토스『역사』2,42.
64　참조: 헤로도토스『역사』2,69; 스트라본『지리학』17,1,44.
65　참조: 헤로도토스『역사』2,41.
66　참조: 헤로도토스『역사』2,47.
67　참조: 헤로도토스『역사』1,216; 4,26.

을 때, 배석했던 그리스인들을 불러, 그들은 얼마만 한 값을 내고 죽은 아버지를 먹느냐고 물었다. 그리스인들은 자기네는 결코 그런 짓을 하지 않는다고 대답했다. 이어서 다리우스는 자기 부모를 먹는 관습이 있는 인도 민족 칼라티아인들을 불러, 한 통역사를 통해 대화 내용을 전해 들어 아는 그리스인들이 함께 있는 자리에서, 얼마만 한 값이면 죽은 아버지를 화장할 용의가 있겠느냐고 물었다. 그러자 그들은 큰 소리로 비명을 지르면서, 모쪼록 그런 흉악한 말씀은 거두어 주십사 청했다. 이런 것들은 요컨대 확립된 관습이니, 핀다로스[68]가 다음과 같이 말한 것은 마땅하다고 여겨진다. '법은 모든 인간의 지배자다.'"[69]

35. 이런 사례들에 근거해서, 켈수스는 다음과 같이 자기 논증의 결론을 지으려는 것 같습니다. "모든 인간은 조상 전래의 전통들에 따라 살아야 하며, 따라서 그들의 그런 삶을 비난해서는 안 된다. 그런데 자기네 조상 전래의 전통을 버렸고 또 유대인들처럼 하나의 구체적인 민족을 이루지도 않은 그리스도인들은, 예수의 가르침에 찬동하기 때문에 비난받아 마땅하다." 그렇다면 켈수스는 미신적 관념들에 집착하지 말라고 가르친 철학자들이 조상 전래의 관습들을 버리고, 자기네 조국에서 금지된 음식들을 먹는 것은 옳은 행동인가 그릇된 행동인가를 우리에게 말해야 할 것입니다. 그들이 미신을 배격하는 철학과 가르침에 근거하여 전통을 지키지 않고 또 자기네 나라에서 아주 먼 조상 때부터 금지되어 온 것들을 먹어도 된다고 믿는다면, 사람은 우상과 조상彫像

---

68 핀다로스『단편』169. 플라톤『고르기아스』484b에 인용됨. 참조:『법률』690b-c; 714e-715a; 알렉산드리아의 클레멘스『양탄자』1,181,4; 2,19,2.
69 참조: 헤로도토스『역사』3,38.99.

과 하느님 피조물들의 환심을 사려고 분주하게 애써서는 안 되며 오히려 그것들을 초월하고 자기 영혼을 창조주와 대면시켜야 한다고 이성적으로 판단하는 그리스도인들 역시 그 철학자들과 똑같이 처신하는 것인데, 어째서 이것은 옳지 않은 행동이라는 것입니까? 그러나 켈수스나 그의 동지들이 그가 내세운 견해를 고수하기 위해, 철학자도 예부터 전해 오는 관습들을 준수한다고 주장한다면, 예를 들어 이집트 철학자들이 자기네 나라 관습을 따르기 위해 양파를 먹지 않도록 조심하거나[70] 조상 전래의 규정을 거스르지 않기 위해 동물들의 머리나 어깨 같은 특정 몸통 부분들을 먹지 않고자 주의한다면, 그들은 실로 우스꽝스럽게 처신하는 것이라고 하겠습니다. 그 밖에 몸에 가스가 찼을 때 나오는 이런저런 소리에 외경심으로 몸을 떠는 이집트인들에 관해서는 아예 말하고 싶지도 않습니다.[71] 이런 사람들 가운데 누군가 철학에 몰두하면서 또한 관습을 준수한다면, 그는 필경 처신이 철학자답지 않은 참으로 터무니없는 철학자라 할 것입니다. 그러므로 그리스도교 가르침에 의해 온 우주의 창조주 공경으로 인도되었으면서도, 이 세상의 조상 전래의 전통과 관습 때문에 우상과 조상에 여전히 들러붙어 있고 굳은 결심으로 창조주께로 상승하지 못하는 사람은, 철학의 가르침들을 배워 익혔음에도 경외하지 않아야 할 것들을 경외하고 그런 것들을 먹는 일을 신성모독이라고 여기는 자들과 똑같습니다.

36. 그런데 사람은 누구나 조상 전래의 전통과 관습들을 준수해야만

---

70   참조: 노老 플리니우스 『박물지』 19,101; 플루타르코스 『도덕론』 353F.
71   참조: 미누키우스 펠릭스 『옥타비우스』 28,9.

한다는 근거로 켈수스가 그의 선언을 인용한 "아몬"은 도대체 어떤 존재입니까? 아몬은 "리비아와 이집트 접경 지역에 살고 있는 마레아와 아피스 시민들"이 "암소" 고기 먹는 것을 아무렇지도 않은 일로 여기는 것을 허락하지 않았습니다. 사실 이 일 자체는 선하지도 악하지도 않을뿐더러, 사람이 선하고 덕스럽게 되는 데 방해가 되지도 않습니다. 만일 아몬이 이 동물이 농사일에 도움이 되고 게다가 특히 암소는 번식에 중요하기 때문에 그들이 그 고기 먹는 일을 금지했다면, 이는 정당성이 있었다고 하겠습니다. 하지만 아몬은 단지 그들이 "나일강 물을 마시기" 때문에, 암소에 관한 이집트인들의 법을 준수해야 한다고 요구한 것입니다. 또한 여기서 켈수스는 유대인들에게 하느님 지시를 전달하는 천사들을 조롱하면서, "아몬은 신의 일을 공식적으로 전하는 일에 있어서 유대인의 천사들보다 결코 덜 유능하지 않다"라고 말합니다. 그는 천사들의 기별과 현현의 의미를 탐구하지 않았습니다. 만일 탐구했더라면, "하느님께서는 소에게 마음을 쓰시지 않는다"(1코린 9,9 참조)는 것을, 그리고 하느님이 소나 이성 없는 다른 동물에 관한 율법을 주시는 듯이 보이는 구절에서도 그것들에게 마음을 쓰시는 건 아니라는 것을 알았을 것입니다. 오히려 인간을 위해 기록된 이 구절들은, 이성 없는 동물들이라는 상징 안에 인간 본성에 관한 특정한 가르침을 담고 있습니다.

요컨대 켈수스는 "자기 민족의 종교적 관습을 준수하고자 하는 사람은 그 누구도 부당한 일을 행하는 것이 아니다"라고 주장합니다. 이 주장에 따르면, 필연적 귀결이거니와, 스키타이인들이 자기네 조상 전래의 관습에 따라 "인간을 먹는" 것도 부당한 일이 아닙니다. 그리고 인도인들이 "자기 아버지를 먹으면서 거룩한 일을 수행하는" 것이라고, 또는 최소한 부당한 짓은 아니라고 믿는 것도, 켈수스의 견해에 따르면 그저 조상 전래의 관습을 따르는 일입니다. 아무튼 인간은 누구나 의무적으로 조상 전래의 법을 준수해야 한다는 자신의 주장을 위해 헤로도토스의 한 대목을 인용하는 켈수스는, 다리우스 임금 시대에 "자기 부모를 먹는 관습이 있는 인도 민족 칼라티아인들"이, "얼마만 한 값이면 그 관습을 폐기할 용의가 있겠느냐"는 다리우스의 물음에 "큰 소리로 비명을 지르면서, 모쪼록 그린 흉악한 말씀은 거두어 주십사 청한" 일에 찬동하는 것으로 보입니다.

37. 요컨대 전반적으로 볼 때, 두 종류의 법이 존재하니, 하나는 하느님에게서 유래하는 자연법이요, 다른 하나는 국가들 안에서 통용되는 성문법입니다.[72] 성문법이 하느님 법과 어긋나지 않는 곳에서는, 새로운 법을 도입하여 국민들을 불안하게 하지 않는 것이 좋습니다. 그러나 자연, 곧 하느님의 법이 성문법과 부딪히는 명령을 내리면, 성문법과 그 입법자들의 뜻을 단호히 거부하고, 그 대가로 위험과 무수한 노고와 극한의 고통과 모욕을 감수해야 하더라도, 자신을 입법자 하느님께 맡기고 그분 말씀을 새로운 삶의 규범으로 선택하는 것이 이성의 요구가 아닌가를 성찰해야 합니다. 하느님 마음에 드는 행동이 국법이 요구하는 행동과 다르다면, 그리고 하느님과 국법 준수자들에게 동시에 마음에 드는 것이 불가능하다면, 우주의 창조주 마음에 드는 행동을 무시하고 하느님이 싫어하시는 행동을 선택하면서, 실상은 법도 아닌 법과 그 옹호자들 마음에 들고자 하는 것은 실로 분별없는 짓이라고 하겠습니다.

---

[72] 참조:『켈수스 반박』8,26; 스토아학파의 두 종류 법의 구별에 관해서는 키케로『법률론』1,18-19; SVF 3,314-326.

하느님의 법을 거슬러 인간들이 확립한 문서로 확정된 법보다 하느님의 법인 자연법에 우위를 두는 것이 다른 모든 영역에서는 이성적인 일이라면, 어째서 하느님 자신과 관련된 법에서는 더욱이나 그렇게 행동해서는 안 된다는 것입니까? 그렇게 한다면 우리는 "메로에 부근 지역에 살고 있는 에티오피아인들"처럼 "제우스와 디오니소스만 숭배"하지 않을 뿐더러 아예 어떤 에티오피아의 신도 에티오피아 관습에 따라 숭배하지 않을 것이며, "아라비아인들"처럼 "우라니아와 디오니소스"를 서로 떼어 놓을 수 없는 신들 — 이들 안에서 여성과 남성에 각기 신적 영광이 주어지니, 아라비아인들은 우라니아를 여자 신으로 그리고 디오니소스를 남자 신으로 경배합니다[73] — 로 여기지 않고 아예 신으로 취급하지도 않을 것입니다. 또한 "모든 이집트인"과 달리 "오시리스와 이시스"를 신으로 여기지 않을 것이며, 이들을 "사이스 주민들"의 판단에 따라 "아테나"와 대등하게 대접하지도 않을 것입니다. 한편 "나우크라티스인들"은 옛날에는 여러 다른 신 숭배를 좋게 여겼으나, 얼마 전부터는 전혀 신도 아니었던 "세라피스"를 경배하기 시작했는데, 덩달아 우리도 예전에는 존재하지 않았고 인간들이 알지 못하던 어떤 새파란 신이 존재한다고 주장하지는 않을 것입니다. "모든 피조물의 맏이"(콜로 1,15)이신 하느님의 아드님은 최근에야 인간이 되셨지만, 결코 "낯설지" 않습니다. 더 자세히 말하면 성경은 그분을 모든 피조물 중에서 가장 손위의 존재로 인식하고 있으며[74] 또한 하느님께서 인간을 창조하실 때 그분에게 "우리와 비슷하게 우리 모습으로 사람을 만들

---

73 참조: 헤로도토스 『역사』 3,8.
74 참조: 『켈수스 반박』 2,25.

자"(창세 1,26)라고 말씀하신 것도 알고 있습니다.

38. 나는 "사람은 누구나 자기 가정과 국가의 조상 전래의 관습들을 준수해야 한다"는 켈수스에게는 자명한 전제가 어떤 점에서 이성과 부합하지 않는지를 뚜렷이 밝히고자 합니다. 그는 메로에 살고 있는 에티오피아인들은 제우스와 디오니소스 두 신만 알고 있고 그들만 숭배하며, 아리비아인들도 두 신만 알고 있는데, 에티오피아인들처럼 디오니소스를 숭배하면서, 우라니아를 각별히 자기네 여신으로 섬긴다고 말합니다. 요컨대 그의 서술에 따르면 에티오피아인들은 우라니아를 숭배하지 않고, 아라비아인들은 제우스를 숭배하지 않습니다. 그렇다면 어떤 에티오피아인이 우연한 계기에 아라비아인들 사이에 머무르게 되었는데, 우라니아를 숭배하지 않기 때문에 신성모독으로 간주되었고 그 결과 죽을 위험에 처했다면, 그 에티오피아인은 그냥 죽어야 합니까, 아니면 조상 전래의 관습을 거슬러 우라니아를 경배해야 합니까? 그가 조상 전래의 관습을 거슬러 행동한다면, 켈수스의 논증에 따르자면, 바르지 않게 행동하는 것입니다. 그러나 그 에티오피아인이 사형 집행당하는 것을 받아들인다면, 켈수스는 그렇게 죽음을 선택하는 것이 합당한 일임을 분명히 밝혀야 할 것입니다 — 에티오피아인들에게 영혼의 불사에 관한, 그리고 조상 전래의 법에 따라 신들을 공경하는 종교적 의무를 이행하면 받게 될 보상에 관한 철학적 성찰이 있는지 어떤지 나는 모르겠습니다. 거꾸로, 이런저런 계기에 메로에 부근 지역 에티오피아인들 사이에 머무르게 된 어떤 아라비아인에 관해서도 같은 말을 할 수 있을 것입니다. 아무튼 그는 우라니아와 디오니소스만 숭배해야 한다고 배웠기 때문에, 에티오피아인들과 함께 제우스를 경

배하는 것을 거부할 터이고, 그 때문에 신을 모독한다고 간주되어 죽음을 눈앞에 두게 된다면, 어떻게 하는 것이 합당한 행동인지를 켈수스는 우리에게 말해 주어야 할 것입니다.

오시리스와 이시스에 관한 일련의 신화들을 장황하게 이야기하는 것은, 지금 여기서는 불필요하고 적절하지도 않습니다. 아무튼 이 신화들은, 우의寓意(알레고리)적으로 해석한다 해도 아무튼, 인간들과 모든 동물이 밟고 다니는 땅과 물을 신으로 공경하라고 가르칩니다.[75] 그래서 사람들은 오시리스를 물로, 이시스를 땅으로 여깁니다. 세라피스에 관해서는 엄청나게 많고 모순되는 이야기가 있습니다.[76] 세라피스는 알렉산드리아 주민들에게 몸을 갖춘 신을 보여 주고자 한 프톨레마이오스[77]의 어떤 마술의 결과로 얼마 전에야 세상에 나타났습니다. 우리는 피타고라스학파 사람인 누메니오스의 글에서 세라피스의 속성에 관해 읽게 되는데, 그는 자연이 관장하는 모든 동물과 식물의 성질을 지녔다고 합니다. 그래서 세라피스는 다이몬들을 불러내는 유사 밀교 예식과 주문을 통해, 조상彫像 제작자들에 의해서만이 아니라 마술사들과 약사들 그리고 그들의 주문에 코가 꿰인 다이몬들에 의해서도, 신으로 공경되는 것으로 보입니다.[78]

39. 우리는 이성적으로 숙고하지 않고는 아무것도 실행하지 않는 이성적이고 문명화된 인간으로서, 먹을 수 있는 것과 먹어서는 안 되는 것

---

75 참조: 플루타르코스 『도덕론』 366A; 히폴리투스 『모든 이단 반박』 5,7,23.
76 참조: 알렉산드리아의 클레멘스 『권고』 48,1-6; 플루타르코스 『도덕론』 361F.
77 프톨레마이오스 1세 소테르, 기원전 367~283년경.
78 참조: 누메니오스 『단편』 53.

을 분간해야 하며, 우연-원칙에 따라 "양이나 염소나 암소를 숭배"해서는 안 됩니다. 이 동물들은 먹지 않는 것이 통상적이니, 인간에게 큰 도움을 주기 때문입니다. 그러나 "악어"를 아끼고, 신화에나 나오는 어떤 신의 "거룩한 동물"로 여기는 것은 지독히 어리석은 짓이 아니겠습니까? 사실 우리를 소중히 여기지 않는 동물을 소중히 여기고, 인간을 삼켜 버리는 동물을 지극한 공경으로 대하는 것은 완전히 미친 증세의 하나라 하겠습니다. 그러나 켈수스는 예부터 선해 오는 관습에 따라 악어를 숭배하고 세심하게 보살피는 사람들에게 찬동하여, 그들을 비판하는 글은 전혀 쓰지 않습니다. 이와는 달리 그리스도인들은 그에게 비난해서 마땅하게 보이는 것 같습니다. 그런데 그리스도인들은 죄악을 혐오하고 죄악에서 비롯하는 일들을 멀리하며 오히려 덕을 숭상하라고 배웠으니, 덕은 하느님에게서 비롯하며 하느님의 아들이기 때문입니다. 그런데 지혜와 의로움을, 그 낱말들이 여성이기 때문에, 그 본질이 여성적이라고 생각해서는 안 됩니다.[79] 우리 견해에 따르면 지혜와 의로움은 하느님의 아들이거니와, 그분의 참된 제자가 그분에 관해 말하면서 뚜렷이 밝힌 바와 같습니다. "그리스도께서는 우리에게 하느님에게서 오는 지혜가 되시고, 의로움과 거룩함과 속량이 되셨습니다"(1코린 1,30). 그분을 우리가 "둘째 하느님"으로 부른다면,[80] 우리가 이 표현으로 가리키는 것은 바로 모든 덕을 자신 안에 품고 있는 덕과 모든 유형의 이성을 자신 안에 지니고 있는 이성이라는 것을 알아야 하거니와, 이 이성은 특정한 목적을 위해, 그리고 전체의 유익을 위해 자연 법칙

---

79 참조: 알렉산드리아의 필론 『도피와 변론』 51.

80 참조: 『켈수스 반박』 6,61; 7,57; 오리게네스 『원리론』 1,3,5. 그러나 플라톤 『티마이오스』 36b-c는 우주에 관해 말한 것이다. 참조: 유스티누스 『첫째 호교론』 13,3-4; 60,7.

에 따라 창조된 모든 개별적 존재에게 현존합니다.[81] 이 이성(로고스)이, 우리는 확언하거니와, 다른 모든 영혼과 비교할 때 특별한 방식으로 예수님 영혼 안에 계셨고, 또 그 영혼과 지극히 긴밀히 합일하셨습니다. 과연 예수님 영혼 홀로 그 절대적 이성과 절대적 지혜와 절대적 의로움을 온전히 소유하실 수 있었습니다.

40. 그런데 켈수스가 여러 가지 다른 법들에 관해 말한 다음 "핀다로스가 '법은 모든 인간의 지배자다'라고 말한 것은 마땅하다고 여겨진다"라고 덧붙이기 때문에, 우리는 이에 관해서도 따져 보고자 합니다. 나의 친우여, 그대가 "모든 인간의 지배자"라고 한 법은 무슨 법을 가리키는 것이오? 그대가 각 나라에서 통용되는 법들을 가리켜 말하는 것이라면, 그대 말은 진실이 아니니, 모든 인간이 동일한 법의 지배를 받고 있지 않기 때문이오. 그러므로 최소한 "법들이 모든 인간의 지배자들이다"라고 말해야 하오. 사실 각 민족은 자기네 고유의 법을 가지고 있고, 그 법이 모든 백성을 지배하고 있소. 그러나 그대가 "법"이라는 낱말을 본원적 의미로 이해한다면, 과연 이 법은 본질적으로 "모든 인간의 지배자"요.[82] 비록 적지 않은 사람이 강도들처럼 이 법에 복종하지 않고 법을 거역하면서 강도와 악당의 삶을 산다고 해도 그렇소. 그러나 우리 그리스도인들은 본질적으로 "모든 인간의 지배자"인 법, 하느님의 법과 동일한 이 법을 존중하며, 이 법에 따라 살려고 노력하오. 그러나 실제로는 "법이 아닌 법들"과는 영원히 결별하오.

---

81   참조: 『켈수스 반박』 4,74.
82   핀다로스의 구절에 대한 이런 해석은 이미 스토아학파 철학자 크리시포스가 보여 준 바 있다. 참조: SVF 3,314.

41. 이제 우리는 아주 적은 부분만 그리스도인들과 관련되고 대부분은 유대인들과 관련되는, 켈수스의 길고 따분한 언명도 살펴보고자 합니다. 그는 이렇게 말합니다. "이 원칙에 따라 유대인들이 자기네 고유의 법을 준수한다면, 그들은 비난받아선 안 되며, 오히려 자기네 고유의 풍속과 관습을 버리고 유대인들 것을 제것으로 삼은 자들이 훨씬 더 비난받아야 한다.[83] 그러나 유대인들이 어떤 더 숭고한 지혜를 지니고 있다고 자부한다면, 그리고 자기네만큼 정결하지 못하다고 여기는 다른 사람들과의 친교를 거부한다면, 그들은 필경 이런 이야기도 들었을 것이다.[84] 하늘에 관한 그들의 교설은 그들 특유의 것이 결코 아니고, 헤로도토스가 다음과 같이 밝혔듯이[85] ― 다른 모든 민족들은 일단 제쳐 놓고 ― 페르시아인들의 오랜 믿음이기도 하다. '페르시아인들에게서는 천계天界 전체를 제우스라고 지칭하면서, 가장 높은 산꼭대기들로 올라가 제우스에게 제사를 바치는 관습이 널리 시행되고 있다.' 내 생각엔 사람들이 제우스를 '지존자'로 부르든 '첸'이나 '아도나이'나 '사바오트'[86]로 부르든, 이집트인들처럼 '아문'으로 부르든, 스키타이인들처럼 '파파이오스'로 부르든 아무런 차이가 없다.[87] 그리고 유대인들이 할례를 받았기 때문에 다른 이들보다 더 거룩한 것도 물론 아니다. 이 관습은 이집트인들과 콜크인들이 그들보다 먼저 가지고 있었다.[88] 또한

---

83 유대교로 개종한 사람들에 대한 이민족의 혐오에 관해서는 참조: 타키투스 『역사』 5,5,1-3.
84 참조: 『켈수스 반박』 1,19-21; 5,6.
85 참조: 헤로도토스 『역사』 1,131.
86 참조: 『켈수스 반박』 1,24.
87 참조: 헤로도토스 『역사』 2,18.42; 4,59; 플루타르코스 『도덕론』 354C.
88 참조: 『켈수스 반박』 1,22.

유대인들이 돼지고기를 먹지 않기 때문에 남들보다 더 거룩한 것도 아닙니다. 이집트인들도 돼지고기를 먹지 않을 뿐더러 염소·양·소·생선도 먹지 않으며, 피타고라스와 그의 제자들은 콩과 영혼을 지닌 것은 아무것도 먹지 않는다. 유대인들이 다른 민족들보다 우선적으로 신의 은총을 누리고 신의 사랑을 받으며, 마치 그들이 일종의 지복자至福者들의 땅을 자기네 몫으로 받은 듯이, 신이 그들에게만 천사들을 보낸다는 것은 도무지 신빙성이 없다. 아무튼 우리는 그들과 그들 땅에서 무엇이 가치 있는 것으로 여겨졌는지 살펴보자.[89]

이 무리는 자신들의 오만에 대한 벌을 받았으니, 이제 물러나야 한다. 사실 이들은 위대한 신을 알지 못하며, 오히려 모세의 마술에 미혹되고 속아 넘어갔으며, 좋은 목적을 위해 그의 제자들이 된 것도 아니었다."[90]

42. 이 언명으로써 켈수스는 유대인들이 거짓되게도 모든 민족 앞에서 만유를 주재하시는 하느님이 선택하신 "몫"(신명 32,9)으로 자처한다고 노골적으로 비난합니다. 요컨대 그는 유대인들의 "오만"을 고발하는데, 그들이 "위대한 신"을 공경하지만 "알지는 못하니", "모세의 마술에 미혹되고 속아 넘어갔기" 때문이라고 하며, 또한 그들이 "좋은 목적을 위해 그의 제자들이 된 것도 아니었다"고 단언합니다. 나는 이미 앞에서 유대인들에게 하느님의 도성과 그분의 성전과 사제직과 예배와 제단의 이상적 모습이 아직 서 있었을 때 유대인들의 칭송할 만한 훌륭

---

89 참조: 『켈수스 반박』 8,69; 플라비우스 요세푸스 『유대 전쟁사』 2,125.
90 참조: 『켈수스 반박』 1,23. 이미 초기의 반反유대교 공박자들도 모세를 마술사라 불렀다(참조: 플라비우스 요세푸스 『유대 전쟁사』 2,145).

한 삶의 방식에 관해 적어도 부분적으로 이야기했습니다.[91] 누군가 율법 제정자의 의도와 그가 확립한 제도에 주목하고 유대인들의 규정들을 연구하고 또 그것들을 다른 민족들의 요즈음 삶의 태도들과 비교 검증해 보면, 그는 필경 어떤 다른 민족을 유대인들보다 더 찬탄하게 되지는 않을 것이니, 사실 유대인들은 인간이 할 수 있는 한, 인류에게 가치 없고 해로운 것은 모두 배척하고 오로지 귀중한 제도들만 넘겨주었기 때문입니다. 그래서 유대인들에게는 운동 경기, 연극, 경마도 없고, 또한 자기 씨를 헛되이 뿌려 버림으로써 인간 생식의 자연적 질서를 모독하는 남자들 아무에게나 자신의 아름다움을 파는 여자들도 없습니다(참조: 레위 19,29; 신명 23,18-19).

아주 어릴 때부터 눈에 보이는 자연 전체를 초월하라는, 하느님은 자연 안 그 어디에도 사시지 않으니 물질세계 너머에서 그분을 찾으라는 교육을 받는 유대인들의 관습이 얼마나 아름다웠던지요! 또한 태어나서 "이성을 갖춤"[92]과 함께, 영혼의 불사, "저승의 형장刑場들",[93] 선한 삶에 대한 보상에 관한 가르침을 받는 아름다운 풍속은 얼마나 훌륭했던지요! 이 진리들이 유대인 아이들에게, 그리고 성인이어도 아이의 이해력을 지니고 있는 한은, 신화적인 이야기 형식으로 전달되었습니다. 그러나 그들이 더 깊은 의미를 찾으려고 진보하기를 바라게 되면, 방편으로 사용되었던 신화스러운 이야기들은 — 이렇게 말해도 되려니와 — 그 안에 감추어져 있던 바로 그 진리로 이를테면 변환되었습니다. 아무튼 나는 유대인들은 "주님의 몫"(신명 32,9)이라는 그들의 별칭에 맞

---

91 참조: 『켈수스 반박』 4,31.
92 스토아학파의 전문용어다. 참조: 『켈수스 반박』 4,84.
93 참조: 플라톤 『파이드로스』 249a.

갖게 모든 마술을 어떤 선한 존재가 아니라 악한 다이몬들에게서 비롯하는, 인간을 현혹하는 헛된 짓거리로 경멸했고, 또한 탁월한 순수함과 바름 덕분에 만유를 주재하시는 하느님의 영을 받은 영혼들 안에서 미래에 대한 앎을 추구했다고 생각합니다.

43. 유대인들은 같은 신앙을 가진 인간을 여섯 해 이상 종으로 삼을 수 없다는 금령(참조: 탈출 21,2; 신명 15,12; 예레 41,14)이 참으로 합당하며 또 주님에게도 종에게도 의로움을 실행하는 것이라는 사실을 내가 굳이 설명할 필요가 있겠습니까? 유대인들이 "자기네 고유의 율법을 준수"하는 것은, "다른 민족들에게도 적용되는 동일한 원칙"을 따르기 때문이 아닙니다. 그러나 만일 유대인들이 자기네 율법의 탁월함을 인지하지 못하고, 율법도 다른 민족들의 법과 유사한 방식으로 기록되었다고 생각한다면, "비난을 받아야 마땅"할 것입니다. 아무튼 켈수스가 확언하지는 않지만, "유대인들은 어떤 더 숭고한 지혜를 보유"하고 있거니와, 이는 (다른 민족들의) 대중만이 아니라, 자칭 철학자들과 견주어서도 그렇습니다. 더 자세히 말하면, 그 철학자들은 칭송할 만한 철학적 견해를 펼쳐 놓지만 다시금 우상과 다이몬들 공경에 빠져드는 반면, 유대인들은 아주 하찮은 자일지라도 오로지 만유를 주재하시는 하느님께만 마음을 쏟습니다.[94] 그리고 그들이 이 점에서 "자부심을 지니며" 또 자기들 생각에 무거운 죄를 지은 무도한 자들과의 "친교를 거부"하는 것도 당연하다고 하겠습니다. 아, 그들이 율법을 거슬러 죄를 짓지 않았고, 또 앞서는 "예언자들을 죽이고" 나중에는 예수님의 목숨까지 노

---

94 참조: 『켈수스 반박』 5,35.

리지 않았더라면!(참조: 마태 23,37; 루카 13,34). 한편 우리는 하늘 나라에 관한 본보기를 지니고 있습니다. 이 나라는 플라톤도 묘사하려 시도했는데,[95] 그가 그 일을 모세와 그의 계승자들만큼 실현할 수 있었는지 나는 모르겠습니다. 아무튼 그들은 "선택된 겨레"요 하느님께 바쳐진 "거룩한 민족"(1베드 2,9)을 온갖 미신에서 벗어난 깨끗하고 바른 가르침으로 교육했습니다.

44. 그러나 켈수스가 유대인들의 칭송할 만한 법과 관습을 여느 민족들의 것과 동렬에 놓고자 하기 때문에, 우리는 이 문제도 검증하고자 합니다. 그는 "하늘에 관한 가르침"은 신에 관한 가르침과 다를 것이 전혀 없다고 믿으며, 또 "페르시아인들"도 유대인들과 비슷하게 "아주 높은 산꼭대기들로 올라가서 제우스에게 제물을 바친다"고 말합니다. 그런데 켈수스는 유대인들이 한 분 하느님만 알고 있었다는 사실, 또 오직 하나의 거룩한 기도의 집과 오직 하나의 번제 제단과 오직 하나의 훈향 제단, 그리고 오직 한 명의 대사제만 두고 있었다는 사실을 알아채지 못하고 있습니다. 요컨대 유대인들은 그 수가 여럿인 "아주 높은 산꼭대기들로 올라가" 모세 율법이 규정하는 제사들과는 전혀 비슷하지 않은 "제사를 바친" 페르시아인들과 공통점이 전혀 없습니다. 모세 율법에 따라 유대교 사제들은 "하늘에 있는 실재들의 모상이며 그림자"(히브 8,5 참조)인 제사를 바쳤으며, 그와 동시에 제사에 관한 율법의 의미와 제사가 그 상징 구실을 하는 진리들을 은밀하게 설명해 주었습니다. 페르시아인들은 "천계 전체를 제우스"라고 지칭합니다. 그러나

---

95 참조: 플라톤 『국가』 369b-372c; 427d-434c; 473c-d; 『법률』 739b-745e.

우리는 "하늘"도 "제우스"도 신이 아니라고 선언합니다. 사실 우리는 하느님보다 아주 낮은 이런저런 존재들도 있다는 것을 알고 있거니와, 이 존재들은 그래도 하늘과 모든 가시적 자연 위로 들어 올려졌습니다.[96] 그런 의미로 우리는 다음 말씀을 이해하고 있습니다. "주님을 찬양하여라, 하늘 위의 하늘아, 하늘 위에 있는 물들아. 주님의 이름을 찬양하여라"(시편 148,4-5).

45. 켈수스가 "사람들이 제우스를 '지존자'라고 부르든 '첸'이나 '아도나이'나 '사바오트'라고 부르든, 이집트인들처럼 '아문'이라고, 또는 스키타이인들처럼 '파파이오스'라고 부르든, 아무런 차이가 없다"라고 믿고 있기 때문에, 우리는 이 문제도 간략히 짚고 넘어가고자 합니다. 그러면서 동시에 우리가 앞에서[97] 켈수스의 주장 때문에 이 문제와 관련하여 언명했던 내용을 독자들에게 상기시켜 드리고자 합니다. 요컨대 지금도 우리는 이름들의 성질은, 아리스토텔레스가 생각하듯이,[98] 그 이름들을 붙인 사람들의 자의적 규정과 협정에 근거하는 게 아니라고 확언합니다. 인간이 사용하는 언어들은 그 기원이 인간에게 소급되지 않으니, 이는 주문들의 성질을 통찰할 수 있는 사람들에게 분명합니다. 주문은 그때그때의 언어의 창안자가 이름의 다양한 언어와 다양한 발음에 맞춘 것입니다. 이와 관련하여 우리는 앞에서 몇 가지를 간략히 다루면서, 본디 한 특정 언어에서 효과적으로 작용하던 낱말들이 다른 언어로 번역되면 더 이상 본래의 음으로 발설될 때와 동일한 효과를 거

---

96 오리게네스는 "하늘 위에 있는 물들"을 우의寓意(알레고리)적으로 천사들로 해석하고 있다.
97 참조: 『켈수스 반박』 1,24-25.
98 참조: 아리스토텔레스 『명제론』 2,16a.

두지 못한다고 말했습니다.[99] 이런 현상은 인간의 이름과 관련해서도 발견할 수 있습니다. 태어나면서부터 그리스어 이름을 가지고 있는 어떤 인간의 이름을 이집트나 로마 또는 다른 어떤 민족의 언어로 바꾸어 부르면, 그는 제 이름이 그리스어로 불릴 때에는 참거나 실행할 수 있는 어떤 일을 실행할 수 없게 될 것입니다. 마찬가지로 우리가 본디 라틴어 이름을 가지고 있는 사람의 이름을 그리스어로 바꾸어 부르면, 본디의 이름과 결부된 주문呪文이 약속하는 효과를 거둘 수 없게 될 것입니다.

인간의 이름과 관련된 이 말이 진실이라면, 사람들이 이런저런 이유로 하느님에게 붙인 이름들은 어떻게 여겨야 하겠습니까? 우리는 예를 들어 "아브라함"이라는 이름을 그리스어로 번역하고, "이사악"이라는 낱말을 해석하고, "야곱"이라는 말을 설명할 수 있습니다. 그리고 어떤 사람이 탄원이나 맹세를 할 때 "아브라함의 하느님, 이사악의 하느님, 야곱의 하느님"이라고 부른다면, 이 정식적 문구는 물론 이 이름들의 성질이나 힘 덕분에 일정한 효과를 거둘 수 있을 것이니, 다이몬들이 제압되어 이렇게 부른 사람에게 복종합니다. 그러나 그 사람이 "메아리의 선택된 아버지의 하느님, 큰 웃음의 하느님, 발뒤꿈치로 찌르는 자의 하느님"[100]이라고 말하면, 이렇게 발설된 이름들은 힘을 지니고 있지 못한 여느 이름들과 마찬가지로 효과를 거둘 수 없습니다. 마찬가지로 "이스라엘"이라는 이름도 그리스어나 다른 언어로 번역하면, 효

---

99 참조: 『켈수스 반박』 1,25.28-29; 이름 부름의 작용 방식들에 관해서는 오리게네스 『여호수아기 강해』 20,1 = 『필로칼리아』 12.

100 참조: 창세 21,6; 25,26; 아모 7,9; 이 어원들에 관해서는 알렉산드리아의 필론 『이름의 변천』 66.81.157.

력을 불러일으키지 못할 것입니다. 그러나 우리가 이 이름을 본래대로 보존하고, 이 분야 전문가들이 연계시켜야 한다고 믿는 다른 이름들과 연계시키면, 이 이름을 발설하는 주문呪文이 약속하는 효과를 거둘 수 있습니다. 주문에 자주 사용되는 "사바오트"라는 낱말에 관해서도 비슷한 말을 할 수 있습니다. 이 이름을 "능력들의 주님"이나 "만군의 주님"이나 "전능자"로 번역하여 발설하면 ─ 사실 번역자들은 이 이름을 다양하게 해석하고 있습니다[101] ─ 아무것도 얻지 못할 것입니다. 그러나 이 이름의 원래 음 그대로 발설한다면, 이 분야 전문가들이 제시하는 효력을 불러일으킬 것입니다. "아도나이"에 관해서도 같이 말할 수 있습니다. 이렇게 "사바오트"도 "아도나이"도 동일한 의미로 여겨지는 그리스어 낱말로 번역 발설할 경우 효과를 거둘 수 없다면, "제우스를 '히피스토스(= 지존자)'로 부르든, '첸'이나 '아도나이'나 '사바오트'라고 부르든 아무런 차이가 없다"라고 생각하는 사람들에게서는 훨씬 더, 이 이름들이 효력이나 힘을 발휘할 수 없을 것입니다!

46. 모세와 예언자들은 이런 유의 비밀스러운 진실들을 잘 알고 있었기에 "다른 신들의 이름"(탈출 23,13)을 오로지 만유를 주재하시는 하느님께만 기도하는 데 길든 입으로 발설하는 것을 금지했으며, 또한 모든 헛된 생각과 말로부터 자신을 깨끗이 지키라고 배운 마음 안에 다른 신들에 대한 기억을 담고 있는 것을 금지했습니다. 이런 이유로 우리는 제우스를 신으로 인정하느니 차라리 온갖 형태의 학대를 감수하기로 결심했습니다. 사실 우리 견해로는 "제우스"와 "사바오트"는 같지 않으

---

[101] "능력들의 주님"은 칠십인역과 테오도티온역에서, "만군의 주님"은 아퀼라역에서, "전능자"는 칠십인역에서 사용된다.

니, 제우스는 전혀 신적 존재가 아니라 오히려 한 다이몬이거니와, 자신이 "제우스"로 불리는 것을 기뻐하는 그 다이몬은 인간에게도 참하느님에게도 우호적이 아닙니다. 또한 "이집트인들"이 처벌로 위협하며 우리에게 "아문"을 신으로 경배하라고 들이민다 해도, 우리는 "아문"을 신으로 고백하느니 차라리 죽을 것입니다("아문"이라는 이름은 이 다이몬을 불러내는 이런저런 이집트 주문에서 사용되고 있습니다). 또한 "스키타이인들"이 "파파이오스"가 만유를 주재하는 신이라고 주장하더라도, 우리는 그들의 말을 믿지 않습니다. 우리 역시 만유를 주재하시는 하느님을 존숭하지만, "파파이오스"가 마치 그분의 원래 이름인 듯, 하느님을 "파파이오스"라고 부르지는 않습니다. 사실 이 이름은 스키타이의 황량한 땅과 그 민족과 언어를 제 몫으로 얻은 그 다이몬의 마음에 들 것입니다. 그러나 어떤 사람이 하느님을, 이집트나 스키타이나 그 밖의 어떤 나라의 언어에서 하느님 이름에 상응하는 보통명사로 부른다면, 죄가 되지 않습니다.

47. 한편 "할례"에 관해 말하자면, 유대인들의 할례는 "이집트인들"이나 "콜크인들"의 할례와 그 시행 이유가 같지 않습니다. 그러므로 다 똑같은 할례로 여기면 안 됩니다. 마찬가지로 제사를 드리는 사람들이, 동일한 방식으로 제사를 드리는 듯 보여도, 동일한 신에게 제사를 드리는 것은 아니며, 기도하는 사람들 역시, 기도 내용은 같더라도, 동일한 신에게 기도하는 것이 아닙니다. 마찬가지로 어떤 사람이 받는 할례와 다른 어떤 사람이 받는 할례가 차이가 없다고 생각하는 것은 잘못입니다. 사실 목적, (율)법 그리고 할례를 베푸는 사람의 의도에 따라 할례 행위의 성격이 바뀝니다.[102] 지금 다루는 주제를 더 잘 이해할 수 있게

하기 위해, "정의"라는 낱말은 모든 그리스인에게 동일하지만, 에피쿠로스의 정의는 영혼의 삼분三分을 부인하는 스토아학파 사람들의 정의와 다르고, 정의의 본질은 영혼 각 부분의 고유한 행위에 있다고 주장하는 플라톤 추종자들의 정의와도 다르다는 사실을 말해 두어야 하겠습니다. 용기 또한, 더 큰 고통을 피하기 위해 고통을 견뎌 내는 에피쿠로스의 용기는 모든 덕을 그 자체를 위해 추구하는 스토아학파 사람들의 용기와 다르며, 용기는 영혼의 대담한 부분의 덕이고 용기의 소재지는 흉곽이라고 주장하는 플라톤학파의 용기와도 다릅니다. 마찬가지로 할례 역시 할례 받는 인간들의 서로 다른 가르침에 따라 저마다 다릅니다. 그런데 이 주제를 이 책에서 상세히 다룰 필요는 없습니다. 우리가 이런 견해를 품게 된 이유를 알고 싶은 사람은, 바오로가 로마인들에게 보낸 편지에 대한 우리의 주해를 읽어 보면 되겠습니다.[103]

48. 그런데 유대인들이 자기네 할례를 자랑스러워한다면, 그들은 그 할례를 "이집트인들"과 "콜크인들"의 할례뿐 아니라, 이스마엘-아라비아인들[104] ─ 이스마엘은 이 아라비아인들의 원시조인 아브라함의 아들이며, 그와 함께 할례를 받았습니다(창세 17,23-27 참조) ─ 의 할례와도 구별할 것입니다. 유대인들은 사내아이가 태어난 지 여드레째 되는 날 할례를 받아야 올바르며(레위 12,3 참조), 여드레째에 베풀어지지 않는 다른 할례들은 단지 우연한 상황에서 생겨난 관습이라고 설명합니다. 아

---

102 참조: 오리게네스 『예레미야서 강해』 5,14.
103 오리게네스 『로마서 주해』 2,12-13은 이 대목에 대해 이야기하지 않는다. 어쩌면 번역자인 루피누스가 이 본문을 빼 버렸는지도 모르겠다.
104 참조: 플라비우스 요세푸스 『유대 고대사』 1,214.

마도 할례는 유대 민족에게 적대적이던 한 천사 때문에 시행된 것 같으니, 이 천사는 유대인들 가운데 할례를 받지 않은 이들은 해칠 수 있었으나, 할례 받은 이들에겐 무력했습니다. 이 사실은 모세의 아들 엘리에제르가 할례를 받기 전에는 천사가 모세를 공격할 수 있었으나, 그에게 할례를 베풀고 나자 모세를 적대하는 힘을 더는 지니지 못했다는 탈출기의 대목(탈출 4,24-26 참조)이 밝혀 준다고 하겠습니다. 이런 사실을 알고 치포라는 날카로운 돌로 제 아들에게 할례를 베풀 것입니다. 그런데 수사본들[105]의 이 대목 본문은 통상 "제 아들의 할례의 피는 멈추었습니다"로 되어 있지만, 히브리어 본문은 "나에게 당신은 피의 신랑입니다"로 되어 있습니다. 요컨대 그녀는 출혈 전에는 강력하지만 할례의 피 때문에 힘을 잃은 이 천사에 관하여 알고 있었고, 그래서 모세에게 "나에게 당신은 피의 신랑입니다"라고 말했던 것입니다.

이런 일들에 관한 검토는 사실 불필요하고 또 대중이 듣기에는 적절치 않은 것 같으니, 이 정도로 마무리하겠습니다. 그러나 다음 주제로 넘어가기 전에, 그리스도인이 알아야 할 것 한 가지만 덧붙이겠습니다. 내가 보기에, 이 천사는 유대 민족 가운데 할례 받지 않은 이들을 적대하는, 또 그로써 오직 창조주만 섬겼던 이들을 전반적으로 적대하는 권세를 지니고 있었고, 또 예수님이 인간의 몸을 취하시지 않은 한, 그 힘을 보유하고 있었습니다. 그러나 예수님이 인간 몸을 취하시고 그 몸에 할례가 베풀어지자(루카 2,21 참조), 이 종교의 할례 받지 않은 이들을 적대하던 그 천사는 모든 권세를 잃었습니다. 이를테면 당신의 형언할 길 없는 신성으로 예수님께서 그 천사를 파멸시키신 것입니다. 그런 까닭

---

105 칠십인역 수사본들을 말한다.

에 그분 제자들에게는 할례 받는 것이 금지되었으니, 성경은 그들에게 이렇게 말합니다. "만일 여러분이 할례를 받는다면, 그리스도는 여러분에게 아무 소용이 없을 것입니다"(갈라 5,2).

49. 그 밖에 유대인들은 "돼지고기 먹지 않는" 것을 자랑스러워한다는데, 그들이 돼지고기 먹지 않는 것은 그것이 무슨 대단한 일이기 때문이 아니라, 정결한 동물들과 부정한 동물들의 자연적 차이를 배웠고 또 그 이유를 알기 때문이며, 돼지가 부정한 동물로 분류되기 때문입니다. 이런 일은, 예수님께서 오실 때까지는, 어떤 진리의 상징이었습니다. 그후 그런 금지 규정의 의미를 이해하지 못하는 그분의 한 제자가 "저는 무엇이든 속된 것이나 더러운 것은 한 번도 먹지 않았습니다"라고 말했을 때, 그에게 이런 대답이 내렸습니다. "하느님께서 깨끗하게 만드신 것을 속되다고 하지 마라"(사도 10,14-15). 그러므로 "이집트" 사제들이 "돼지만이 아니라 염소, 양, 소, 생선도 먹지 않는" 것은 유대인들이나 우리와는 아무 관계가 없습니다. 아무튼 "입으로 들어가는 것이 사람을 더럽히지 않으며"(마태 15,11) 또 "음식이 우리를 하느님께 가까이 데려다 주지 않기"(1코린 8,8) 때문에, 우리는 금욕과 절제를 자랑하지도 않고, 또 식도락과 포식을 즐기지도 않습니다. 그러므로 우리로서는 그냥 "피타고라스 추종자들"은 계속하여 기꺼이 "영혼을 지닌 존재들은 아무것도" 먹지 말라고 하겠습니다. 그러나 그들이 영혼 지닌 존재를 먹지 않는 이유와 우리 금욕가들이 먹지 않는 이유가 서로 다르다는 사실에 유의해야 합니다.[106] 저들은 영혼이 한 몸에서 다른 몸으로 이

106　참조: 『켈수스 반박』 7,48; 8,31.

전한다는 신화 때문에, 영혼 지닌 존재를 먹지 않습니다. 사실 누가 "봉헌 기도 바치며 제단에서 제 아들을 도살하는, 저 멍청이"[107]가 되려 하겠습니까? 그러나 우리가 금욕을 실행하는 것은, "몸을 단련하여 복종시키고"(1코린 9,27) "현세적인 것들, 곧 불륜, 더러움, 욕정, 나쁜 욕망, 탐욕"(콜로 3,5)을 죽이기 위해서입니다. 우리는 "몸의 행실"(로마 8,13)을 죽이기 위해 이 모든 것을 실행합니다.

50. 켈수스는 계속하여 유대인들에 관해 말합니다. "그들이 다른 민족들보다 우선적으로 신의 은총을 누리고 신의 사랑을 받으며, 마치 그들이 일종의 지복자들의 땅을 자기네 몫으로 받은 듯이, 신이 그들에게만 천사를 보낸다는 것은 도무지 신빙성이 없다. 아무튼 우리는 그들과 그들 땅에서 무엇이 가치 있는 것으로 여겨졌는지 살펴보자." 이 말도 우리는 반박하고자 합니다. 이 민족은 실제로 "하느님의 은총을 누렸으니", 이는 우리 신앙과 거리가 먼 인간들도 만유를 주재하시는 하느님을 "히브리인들의 하느님"이라고 부른다는 사실에서 미루어 알 수 있습니다.[108] 유대인들은 하느님 은총을 과분하게 누렸기에, 하느님께 완전히 버림받지는 않았으며, 지금도 비록 그 수는 미미하지만, 어쨌든 여전히 하느님의 보호를 받고 있습니다. 그래서 유대인들은 마케도니아의 알렉산더 임금 치세에도, 특정한 계약과 맹세 때문에 페르시아의 다리우스 임금을 거슬러 무기 들기를 거부했는데도, 마케도니아에게 아무런 해를 입지 않았습니다. 당시 사제 예복으로 차려 입은 유

---

107 엠페도클레스 『단편』 B 137. 참조: 『켈수스 반박』 3,75; 4,17; 5,29.
108 참조: 『켈수스 반박』 4,34.

대교 대사제를 알렉산더가 격식을 갖추어 환영했다고 하거니와, 알렉산더가 설명하기를 자신이 꿈에 바로 그런 예복을 입은 어떤 사람을 보았는데, 그가 자신이 아시아 전체를 정복하게 되리라고 예언했다고 합니다.[109] 그러나 이제 우리 그리스도인들은 이렇게 말합니다. "다른 민족들보다 우선적으로 하느님 은총을 누리고 그분 사랑을 받는" 영예는 당시 유대인들에게 유별난 정도로 베풀어졌으나, 이제 이 하느님의 보살핌과 은총은, 예수님께서 유대인들 가운데에서 힘차게 작용하던 당신 권능을 이민족들 가운데서 당신을 믿게 된 이들에게 맡기신 이후, 우리에게 넘겨졌습니다. 그런 까닭에 로마인들이 그리스도인들의 존립을 저지하려고 온갖 계획을 추진했으나, 목적을 이루지 못했습니다. 왜냐하면 하느님의 손이 그리스도인들을 보호하기 위해 싸우셨고, 또한 당신 말씀을 유대아의 땅 한 구석으로부터[110] 온 인류에게 전파하고자 하셨기 때문입니다.

51. 우리는 켈수스가 유대인들과 그들의 가르침을 거슬러 제기한 비난에 우리 능력껏 응수를 했기에, 모든 것을 차례로 면밀히 살펴본 지금, 다음과 같이 결론짓고자 합니다. 우리가 "위대하신 하느님을 안다"고 언명한다고 해서 "오만"한 것이 아니며, 또한 우리는 켈수스의 생각처럼 "모세"나 우리 구원자 예수님의 "마술에 미혹"된 것도 아닙니다. 오히려 우리는 "좋은 목적을 위해", 모세가 전하는 하느님 말씀을 경청하며, 또 모세가 하느님으로 증언한 예수님을 하느님 아들로 받아들입니

---

109 참조: 플라비우스 요세푸스 『유대 고대사』 11,331-335.
110 참조: 『켈수스 반박』 4,26; 7,68.

다. 동시에 우리는 그분의 가르침에 따라 살면 영광스러운 보상을 받으리라 희망하고 있습니다.

우리는 우리가 "어디에서 오는가", "우리의 창시자는 누구인가", 그분이 주신 "법"은 어떤 것인가를 명시하면서 이미 했던 말[111]을 굳이 다시 거론하지는 않겠습니다. 그리고 켈수스가 그리스도인들은 "염소, 양, 악어, 소, 하마, 개머리원숭이[112]나 족제비를 숭배하는 이집트인들과 다를 게 없다"라고 주장한다면, 그와 그의 동지들은 그냥 계속 줄기차게 그렇게 주장하라고 하십시오. 아무튼 우리는 앞에서 우리 능력껏 상세한 논증을 통해, 우리가 예수님을 지극히 공경하는 까닭을 변론했고, 또한 다른 데에서는 그분에게서보다 더 훌륭한 것을 발견하지 못했다는 사실도 분명히 밝혔습니다. 그리고 우리가 오류가 전혀 섞이지 않은 순수하고 올바른 진리를 오로지 예수님의 가르침 안에 보유하고 있다고 언명하더라도, 우리 자신을 들어 높이는 게 아니라 우리 스승님을 들어 높이는 것이니, 그분에 관해서는 만유를 주재하시는 하느님께서 친히 여러 가지 방식으로 증언해 주셨고, 또 유대인 가운데서 활동한 예언자들의 말과 사건들 자체도 증언을 해 주었습니다. 과연 예수님께서 하느님의 도우심 없이는 그런 위대한 일을 이루실 수 없었으리라는 것은 실로 명백합니다.

52. 이제 우리는 켈수스의 다음 언명을 검증하고자 합니다. "우리는 그들 스승에 관한 그들의 언설을 충분히 논박할 수 있지만, 일단 모두 제

---

111 참조: 『켈수스 반박』 5,33.
112 생긴 모양 때문에 그렇게 불린 원숭이의 일종이다. 참조: 아리스토텔레스 『동물지』 2,8, 502a. 개 머리 또는 재칼 머리의 아누비스를 가리키는 것 같지는 않다.

처 놓고, 그가 참으로 한 사자(천사)였다고 인정하기로 한다. 그런데 그가 최초의 그리고 유일한 사자로서 (이 세상에) 왔는가, 아니면 그에 앞서 다른 사자들도 왔는가? 만일 그가 유일한 사자였다고 그들이 대답한다면, 그들의 거짓말과 자가당착이 입증된다고 하겠다. 왜냐하면 그들은 다른 사자들도 자주 왔었다고, 심지어는 한꺼번에 60명이나 70명도 왔었다고 주장하기 때문이다. 그런데 그들은 악하게 되었고, 그래서 벌을 받아 사슬에 묶여 땅 아래로 내던져졌다고 한다. 그래서 그 천사들의 눈물로 온천들이 생겨났다는 것이다.[113] 그리고 바로 이 사자(곧 예수)의 무덤에 천사들 — 어떤 이들은 한 명이라고 하고(참조: 마태 28,2; 마르 16,5), 다른 이들은 두 명이라고 한다(참조: 루카 24,4; 요한 20,12) — 이 내려와서는, 여인들에게 그가 부활했다고 대답했다고 한다. 그런데 신의 아들이 무덤을 스스로 열지 못했고, 바윗덩어리를 치워 줄 다른 사람이 필요했던 것 같다. 그 밖에 또 한 천사도 그 목수에게 가서, 마리아의 임신을 해명해 주었고(마태 1,20 참조), 또 다른 천사는 그에게 아기를 위험에서 구하게 도망가라고 재촉했다(마태 2,13 참조). 그런데 무엇 때문에 이 모든 일을 면밀히 점검하고 또 모세와 그 밖의 사람들에게 파견된 천사들 수를 헤아려야 하는가? 아무튼 다른 사자들도 파견되었다면, 이 사자 역시 동일한 신에게서 왔다는 것은 분명하다. 이 사자가 더 중요한 사명을 지녔던 것으로 여겨지니, 유대인들이 악하게 처신하고 신앙을 변질시키고 무도한 짓을 저질렀기 때문이다. 과연 이런 일들이 모호한 말 속에 암시되어 있다."

---

113   참조: (에티오피아어) 에녹서 10,12.13; 69,27; 『켈수스 반박』 5,54.55.

53. 켈수스의 이 주장에 대해서는, 내가 앞에서[114] 우리 구원자 예수 그리스도에 관해 각별히 상론하면서 했던 언명들이 충분한 반박이 될 것입니다. 그러나 그에게 전혀 응수할 수 없기 때문에 그의 책 이런저런 대목을 그냥 건너뛰고자 한다는 인상을 주지 않기 위해, 다시 반복하는 수고를 무릅쓰고, 켈수스의 도발에 대해 간략히 대꾸하고자 합니다. 동일한 주제를 다시 다루다 보면, 더 명확한 표상이나 새로운 측면이 드러날 수도 있을 것입니다. 아무튼 켈수스는 우선 자신이 "그들의 스승에 관한 그리스도인들의 언설을 충분히 반박할 수 있지만, 일단 모두 제쳐 놓았다"라고 말하지만, 실제로는 그가 말할 수 있는 것은 아무것도 제쳐 놓지 않았으니, 이 사실은 그가 저 앞에서 한 이런저런 언명에서 분명히 드러납니다. 그런즉, "제쳐 놓았다"라는 말은 수사학자들이 사용하는 공허한 상투어에 지나지 않습니다.[115] 우리의 지극히 숭고하신 구원자에 관한 우리의 언설은 "반박"되지 않는다는 것은, 우리를 비방하는 자들은 "반박"한다고 생각하더라도, 그분에 관한 모든 예언과 기록을 진리에 대한 사랑을 지니고 면밀히 검증하며 읽는 사람들 모두에게는 명확한 사실입니다.

그런데 켈수스가 이어서 구원자에 관해 "우리는 그가 참으로 한 사자였다고 인정하기로 한다"라고 말하면서 일단 시인을 하기 때문에, 이렇게 대답하겠습니다. 이 말을 우리는 받아들이니, 켈수스의 시인이 중요하기 때문이 아니라, 우리가 예수님의 업적을 잘 알기 때문입니다. 그분은 당신 말씀과 가르침을 가지고 온 인류를 찾아오셨거니와, 이 사

---

114 참조:『켈수스 반박』1,6.26.27.29-31.66-70; 2,9-11.23-25.32-37.40-43.59-70.73.79.
115 참조:『켈수스 반박』2,13; 3,78.

실은 당신을 받아들인 사람은 누구나 파악할 수 있었습니다. 예수님의 업적은 그분에 관한 예언의 표현에 따르면, 그저 한 "천사"의 업적이 아니라, "위대한 결의의 천사"의 업적이었습니다. 과연 그분은 온 우주의 아버지이신 하느님께서 인간을 위해 품으신 "위대한 결의"(이사 9,6 참조)를 그들에게 선포하셨습니다. 순수하고 바른 하느님 공경 안에서 살아가기로 기꺼이 마음먹은 사람은 자신의 위대한 행위를 통해 하느님께로 들어 올려지는 반면, 구원자를 받아들이지 않고 스스로 하느님을 멀리하는 자는 자신의 불신앙을 통해 멸망으로 나아갑니다(마태 7,13 참조).

켈수스는 계속 말합니다. "이 사자"가 인간들에게 왔다는데, 그가 "최초이자 유일한 사자인가, 아니면 그에 앞서 다른 사자들도 왔는가?" 그리고 그는 이 두 가지 경우 다 상세한 논증을 통해 반박할 수 있다고 믿고 있습니다. 그러나 참그리스도인이라면 누구도 그리스도께서 인류를 찾아온 "유일한 분"이라고 주장하지 않습니다. 그런데도 켈수스는, 마치 그리스도인들이 그렇게 주장한다는 듯이, "다른 천사들"도 인간들에게 나타났었다고 말합니다.

54. 이어서 켈수스는 아주 제 마음대로 스스로 대답합니다. "사람들은 말하기를, 그가 인류를 찾아온 유일한 존재는 아니라고 한다. 또한 예수의 가르침을 구실로 내세워 창조신을 좀 하찮은 존재로 여기고는, 그 신을 버리고 예수의 아버지인 더 숭고한 신에게로 옮겨 간 자들[116] 역시, 예수에 앞서 몇몇 존재가 창조신에 의해 파견되어 인류에게 찾아왔다고 주장한다." 우리는 이 주제를 진리에 대한 사랑으로 철저히 검

---

116 마르키온파를 가리킨다. 참조: 『켈수스 반박』 5,62; 6,74; 7,18.

증했기 때문에 이렇게 말하겠습니다. 한 이단 분파의 창시자가 되었고 또 유대인들의 성경을 신화로 간주했던 마르키온의 유명한 제자 아펠레스가 "예수님이 인류를 찾아오신 유일한 분이다"라고 주장하고 있습니다. 그러나 예수님이 하느님에 의해 파견되어 인류를 찾아오신 유일한 분이라고 주장하는 그 남자를 켈수스는, 자신은 "다른 존재들도 인간들에게 찾아왔었다"라고 말하면서도, 전혀 비난하지 않는 듯하니, 우리가 앞에서 말했듯이, 그 남자가 기적적인 이야기들이 많이 포함된 유대인들의 성경을 믿지 않기 때문인 것 같습니다. 그런데 그 남자는 켈수스가 이해하지는 못하면서도 인용한 듯 보이는 에녹서의 언명에는 더욱이나 동의하지 않을 것입니다. 아무튼 누구도 마치 우리가 한편으로는 우리 구원자께서 인류에게 오신 "유일한 분"이시라고 말하고, 다른 한편으로는 그분은 "많은 다른 존재들"이 자주 온 이후에 오셨다고도 말하면서, 오류나 자기모순에 빠져 있다고 입증하지는 못할 것입니다. 켈수스는 천사들이 인간들을 찾아왔던 일에 관해 조사하다가 생각이 뒤죽박죽이 되어, 에녹서의 불분명한 인용구를 제시하고 있습니다. 그는 그 구절을 직접 읽어 보지도 않은 듯하며 또 "에녹서"라는 제목의 책을 교회 공동체들은 전혀 거룩한 책으로 여기지 않는다는 사실도 모르는 것 같습니다.[117] 아무튼 켈수스는 "한꺼번에 60명이나 70명의 천사들이 이 세상으로 내려왔고" 이들이 나중에 "악하게 되었다"라는 주장도 필경 그 책에서 끄집어낸 듯합니다.

---

117 여기에서 오리게네스는 논쟁적 의도에서 이 책이 정경성이 부족함을 강조하는데, 다른 저작에서는 정경성에 관해 논란이 분분하다는 사실에 주의를 환기시키면서 신중하게 논증을 전개한다.

55. 그러나 우리는 켈수스에게, 그는 모르고 있는 창세기 말씀에 따르면 "하느님의 아들들은 사람의 딸들이 아름다운 것을 보고, 여자들을 골라 모두 아내로 삼았다"(창세 6,2)는 것을 싹싹하게 시인하고자 합니다. 그러나 다른 한편으로 우리는 이 문제에서도, 예언자의 의도를 이해할 수 있는 사람들에게, 우리 선배들 가운데 한 사람도 이 말씀을 영혼들에 관한 가르침과 관련시켜 해석했다는 사실을 밝혀 두고자 합니다. 그 선배는 우의적 해석을 하면서 주장하기를, 이 영혼들은 인간의 몸속에서 살고 싶은 갈망을 느꼈는데, 이것이 "인간의 딸들"과의 혼인으로 상징적으로 표현되었다는 것입니다.[118] 그런데 "인간의 딸들"을 갈망했던 "하느님의 아들들"에 관한 이 구절을 어찌 해석하든 간에, 이 구절이 "예수는 신의 사자로서 인간들을 찾아온 유일한 존재가 아니다"라는 켈수스의 주장을 뒷받침해 주는 것은 아무것도 없습니다. 아무튼 예수님은 차고 넘치는 죄악의 홍수에서 벗어나고자 하는 모든 인간의 구원자요 은인이심이 분명히 입증되었습니다.

이어서 켈수스는 언젠가 주워들었거나 어딘가에서 읽은 것들을 ― 그리스도인들이 거룩한 가르침으로 여기는 것인지 아닌지 관계없이 ― 몽땅 끌어모으고 뒤섞어서는, "한꺼번에 60명이나 70명의 천사들이 내려왔는데, 벌을 받아 사슬에 묶여 땅 아래로 내던져졌다"고 주장합니다. 그리고는 출전은 밝히지 않은 채 "천사들의 눈물로 온천들이 생겨났다"는 에녹서 구절을 인용합니다. 그런데 이런 일은 하느님의 교회에서는 말하지도 않고 들어 보지도 못한 것입니다. 사실 하늘에서 내려온 천사들이 인간의 눈물과 같은 실체적 눈물을 흘린다는 터무니없

---

[118] 참조: 알렉산드리아의 필론 『거인』 6-18; 오리게네스 『요한 복음 주해』 6,217.

는 생각은 아무도 하지 않을 것입니다. 켈수스가 아주 심각하게 우리를 거슬러 제기한 비난에 농담조로 대꾸해도 된다면, 이렇게 말하겠습니다. 보통 단물이 흐르는 온천이 천사들의 눈물에서 생겨났다고 주장할 사람은 아무도 없을 것이니, 눈물이란 본래 짭짤하기 때문입니다 ― 켈수스의 천사들은 달짝지근한 눈물을 흘리는지 모르겠습니다만.[119]

56. 그런 다음 켈수스는 서로 조화되지 않는 것들을 뒤쉬고, 서로 비교할 수 없는 것들을 비교합니다. "60, 70명의 천사들"과 그 천사들의 눈물에서 생겨난 "온천들"에 관한 말에 이어, 켈수스는 "예수 자신의 무덤에도 천사들이 내려왔는데, 어떤 이들은 둘이었다고 하고, 다른 이들은 하나뿐이었다고 한다"라고 덧붙입니다. 마태오와 마르코는 천사가 한 명이었다고 보고하고, 루카와 요한은 두 명이었다고 보고하는데, 이것이 모순은 아니라는 사실에 켈수스는 유의하지 않았다고 나는 생각합니다. 사실 천사가 한 명뿐이었다고 보고한 이들은 "한 천사"가 무덤에서 "돌을 굴려서 옮겼다" 하고(참조: 마태 28,2; 마르 16,4) 말하고, 천사가 두 명이었다고 보고한 이들은 여인들이 무덤에 이르렀을 때 "눈부시게 차려입은 두 명"이 그들에게 나타났다고(루카 24,4 참조), 또는 무덤 안에 "하얀 옷을 입은 두 천사가 앉아 있는" 것이 보였다고(요한 20,12 참조) 말합니다. 이제 다음과 같이 말해도 될 것입니다. 이 천사 발현들은 각각 역사적 사실이면서도 진리들을 암시하는 우의적 의미를 담고 있거니와, 이 진리들은 주님 부활을 깊이 성찰할 마음가짐이 되어 있는 사람들에게 환히 드러날 것입니다. 그러나 이것은 지금 우리의 검증과 관련

---

119 참조: 이레네우스 『이단 반박』 1,4,2-4; 테르툴리아누스 『발렌티누스파 반박』 15.

된 주제라기보다 복음서 주석과 관련되는 주제라고 하겠습니다.

57. 사람들이 때때로 놀라운 환영을 본다는 사실은 그리스 저자들도 보고하고 있는데, 신화 같은 이야기를 꾸며 낸다고 의심받을 만한 사람만이 아니라, 여러 면에서 진정한 철학자임이 입증된, 또 자신이 겪은 일을 진실되게 이야기하는 사람들도 그렇게 보고하고 있습니다. 그런 이야기들을 우리는 솔로이의 크리시포스의 글에서, 또 피타고라스 그리고 최근의 저자들 책에서도 읽어 볼 수 있으니, 예를 들어 카이로네아의 플루타르코스의 논설 『영혼론』[120]과 피타고라스학파 사람 누메니오스의 두 번째 저작 『영혼 불사』[121] 같은 것들입니다. 그리스인들, 특히 철학자들이 그런 일을 이야기하면, 그들의 말은 조롱과 비웃음을 받지 않고 꾸며 낸 이야기나 신화로 간주되지도 않습니다.[122] 그렇다면 온 우주의 하느님을 섬기고 또 자기 하느님에 관해 결코 거짓말을 하지 않기 위해, 온갖 치욕과 학대, 아니 죽음조차도 감수하는 사람들이 목격 증인으로서 천사들 발현을 언명하면, 그 발현을 신빙성 있는 것으로 판단하고 또 그들의 언명을 진실된 것으로 여겨야 마땅하지 않겠습니까?

어떤 사람이 진실을 말하는지 아니면 거짓말을 하는지를 너무 단순하게 판단하는 것은 분별없는 짓입니다. 확실한 결과를 얻고자 애쓰는 사람들은 모든 문제에 대한 오랜 기간에 걸친 엄정한 탐구와 검증 이후에야 비로소 신중하고 조심스럽게, 놀라운 일들에 관해 보고하는 저자들 가운데 누가 진실을 말하고 누가 거짓말을 하는지에 대한 판단을 내

120　참조: 에우세비우스 『복음의 준비』 11,36,1.
121　참조: 누메니오스 『단편』 29.
122　참조: 『켈수스 반박』 3,27.

립니다. 요컨대 우리는 사람들의 보고가 모두 신빙성이 있다고 입증할 수도 없고, 또 그들이 모두 꾸며 낸 신화 같은 이야기를 보고했다고 명확히 밝혀낼 수도 없습니다. 아무튼 죽은 이들 가운데에서 예수님의 부활과 관련하여, 덧붙여 말해 놓아야 마땅한 것은 당시 한 천사 또는 둘째 천사가 나타나 예수님께서 부활하셨고, 자기 구원을 위해 그 기적을 믿는 사람들을 보살피신다고 선포했다는 것은 놀라운 일이 아니라는 것입니다. 예수님의 부활을 믿고 또 자기 믿음의 중요한 결실로서 윤리적으로 건전한 삶과 온갖 죄악과의 결별을 뚜렷이 실증하는 이들이, 천사들이 언제나 옆에 있으면서 그들이 하느님께 나아가는 것을 도와준다고 생각하는 것은 비이성적이 아니라고 나는 생각합니다.

58. 켈수스는 "한 천사"가 예수님 시신이 누워 있는 "무덤에서 돌을 굴려 옮겼다"(참조: 마태 28,2; 마르 16,4)는 성경 말씀도 공박합니다. 여기서 그는 학교에서 정해진 형식에 따라 누군가를 고발해 보라는 과제를 받은 소년처럼 처신하고 있으니, 성경을 공박할 맞춤한 논거나 찾아낸 듯 이렇게 말합니다. "신의 아들이 무덤을 스스로 열지 못했고, 바윗덩어리를 치워 줄 다른 사람이 필요했던 것 같다." 나는 이 구절을 숙고하느라 쓸데없이 시간을 허비하지 않기 위해, 그리고 지금 적절하지 않은 시점에 우의적 해석을 함으로써 이 문제에서 철학자 흉내를 낸다는 인상을 주지 않기 위해, 단지 이 이야기 자체에만 관심을 기울이겠습니다. 신분이 낮은 사람이나 종이 "돌을 굴려 옮기는" 편이, 인간들의 구원을 위해 부활하신 분 자신이 직접 하시는 것보다 애당초 더 합당하다고 여겨집니다. 나는, 로고스(말씀)를 추적하여 살해했으며 또 그분이 죽었고 파멸되었음을 온 세상에 보여 주고자 했던 자들이 로고스께서 여전히

살아 계시다는 것을 아무도 인지하지 못하도록, 그분 무덤이 열리는 것을 결코 바라지 않았다고 말하려는 것이 아닙니다. 아무튼 인간들의 구원을 위해 이 세상에 오신 하느님의 사자께서는 당신 적들보다 강력하셨으니, 천사의 도움으로 무거운 바윗돌을 굴려 치우셨습니다. 이는 로고스께서 돌아가셨다고 생각했던 인간들이 그분은 "죽은 이들 가운데에 계시지 않고 살아 계시며"(루카 24,5 참조), 당신을 따르고자 하는 사람들을 "앞장 서 가신다"(마태 28,7; 참조: 마르 16,7)는 확신을 얻게 하시려는 것이었습니다. 그분은 그 사람들에게 전에도 진리를 밝혀 주셨으나, 이제는 더욱더 밝혀 주실 터이니, 이들이 숭고한 진리들에 관한 가르침을 처음 받았을 때에는 아직 온전히 수용할 능력이 없었기 때문입니다.

이어서 켈수스는, 무슨 이유에선지 모르겠으나, 그의 의도에 무슨 도움이 되는지도 모르겠으나 아무튼, "한 천사가 그 목수에게 가서, 마리아의 임신을 해명해 주었다"라고, 또 "갓난아기를 죽음의 위험에서 구하게 이집트로 도망가라고 부모에게 재촉했다"라고 덧붙여 말합니다. 이와 관련해서도 우리는 이미 앞에서[123] 켈수스의 주장을 반박했습니다. 그런데 "성경의 보고에 따르면 모세와 그 밖의 사람들에게도 천사들이 파견되었다"라는 언명으로 켈수스가 의도하는 것은 무엇일까요? 내가 보기에 이 언명은 켈수스의 의도에 전혀 도움이 되지 않으니, 무엇보다도 그 천사들 가운데 누구도 인류가 힘을 다해 자기네 죄에서 돌아서도록, 그들을 위해 싸우지 않았기 때문입니다. 아무튼 우리는 "다른 천사들도 하느님에 의해 파견되었다"는 것, "예수님은 더 중요한 사명을 지니고 계셨다"는 것 그리고 "유대인들이 악하게 처신하고 신앙

---

123 참조: 『켈수스 반박』 1,34-38.

을 변질시키고 무도한 짓을 저질렀다"는 것, 그래서 "하느님께서 하느님 나라를 다른 소작인들에게 넘겨주셨다"(마태 21,43.41 참조)는 것을 고백하고자 합니다. 이 "다른 소작인들"은 곳곳의 하느님 공동체에서 자신의 영혼 구원을 보살피며, 또한 예수님의 가르침을 바탕으로, 깨끗하고 바른 삶을 통해 그리고 삶과 일치하는 말을 통해, 다른 사람들도 삼라만상의 하느님께로 이끌어 가기 위해 할 수 있는 모든 일을 합니다.

59. 이어서 켈수스는 "요컨대 유대인들과 이 사람들(곧 그리스도인들)은 동일한 신을 가지고 있다"고 말하고는, 마치 결론을 지으려는 듯이 — 그런데 사람들은 아마 인정하지 않을 것입니다 — 이렇게 덧붙입니다. "이 사실을 대大교회 구성원들은 명확히 고백하며, 또 유대인들에게 친숙한 세계 생성에 관한 표상들도 진실로 받아들이니, 이를테면 엿새에 관한, 그리고 신이 자기 관측소[124]로 물러나면서 휴식했던 일곱째 날(창세 2,2-3 참조)에 관한 표상들이다." 성경의 정확한 표현에 유의하지 않고 또 이해하지도 못하는 켈수스는 "휴식했다"라고 말하는데, 성경의 해당 구절에는 이 낱말이 쓰이지 않았습니다. 아무튼 창조와 그것에 이어지는, 하느님 백성을 위해 예비된 "안식일 휴식"(히브 4,9 참조)은 "많은 말을 해야 하는" 신비스럽고 심오하고 "설명하기 어려운" 소재들을 제공한다고 하겠습니다(히브 5,11 참조).

그런 다음 켈수스는, 내가 보기에, 자기 책을 가득 채워 아주 방대하게 만들려는 의도로 되는 대로 몇 가지를 부언하는 것 같습니다. 예를 들면 "최초의 인간"에 관해 그는 "최초의 인간은 그리스도인들과 유대

124　참조: 플라톤 『정치』 272e.

인들에게서 동일하며, 그의 혈통으로부터 동일한 계보가 생성되어 나왔다"라고 말합니다. 그러나 "형제들의 상호 획책"에 관해 우리는 전혀 모릅니다. 다만 카인이 아벨을 거슬러(창세 4,8 참조), 그리고 에사우가 야곱을 거슬러 "획책"했다는 것만 알고 있습니다(창세 27,41 참조). 사실 아벨은 카인을 거슬러 획책하지 않았고, 야곱도 에사우를 거슬러 획책하지 않았습니다. 만일 그런 일이 일어났더라면, "그리스도인들은 유대인들이 이야기하는 형제들의 상호 획책과 동일한 이야기를 한다"는 켈수스의 주장은 옳다고 할 것입니다. 또한 우리 그리스도인들이 "유대인들이 이야기하는 이집트로 내려감" 및 "그곳으로부터 돌아옴"과 "동일한" 내려감 및 돌아옴에 관해 이야기하지만, 켈수스처럼 "도망"에 관해서는 말하지 않습니다.[125] 아무튼 켈수스의 이런 언명들이 우리나 유대인들에 대한 비난에 무슨 도움을 줄까요? 그는 히브리인들에 관한 이야기를 통해 우리를 조롱할 수 있다고 믿었기에, "도망"이라는 낱말을 골라잡았습니다. 그러나 그 성경 대목에서 중요한 것은, 하느님에 의해 이집트에 닥친 재앙들(탈출 7,14-12,29 참조)의 사실성과 의미를 탐구하는 일이거니와, 켈수스는 이 재앙들에 관해 의도적으로 침묵합니다.

60. 우리가 이런저런 당면 문제에서 유대인들과 동일한 견해를 가지고 있다고 믿는 켈수스에게 좀 더 명확하고 상세히 대답해야 한다면, 이렇게 말하겠습니다. 우리는 유대인들과 마찬가지로 성경이 하느님의 영감으로 쓰였다고 고백하지만, 성경 내용의 해석에서는 그들과 견해가 아주 다릅니다. 사실 우리는 유대인들처럼 살고 있지도 않으니, 율법에

---

[125] 참조: 『켈수스 반박』 4,47; 또한 이집트 관리들이 파라오에게 유대 민족이 "도망" 갔다고 보고하는 칠십인역 탈출 14,5.

대한 문자적 해석은 입법의 의미를 파악하지 못한다는 견해를 가지고 있기 때문입니다. 우리는 "오늘날까지도 모세의 율법을 읽을 때마다, 그들의 마음에는 너울이 덮여 있습니다"(2코린 3,15)라고 확언하니, 예수 그리스도께서 분명히 가르쳐 주신 길을 기쁘게 걸어가고자 하지 않는 이들에게는 모세 율법의 의미가 감추어져 있기 때문입니다. 그러나 우리는 또한 알고 있습니다. 누구나 "주님께 돌아서기만 하면, 그 너울은 치워집니다. 주님은 영이십니다"(2코린 3,16-17). 그리고 그는 "너울을 벗은 얼굴로" 성경의 숨겨진 생각들 안에서 "주님의 영광을 거울로 보듯 어렴풋이 바라보면서"(2코린 3,18 참조), 이를테면 하느님 영광의 한몫을 얻어 스스로 거룩하게 됩니다. 여기서 "얼굴"이라는 낱말은 상징적으로 사용되었는데, 대놓고 말하면 오성悟性을 의미하거니와, "내적 인간"(로마 7,22)과 결부되어 있는 이 "얼굴"은 율법에 담겨 있는 진리 덕분에 빛과 거룩함으로 충만합니다.

61. 이어서 켈수스는 이렇게 말합니다. "아무도 내가 다음 사실을 모른다고 생각해서는 안 된다. 그들 가운데 더러는 자기네가 유대인들과 함께 동일한 신을 가지고 있다고 확언하며, 더러는[126] 자기네 신은 유대인들의 신과 다른 신인데, 이 신에게 유대인들의 신은 적대적이며, 이 신으로부터 아들이 (이 세상에) 왔다고 단언한다." 켈수스가 그리스도인들 가운데 여러 분파가 존재한다는 사실을 그리스도교에 대한 비난의 근거라고 믿는다면, 어째서 그런 사실이 철학에 대한 비난의 근거는 되지 않습니까? 철학 학파들에서는 별 의미 없는 사소한 문제들에서만

---

[126] 마르키온 추종자들을 가리킨다.

이 아니라 아주 중요한 문제에서도, 서로 의견이 부딪히고 있지 않습니까?[127] 마찬가지로 의학도 여러 학파가 있으니, 비난해야 마땅할 것입니다. 아무튼 우리 가운데에 우리 하느님이 유대인들의 하느님과 동일한 분이시라는 것을 부인하는 사람들이 있음을 시인하겠습니다. 하지만 이 사실이 동일한 성경을 근거로 유대인들의 하느님과 이민족들의 하느님이 동일한 분이심을(로마 3,29 참조) 입증하는 사람들을 비난하는 이유는 되지 못합니다. 그래서 유대교에서 그리스도교로 넘어온 바오로 역시 분명히 말합니다. "나는 … 내가 조상들과 마찬가지로 깨끗한 양심으로 섬기는 하느님께 감사를 드립니다"(2티모 1,3).

그리고 켈수스의 말대로 "(그리스도인들의) 셋째 부류도" 존재한다고 할 수 있는데, "이들을 어떤 사람들은 영혼적 인간들이라고 부르고, 또 어떤 사람들은 영적 인간들이라고 부른다". 내 생각에, 켈수스는 발렌티누스 추종자들을 가리켜 말하는 것 같습니다.[128] 그런데 이 사실이 우리와 무슨 관계가 있습니까? 교회에 속해 있는 우리는, 인간들은 타고난 특성에 따라 구원받거나 파멸한다고 주장하는 사람들을 배척합니다. 또한 "영지주의자로 자처하는 적지 않은 이들"도 존재하는데,[129] 에피쿠로스학파 사람들이 철학자를 가리켜 부르는 것과 마찬가지라고 하겠습니다. 그러나 신의 섭리를 부인하는 이들이 진정한 철학자일 수

---

127   이 반론을 둘러싼 논쟁에 관해서는 참조: 『켈수스 반박』 3,12.

128   참조: 이레네우스 『이단 반박』 1,7,5. 기원후 2세기 중엽 로마에서 활동한 발렌티누스는 이른바 발렌티누스파 영지주의의 창시자로 여겨진다. 영지주의 인간관은 인류를 세 등급으로 나누었으니, '영적 인간들 또는 영지주의자들'(*Pneumatikoi*), '영혼적 인간들'(*Psychikoi*), '물질적/육체적 인간들'(*Somatikoi/Hylikoi*)이다.

129   이 언명은 "영지주의자들"이라는 개념이 이단론의 전문용어가 되기 전에는, 원래 한 집단의 자칭이었음을 알려 주는 한 중요한 증거다.

는 없으며, 또한 예수님을 추종하는 그분 제자들이 배격하는 낯설고 이 질적인 관념들을 끌어들이는 자들이 참된 그리스도인일 수도 없습니다. 한편 "예수를 받아들이는" 그래서 자신이 그리스도인임을 자랑스러워하는, "하지만 여전히 유대교 율법에 따라 유대인 대중처럼 살고자 하는" "적지 않은 이들"도 존재합니다. 이 사람들은 에비온파의 두 집단인데,[130] 이들 가운데 더러는 우리처럼 예수님이 동정녀에게서 태어나셨다고 고백하지만, 더러는 예수님이 여느 인간과 똑같은 방식으로 태어나셨다고 주장합니다. 그런데 이 사실로부터, 켈수스가 "큰 무리의 사람들"이라고 지칭하는 교회 구성원들에 대한 무슨 비난거리를 끌어낼 수 있겠습니까? 또한 켈수스는 "시빌라파도 얼마간 있다"라고 말하는데, 시빌라를 여자 예언자로 여기는 자들을 오해한 듯하며, 그래서 그들을 "시빌라파"[131]라고 부르며 비난하는 것 같습니다.

62. 이어서 켈수스는 우리에게 한 무더기 이름들을 쏟아부으면서, 자신은 "헬레나 또는 헬레노스를 스승으로 공경하는, 그래서 헬레나파로도 불리는 상당수의 시몬파도 알고 있다"고 주장합니다.[132] 그러나 켈

---

130 참조: 『켈수스 반박』 2,1; 이레네우스 『이단 반박』 1,26,2.
131 이 분파는 알려져 있지 않았다. Le Boulluec, Notion d'hérésie 2 453의 각주 60에 따르면, 켈수스는 논쟁을 위한 목적으로 이 명칭을 이단자 명단 모델에 따라 스스로 만들어 냈다. 히폴리투스 『모든 이단 반박』(5,16,1)은 특히 시빌라를 내세웠던 영지주의 분파에 관해 말한다. 오리게네스 자신은 시빌라의 신탁은 전혀 고려하지 않았다.
132 마술사 시몬의 추종자들은 그를 인간을 구원하기 위해 세상에 내려온 최고신으로 여겼다. 헬레나는 창녀였는데, 티루스에서 시몬에게 팔렸고 그의 정신의 첫 "생각"이라 불렸다. 그 밖에는 "헬레나파"에 대한 증언은 없다. 참조: 유스티누스 『첫째 호교론』 26,1-3; 이레네우스 『이단 반박』 1,23,2; 테르툴리아누스 『영혼론』 34; 히폴리투스 『모든 이단 반박』 6,19; 에피파니우스 『약상자』 21,2.

수스는 "시몬파"는 예수님을 하느님의 아들로 전혀 고백하지 않고 오히려 시몬을 "하느님의 힘"으로 지칭하며(사도 8,10 참조), 그에 관한 믿을 수 없는 일들을 이야기한다는 사실을 모르고 있습니다 — 시몬은 예수님이 일으킨 것처럼 보인 기적들을 자신도 일으키는 것처럼 보이면, 예수님이 대중에게 행사했던 것과 같은 큰 영향력을 자신도 사람들에게 행사할 수 있으리라 믿었습니다(사도 8,18-19 참조). 그러나 켈수스도 시몬도 예수님께서 하느님 말씀의 훌륭한 "농부"(야고 5,7)로서, 어떻게 그리스 땅과 그 밖의 지역들 대부분에 말씀의 씨앗을 뿌리셨는지, 또 어떻게 그곳의 영혼들을 온갖 악에서 벗어나게 하고 온 우주의 하느님께로 고양시키는 당신 가르침으로 충만케 하실 수 있었는지를 상상도 할 수 없었을 것입니다. 아무튼 켈수스는 "마르켈리나[133]의 추종자들인 마르켈리나파, 살로메 추종자들인 하르포크라테스파,[134] 또 마리암의 추종자들[135]과 마르타 추종자들[136]"도 알고 있다고 합니다. 우리는 최대한 모든 열정을 쏟아 깨달음을 추구해 왔으며, 그래서 우리 그리스도교의 가르침과 그 고백자들의 다양한 견해들을 탐구했을 뿐 아니라 철학

---

133 참조: 이레네우스 『이단 반박』 1,25,6; 에피파니우스 『약상자』 27,6,1-11. 영지주의자 카르포크라테스의 여제자인데, 교황 아니케투스 재임 기간(155~166년)에 로마로 왔다.

134 이집트 신 하르포크라테스의 이름을 딴 하르포크라테스파와 이집트 영지주의자 카르포크라테스의 이름을 딴 카르포크라테스파의 혼동 가능성 문제에 관해서는 참조: A. Le Boulluec, *La notion d'hérésie dans la litterature grecque IIe–IIIe siècles*, 2 Bde. (EAug), Paris 1985, 454의 각주 62; Leisegang, *Gnosis* 251. 살로메는 극단적 금욕주의자 동아리들에서 공경받았다. 참조: 알렉산드리아의 클레멘스 『양탄자』 3,45,3; 63,1-2; 64,1-3; 66,1-2. 하르포크라테스 추종자들은 Le Boulluec, *Notion d'hérésie*에 따르면 한 가지 오류에 근거하고 있었던 것 같다.

135 아마 마리아 막달레나일 것이다. 히폴리투스 『모든 이단 반박』 5,7,1에 따르면, 배사교도 拜蛇敎徒들은 자신들의 교설이 주님의 아우 야고보에 의해 마리암에게 전해졌다고 주장했다. 참조: F. Leisegang, *Die Gnosis*, Leipzig 3. Aufl. 1941, 113-114.

136 이들에 관해선 알려진 것이 없다.

자들의 견해들도 힘을 다해 연구했지만, 이 분파들은 전혀 알지 못합니다. 아무튼 켈수스는 그 밖에 "마르키온을 자신들의 지도자로 여기는 마르키온파"[137]에 관해서도 언급합니다.

63. 이어서 켈수스는 자신이 지금까지 언급한 집단들 이외의 집단들도 알고 있다는 인상을 주기 위해, 습관적으로 이렇게 덧붙입니다. "어떤 자들은 이 스승과 다이몬을, 다른 자들은 저 스승과 다이몬을 자기네 우두머리로 삼았는데, 그러면서 딱하게도 이리저리 헤매고 무지의 깊은 어둠 속을 굴러다니고 있으니, 이집트의 안티누스 숭배자들보다 더 무도하고 수치스럽다." 그런데 내가 보기에, 켈수스가 이 주제를 겉핥기로 다루지만 한편으로는 진실도 말하니, 이를테면 "어떤 자들은 이 스승이나 다이몬을, 다른 자들은 저 스승이나 다이몬을 자기네 우두머리로 삼았는데, 그러면서 딱하게도 이리저리 헤매고 무지의 깊은 어둠 속을 굴러다닌다"는 따위의 언명이 그것입니다. 아무튼 켈수스가 우리 예수님과 견주는 "안티누스" 숭배자들에 관해서는 우리가 앞에서[138] 이미 언급했기에, 반복해서 거론하지 않겠습니다.

켈수스는 계속 말합니다. "이자들은 서로 욕하고 지독하게 비방한다. 합의를 이루기 위한 양보라곤 아주 조금도 하지 않을 것이니, 서로를 너무나 미워하기 때문이다." 이 비난에 대해 우리는 철학에도 여러 학파가 있어서 서로 싸우며, 의학에서도 마찬가지라고 이미 답변했습

---

137 마르키온의 가르침에 관해서는 참조: 『켈수스 반박』 2,27. 흑해 연안 폰투스 출신의 마르키온은 140년경 로마로 왔는데, 교리 차이 때문에 곧 독자적인 교회를 창설했다. 그는 구약성경의 엄혹한 신인 저급한 세계 창조신과, 그리스도께서 비로소 계시해 주신 신약성경의 자비로운 하느님의 뚜렷한 차이를 주장했다.

138 참조: 『켈수스 반박』 3,36-38.

니다.¹³⁹ 그러나 예수님 말씀을 따르고, 그분 가르침을 생각과 말과 행동 안에 깊이 새겨 넣고자 애써 온 우리는 "사람들이 욕을 하면 축복해 주고 박해를 하면 견디어 내고 중상을 하면 좋은 말로 응답합니다"(1코린 4,12-13). 또한 우리와 다른 견해를 가진 사람들을 거슬러 "지독한 비방"을 입에 담지도 않을 것입니다. 오히려 우리가 할 수 있는 모든 일을 다 하여, 그들이 더 훌륭한 것에로 돌아서고, 오로지 창조주 하느님만 섬기며, 또 앞날의 심판을 염두에 두고 모든 행동을 하도록 합니다. 그러나 다른 견해를 지닌 이들이 끝내 알아듣지 못하면, 우리는 그린 사람들과 관련하여 다음과 같이 명령한 성경 말씀을 따릅니다. "분파를 일으키는 사람에게는 한 번 또 두 번 경고한 다음에 관계를 끊으십시오. 그대도 알다시피 그러한 자는 탈선하여 죄를 지으면서 자신을 단죄하고 있는 것입니다"(티토 3,10-11). 한편 "행복하여라, 평화를 이루는 사람들!"(마태 5,9), "행복하여라, 온유한 사람들!"(마태 5,5)이라는 말씀의 의미를 이해하고 마음에 새기는 사람들이라면, 그리스도교 가르침을 변조하는 이들도 몹시 미워해서는 안 되며, 또한 오류에 빠진 이들을 "키르케들이요 간교한 선동자들"¹⁴⁰이라고 불러서도 안 될 것입니다.

64. 내가 보기에, 켈수스는 사도의 다음 언명도 그릇되이 이해한 것 같습니다. "마지막 때에 어떤 이들은 사람을 속이는 영들과 마귀들의 가르침에 정신이 팔려 믿음을 저버릴 것입니다. 양심이 마비된 거짓말쟁

---

139 참조: 『켈수스 반박』 3,12; 5,61.
140 알렉산드리아의 클레멘스 『양탄자』 7,95,1은 이단자들을 키르케에 의해 돼지로 변한 오디세우스의 동료들에게 견주니, 그들이 "하느님의 인간"이라는 자신의 본원적 존재를 잃었기 때문이다. "선동자"(Agitator)의 본래 말뜻은 "휘젓는 국자"다.

이들의 위선 때문입니다. 그들은 혼인을 금지하고, 또 믿어서 진리를 알게 된 이들이 감사하게 받아먹도록 하느님께서 창조하신 어떤 음식들을 끊으라고 요구합니다"(1티모 4,1-3). 그는 또한 사도의 이 언명을 그리스도교 가르침 변조자들을 거슬러 제시하는 사람들도 오해한 것으로 보입니다. 그래서 켈수스는 그리스도인들 가운데 "어떤 자들은 '귀(耳)의 낙인烙印'이라 불린다"고 주장합니다.[141] 또한 그는 "또 어떤 자들은 '수수께끼'라고 불린다"라고 말하는데, 우리는 그들에 관해 전혀 알지 못합니다. "걸림돌"이라는 표현이 우리 성경에 자주 나오는 것은 사실입니다. 이 표현을 통상 우리는 쉽게 속아 넘어가는 단순한 그리스도인들을 부추겨 건전한 가르침을 저버리게 하는 자들을 가리키는 데 사용합니다(참조: 마태 13,41; 16,23; 18,6-9; 마르 9,42-47; 루카 17,1-2; 로마 14,13). 그러나 "자기네 희생 제물이 된 인간들의 귀를 막고 그들 머리를 돼지 머리로 바꾸는, '춤추며 꼬드기는 사이렌들'이라 불리는 자들"[142]에 관해서는 우리가 아는 것이 전혀 없는데, 내 생각에는 어떤 다른 그리스도인이나 이단 분파 추종자도 모를 것입니다.

그러나 자신은 "모든 것을 알고 있다"고 자부하는 이 인간은 또 말합니다. "서로 저만치 갈라져 제 갈 길로 가고 논쟁 중에는 아주 파렴치하게 험담하는 이 모든 자들에게서 그래도 아무튼, '그리스도의 십자가로 말미암아, 내 쪽에서 보면 세상이 십자가에 못 박혔고, 세상 쪽에서 보면 내가 십자가에 못 박혔습니다'(갈라 6,14)라는 신앙 고백을 들을 수 있

---

141 카르포크라테스파는 오른쪽 귓불에 화인火印을 찍곤 했다. 참조: 이레네우스 『이단 반박』 1,25,6; 히폴리투스 『모든 이단 반박』 7,32,8.
142 사이렌들에 관해서는 참조: 호메로스 『오디세이아』 12,39-54; 158-200. 돼지로 바뀜은 그 사이렌들에 의해서가 아니라 키르케에 의해 이루어진다. 참조: 『오디세이아』 10,237-243.

을 것이다." 이것이 이를테면 켈수스가 기억하고 있는 것으로 보이는 바오로의 유일한 구절입니다.[143] 사실 우리가 성경에서 이와 비슷한 수많은 다른 구절을 인용해선 안 될 까닭이 어디 있겠습니까? 지금은 한 구절만 인용하겠습니다. "우리가 비록 속된 세상에서 살아갈지언정, 속된 방식으로 싸우는 것은 아닙니다. 우리의 전투 무기는 속된 것이 아닙니다. 그것은 하느님 덕분에 어떠한 요새라도 무너뜨릴 수 있을 만큼 강력합니다. 우리는 잘못된 이론을 무너뜨리고, 하느님을 아는 지식을 가로막고 일어서는 모든 오만을 무너뜨립니다"(2코린 10,3-5).

65. 그러나 켈수스가 "서로 저만치 갈라져 제 갈 길로 가는 이 모든 자들에게 그래도 아무튼, '내 쪽에서 보면 세상이 십자가에 못 박혔고, 세상 쪽에서 보면 내가 십자가에 못 박혔습니다'라는 신앙 고백을 들을 수 있을 것이다"라고 말하기 때문에, 우리는 이 언명도 거짓임을 밝혀야겠습니다. 더 자세히 말하면, 바오로 사도의 편지들을 받아들이지 않는 이단 분파들이 있으니, 에피온파[144]의 두 집단과 이른바 극단적 금욕주의파[145] 등입니다. 이 사도를 거룩하고 지혜로운 사람으로 여기지 않는 이 자들은 "내 쪽에서 보면 세상이 십자가에 못 박혔고, 세상 쪽에서 보면 내가 십자가에 못 박혔습니다"라는 그의 신앙고백도 입에 담지 않을 것입니다. 그러므로 켈수스는 여기서도 진실이 아닌 일을 말하고 있는 것입니다. 아무튼 그는 지금 개별적인 이단 분파들 사이의 상

---

143 참조:『켈수스 반박』1,9.
144 참조:『켈수스 반박』2,1.
145 이들은 극단적인 금욕주의를 내세웠는데, 타티아누스가 우두머리로 여겨졌다. 바오로 배척에 관해서는 참조: 에우세비우스『교회사』4,29,5; 히폴리투스『모든 이단 반박』8,20,1.

이점들을 비난하는 데 꽤 오랫동안 몰두하고 있습니다. 그러나 내가 보기에, 그는 세분화하여 논증하지 않으며 또 면밀히 점검하지도 않은 것 같습니다. 또한 켈수스는 왜 "자신의 신앙에 대한 꽤 깊은 깨달음을 얻었다는 그리스도인들이, 자신들은 유대인들보다 더 많이 알고 있다고 주장"하게 되었는지도 이해하지 못했습니다. 그렇게 주장하는 이들에게서 하나의 중요한 관건은, 유대인들의 성경을 받아들이지만 해석을 달리 하는가, 아니면 유대인들의 성경을 아예 받아들이지 않는가 하는 것입니다. 이 두 가지 입장은 모두 이단 분파들에게서 발견됩니다.

이어서 켈수스는 말합니다. "그런데 그들이 자기네 신앙을 위한 어떤 특정한 토대를 가지고 있지 않다 해도, 우리는 그들의 가르침 자체를 검증하고자 한다. 우선 그들이 이미 자기네 원칙들에서부터, 자신들이 알지도 못하는 것들에 관해 뻔뻔스러운 견해들을 부당하게 주장하는 가운데, 그릇되이 이해했고 또 무지해서 변조한 내용을 모두 언명해야겠다. 이와 관련된 실례들은 아래에서 제시하겠다." 그러고는 곧장 신심 깊은 그리스도인들이 꾸준히 입에 담는 이런저런 언명들을, 철학자들의 상응하는 언명들과 대비시킵니다. 그렇게 하여 켈수스는 자신이 좋다고 여기는 그리스도인들의 가르침들이 철학자들에 의해 더 훌륭하고 더 명확하게 표현되었음을 명시하고, 또 그로써 선과 경건함이 그 자체로 드러나는 가르침들에 매혹되는 사람들을 철학으로 끌어가고자 합니다. 아무튼 여기서 우리는 제5권을 마무리하고, 곧 이어서 제6권을 시작하겠습니다.

주제어 색인

견유학파 42-3 70 78
계시 15 29 33 92 104 149 156 217 226 356
구원 22 29 47-8 54 103 110-11 125 128 130 137 144 228 271 279 289 348-50 353-4
궤변 106
그리스도교의 전파 114
그리스도론 142
그리스도인 14-8 21-6 28 31 33-4 36-7 55 57 59-60 64 67 69-70 79-80 82 84 89 91-2 96-7 104-6 108 111 113-5 120-2 127 131-3 145-6 148-58 161 163 166 168 171-3 175 180 190-1 194 200 207 220 228 231 233 239-42 250 268 270 275 277 290-1 295 297 310 317-8 324-6 336 339-40 342-3 345 350-4 358 360
기적 14 16 18-20 40-1 43 46-8 54-5 58 73 196 348 355
기하학 69

다신교 107 109
다이몬 15-6 41 47-52 54 56-61 131 165-6 217 249 255-9 261 268-9 271 273 276 323 329 332 334 356
대홍수 132-4 145-6 213 216 236
덕 17 42 51 77 87-8 104-5 117 123-4 126 128 152-3 155 159 165 215 229 237 283 293 306 324 335
데미우르고스/창조신 203
동정녀 43 354

마르키온(파) 121 343-4 352 356
마술 14 19 56 58 244-5 273 278 323 327 329 339
메시아 14 17-8 29 48 120-1 129 145 200
몸/육신/육체 43 47-9 52-3 60-1 64-6 90 92 110 116 123 134 138-9 141-2 155 162 173 176 187 192 195 200-211 214 227 240 242-4 254-5 273 280 285-7 290 292-4 297-11 308 318 323 336-8 345
문자적 의미 135 146 187 191 198 246
물질 200 202 205-8 211-12 216 218 285 293 297

배교 80

배사교도　28　355
뱀　172　178　180-1　203　207　210　244-6　252-6　260　276
변증법　295
보편성　8　124　309
본성　48-9　56　60　66　75　95-104　111　114-5　123　136-9　142　153　165　179　181　199-203　205-19　226　228　235-8　240　242　245-6　248　252　256　261-3　272-5　286　290　295　298-300　305　309　319
불멸　108　116　137　157　163　174　211-2
불사　38　53　55　90　100　116-7　138　140-1　176　200　202　212　220　237　294　322　328　347
비방　14　39　78　81　84　89　92　112　195　247　287　356
비유　35　72-3　96　109　131　141　196　223　226　287

사바오트　331　333
사자使者　271　274　284　315　341　343　345　349
선　52　89　104　107　116-7　136-8　178-9　198　214　218　221　271　300　360
선포　14-5　17　25　47　53-4　64　72　82　87　90-2　96-7　101　106　117　121　123　125　184　204　224　284　289　291　312-3　343　348
섭리　18　47　53　55　62　65　110　124-5　137　150　152　165　181　183　203　207　214　216　229-7　240　262-4　270　276　283　304　353
세계 대화재　132-3　189　287

소요학파　110　249
스토아학파　38　98　103　110　122　125　137　150　171　189　202　206　216　219-21　229　249　275　286　295-6　298　305-6　320　325　328　335
신　13　15　32-3　36-67　70　77　92-5　104-5　107　110-4　120　122-37　141-5　149-50　156-66　171-81　185-6　193-4　200-13　216-22　227　230　235-8　247-8　252-4　257-64　268-78　286-8　299-301　304-6　315　319　321-4　327　330-1　333-4　338-52　355-6
신비적 의미　188
신인神人　39-40　53　56-7　172
신탁　15　41-3　46　49　53　55　59　251　269-70　354
신화　43　46　67　147　165　175　184　192-4　197　323-4　328　338　344　347-8
십자가(형)　32　53　73　143　148　358-9

아도나이　326　333
악　52　69　89　91　106　123　128　136-8　157　178　213-21　223　226-7　239　308　355
안식일　165　350
에비온파　354
에피쿠로스학파　37　56　78　110　116　124　137　173　202　230　245　270　353
영　13　17　19　47-8　53-4　116-7　126　140　148　151-2　158　162　174　205　258-9　267　271　329　337　339　352　357
영감　17　171-5

영지주의(자) 28 182 286 353-5
영혼 17 22 29 37-8 48-9 52-3 60-
    65 74 79 81-2 85-6 89-92
    100-1 105 110-12 115-9 123
    125-10 136-44 150 152 160
    162-6 182 200 215 229 241-
    42 249-50 254 257 265 270
    276-7 273 300-1 308 318 322
    325-9 335-8 345 340 353 355
예언 14-7 30 32 40 43 47 51-
    54 58 120-1 148 184 200 205
    248 251-2 254-7 270 279 339
    342-3
예지 15 41 83 202 247 252 259
우상 숭배 30 64
우의적 의미/해석 39 140 175 177
    180 184 186 192-9 212 345-6
    348
우주-주기 296 298
육 53 65-6 81 90 139 187 286
    291
육화 29 48 122 141
윤회 111 140 219 308
은총 56 117 124 196 248 265
    327 338-9
이단 26 344 353 358-60
이집트 탈출 133
인간중심주의 150 228

자유의지 123 219 223 228 298
재판/심판 31 52 130 158 161 165
    201 226 228 264 357
제단 45 253 327 330 338
종말론 31 222
중기 플라톤주의 212
지혜 29 33-6 61 65 69-76 82-3 85
    88 90 101 104-6 117-9 129 131
    159-60 162-5 170 178 180 186
    194 197 210 227 232 246-52
    256 260-1 268-9 272 280 288-
    90 294-6 308-9 313 324-6 329
    359
참회 94-7 105
창조(계) 56 64 75 101-103 113
    123 150 160 162 173-4 178
    194 202 204 222 228 231-38
    242 244 263-4 274 289 321
    325 350 358
천사 47 60-1 130 151 159 187
    237 255 268 271-78 291 307
    309-10 315 319 327 331 336
    338 341 343-9
철학자 27 36 60-1 65-6 70 78-9
    83 98-9 101 103-4 106 108-
    10 112 117 134 137 155 158
    161-2 165 171 179-80 183
    193 198 202 214 216-7 220
    229 233 237 247-9 261 287
    296 317-8 325 329 347-8 353
    360
쾌락 110 116 154 194

평화 30 50 156 314 357
플라톤(주의) 13 28 31 38 65 69
    94 99-101 104 106 115 122
    132 136-41 145-6 150 154 160
    173 178-82 189 191 194 197-9
    202 205-6 212-3 216 221 232
    236 241-2 250 254 257 259-62
    268-75 281 286 296 302 305
    307 317 324 328 330 335 350

하느님 공경   32 78 86 90 117 149
    165 209 217 238 255 343
하느님 인식   77
하느님 표상   250
하느님의 법   21 320-1 325
하느님의 전능   286
하느님의 진노   148 225 226-7
할례   326 334-7
현현   269 277 319
호교론   14 22 30 54 67 129 286
    324 354
회개   226 265

성경 색인

■구약

창세

1,1 204
3 204
7 204
9 204
12 204
16 204
21 204
25 204
26 160 322
27 64 204 242 244
289
2,2-3 350
7 174
8-9 178
21-22 174
24 195
3,16 182
17-19 182
21 182
21-23 182
4,8 185 351
6,2 345
14 183
15 183

19-20 184
7,1-3 184
2-3 183
11,1-2 307
1-9 146
2 309
3 309
4 119 309
5 134
7 134
5-9 308
15,5 279
17,22 134
23-27 335
19,1-29 147
17 188
30-38 187
36-38 189
21,1-7 185
6 332
25,29-34 185
26,15 186
18-22 186
25 186
32 186
27,5-17 185
18-29 185
35-36 185

41 185 351
41-45 190
28,1-5 185
30,42 185
34,2 190
25-31 190
37,26-36 190
28-35 185
39,1-6 190
7-12 190
40-41 191
42-44 191
45,1-15 191
47,1-6,27 192
49,10 313
50,4-14 191

탈출

3,8 134
4,24-26 336
7-11 74
11-13,22 199
14-12,29 351
8,12 276
12,31-33 18
14,5 LXX 351
18,21-22 165
19,4 173

6 166	22,5 164	시편
20 134	23,2 164	1,2 90
20,3-5 274	25,4 195	2,8 130 313
21,2 329	28,46 14	6,2 225
23,13 333	32,8-9 130 307	16,9-10 53
24,2 260	9 14 279 310 327-	10 14
31,13 165	8	19,5 14
	21 107	32,5 94
레위		33,5 157
1-11 165	2사무	37,8 226
11 256	24,1 226	30 294
12,3 335		44,23 21
19,26 258	1열왕	24 227
29 328	5,9-14 72	47,6 134
31 278	10,1 71	49,13 251
21-22 165	6-7 71	21 251
		50,1 271
민수	2열왕	51,8 71
22-24 199	15,29 16	63,11 256
23,23 258	25,9 225	68,12 268
		78,1-3 196
신명	1역대	2 72
1,10 279	21,1 226	65 227
15 165		81,6 20
31 225	2역대	82,1 158
4,16-18 164	1,10-12 71	1-2 165
19 164 275 279		86,8 271
19-20 279	토빗	95,3 271
24 135	12,7 293 308	4 271
6,13 282		5 15 59 158
9,3 135	욥	102,27-28 206
10,20 282	10,8 173	28 137
15,12 329	15,14 95	104,14-15 231
16,16 165	25,4 95	107,20 95 283
18,14 258	42 286	119,18 196
15 258	2 299	73 173

136,2　271	39,21　231	22,18　288
141,2　90	17　231	27　256
147,15　14 101		28,3　72
148,3-4　285	이사	29,3-4　196
4-5　331	2,2　313	32,6　196
	3　313-4	
잠언	4　314	다니
1,6　72	7,14　14	1,20　72
4,23　258	8,18　14	7,10　135-6
5,15-17　186	9,6　343	12,1-3　161 280
8,5　83	11,6　256	3　161
9,4-6　83	47,14　288	
10,19　267	48,9　288	호세
30,24-28　246	52,13　283	13,14　294
	53,2-3　140	14,10　72 197
코헬	5　14	
1,9　133	65,25　256	아모
		5,25-26　277
아가	예레	7,9　332
2,15　256	1,9-10　119	
	5,6　256	미카
지혜	7,17-18　276	5,1　14
1,4　90 308	10,24　226	
7　126	14,22　314	말라
6,12　280	16,19　314	3,2　135 287
7,25-26　106	19,13　276	6　137
26　280 309	23,23　284	
27　123 129	24　126 134 283	▪신약
10,5　308	41,14　329	
11,24　157	51,17　276	마태
26-12,2　157		1,20　341
12,1　174	애가	2,13　341
	3,38　218	4,10　282
집회		5,5　156 357
18,13　157	에제	8　156
19,22　106	13,4　256	9　156 357

성경 색인

14-16 280	25,41 217	14 94
28 70	46 114	18-19 282
44-45 157	26,52 21	19 157
45 157	59-60 39	20,35-36 159
48 159	27,46 53	36 159
7,6 308	50 53	24,4 341 346
13 343	28,2 341 346 348	5 349
9,12 91	7 349	
13 145	19 23	요한
10,1 257	20 283	1,1 138 271 298 301
6 122		1-2 126 153
11,28 95	마르	4 279
12,43 257	2,17 158	9 280-1
13,3 130	4,11 35 73	14 60 139
36 35	34 35 73 91	18 60
39-40 208	9,2-3 139	26-27 283
41 358	42-47 358	2,19 53
14,21 24	10,17-18 282	21 53
15,11 337	16,4 346 348	5,39 54 289
24 141	5 341	6,10 24
38 24	7 349	8,12 280-1
16,23 358		9,5 280
17,1-2 139 359	루카	10,18 53
1-9 36	1,37 286 299	12,31 256
14-18 36	2,21 336	14,6 272
18,6-9 358	4,8 282	30 256
12-13 141	6,35 157	15,4 283
19,26 286 299	9,20 158	16,11 256
20,26-27 161	10,6 314	25 247
21,41 350	34 92	17,3 59
43 184 350	13,34 330	19,31-34 53
22,30 159	14,11 94	20,12 341 346
23,11 161	15,4-6 141	
34 73	17,1-2 358	사도
37 330	18,11 96	3,13 283
24,35 298	13 96	26 283

4,27　283	14　259	19　155
30　283	19-20　285	8,5-6　158
7,22　73	19-21　285	8　337
42-43　277	36　21	9,9-10　195
8,10　355	39　30	27　338
18-19　355	14,2　142	10,1-2　195
10,14　25	13　358	3-4　195
14-15　337	16,25-26　92	11　185
11,8　25		11,19　27
15,1-29　25	1코린	12,8　33
17,24-29　64	1,18-31　74	8-10　73
28　126	20　74	13,8　222
19,26　64	21　74 289	14,1　187
	24　272	15,12　25 286
로마	26-29　76	22　182
1,14　82	27　107	35-38　292
19　75 163	27-28　289	36-44　297
20-21　75	30　272	37　301
20-23　108 154	2,4　101	40　210
21　75	5　268	42　301
21-23　163	6　74 90 268 312	40-41　207
22-23　108	6-8　34	40-42　280
24　312	7　74 91	41-42　161
25　30	11　162	42-44　205 291
26　312	13　187	47-49　293
28　312	13-14　225	50　293
2,4-5　226	16　36	51　293
5　228	3,2-3　81	51-52　290
3,29　353	9　120	55-56　294
5,7-8　158	11-12　135	
14　182	12　135 287	2코린
19　145	13-15　136	3,13-16　196
7,9-10　94	16　155	15　352
14　120	17　155	16-17　352
22　352	4,12-13　357	18　352
8,13　338	6,15　155	4,4　254 282

성경 색인

6　259	8　226	10-11　357
18　74	4,6　54	
5,1　294		히브
4　294	1테살	1,14　271
21　138	4,15-16　291	2,17　271
10,3-5　359	16-17　291	4,9　350
5　119 269 309	5,2　25	5,11　35 173 350
		12-14　82 90
갈라	2테살	12　142
1,4　312	2,2　25	14　90 142 196 271
4,21-24　187		7,26　271
26　187	1티모	8,5　330
5,2　337	1,15　158	10,1　163
17　48	19　25	12,29　135
6,14　358	2,1　271	
	8　90	야고
에페	3,2-3　76	5,7　355
2,3　226 314	15　313	
12　314	16　51	1베드
4,14　291	4,1-3　358	2,2　142
5,31-32　195	10　77 125 157	5　187
6,11　267	6,20-21　25	9　279 330
24　90		22　93 138
	2티모	3,15　54
필리	1,3　353	5,6　94
2,5-9　143	10　92	
6-7　138	2,15　267	1요한
8　138	18　25	1,3　115
15　50	20-21　224	5　281
	3,8　199	2,1-2　77
콜로		8　279
1,13　282	티토	3,2　159
15　244 282 321	1,9　76	
16　159	9-11　76	
2,18-19　277	2,2　267	
3,5　338	3,4　141